Sabine M. Gruber

111 Orte der Musik in Wien, die man erlebt haben muss

111

emons:

Bibliografische Information der Deutschen Nationalbibliothek
Die Deutsche Nationalbibliothek verzeichnet diese Publikation in der Deutschen Nationalbibliografie; detaillierte bibliografische Daten sind im Internet über http://dnb.d-nb.de abrufbar.

MIX
Papier | Fördert gute Waldnutzung
FSC® C083411
FSC
www.fsc.org

Layout: Eva Kraskes, nach einem Konzept von Lübbeke | Naumann | Thoben
Kartografie: altancicek.design, www.altancicek.de
Kartenbasisinformationen aus Openstreetmap,

Druck und Bindung: CPI – Clausen & Bosse, Leck
Printed in Germany 2022
Erstausgabe 2018
ISBN 978-3-7408-1667-4
Aktualisierte Neuauflage Oktober 2022

Vorwort

»Wien – Weltstadt der Musik«. Das klingt nach einem perfekten Klischee und könnte auch eines sein, würde nicht ebendiese Stadt selbst und ihre Umgebung es mit so unglaublich viel echtem Leben füllen.

Für kaum eine andere Kunst sind Orte so wesentlich wie für die Musik. Orte, an denen oder für die sie geschaffen wird, Räume, in denen sie erklingt und bei jeder Auf- oder Vorführung aufs Neue entsteht, mit ihrer Architektur, ihrer Akustik und ihrem besonderen Ambiente.

Musik ist nicht nur untrennbar mit den Menschen verbunden, die sie machen, sondern auch mit denen, für die sie gemacht wird. Sie ist zeitlos, und doch reichen wenige Takte aus, um das ganze Lebensgefühl der Zeit in uns wachzurufen, die sie hervorgebracht hat. Die Zeit hinterlässt ebenso markante Spuren in der Musik wie der Ort. Warum ausgerechnet Wien seit Jahrhunderten einen so fruchtbaren Boden für Musik bietet, ist leicht erklärt, mit Wirtschaft, Soziologie, Politik und Geografie. Und doch wird es ewig ein Rätsel bleiben. Denn das Geheimnis liegt im Zusammenspiel von all dem, was für sich allein nichts bedeutet und auch anderswo vorkommt.

Die 111 Orte, die ich für dieses Buch ausgewählt habe, sollen das Rätsel nicht lösen. Nur die Vielfalt zeigen, die in dem Begriff »Ort der Musik« steckt. Fährten legen als Anregung, sich auf die Suche nach höchst persönlichen musikalischen Lieblingsorten zu begeben und sich dabei womöglich auf neue Erlebnisse einzulassen. Vielleicht auf einen spontanen Ausflug in ein anderes Genre – oder in das Umland von Wien.

Die Musik hört nämlich nicht an der Stadtgrenze auf – dort fängt vieles überhaupt erst an. Bis ungefähr eine Autostunde rund um Wien, da und dort etwas weiter, reicht der Radius der musikalischen Entdeckungsreise, zu der ich Sie herzlich einlade.

111 Orte

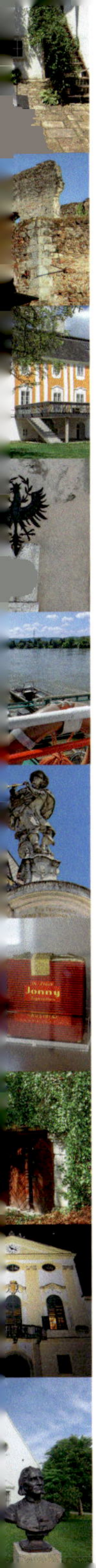

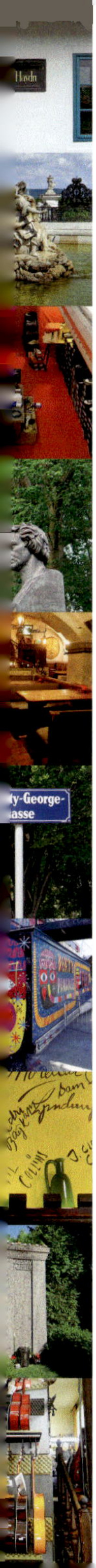

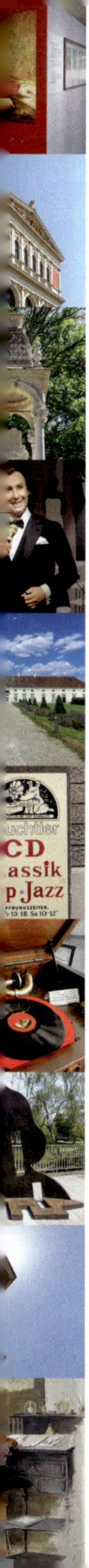
CD

1 Das Schubert-Schloss

Franz & Friends

Beinahe wäre dieser zauberhafte Locus samt seinem Genius der Spitzhacke zum Opfer gefallen. Das Schlösschen war abbruchreif, als moderne Schubertianer 1977 die rettende Initiative ergriffen. Unterstützt von Musikern wie dem weltberühmten Liedsänger Robert Holl, verhalf die Gemeinde dem Schauplatz der Original-Schubertiaden zu fachkundiger Restaurierung und erfüllte ihn mit neuem musikalischen Leben. So ist Schloss Atzenbrugg heute wieder der stimmungsvolle, intime Ort aus dem Sommer 1820.

Da kam der verschworene Freundeskreis der Schubertianer erstmals zusammen, zum Musizieren, Feiern, Tanzen, Dichten, Spielen, Malen und Komponieren. Was wäre aus Franz ohne seine Freunde geworden! Da sind die beiden Maler Leopold Kupelwieser und Moritz von Schwind, Hofopernsänger Johann Michael Vogl, der musikbegeisterte Joseph von Spaun, der Komponist Anselm Hüttenbrenner, die Dichter Johann Mayrhofer und Eduard von Bauernfeld – und allen voran: Franz von Schober. Sein Onkel ist Verwalter des Schlosses und macht die musischen Zusammenkünfte überhaupt erst möglich. Schober, selbst Künstler, Freigeist und Dichter des berühmten Liedes »An die Musik«, erkennt als einer der Ersten Schuberts Genie. »Es wird mir eine ewig erhebende Empfindung bleiben, diesen unsterblichen Meister vom Schulzwange befreit und auf die ihm prädestinierte Bahn freier geistiger Schöpfung gebracht zu haben und bis an seinen letzten Lebenshauch in treuer, innigster Freundschaft mit ihm verbunden gewesen zu sein.«

Schon im Park umfängt den Besucher Schuberts Aura, unter den Lindenbäumen und im barocken Komponierhäuschen, das sich auf dem vor Jahrhunderten aufgeschütteten Hügel in einem Wäldchen verbirgt. Im Schloss selbst ist ein sehenswertes Schubert-Museum untergebracht, wobei jeder Raum einem Freund gewidmet ist. Bei den Schubertiaden erklingt seine Musik so frisch und authentisch wie wohl nirgendwo sonst.

Adresse Schlossplatz 1, 3452 Atzenbrugg | **Anfahrt** A 22, S 5 Ausfahrt Tulln, B 19 folgen, L 2090, dann B 43 | **Öffnungszeiten** Ostern – 26. Okt. (Voranmeldung Tel. 0664/99295444) Sa 14 – 16 Uhr, So, Feiertage 15 – 17 Uhr, Schubertiaden im Juni und Sept., www.schubertiaden-atzenbrugg.at | **Tipp** Den Kreisverkehr bei der Ortseinfahrt schmückt eine Schubertbüste von Dragomir Kozanovic.

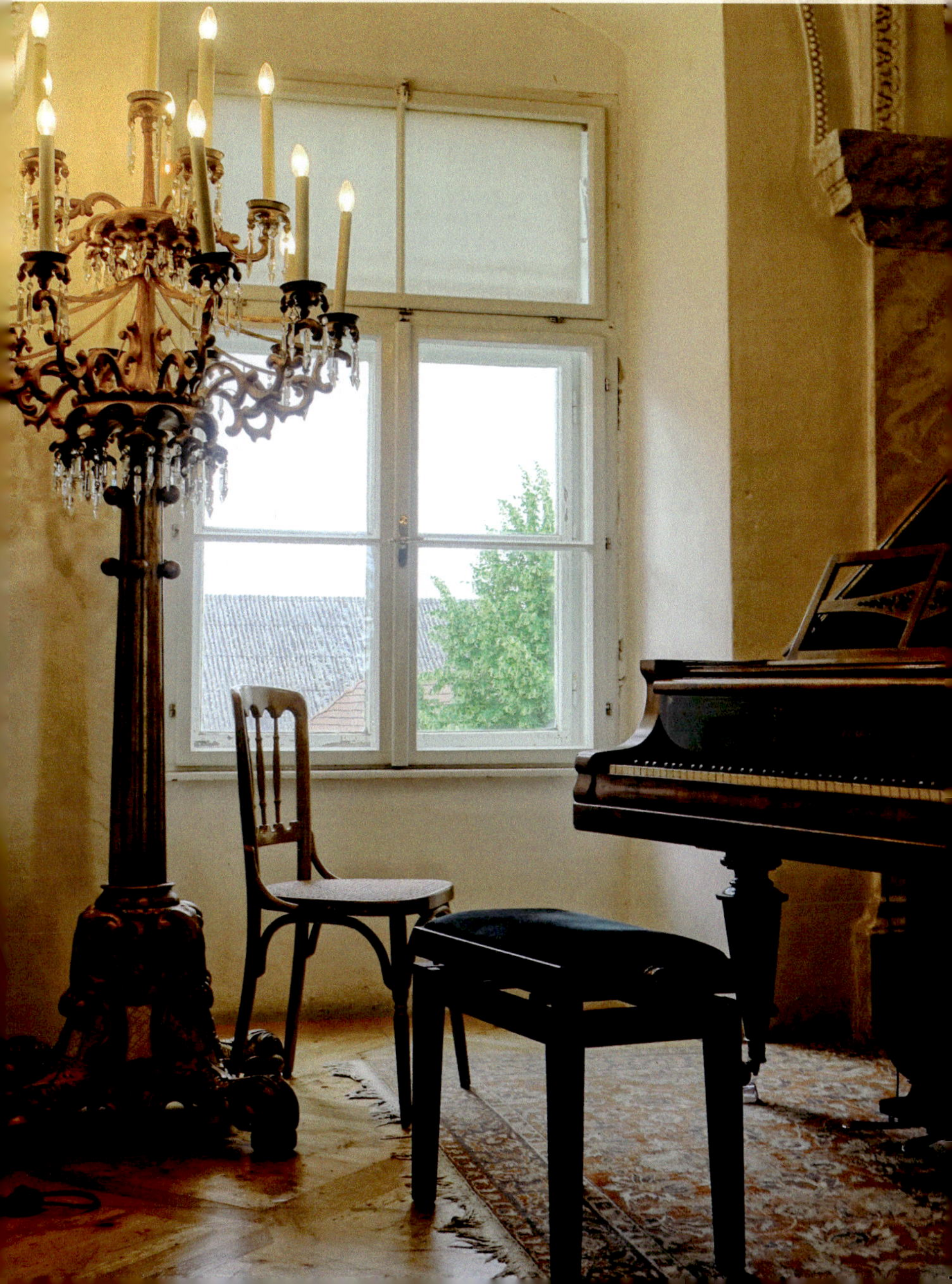

2 Das Haus der Neunten

Dass ich so faul sein könnte!

Die Freude des Kupferschmieds Johann Bayer über seinen berühmten Mieter ist wohl nicht ganz ungetrübt. Als Ludwig van Beethoven in den Sommern von 1821 bis 1823 bei ihm Quartier bezieht – Vorzimmer mit Balkon zum Garten, Schlafkammer, Wohnraum –, pflegt der Komponist sich in Ermangelung anderer Waschgelegenheiten allmorgendlich einen Kübel Wasser über den Kopf zu schütten, zum Leidwesen des Holzbodens. Auch Fensterläden müssen dran glauben, notfalls dienen sie als Notenpapier, wenn ihm ein musikalischer Gedanke kommt, den er einfach aufschreiben *muss*.

Die Möblage bringt Beethoven wie damals üblich aus dem eine halbe Tagesreise entfernten Wien mit, Schreibtisch, Kasten, Bett und Stuhl, gerade so viel, wie auf einem Fuhrwerk Platz findet. Im Haus hält er sich nur zum Schlafen auf und um die Musik aus seinem Kopf aufs Papier zu bringen, Teile seiner 9. Symphonie zum Beispiel und der »Missa solemnis«. Klavier braucht er keines mehr, Musik findet fast nur mehr in seinem Kopf statt. Er ist knapp über 50 Jahre alt und beinahe ertaubt. Akustische Schwingungen kann er jedoch sehr gut wahrnehmen – er hört mit seinem Körper. Ruhelos und bewegungssüchtig komponiert er unentwegt, fieberhaft. Bisweilen besucht er die Badener Schwefelbäder, von welchen er sich Linderung diverser Leiden erhofft. Die übrige Zeit geht er, stundenlang, durch sein geliebtes Helenental nach Stift Heiligenkreuz oder Mödling, mitunter wandert er sogar bis ins 30 Kilometer entfernte Wiener Neustadt.

Zu Gast im atmosphärisch dichten, behutsam als Museum inszenierten und mit spannenden Hörstationen ausgestatteten Haus, kann man sich des Eindrucks nicht erwehren: Ludwig ist eben erst weggegangen und wird abends zurückkehren, zu Papier bringen, was sich tagsüber in seinem Kopf zu Musik geformt hat, und dann noch einen Brief an einen Freund schreiben: »Ich hätte mein Leben nicht geglaubt, dass ich so faul sein könnte, wie ich hier bin.«

Adresse Rathausgasse 10, 2500 Baden, www.beethovenhaus-baden.at | **Anfahrt** A 2, Abfahrt Baden, Richtung Zentrum | **Öffnungszeiten** Ostern – 26. Okt. Di – So 10 – 18 Uhr, Tel. 02252/86800630 | **Tipp** In der Renngasse 4 weilte Constanze Mozart im Juni 1791, hochschwanger mit Franz Xaver Wolfgang, zur Kur; Wolfgang Amadeus komponierte bei einem Besuch das »Ave verum« – in der Stephanskirche (Pfarrgasse 7) erstmals aufgeführt (Gedenktafel).

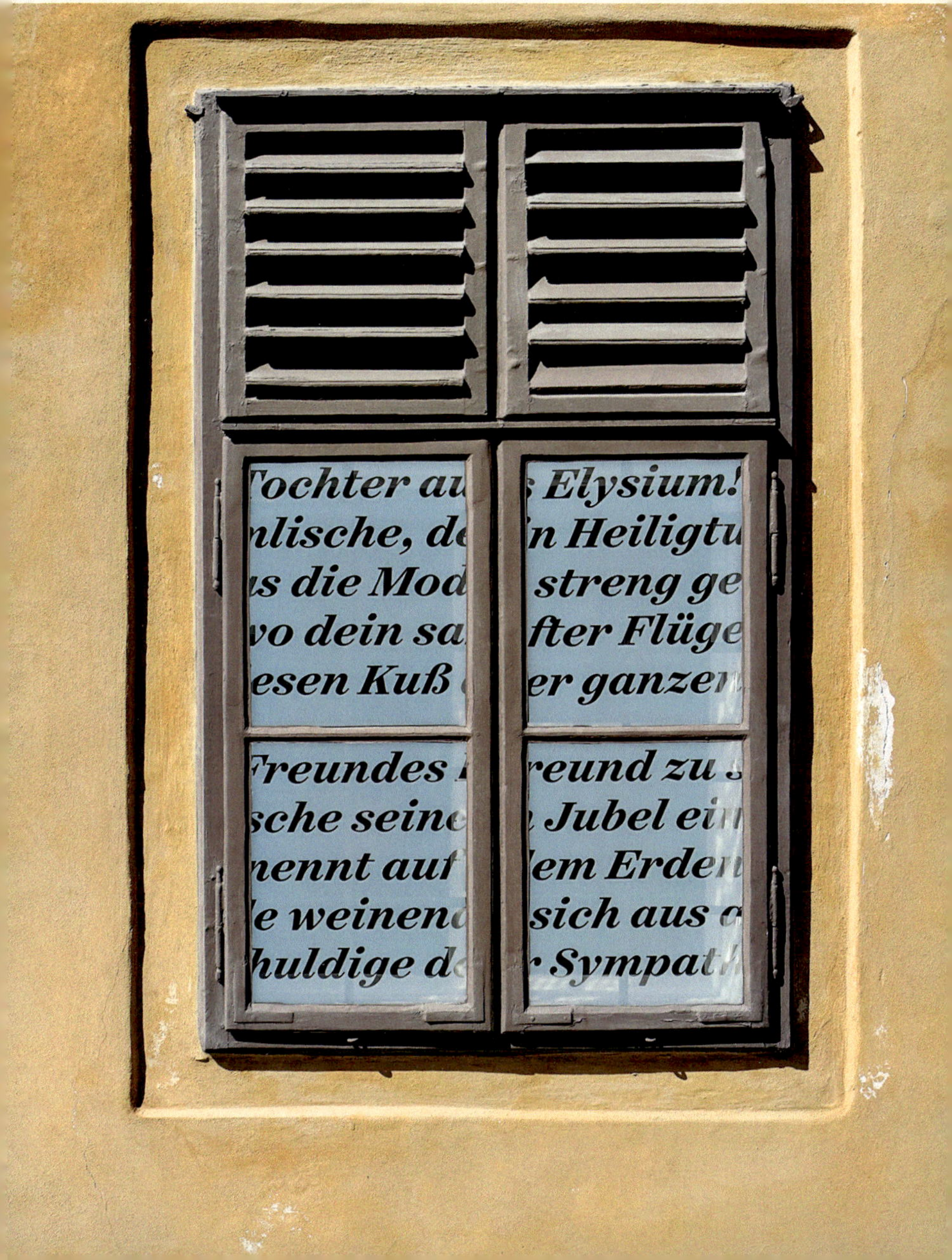

3 Das Carl Goldmark Museum

Die Königin von Saba

Die Familie des Kantors Rubin Goldmark zieht 1834 in das schlichte Haus. Carl ist vier Jahre alt, Deutschkreutz gehört zu Westungarn, und die Hauptstraße heißt noch Judengasse. Bis heute führt die Gemeinde neben ihrem deutschen auch den hebräischen Namen. Weit über seine Grenzen war »Zelem« seit 1671 für die Talmudhochschule berühmt, an der Juden aus aller Welt studierten. Ein frühes musikalisches Erlebnis entscheidet, wie Carl später in seinen Erinnerungen festhält, über seine Zukunft. »Es war Sonntagvormittag. Feierliche Stille umgab mich, nur Bienen und Käfer summten, hoch in den Lüften jubilierten die Lerchen süße Weisen. Da, mit einem Male erklangen sanfte Kirchenglocken aus weiter Ferne, und als diese schwiegen, erbrauste die Orgel mit Macht. Sie wurde sanft, und vier Stimmen mit ihr vereint sangen in Dreiklängen die heilige Messe. Zum ersten Male hörte und empfand ich die erschütternde Macht der Harmonie, der Musik überhaupt.« Mit elf lernt Carl Geige spielen, mit 14 zieht er nach Wien zu seinem Halbbruder Josef und hat mit 18 seinen ersten Soloauftritt. Erst im Alter von 27 beginnt er zu komponieren. Er ist bei Johann Strauß zu Gast und findet in Johannes Brahms einen Freund fürs Leben.

Heute spielt man von ihm nur noch »Die Königin von Saba«. Die opulente orientalische Liebestragödie, am 10. März 1875 in der Wiener Hofoper uraufgeführt, wird eine der erfolgreichsten Opern des späten 19. Jahrhunderts. Sein wunderbares a-Moll-Violinkonzert oder die melodienreiche »Ländliche Hochzeit« sind leider in Vergessenheit geraten.

Sein Großneffe Peter Carl Goldmark, amerikanischer Ingenieur mit österreichisch-ungarischen Wurzeln, wird 1946 eine bahnbrechende Erfindung machen. Als er bei einem Freund zu Gast ist, hört er Brahms' 2. Klavierkonzert – auf Schellack. Das Knacksen und Knistern stört ihn dermaßen, dass er die Vinyl-LP entwickelt.

Adresse Hauptstraße 54, 7301 Deutschkreutz | **Anfahrt** A 2, A 3 Ausfahrt Eisenstadt, S 31 Ausfahrt Weppersdorf, B 62 | **Öffnungszeiten** Mo–So 9–20 Uhr, www.deutschkreutz.at | **Tipp** Das sehr empfehlenswerte Café Goldmark in der Hauptstraße 40 widmet dem Komponisten einen Salon mit Klavier und Büste.

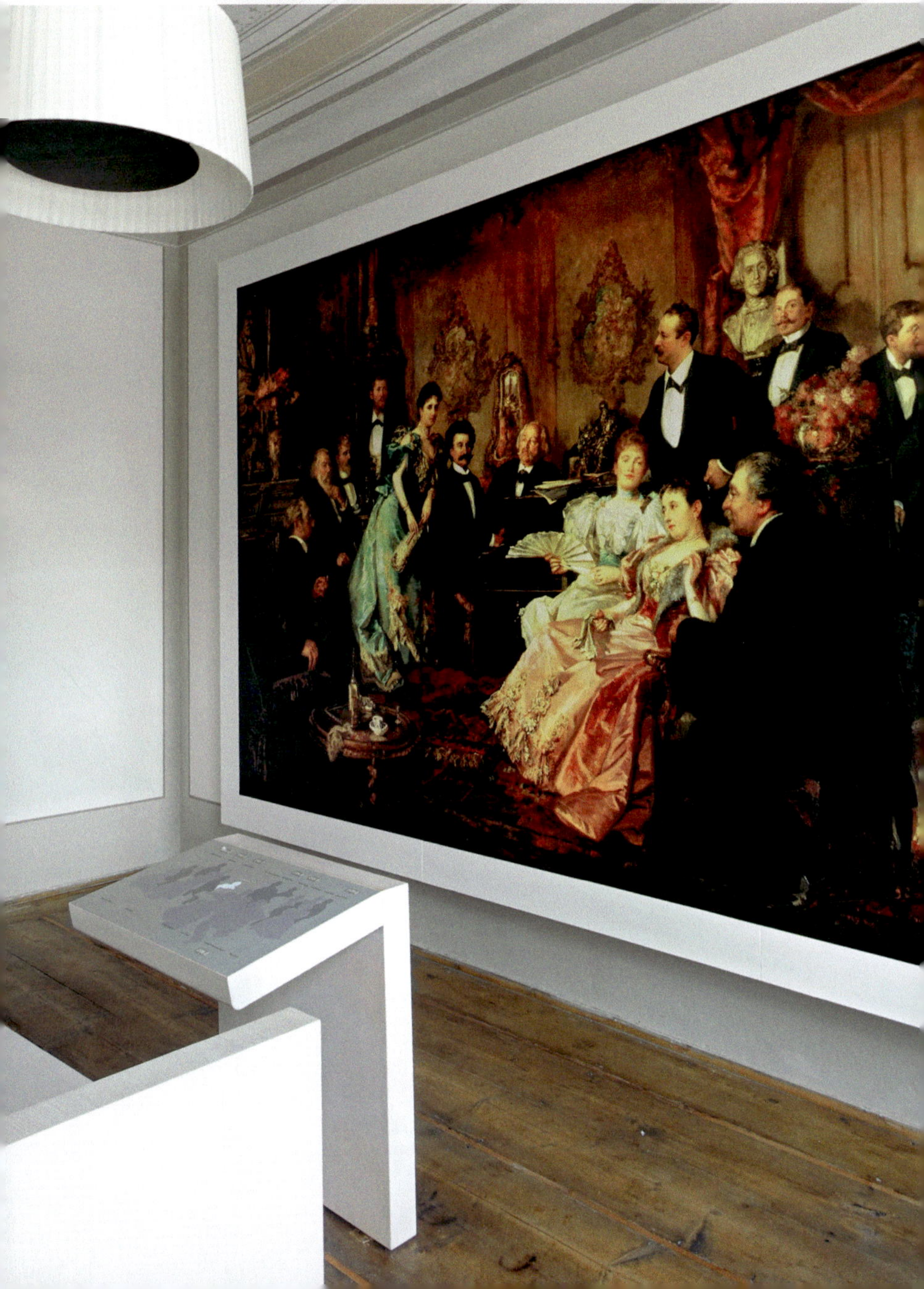

4 Das Haydn-Haus

Joseph ganz privat

Wie wohlhabend und berühmt Joseph Haydn zu Lebzeiten war, kann man an der Zahl der Gedenkstätten ablesen, die alle Zeiten überdauert haben. Kaum ein Komponist hat jemals überhaupt ein eigenes Haus besessen – Haydn hatte zwei. Das erste erwirbt er um 1.000 Gulden für sich und seine Frau Anna Maria, nachdem Fürst Esterhazy ihn 1766 zum 1. Kapellmeister befördert hat. Gleich zum Einstand schreibt er die »Cäcilienmesse« – als Vizekapellmeister ist ihm das Komponieren geistlicher Werke nämlich bis dato verboten gewesen. Das »Stabat Mater« trägt seinen Ruhm bis Paris und wird ihm 1784 den Auftrag für die »Pariser Symphonien« der »Loge Olympique« bescheren.

Ganze zwölf Jahre bewohnt er das Haus. Trägt eine Uniform in Blau und Gold und verpflichtet sich, »das Orchester zu leiten, für Durchlaucht zu komponieren und täglich um die Mittagszeit im fürstlichen Vorzimmer zu erscheinen, um zu erfahren, ob der Fürst abends durch ein Konzert, eine Opernaufführung oder ein Spektakel divertiert zu werden wünsche«. Trotzdem bleibt Zeit für eigenes Komponieren und Unterrichten. Ignaz Pleyel (siehe Kapitel 31) logiert ab 1772 für fünf Jahre als Schüler bei ihm und wird ein enger Freund. Gemeinsam erarbeitet man »Das abgebrannte Haus«, eine komische Marionettenoper. Ja, Haydn beweist Humor, denn sein Haus ist tatsächlich zweimal abgebrannt. Kein Schaden ohne Nutzen: Dank einer erhalten gebliebenen Brandkonskription weiß man ziemlich genau, wie der Haydn'sche Haushalt ausgestattet war. So konnten die Innenräume wunderbar rekonstruiert werden.

Jenseits musealer Inszenierung, die heute nun einmal erwartet wird, erhascht der Besucher atmosphärische Einblicke und Fetzen von barocker Lebenswirklichkeit. In der grob gepflasterten Einfahrt, im idyllischen Innenhof, im Stiegenhaus; beim Wandeln auf knarrenden Schiffböden durch die Kuchl und durch die Wohnräume mit sorgsam freigelegter Wandmalerei.

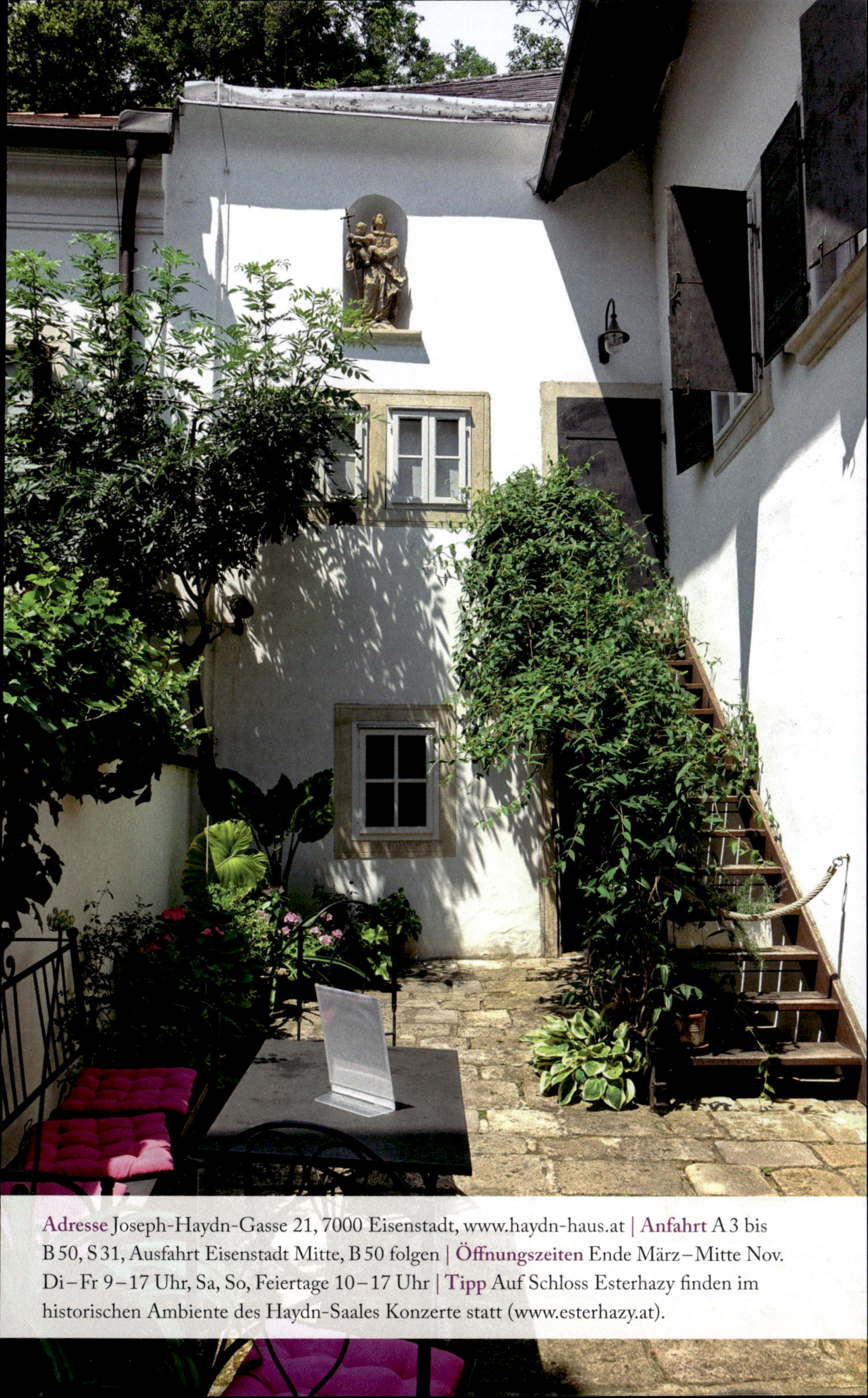

Adresse Joseph-Haydn-Gasse 21, 7000 Eisenstadt, www.haydn-haus.at | **Anfahrt** A 3 bis B 50, S 31, Ausfahrt Eisenstadt Mitte, B 50 folgen | **Öffnungszeiten** Ende März–Mitte Nov. Di–Fr 9–17 Uhr, Sa, So, Feiertage 10–17 Uhr | **Tipp** Auf Schloss Esterhazy finden im historischen Ambiente des Haydn-Saales Konzerte statt (www.esterhazy.at).

5__Das Mausoleum

Phrenologische Verwicklungen

Als Joseph Haydn am 2. Juni 1809 auf dem Hundsturmer Friedhof in Wien begraben wird, belagern Napoleons Truppen die Stadt. Keine Spur von Ruhe. Auch nicht von letzter, denn 1820 ordnet Nikolaus von Esterhazy eine Exhumierung an. Sein ehemaliger Hofkompositeur ist ja doch irgendwie immer noch sein Besitz. Er will ihn standesgemäß in einem eigens erbauten Mausoleum bestatten, in der Bergkirche, wo Haydn so viele seiner Messen dirigiert hat.

Die Exhumierung bringt es ans Licht: Haydns Perücke ist da, allein, es fehlt sein Schädel! Skandal! Die Kriminalpolizei ermittelt. Bald ist der Fall klar: Johann Nepomuk Peter (Verwalter) und Joseph Karl Rosenbaum (Sekretär) haben den Wiener Totengräber Jakob Demut bestochen, das Grab zu öffnen und den Schädel zu entwenden. Wozu denn das, fragt man sich. Tja, Peter und Rosenbaum sind glühende Anhänger der von Franz Joseph Gall begründeten Phrenologie, die versucht, bestimmten Gehirn- und Schädelregionen geistige Funktionen zuzuweisen. Die Vermessung des Schädels eines Musikgenies lässt die Hobby-Phrenologen auf bahnbrechende Erkenntnisse hoffen. Erst bewahrt Peter den Schädel auf, später landet er bei Rosenbaum. Dieser wird 1820 des Grabraubs überführt und muss den Schädel zurückerstatten. Jedoch – er schickt den falschen! Während Joseph Haydn mit einem wildfremden Schädel im Eisenstädter Mausoleum liegt, ruht sein eigentlicher bei Rosenbaum. 1898 gelangt er auf verschlungenen Wegen zur Gesellschaft der Musikfreunde in Wien. Vergeblich versucht Fürst Paul von Esterhazy, seinen Anspruch geltend zu machen. Erst im Sommer 1954 lassen die »Musikfreunde« sich erweichen: Joseph Haydn darf wieder seinen eigenen Kopf haben.

Ob die Hobby-Phrenologen wohl die Musikregion in Haydns genialem Schädel entdeckt haben? Darüber ist nichts bekannt. Galls Theorien jedenfalls erwiesen sich später als Vorläufer der modernen Neurowissenschaft.

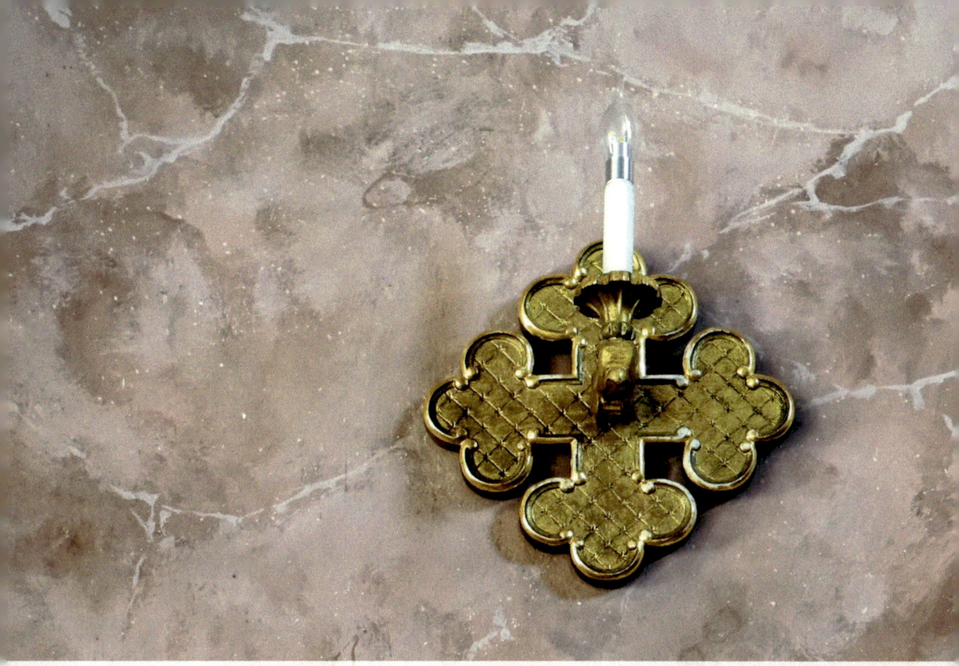

Adresse Joseph-Haydn-Platz 1, 7000 Eisenstadt | Anfahrt A 3 bis Ausfahrt Müllendorf, dann B 59 folgen | Öffnungszeiten 10 – 18 Uhr, Führungen nach Vereinbarung Tel. 0676/880708098 | Tipp Im Berg unter der Kirche verbirgt sich der originellste Kalvarienberg Österreichs mit lebensgroßer Nachbildung biblischer Szenen.

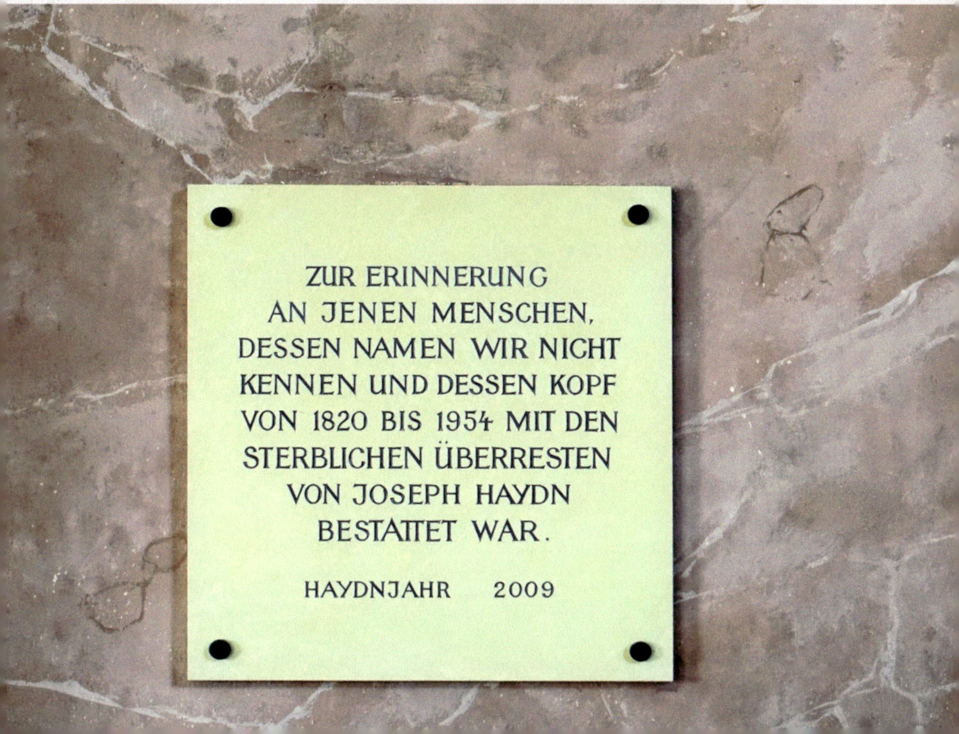

6 Das Schloss Niederweiden

Die singende Köchin

Im Jahre 1693 lässt sich Ernst Rüdiger von Starhemberg auf dem Gelände der zerstörten mittelalterlichen Burg Grafenweiden von Fischer von Erlach ein einstöckiges Jagdschlösschen erbauen. 1726 gelangt es in den Besitz von Prinz Eugen von Savoyen, der daran kaum etwas verändert. Erst Maria Theresia lässt das schmucke Schlösschen aufstocken und vom Hofarchitekten Nikolaus Pacassi nach der neuesten Barockmode umgestalten. Erworben hat sie es 1755 zusammen mit Schloss Hof. Die Kaufentscheidung jedoch ist schon im September 1754 gefallen.

Da nämlich wird für das Kaiserpaar ein mehrtägiges Fest auf Schloss Hof (siehe Kapitel 33) gegeben, welches auch das nahe gelegene Jagdschloss mit einbezieht. Am 23. September, nach einem opulenten Mittagsmahl, »bei welchem der kostbare, die kaiserliche Tafel schmückende Nachtisch die zwölf Monate vorstellt«, fährt die illustre Gesellschaft mit Kutschen zu dem eine Viertelstunde entfernten, entzückenden Schloss Niederweiden. Hier wartet eine besondere Überraschung. Plötzlich, im Heckengarten verborgen, beginnt »ein lebendiges Theater, das in seinem Hintergrunde die reizende Aussicht bis an das blaue Gebirge von Pressburg eröffnet«. Die Oper »Il vero Omaggio« von Giuseppe Bonno wird aufgeführt. Wobei die Landbewohner als Chor auftreten und die Schlossköchin für eine indisponierte Sängerin einspringt. Die Kaiserin und ihr Gemahl Franz Stephan, so sagt man, sind vom Gesang und von der Kochkunst der Katharina Luckner dermaßen hingerissen, dass sie das Schloss kaufen – samt der Köchin, die sich fortan Caterina Luculla nennt.

Zur Erinnerung an die denkwürdige Begebenheit kocht man im barocken Ambiente der Wildküche von Schloss Niederweiden auf Wunsch für die Besucher barocke Gerichte nach Originalrezepten aus dem 18. Jahrhundert. Dass es sich bei dem Koch um einen direkten Nachkommen von Caterina Luculla handelt, ist allerdings ein Gerücht.

Adresse Schloss Niederweiden 1, 2292 Engelhartstetten, www.schlosshof.at/der-standort/schloss-niederweiden | **Anfahrt** A 4, Abfahrt Fischamend, B 9 Richtung Hainburg, B 49 zum Schloss | **Öffnungszeiten** Mitte März – Nov. täglich 10 – 18 Uhr, im Winter geschlossen | **Tipp** Schloss Eckartsau, das dritte Marchfeld-Schloss, ist gelegentlich Schauplatz von Konzerten (www.schlosseckartsau.at, Besichtigung April – Nov. 10 – 17 Uhr).

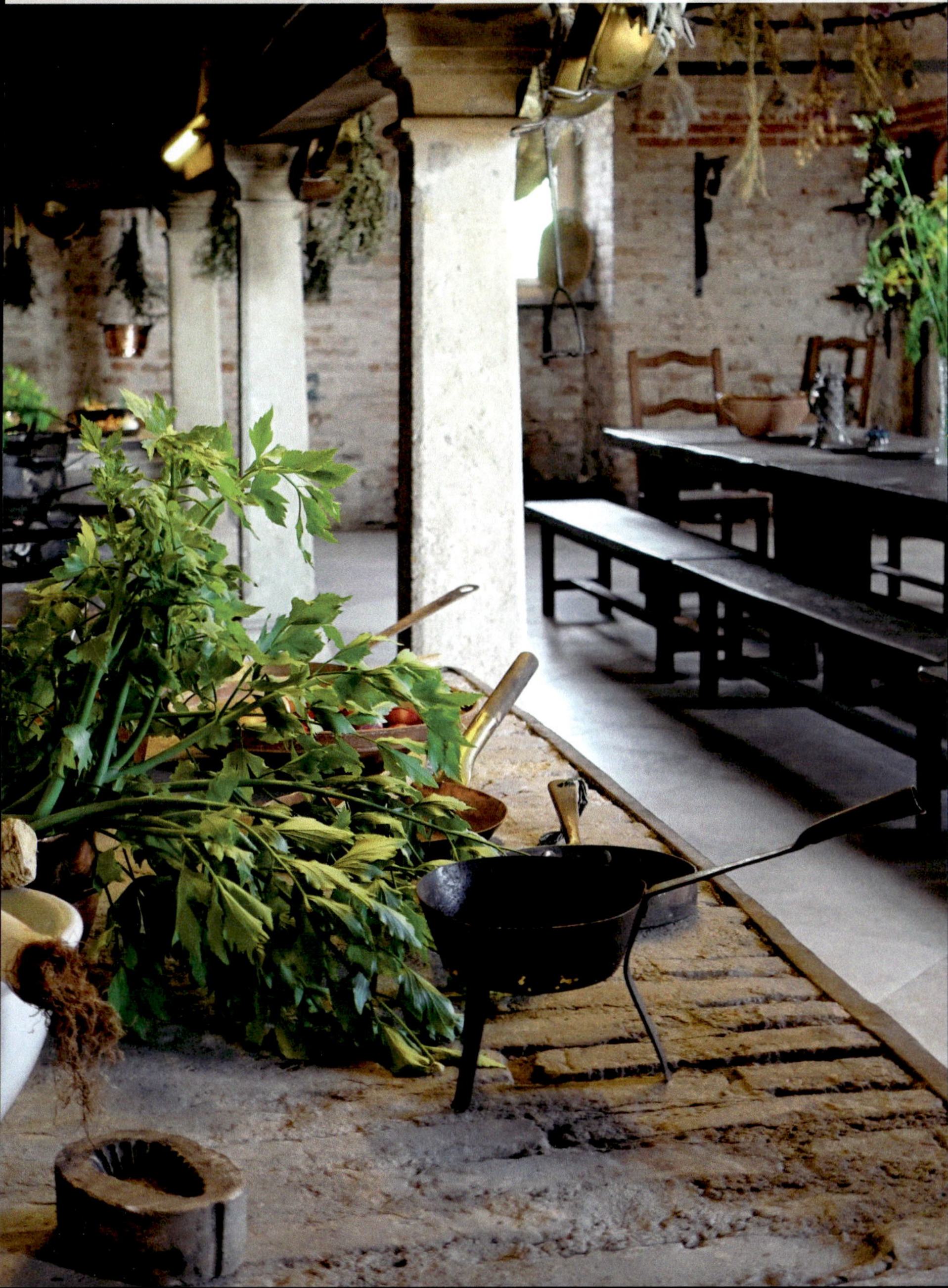

7 Die Babenberger Burg

Oper unplugged

Musikalisch betrachtet ist das Mittelalter alles andere als finster. Auf der Burg hoch über dem Kamptal empfängt man im 11. Jahrhundert freudig fahrende Spielleute und Minnesänger, die den illustren Bewohnern an langen Abenden die Zeit vertreiben. Wo das Geld zu Hause ist, spielt schon damals die Musik, und immerhin ist Gars als Residenz der Babenberger so etwas wie die Hauptstadt von »Osterriche«. Bis 1110 jedenfalls, als Markgraf Leopold III. der Heilige seinen Sitz vom Kamp- ins Donautal verlegt, nach Klosterneuburg. Fortan von Burggrafen verwaltet, wird die Anlage erweitert und mit einer 330 Meter langen Mauer versehen; erst in der Renaissance erhält sie ihre endgültige Gestalt.

Im 18. Jahrhundert jedoch setzt der Verfall ein. Die Natur holt sich zurück, was der Mensch sich für eine kleine Weile untertan gemacht hat.

Die Dimensionen der stolzen Burg lassen sich nur mehr erahnen. Was davon übrig ist, wird gehegt und gepflegt und in der schönen Jahreszeit mit Musik erfüllt. Im ältesten Teil, dort, wo einst das »Feste Haus« stand, wo im Hof und im Festsaal Schalmei, Drehleier und Krummholz erklangen, wird nun alljährlich im Sommer eine Oper aufgeführt. Die romantische Ruine ist weit und breit der einzige Opernschauplatz mit Naturakustik. Im Vergleich zu anderen Freiluft-Oper-Events geht es hier beschaulich zu. Sehen ist wichtiger als gesehen werden. Aufwendige Bühnentechnik? Überflüssig. Die Naturkulisse ist spektakulär genug. Das geneigte Ohr, an Lautsprecher-Beschallung gewöhnt, spitzt sich und gewöhnt sich schnell an die natürliche Lautstärke. Die alten Mauern reflektieren und streuen den Schall auch ohne raffinierte Tontechnik perfekt. Das Geschehen auf der Bühne, selbst in der letzten Reihe nicht allzu weit entfernt, erfasst den Besucher unmittelbar. Ein Feuerwerk als Abschluss? Braucht hier niemand. An diesem besonderen Ort geht es vor allem um Musik.

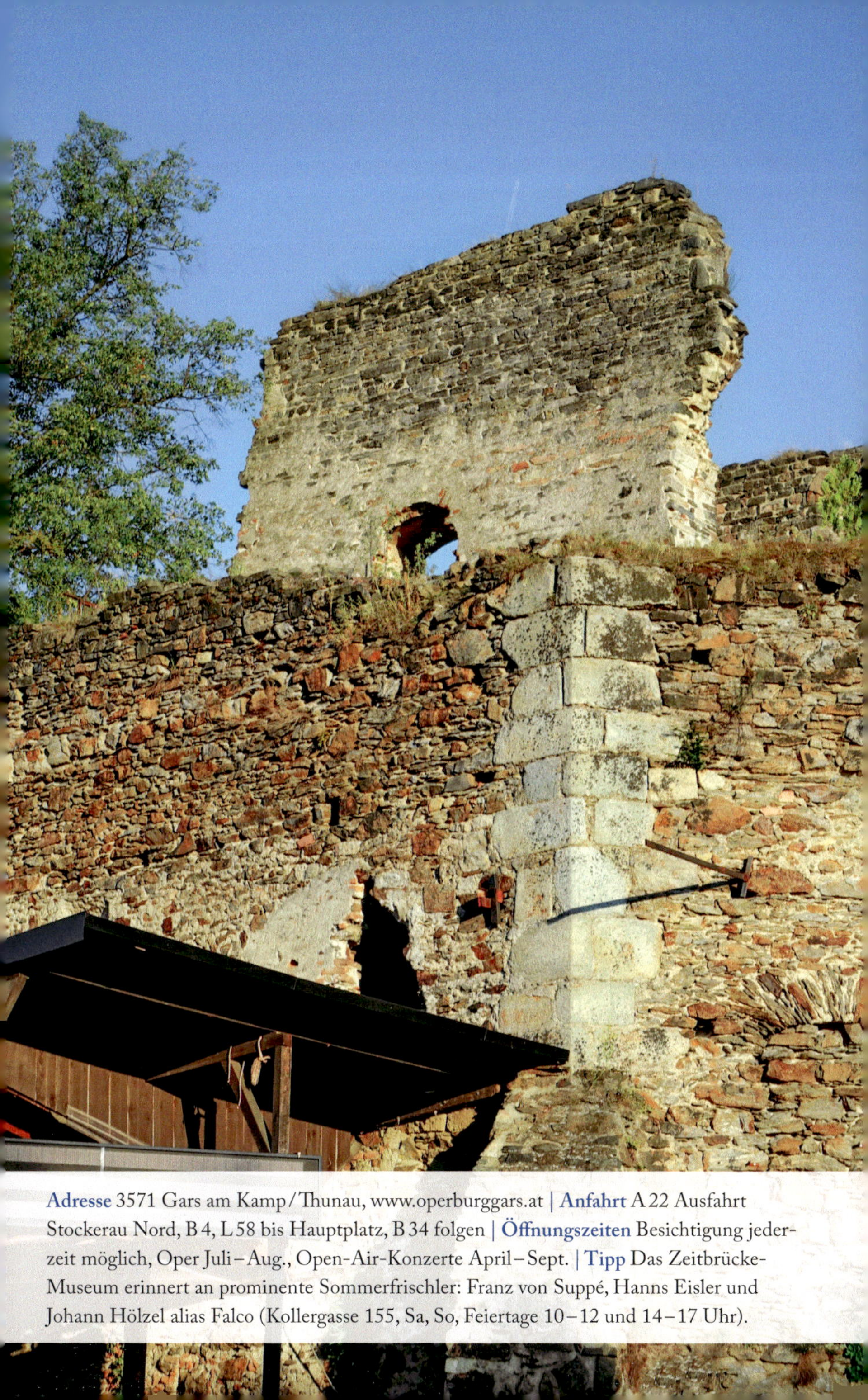

Adresse 3571 Gars am Kamp/Thunau, www.operburggars.at | **Anfahrt** A 22 Ausfahrt Stockerau Nord, B 4, L 58 bis Hauptplatz, B 34 folgen | **Öffnungszeiten** Besichtigung jederzeit möglich, Oper Juli–Aug., Open-Air-Konzerte April–Sept. | **Tipp** Das Zeitbrücke-Museum erinnert an prominente Sommerfrischler: Franz von Suppé, Hanns Eisler und Johann Hölzel alias Falco (Kollergasse 155, Sa, So, Feiertage 10–12 und 14–17 Uhr).

8 Das Falco-Denkmal

Out of the Dark into the Light

30 Jahre alt ist der »Falke«, als er nach seinen schwindelnden Höhenflügen in die amerikanischen Charts jäh abzustürzen droht. Alkohol, Drogen, körperlicher und seelischer Zusammenbruch. Fernab der unerbittlichen Welt, die ihn emporgehoben hat und nun eiskalt fallen lässt, landet er sanft im unteren Waldviertel. In Gars kommt er zur Ruhe. Er kauft für sich und seine Mama die Adam-Villa. Mit direktem Zugang zum Kamp und erfüllt vom Flair der Jahrhundertwende, als der Ort seine Hochblüte erlebte und berühmte Künstler hier ihre Sommerfrische verbrachten.

»Wiener Blut« heißt der Titelsong des Albums, das 1988 veröffentlicht wird. Falco kann damit nicht an die Erfolge seiner Nummer-eins-Hits »Der Kommissar«, »Rock Me Amadeus«, »Jeanny« und »Coming Home« anknüpfen. Im neuen Studio seiner Villa nimmt er später den Song »Out of the Dark into the Light« auf. Das gleichnamige Album wird im Februar 1998 erscheinen und ein Mordserfolg werden. Die Wiener werden ihn wieder lieben. Doch da wird Falco schon drei Wochen tot sein, ums Leben gekommen in der Dominikanischen Republik. In Wien muss man eben erst sterben, bevor man anerkannt wird.

»Wenn ich einmal vor meinem Herrn steh, kann ich ruhigen Gewissens sagen: Ich hab niemandem etwas getan, niemanden getötet oder betrogen. Der Einzige, dem ich etwas angetan habe, war ich selbst«, sagte Falco in seinem letzten Interview. Er war ein genialer Künstler und seiner Zeit weit voraus. Seine vordergründig hintergründigen Songtexte, sein unverwechselbarer wienerisch angehauchter Sprechgesang und sein morbider Charme haben nichts von ihrer Anziehungskraft verloren.

Das ihm »ehrenhalber gewidmete« Grab auf dem Wiener Zentralfriedhof ist eine Pilgerstätte für Falco-Fans. Das Denkmal hingegen steht für den ganz normalen Menschen Johann Hölzel, der hier einfach so durch den Park spazierte, anerkannt und unbehelligt.

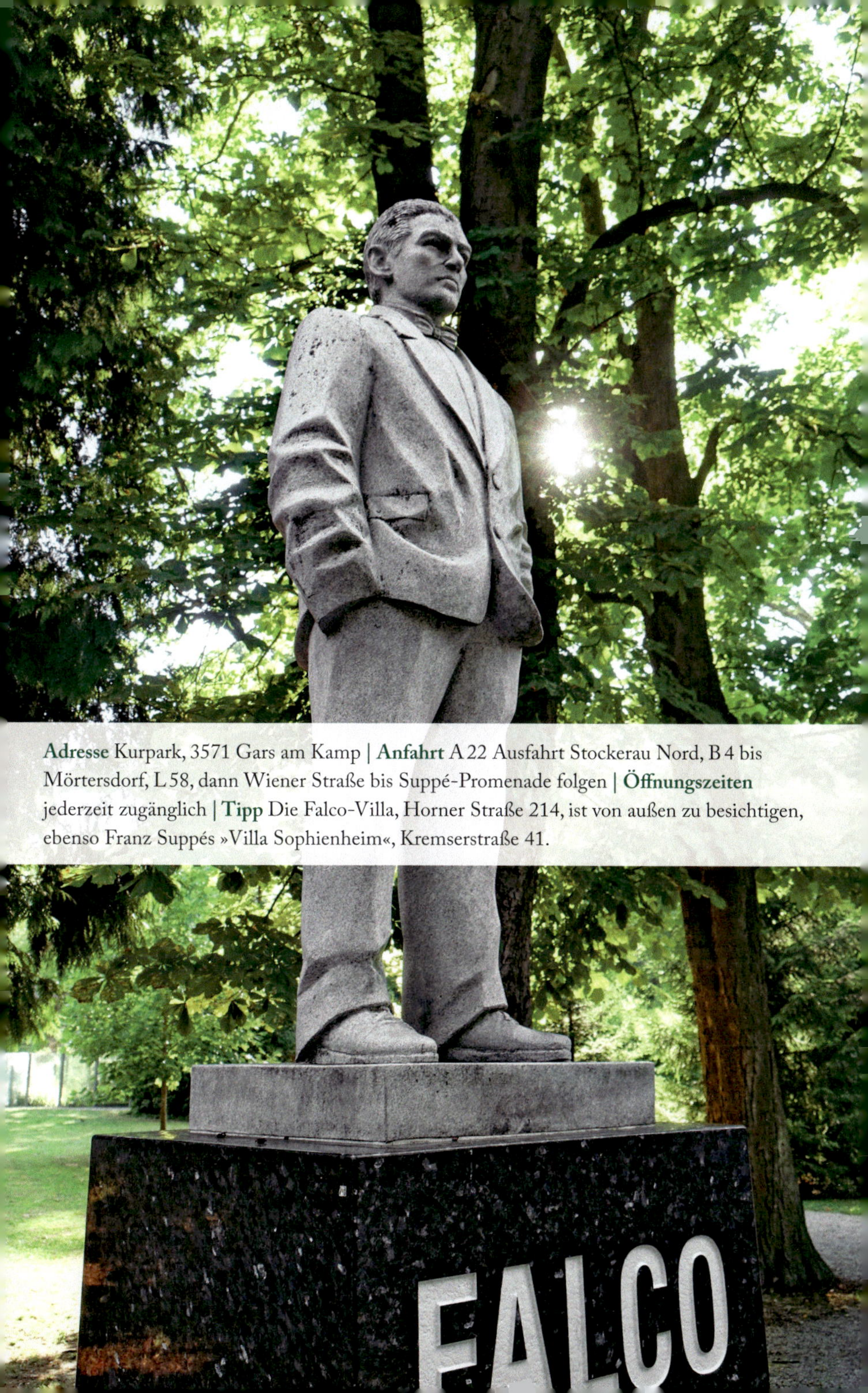

Adresse Kurpark, 3571 Gars am Kamp | **Anfahrt** A 22 Ausfahrt Stockerau Nord, B 4 bis Mörtersdorf, L 58, dann Wiener Straße bis Suppé-Promenade folgen | **Öffnungszeiten** jederzeit zugänglich | **Tipp** Die Falco-Villa, Horner Straße 214, ist von außen zu besichtigen, ebenso Franz Suppés »Villa Sophienheim«, Kremserstraße 41.

9 Das Schloss Wasserhof

Beethovens letzte Reise

Bei seinem jüngeren Bruder Johann, dem Apotheker und Besitzer von Schloss Wasserhof, ist Ludwig van Beethoven von Ende September bis Anfang Dezember 1826 zu Besuch. »Endlich kam ich dazu, mich hieher aufs Land zu begeben; eine wahrhafte Erhohlung für mich, da ich diesen Sommer in der Stadt zubringen mußte.« Er hat seinen Neffen Karl mitgebracht – der ihm am 5. August mit seinem Selbstmordversuch einen gehörigen Schrecken eingejagt hatte. »Abgestreift ist die Müdigkeit der Stadt, und ich fühle mich wieder aufgelegter.« Solange das Wetter schön ist, macht der Komponist Spaziergänge nach Krems und Ausflüge bis Göttweig. Am 30. Oktober beendet er sein Streichquartett Nr. 16 op. 135. »Das Quartett ist vollendet, aber noch nicht ganz copirt.«

Allmählich wird es kälter. Johann, der Gutsbesitzer, hat seinen Bruder, den armen Komponisten, »in einem schlechten, zum Bewohnen im nasskalten November nur wenig geeigneten Gemach untergebracht«. Er ist ein Geizkragen. Für Kost und Quartier verlangt er einen hohen Preis. Das Essen ist schlecht. Ludwig, fast 56 Jahre alt, ist schwer krank, zu schwach, um seine Briefe selbst zu schreiben. Ständig gibt es Streit mit Schwägerin Karoline. Am nasskalten, frostigen Abend des 1. Dezember fährt er »auf einem elendsten Fuhrwerk des Teufels«, einem offenen Milchwagen, Richtung Wien, von Fieber geschüttelt. Er erholt sich nicht mehr und stirbt am 26. März 1827.

Nach dem Zweiten Weltkrieg war das Schloss devastiert und dem Verfall preisgegeben. 2006 fand es glücklicherweise in einem Architekten seinen neuen Herrn. Zehn Jahre hat Ernst Linsberger es behutsam restauriert und geschmackvoll modernisiert. Nun steht es in neuem Glanz selbstbewusst da, in einem großen Park mit kleinem Pfauengehege – echt barock. Im wunderschön renovierten Schüttkasten auf dem Schlossgelände erklingt bisweilen Musik der Wiener Klassik, zum Beispiel beim Beethoven-Festival im September.

Adresse Wasserhofstraße 5, 3500 Krems-Gneixendorf | Anfahrt A 22, S 5, in Furth auf B 37 abbiegen, B 37 folgen | Öffnungszeiten von außen zu besichtigen, Info zu Konzerten im Schüttkasten unter www.koechelgesellschaft.at | Tipp Lohnenswert ist ein Ausflug nach Stift Göttweig jenseits der Donau (www.stiftgoettweig.at).

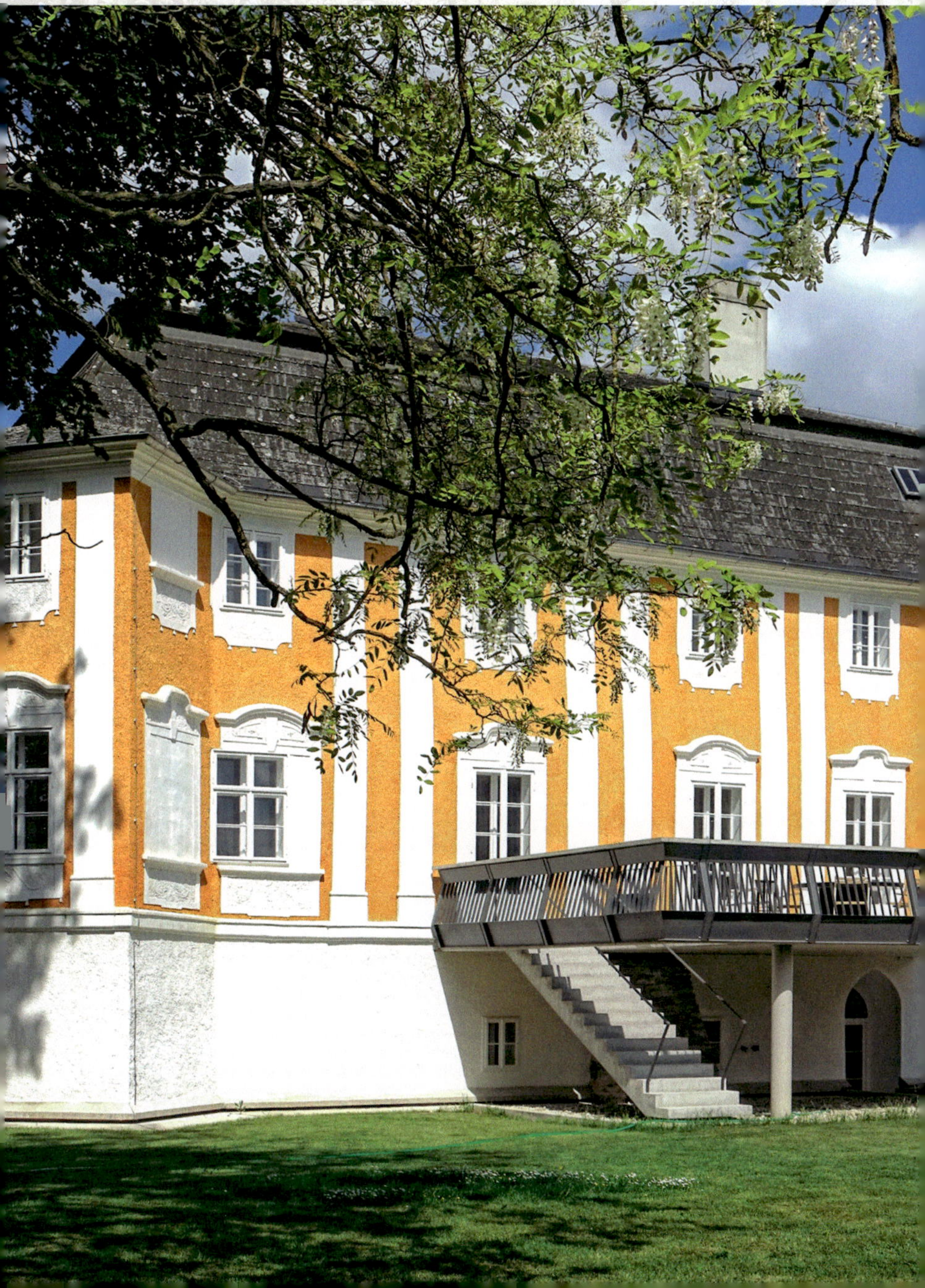

10 Das Stift Heiligenkreuz

Music for Paradise

Am 12. Jänner 1782 ließ Kaiser Joseph II. alle beschaulichen, also nicht dem Allgemeinwohl dienenden Klöster und Orden in Österreich aufheben – fast zwei Drittel. Papst Pius VI. reiste an, um das Schlimmste zu verhindern – ohne Erfolg. Die Klöster der Zisterzienser jedoch, obwohl kontemplativ, blieben vom josephinischen Kahlschlag verschont.

Stift Heiligenkreuz, idyllisch im Wienerwald gelegen, ist das weltweit zweitälteste Zisterzienserkloster, das seit seiner Gründung (1133) ohne Unterbrechung von Mönchen bewohnt wird. Die Zisterzienser sind ein musikliebender Orden. Die Mönche von Heiligenkreuz pflegen den gemeinsamen Gebets-Gesang, den Gregorianischen Choral, der auf Papst Gregor den Großen (6. Jahrhundert) zurückgeht, besonders gewissenhaft. Siebenmal täglich singen sie ihre Gebete in lateinischer Sprache, und das nicht im stillen Kämmerlein, sondern öffentlich, im prächtigen Chorgestühl der Stiftskirche oder in der Bernardikapelle.

Die archaischen Melodien, einstimmig und rhythmisch frei, in einer von acht Kirchentonarten stetig zwischen Dur und Moll schwebend, erfüllen das romanische Langhaus mit einem ganz eigentümlichen, faszinierenden Klang. Er versetzt die Sänger selbst wie auch die Zuhörer in einen zeitlos meditativen Zustand, beinahe in Trance.

Im Jahr 2008 sind Musikproduzenten auf die singenden Mönche aufmerksam geworden. Die CD »Chant – Music for Paradise« wurde aufgenommen, landete vollkommen überraschend in den internationalen Charts und machte Heiligenkreuz über Nacht weltberühmt. CDs sind gut, doch live ist immer noch live. Die Atmosphäre und die Akustik in der dreischiffigen romanischen Basilika mit der angebauten gotischen Chorhalle ist einzigartig. Eine Führung durch die weitläufige Klosteranlage mit dem malerischen Kreuz- und Lesegang lohnt sich. Über dem Eingang kann man eine musikalische Kuriosität sehen, bisweilen auch hören: ein Turmglockenspiel.

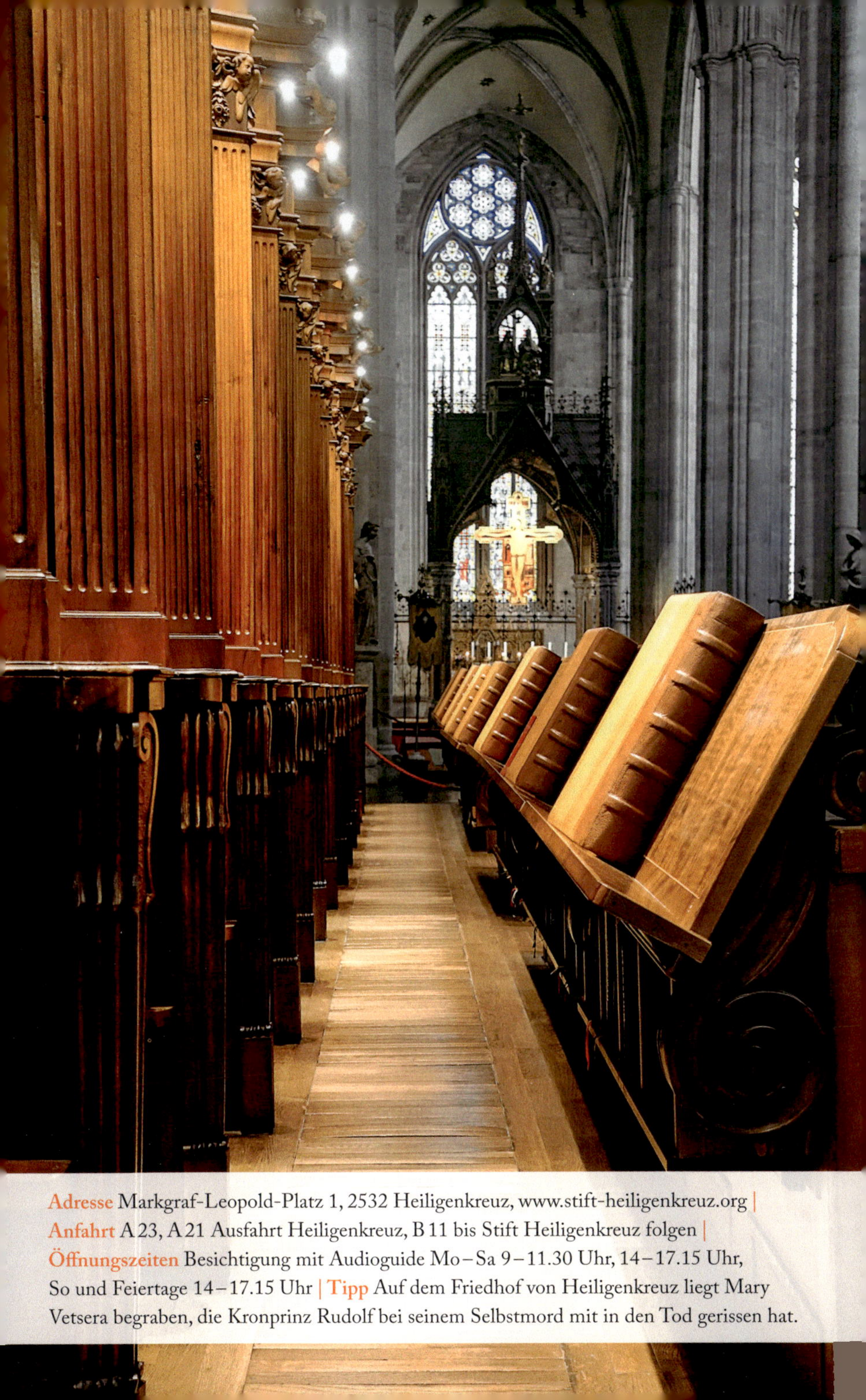

Adresse Markgraf-Leopold-Platz 1, 2532 Heiligenkreuz, www.stift-heiligenkreuz.org | **Anfahrt** A 23, A 21 Ausfahrt Heiligenkreuz, B 11 bis Stift Heiligenkreuz folgen | **Öffnungszeiten** Besichtigung mit Audioguide Mo–Sa 9–11.30 Uhr, 14–17.15 Uhr, So und Feiertage 14–17.15 Uhr | **Tipp** Auf dem Friedhof von Heiligenkreuz liegt Mary Vetsera begraben, die Kronprinz Rudolf bei seinem Selbstmord mit in den Tod gerissen hat.

11 Der Lindenbaum

Nun bin ich manche Stunde entfernt von jenem Ort

»Am Brunnen vor dem Tore, da steht ein Lindenbaum.« Hatte der Komponist einen bestimmten Baum im Kopf, als er das berühmteste Lied seiner »Winterreise« komponierte? Zweifellos erinnerte ihn der Gedichtzyklus des gleichaltrigen Dichters Wilhelm Müller an Szenen aus seinem eigenen Leben. Als Franz Schubert im Februar 1827 zwölf Gedichte in einem längst nicht mehr aktuellen Kalenderbuch entdeckte, war er so ergriffen, dass er sie geradezu fieberhaft vertonte. Auf weitere zwölf stieß er wenige Monate später und vollendete den Zyklus im Herbst desselben Jahres.

Der Lindenbaum ist realer und imaginärer Ort zugleich. Den Germanen und Slawen galt er als heilig, symbolisierte Harmonie, Frieden und Gemeinschaft. Man pflanzte ihn an einem zentralen Punkt des Dorfes und fällte ihn, wenn möglich, 1.000 Jahre nicht. Unter seinem schützenden Dach traf man sich zum Austausch von Neuigkeiten, tanzte, aß und trank und ging auf Brautschau. Welcher Ort könnte passender für Liebende sein als der Baum der Harmonie? Lindenholz hat keinen Wert. Biegsam und weich, ist es weder zu Brenn- noch Bauholz nutze. Der Sinn des Lindenbaums liegt allein im Sein, Wachsen, Blühen und Vergehen. Er wurzelt tief. Sein dichtes Dach spendet Trost und Geborgenheit, seine Blüten lindern Leid. An Sommerabenden summt in seiner Krone, angelockt vom süßen Duft, ein Chor von tausend Bienen und Hummeln.

Dass der Baum für Franz Schubert zum Symbol von Heimkommen und Ruhefinden wird und zum Inbegriff des Schönen und Glückhaften, das er in seinem kurzen Leben erfahren hat, ist kein Zufall. »Der Lindenbaum« ist eines von wenigen Liedern in der »Winterreise«, die hoffnungsfroh in Dur beginnen und enden. Irgendwann wurde der Lindenbaum zum Symbol für Schubert überhaupt. Allerorten wurden Schubert-Linden gepflanzt. Und so wird seine Musik auch in 1.000 Jahren nicht vergessen sein.

Adresse Kirchenplatz, 3400 Kierling | Anfahrt B 14 Richtung Tulln, in Kierling links zum Himmelbauerplatz abbiegen | Tipp Eindrucksvolle Lindenbäume findet man zum Beispiel im Park des Schubert-Schlosses Atzenbrugg (siehe Kapitel 1) oder im Hof der Kartause Mauerbach (siehe Kapitel 22). Eine uralte Lindenallee säumt den Weg durch die Mannersdorfer »Wüste« (siehe Kapitel 21).

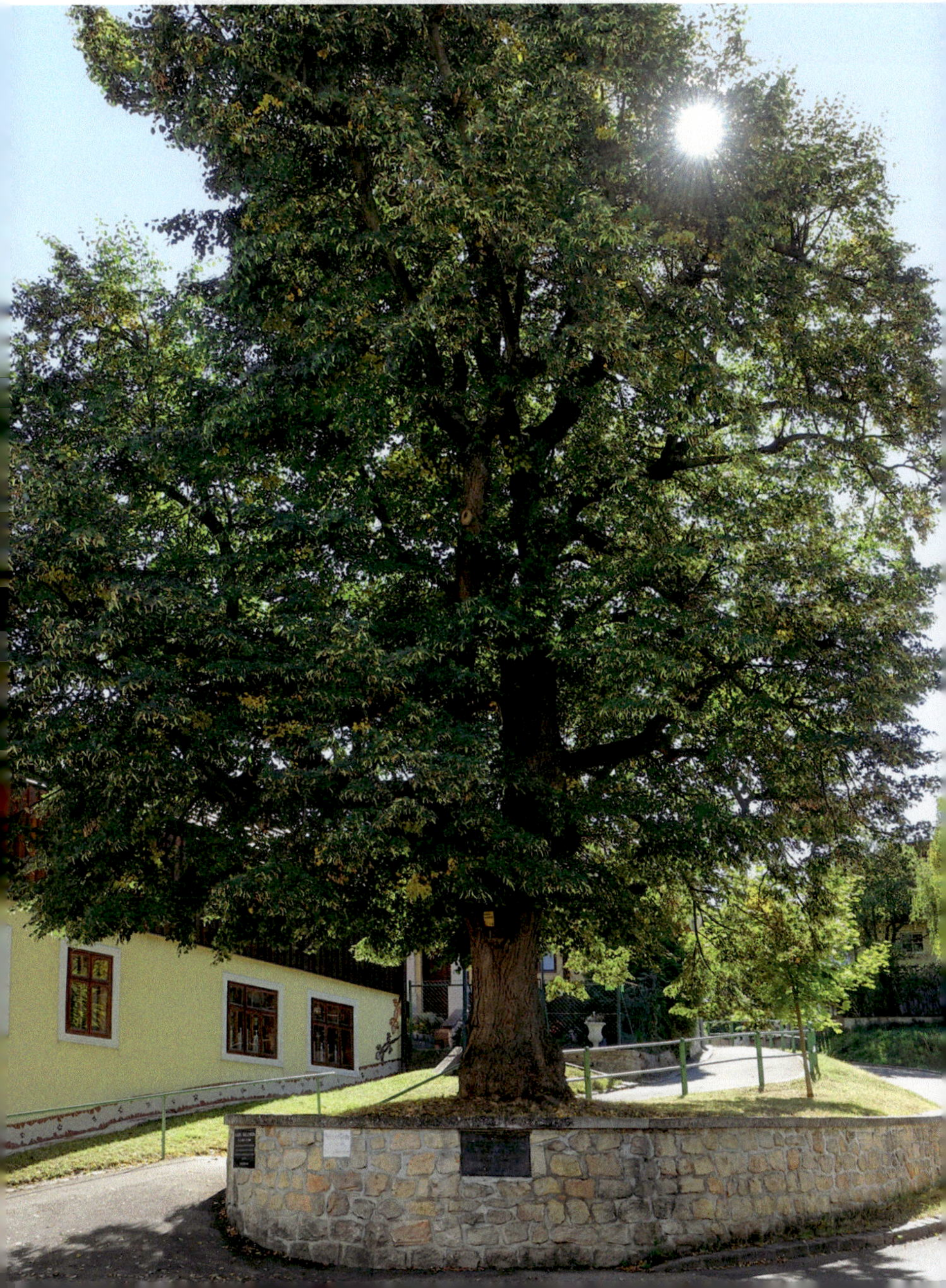

12 Das Anton-Schatz-Haus

Anton Bruckners Privat-Chauffeur

Im Jahre 1868 nähert sich Anton Bruckner dem Höhepunkt seiner Karriere: Er wird zum k.k. Hoforganisten ernannt und in die Musikhauptstadt Wien ans Konservatorium berufen. Was er dort allerdings schmerzlich vermisst, ist seine heimatliche Orgel im Chorherrenstift St. Florian. Gott sei Dank gestatten ihm nun die Chorherren von Klosterneuburg, zu Feiertagen ihre Stiftsorgel zu spielen. Das 1642 erbaute Monument der Orgelbaukunst findet er noch im barocken Originalzustand vor. Die vorübergehende barbarische Modernisierung wird er nicht erleben. Die endgültige neugotische Egalisierung der ehemals einzigartig ungleichen Kirchtürme hingegen schon.

Seine Hoffnung, die hohen Chorherren würden ihn mit der Zeit auch als Komponisten anerkennen, erfüllt sich nicht. »Die wollen, dass ich anders schreibe. Wie stünde ich denn vor unserem Herrgott da, wenn ich den anderen folgte und nicht ihm!« Ein einziges Stück des tiefgläubigen Anton Bruckner erklingt hier, am 25. März 1886 beim Chorgebet: Ave Regina coelorum (WAB 8).

Als Kaiser Franz Joseph I. 1885 beim Hochamt zur 400. Wiederkehr der Heiligsprechung des Stift-Stifters Leopold III. den berühmtesten Organisten Europas über »Gott erhalte unseren Kaiser« improvisieren hört, ruft er ergriffen aus: »Ah – der Bruckner!« Ein Novize hört die Worte, Josef Kluger, der spätere Prälat. Er wird Bruckners einziger Freund unter den Chorherren und sorgt dafür, dass dieser sich wohlfühlt. Die Franz-Josefs-Bahn ist bereits eröffnet, doch der scheue Bruckner möchte lieber ruhig von Klosterneuburg nach Wien fahren, nicht so bedrängt. Kluger organisiert deshalb einen persönlichen Chauffeur, den Fuhrwerker Anton Schatz, der einen Steinwurf von der Stiftskirche seinen »comfortablen Stellwagen« stehen hat. Und ein Klavier. Zu Gast bei Familie Schatz fühlt sich Bruckner geschätzt und verbringt seine schönste Zeit. Aus Anlass seines 100. Geburtstags am 4. September 1924 wurde 1925 eine Gedenktafel enthüllt.

Adresse Rathausplatz 11, 3400 Klosterneuburg | **Anfahrt** B 14 bis Klosterneuburg, am Niedermarkt links auf Hundskehle abbiegen | **Öffnungszeiten** nur von außen | **Tipp** Der Zugang zur Stiftskirche ist bei Gottesdiensten, Konzerten und im Rahmen von Stiftsführungen möglich (www.stift-klosterneuburg.at).

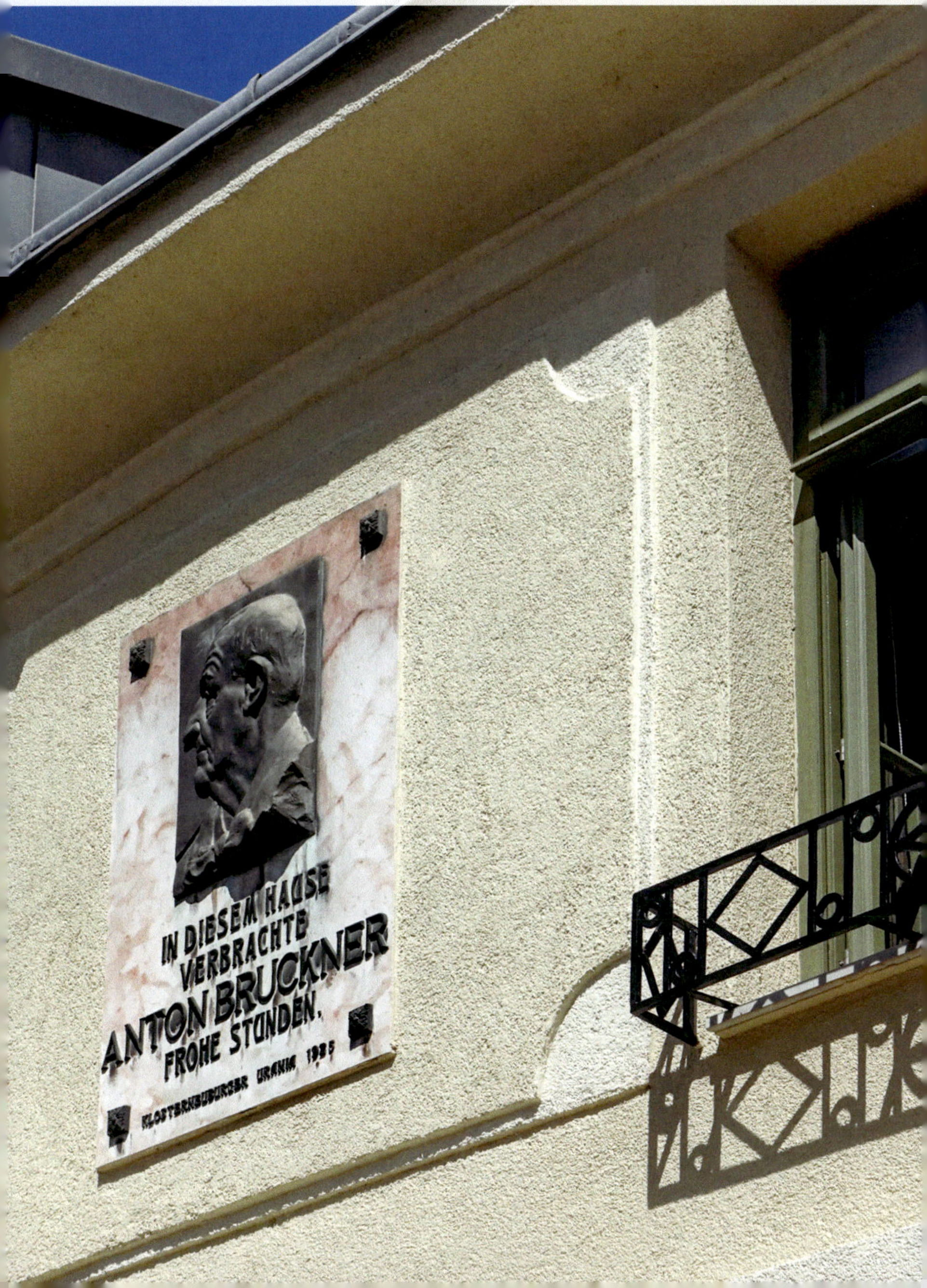

13 Knebelsbergers Denkmal

Die Wiege des Andreas-Hofer-Liedes

Wann und wo Leopold Knebelsberger des Gedichts habhaft wurde, dessen volksliedhafte Vertonung ihn in ganz Österreich berühmt machen sollte, ist ungewiss. Fest steht, dass er es 1855, auf Europa-Tournee mit seinem Gesangs-Ensemble »Die Zillertaler«, dem Dichter Julius Mosen im sächsischen Oldenburg persönlich vortrug, was diesen höchst erfreute.

Der Held des Liedes, der Tiroler Gastwirt und Freiheitskämpfer Andreas Hofer, kämpfte 1809 gegen die französisch-bayerische Besatzung und wurde nach einer Niederlage am 20. Februar 1810 in Mantua hingerichtet – als die Ballade über das grausige Ereignis entstand, war er längst tot. So konnte er auch nichts mehr zu seinen angeblich letzten Worten sagen, über die bis heute Unklarheit herrscht. Sie könnten »Franzl, Franzl, das verdank ich dir!« gelautet haben, gemünzt auf Franz Raffl, den bayerischen Landwirt, der Hofer für 1.500 Gulden verraten hatte – an die Franzosen, die ihn zum Tode verurteilten. Glaubt man jedoch dem Lied, dann war sein letzter Satz: »Ach, wie schießt ihr schlecht!« Was Galgenhumor beweisen würde. Denn bei der Hinrichtung ging tatsächlich einiges schief. Zwei Salven verletzten den Verurteilten schwer, ohne ihn zu töten. Ein luxemburgischer Soldat gab ihm den Gnadenschuss.

»Zu Mantua in Banden / Der treue Hofer war / In Mantua zum Tode / Führt ihn der Feinde Schar.« So beginnt das bekannte Lied. 1948 wurde es zur offiziellen Tiroler Landeshymne erklärt. »Das Andreas-Hofer-Lied darf nur bei Veranstaltungen und Feiern gesungen und gespielt werden, die seiner Würde als Landeshymne entsprechen. Zuwiderhandeln wird mit 1.000 Schilling oder Arrest bis vier Wochen bestraft.«

Knebelsberger starb 1869 auf einer Tournee in Riga. Neben dem Haus, in dem er am 15. September 1814 geboren wurde, steht zu seinen Ehren ein Denkmal. Der schwarze Tiroler Adler sitzt auf einem gespaltenen Stein – Symbol für die Teilung Tirols.

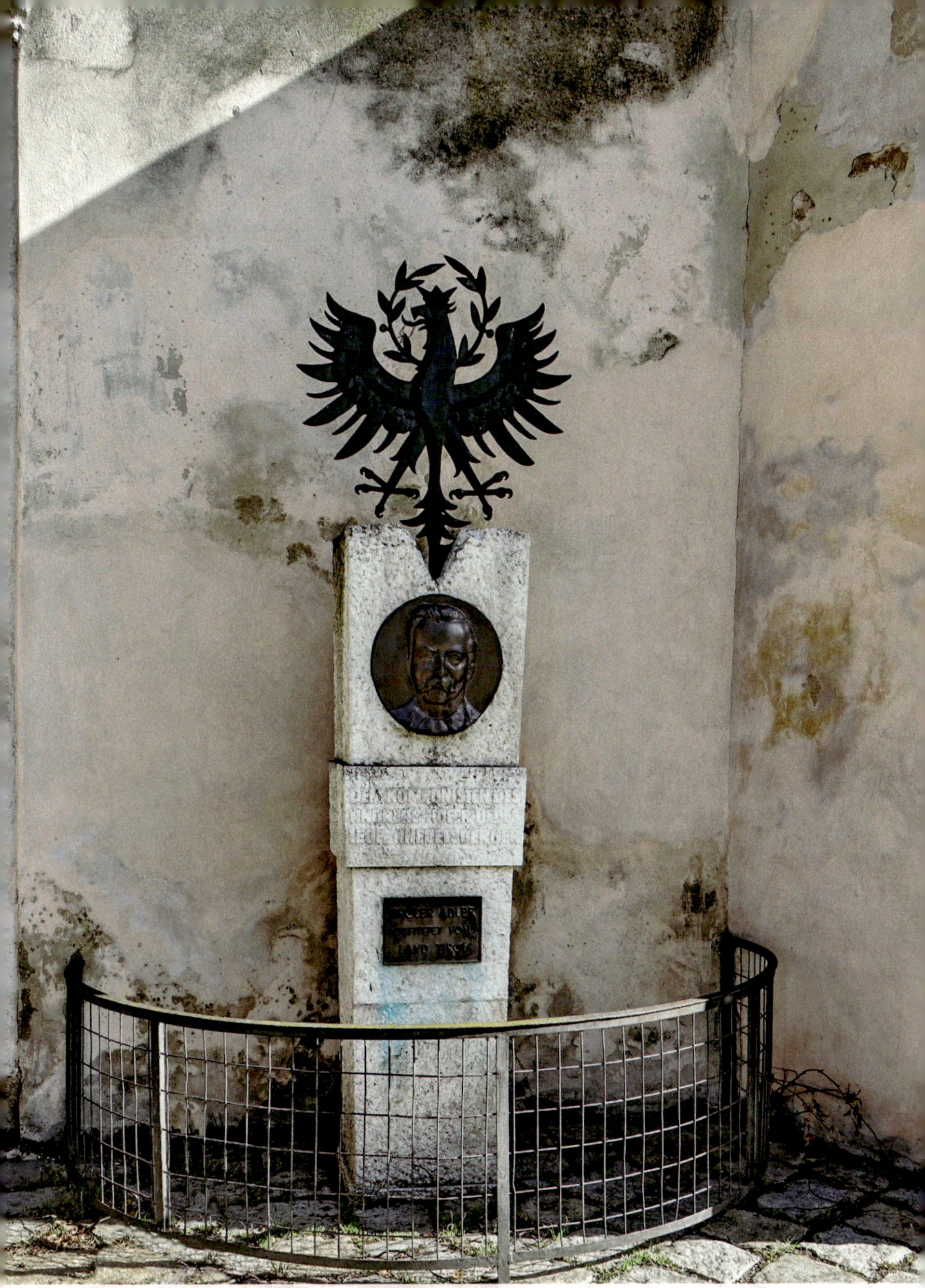

Adresse Martinstraße 40, 3400 Klosterneuburg | Anfahrt B 14 bis Klosterneuburg Stadtplatz, rechts auf Martinstraße abbiegen | Öffnungszeiten jederzeit zugänglich | Tipp Im Martinschlösssl, Martinstraße 34, wohnte von 1921 bis 1925 die singende Familie Trapp, auf Nummer 53 verbrachte der Schauspieler O. W. Fischer seine Jugend.

14 Die Rollfähre

Über die schöne blaue Donau

Ohne Motorgeräusch zieht die Fähre durchs Wasser, kraft der Strömung, an einem Seil hängend; der Fahrtwind singt, Vögel kreischen, Wasser rauscht, dort, wo der Strom sich teilt, klatscht es gegen die Planken; bei der Landung knattert Holz gegen Holz, hart und trocken klingt Metall, wenn Bolzen entriegelt und Schranken geöffnet werden.

Leider dauert die Überfuhr auf der schönen, wenn auch selten blauen Donau nur drei bis fünf Minuten, je nach Wasserstand, der bestimmt, wie schnell der Fluss fließt. Manchmal, wenn man Glück hat, misslingt dem Fährmann ein Anlegemanöver; die Fähre gleitet zurück in den Strom, um sich wieder dem Ufer zu nähern; der Passagier gewinnt zwei Minuten; ja, mancher wird süchtig und würde am liebsten von der Morgen- bis zur Abenddämmerung hin- und herfahren zwischen den Städten Korneu- und Klosterneuburg.

Mit der Regulierung der Donau 1893 verschwinden die Furten, die zuvor ein Durchqueren des Flusses ermöglicht haben. Die einst vereinte Stadt ist endgültig getrennt. Eine Verbindung muss her, zunächst in Form eines wackeligen Gefährts aus zwei Booten, auf denen eine Plattform für Passagiere und Fuhrwerke montiert ist. Die Fliegende Brücke, wie man sie nennt, ist am Ufer verankert, mit einem Seil, das sich gefährlich quer durch die Donau spannt. Der Eisstoß vom Winter 1929 lässt die Donau von Ungarn bis in die Wachau bizarr erstarren und zerstört die Fliegende Brücke. 1935 errichtet die Stadtgemeinde Klosterneuburg die moderne Rollfähre. Maßgeblich daran beteiligt ist Vinzenz Goller. Er wirkt in den 30er Jahren als Komponist und Kirchenmusiker im Stift und als Vizebürgermeister und Bürgermeister in der Stadtgemeinde Klosterneuburg.

Gollers Musik (siehe Kapitel 36) ist in Vergessenheit geraten, seine Rollfähre fährt noch immer. An Sommerwochenenden mitunter untermalt von Chill-Musik vom Uferhaus, wo zu Gspritzt'n, Käsekrainer und Marillenkuchen DJs und Live-Bands auftreten.

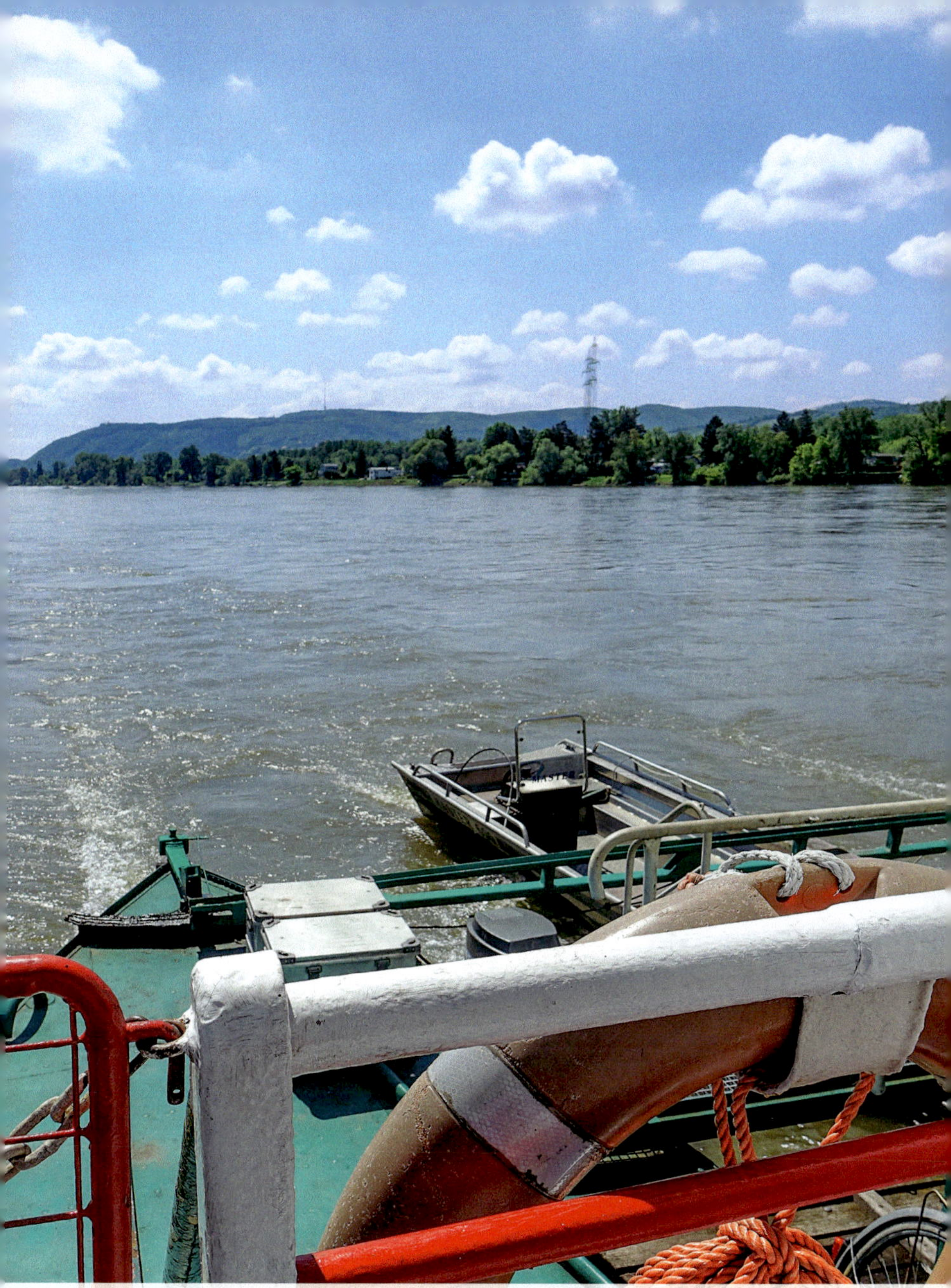

Adresse zwischen Rollfährestraße 200, 3400 Klosterneuburg und Donaulände 3, 2100 Korneuburg | Anfahrt B 14 bis Klosterneuburg, am Niedermarkt rechts auf Rollfährestraße abbiegen | Öffnungszeiten Ende März – 2. Nov. Mo – Fr ab 7 Uhr, Sa, So, Feiertage ab 8 Uhr bis zur Dämmerung, Uferhaus 9 – 22 Uhr | Tipp Im Sommer geben im gesamten Gebiet der Donau-Auen Frösche eindrucksvolle Nachtkonzerte.

15 Der Rattenfängerbrunnen

Sagenhafte Rache eines Musikers

Musiker werden leider selten so hoch geschätzt, wie es ihnen aufgrund von Ausbildung und Können gebührt und der Freude, die sie ihren Mitmenschen bereiten. Zu Haydns Zeiten waren sie schlichtweg Dienstboten. Heute ist ihre Lage, wenn sie nicht zu den Stars zählen oder eine Stelle in einem Orchester ergattern, wieder sehr prekär. Nicht selten werden Auftritte um Gottes- oder einen Hungerlohn erwartet.

Die Korneuburger Stadtväter haben diese Haltung einst bitter bereut. Die mittelalterliche Handelsstadt litt unter einer Rattenplage. Die schlauen Tiere zogen in Scharen durch die Stadt und fraßen das Getreide ratzeputz auf. Als es wieder einmal besonders schlimm war, setzten die Stadtväter eine hohe Summe für jeden aus, der sie von der Plage befreien würde. Ein Fremder kam von sehr weit her (womöglich aus Hameln!) und versprach, die Ratten zu vertreiben. Auf einer unscheinbaren Flöte spielte er wunderbare Melodien, ganz leise. Da krochen sie aus ihren Löchern, folgten dem Fremden, der sie zur Donau hinunterlockte, wo sie in den Fluten jämmerlich ertranken. Der Musiker verlangte den versprochenen Lohn. »Für das bisschen Flötenspielen?« Tja. Im nächsten Jahr kam er wieder, prächtig gekleidet, und begann mitten am Rathausplatz zu spielen, auf einer goldenen Flöte. Diesmal folgten ihm nicht die kleinen Nager, sondern die kleinen Kinder zur Donau hinunter. Mit ihnen bestieg er ein Schiff und fuhr auf und davon. Sie wurden nie mehr gesehen. Das Jammern und Wehklagen der knausrigen Stadtväter nützte rein gar nichts.

Der Sage, in der mehr als ein Körnchen Weisheit steckt, widmeten die Stadtväter ihr allerschönstes Wahrzeichen. 1898 ließen sie vom Wiener Bildhauer Emanuel Pendl vor dem Rathaus den Rattenfängerbrunnen errichten. Seit mehr als 30 Jahren unterstützen sie den Nico-Dostal-Gesangswettbewerb zur Förderung junger Talente. Sicher ist sicher.

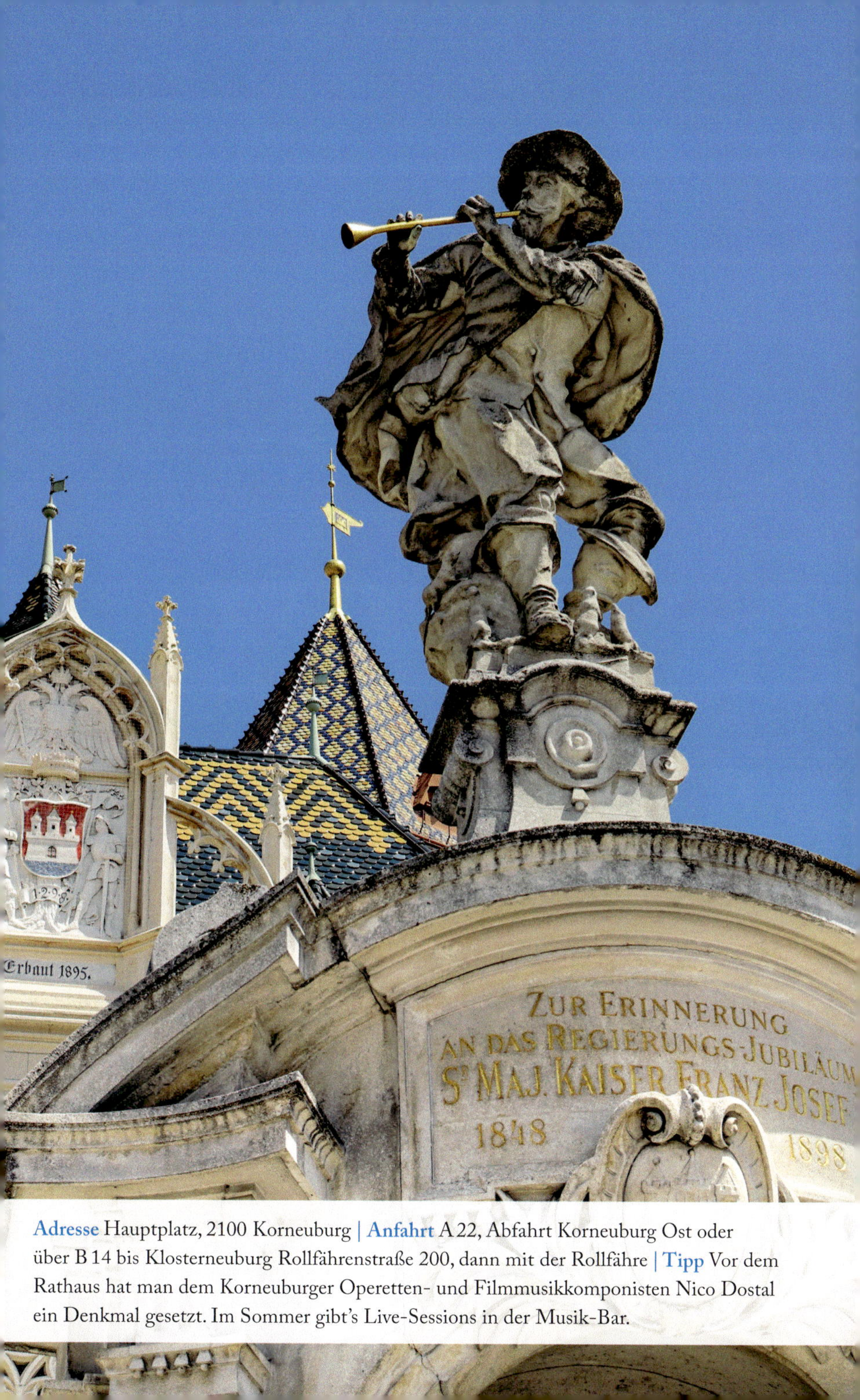

Adresse Hauptplatz, 2100 Korneuburg | **Anfahrt** A 22, Abfahrt Korneuburg Ost oder über B 14 bis Klosterneuburg Rollfährenstraße 200, dann mit der Rollfähre | **Tipp** Vor dem Rathaus hat man dem Korneuburger Operetten- und Filmmusikkomponisten Nico Dostal ein Denkmal gesetzt. Im Sommer gibt's Live-Sessions in der Musik-Bar.

16 Das Ernst Krenek Museum

Jonny spielt auf

»Das ausverkaufte Haus knisterte unter der typischen elektrischen Spannung, die solche Ereignisse gewöhnlich begleitet. Der Erfolg war ungeheuer. Dieser Abend war in gewisser Weise der Höhepunkt meiner Karriere in dieser Welt.« So schildert Ernst Krenek die Wiener Premiere von »Jonny spielt auf« am Silvesterabend des Jahres 1927. Schon nach der Leipziger Uraufführung ist der 27-Jährige über Nacht zum berühmtesten Komponisten Mitteleuropas geworden. Das Libretto hat er selbst verfasst und den Nerv seiner Zeit getroffen. Eine wahre Jonnymania bricht aus, die in der Kreation einer Zigarettenmarke gipfelt.

Die Handlung ist eine Spielart von »Menschen im Hotel« und zugleich ein Selbstporträt. Max, Opernkomponist, verliebt sich in Anita, Opernsängerin. In den österreichischen Alpen. Szenenwechsel – Paris. Jazzgeiger Jonny stellt Zimmermädchen Yvonne nach und stiehlt die Super-Geige von Violinvirtuosen Daniello. Der kommt nach vielen Verwicklungen unter einen Zug und Jonny dadurch in den Besitz der Super-Geige. Am Ende gibt es eine riesige Abreiseszene der Protagonisten auf dem Bahnhof, während die neue Musik aus der Neuen Welt, der Jazz also, in Europa ankommt und ihren Triumphzug antritt.

Der Komponist, 1900 in Wien geboren und 1991 in Palm Springs gestorben, ist zeit seines Lebens nie in Krems gewesen. Und doch ist der von der Krenek-Stiftung für das Museum ausgewählte Ort, das ehemalige Minoritenkloster, stimmig. Die ausgewählten Exponate wie Reisekoffer und Fahrpläne geben einen deutlichen Hinweis auf einen tragenden autobiografischen Zug in seiner berühmten Oper: seine Leidenschaft für das Unterwegssein im Allgemeinen und für Bahnhöfe und Züge im Besonderen. Und seine Liebe zu den österreichischen Bergen, denen er 1929 einen äußerst unterhaltsamen Liederzyklus widmet, zu dem er selbst die Texte verfasst – »Reisebuch aus den österreichischen Alpen«.

Adresse Minoritenplatz 4, 3500 Krems-Stein, Tel. 02732/71570 | Anfahrt A 22 Ausfahrt Jettsdorf, S 33, dann B 3 bis Krems-Stein folgen | Öffnungszeiten Di–So 11–17 Uhr | Tipp Im »Klangraum« in der säkularisierten gotischen Minoritenkirche von 1224 findet alljährlich rund um Ostern das Klang-Festival Imago Dei statt (www.klangraum.at).

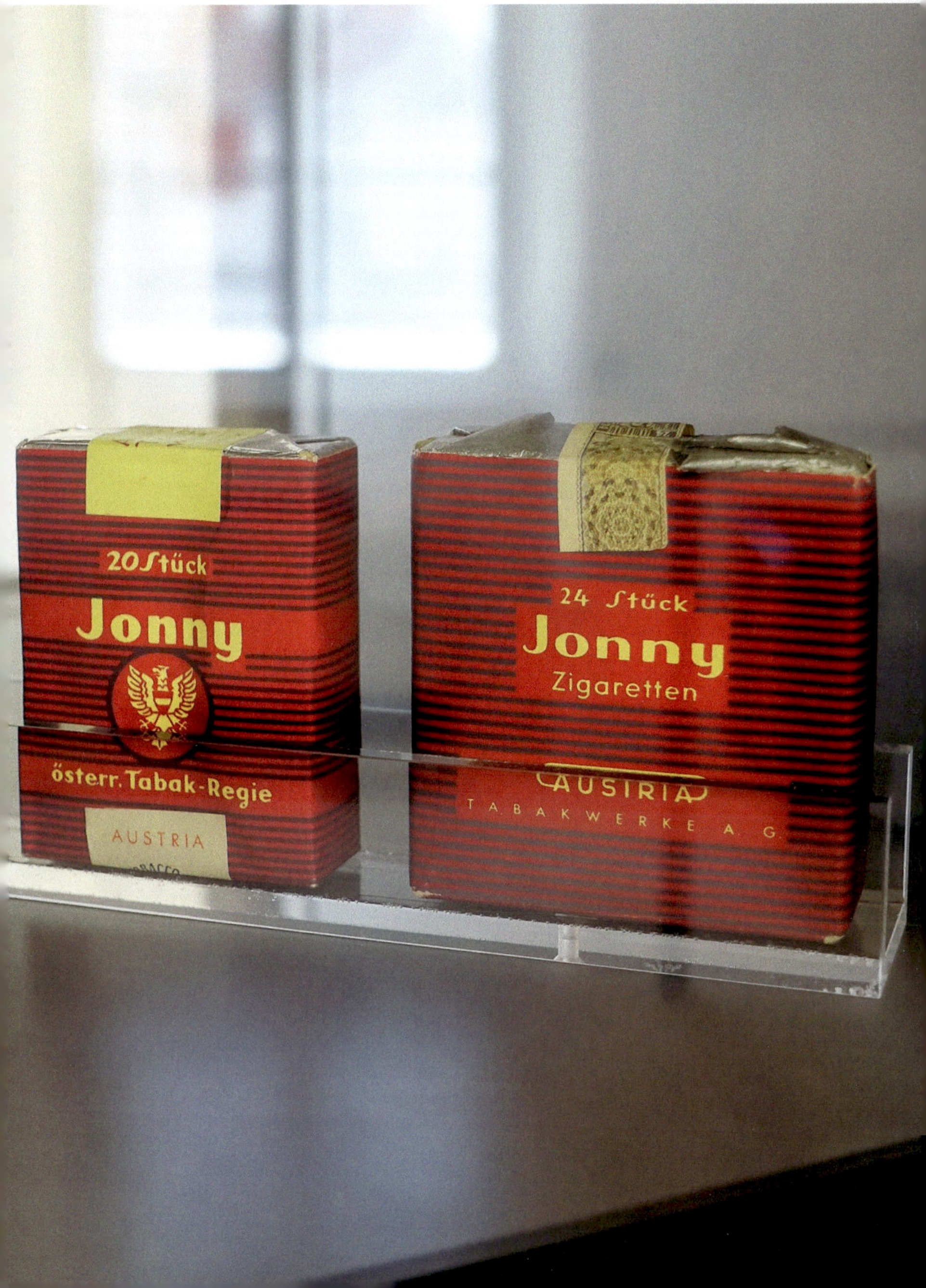

17_Frau Pertls Geburtshaus

Wo Mozarts Großmutter wohnte

Euphrosina! Was für ein schöner Name, auf den Anna Altmann und ihr Ehemann Dominik, kaiserlicher Notar und Gerichtsschreiber in Stein an der Donau, ihre Tochter anno 1688 taufen lassen. Euphrosyne war, muss man wissen, eine griechische Göttin der Anmut – »Die Frohsinnige«. Euphrosina, auch Eva Rosina genannt, vererbt ihren Frohsinn zweifelsohne ihrem Enkelsohn. Schade, dass es ihr nicht vergönnt sein wird, ihn kennenzulernen. Euphrosina Pertl stirbt am 9. Dezember 1755, nur zwei Monate bevor ihre Tochter Maria Anna am 27. Jänner 1756 Joannes Chrysostomos Wolfgangus Theophilus zur Welt bringt. Wolfgangus heißt der Kleine nach seinem Großvater, der auf diese Weise auch ein wenig unsterblich wird. Wolfgang Pertl ist bei der Geburt seines Enkels allerdings schon zwanzig Jahre tot. Und leider hat er so gar kein ökonomisches Talent gehabt und seiner Witwe Euphrosina und den kleinen Töchtern nichts als Schulden hinterlassen. Mit fast 45 hatte er 1712 die verwitwete Euphrosina geheiratet. Sie war mit ihm von Stein nach Salzburg gezogen und später nach St. Gilgen am Wolfgangsee. Hier hat am Christtag 1720 ihre Tochter Maria Anna das Licht der Welt erblickt, die am 21. November 1747 im Salzburger Dom die Frau von Leopold Mozart werden sollte.

Bei Altmanns und Pertls wird begeistert musiziert, doch nichts im mütterlichen Stammbaum von Wolfgang Amadeus Mozart deutet auf eine geniale musikalische Begabung hin. Und wenn man Anna Maria glaubt, Wolfgang Amadeus' Großmutter väterlicherseits, so ist auch sein Vater Leopold nichts als ein fauler Jus-Student und Taugenichts. Anna Maria hat deshalb den Kontakt zu ihm abgebrochen und ihn – enterbt. Im Juni 1763 geben ihre »bewundernswerthen Enkelkinder« Wolfgang und Nannerl ihr erstes Konzert in Augsburg, Heimatstadt von Anna Maria. Diese versäumt aus purer Sturheit, was die frohsinnige Euphrosina wohl für ihr Leben gern gehört hätte.

Adresse Steiner Landstraße 74, 3500 Krems | **Anfahrt** A 22 Ausfahrt Jettsdorf, B 3 bis Steiner Landstraße folgen | **Öffnungszeiten** nur von außen zu besichtigen (Gedenktafel) | **Tipp** Die Kremser Bäckerstochter Maria Anna Lager, Mutter von Franz Liszt, ist am Dominikanerplatz 3 geboren (Gedenktafel).

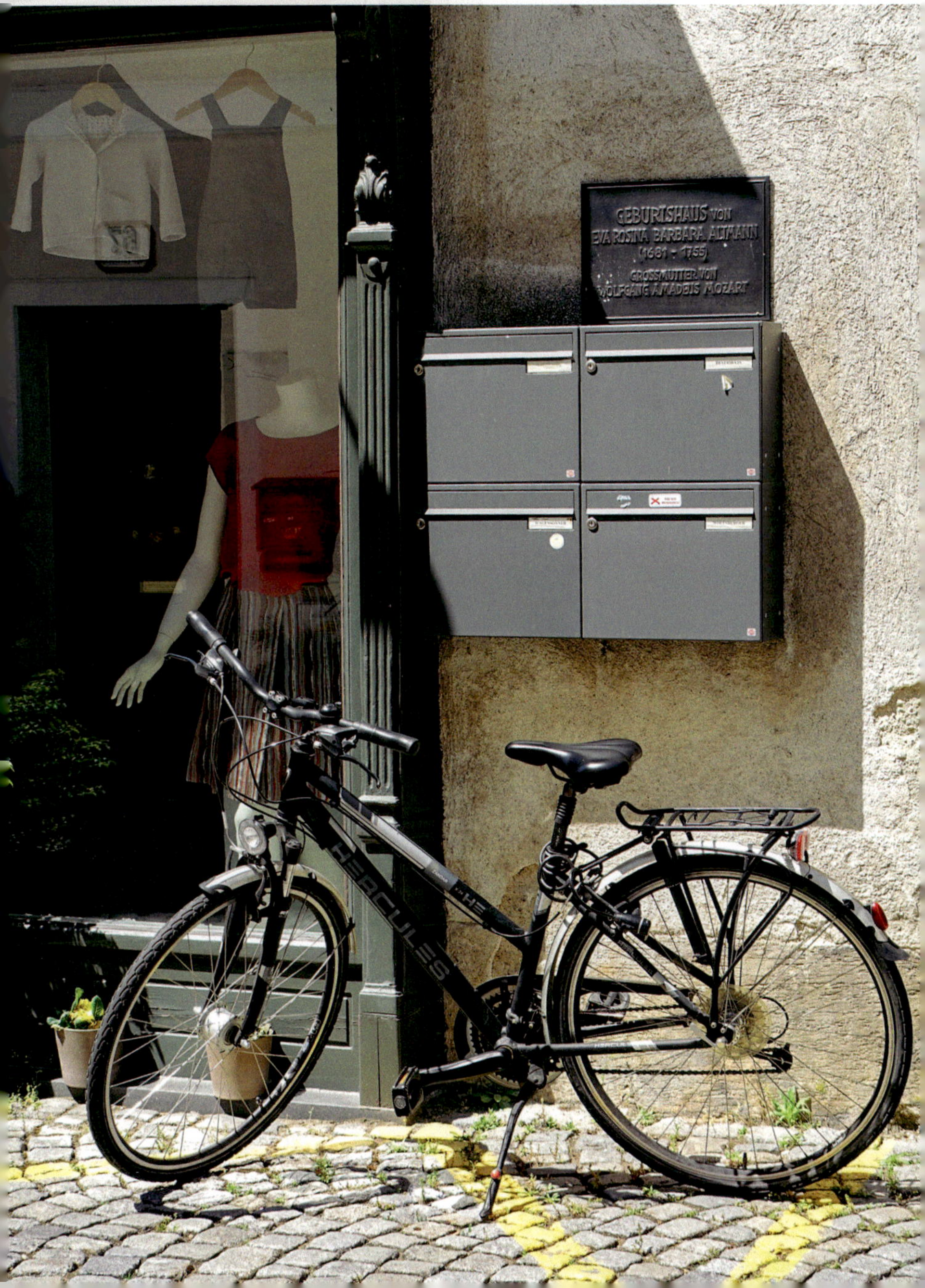

18 Das Mazzetti-Haus

Köchels Verzeichnisse

Sein Name ist untrennbar mit Mozart verbunden: Ludwig Köchel. Kindheit und Jugend verbringt der 1800 Geborene im Haus seiner Eltern und Großeltern in Stein an der Donau, ganz in der Nähe des Geburtshauses von Mozarts Großmutter. Schon im Piaristengymnasium Krems muss er dem etwas jüngeren Franz Lorenz begegnet sein, der 1851 »In Sachen Mozarts« veröffentlicht. Das Buch wird zur Initialzündung für Köchels wissenschaftliche Beschäftigung mit Musik. Sein »Chronologisch-thematisches Verzeichniß sämmtlicher Tonwerke Wolfgang Amadé Mozarts« erscheint erstmals 1862. Damit wird er fast so unsterblich wie der Komponist selbst.

Zehn Jahre danach publiziert Köchel ein nicht weniger bedeutendes Verzeichnis: den Katalog der Kompositionen von Johann Joseph Fux mit einer umfassenden Biografie des Komponisten, Schöpfer des berühmten Kontrapunkt-Lehrbuchs »Gradus ad Parnassum«.

Köchel hat zunächst eine ganz andere Richtung eingeschlagen und an der Universität Wien in Rechtswissenschaften promoviert. Die Juristerei übt er aber niemals aus. Stattdessen wird er Privatlehrer und Erzieher der vier Söhne von Erzherzog Karl in dessen Wiener Stadtpalais, der heutigen Albertina. 1842 sind die Knaben erwachsen, und man hat keine Verwendung mehr für ihn. Er erhält eine großzügige Abfindung, eine Wohnung auf Lebenszeit im Palais und wird in den Adelsstand erhoben. Dr. Ludwig Ritter von Köchel wird nun Privatgelehrter. Er begibt sich auf ausgedehnte Forschungsreisen und betreibt Botanik und Mineralogie auf hohem wissenschaftlichen Niveau. Außerdem schreibt er kleine Kompositionen und spielt ausgezeichnet Cello. Als einer der Letzten verkörpert er das barocke Bildungsideal – ein bedenkenswertes Beispiel, wie universelle Bildung Spezialisten hervorbringt.

Köchel stirbt am 3. Juni 1877 in Wien. Bei seinem Begräbnis wird das letzte Werk seines Verzeichnisses gespielt, KV 626 – das Requiem.

Adresse Schürerplatz 8, 3500 Krems-Stein | **Anfahrt** A 22 Ausfahrt Jettsdorf, B 3, dann B 35 bis Schürerplatz folgen | **Öffnungszeiten** nur von außen zu besichtigen | **Tipp** Im nahen Passauerhof, Steiner Landstraße 74, ist Ludwig Köchel geboren. In den sehenswerten Kirchen von Krems finden hörenswerte Konzerte statt (www.kirchentonart.at).

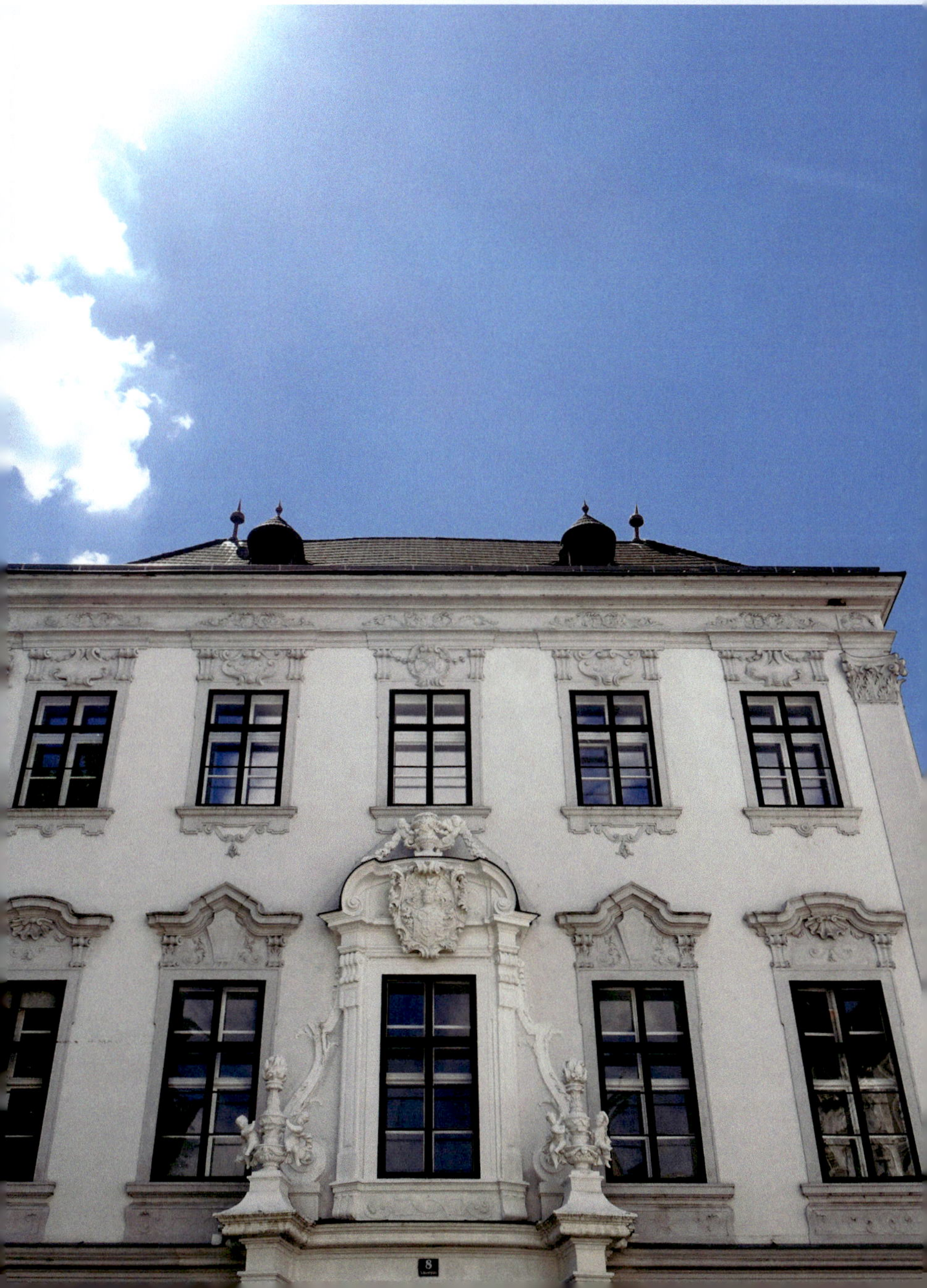

19 Der Himmelkeller

Absolute Stille

Man umrundet einen Hügel, der Kreuzberg heißt, aufgeschüttet vor Jahrhunderten. Entlang dem Wallgrabenweg, der sich kreisförmig an den Hügel schmiegt, sieht man Eingänge zu Presshäusern und Kellern. Sie verschwinden im Berg. Neugierig erklimmt man den Hügel, erkundet das Plateau, eine Trockenwiese; das unregelmäßig geformte Gelände scheint etwas zu verbergen. Unter einem uralten Baum findet man ein Kreuz mit der Inschrift »1330 stand hier die Burg von Hermann von Chronperch«.

Der Ort strahlt Ruhe aus. Stille. Sie kommt tief aus dem Inneren. Ein Labyrinth befindet sich unterhalb des Hügels, auf mehreren Ebenen, insgesamt an die 800 Meter lang, mit Gängen, Nischen, kleinen Gewölben, vermutlich vor 1.000 Jahren gegraben. Womöglich ist die Anlage, die man als Erdstall bezeichnet, noch viel älter, denn schon seit der Jungsteinzeit ist der Kreuzberg von Menschen besiedelt. Bis ins 15. Jahrhundert waren die Gänge den Bewohnern der Burg Versorgungsweg und Zufluchtsort.

Irgendwo mitten im Berg verbreitert sich ein Gang und wölbt sich nach oben zu einer Art Kapelle. Vielleicht eine alte Kultstätte der Tempelritter, deren Grabstätten sich in so mancher Weinviertler Kirche finden. Wenn man innehält, kann man erleben, wie absolute Stille klingt. Oder wie sie sich anfühlt. Doch woraus wird Stille gemacht? Diese hier kommt aus dem Meer, das vor Millionen von Jahren die Gegend bedeckt hat. Zu feinstem Sand zerriebene Muscheln haben sich in der Eiszeit mit Löss zu einem ganz besonderen Material verbunden, in das man mit wenig Mühe Hohlräume graben konnte, die trocken sind, stabil und dicht, mit seidig glatter Oberfläche. Kein Laut dringt von außen nach innen oder von innen nach außen. Der Künstler Hannes Bauch hat den magischen Ort zugänglich gemacht, behutsam beleuchtet, gestaltet, als Teil seines Museums »Himmelkeller« – ein faszinierendes Gesamtkunstwerk.

Adresse Hausgraben 157, 2123 Kronberg | Anfahrt A 5 Ausfahrt Wolkersdorf Nord, B 7 und L 3102 bis Waldstraße nehmen | Öffnungszeiten 1. Mai–Ende Okt. So und Feiertage ab 14 Uhr, Führungen 15 Uhr, Mo, Di und Gruppen nach Vereinbarung, SMS an Tel. 0699/17442265 | Tipp In der Fossilienwelt in Stetten kann man das größte zugängliche fossile Austernriff der Welt erleben.

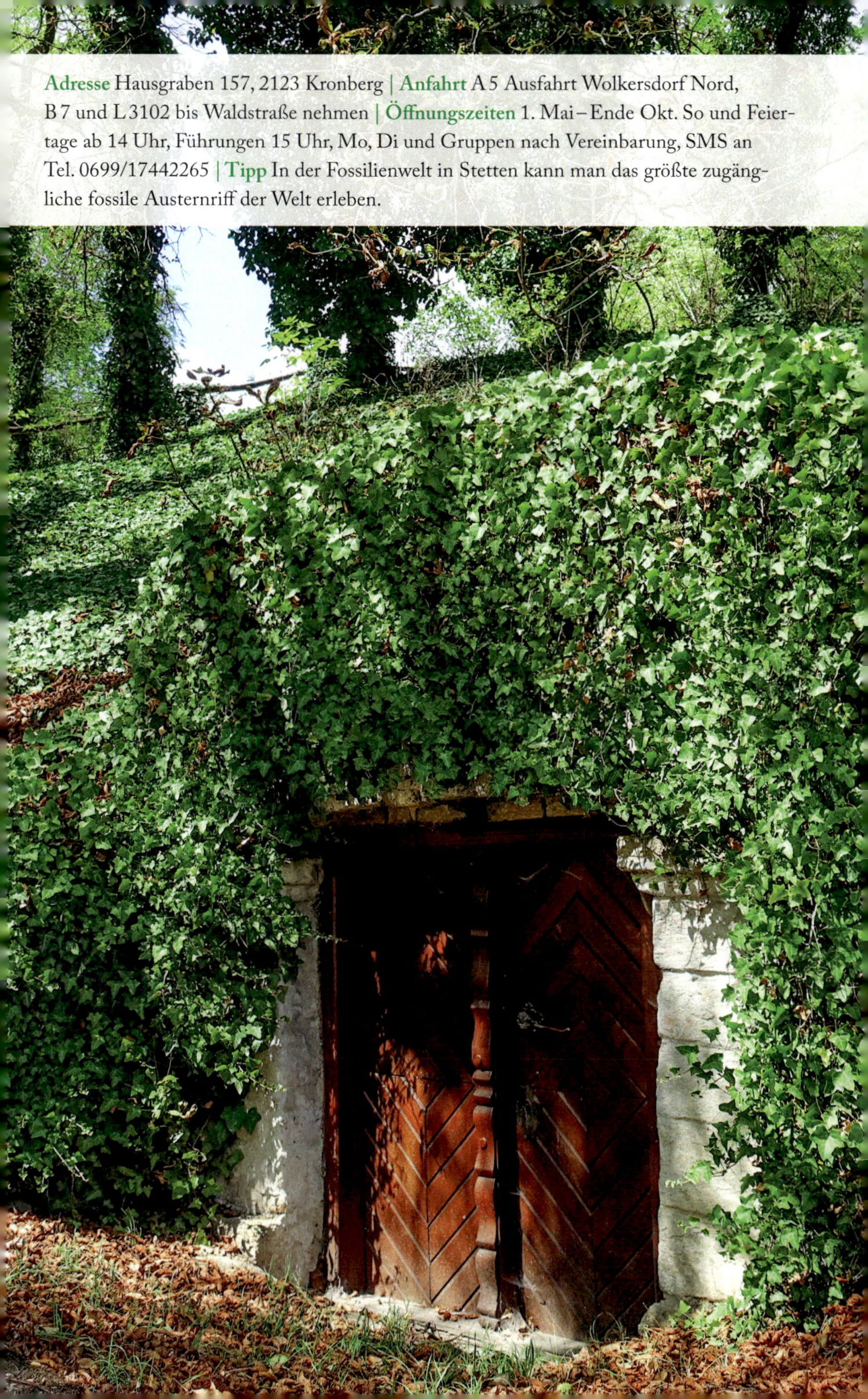

20_Das Schloss Loosdorf

Mademoiselle Paradis

Die von Kindheit an blinde Maria Theresia Paradis macht ihr Handicap mehr als wett. Sie lernt singen und komponieren und wird eine gefeierte Klaviervirtuosin. »Sie spielt so trefflich Clavier, daß sie den besten Meistern an die Seite zu setzen ist.« Mozart schreibt für sie ein Klavierkonzert anlässlich einer Tournee, die sie von 1783 bis 1786 durch ganz Europa führt. 1777 lassen ihre Eltern sie von dem ebenso berühmten wie umstrittenen Arzt, Wunderheiler und Magnetiseur Franz Anton Mesmer behandeln. Allmählich nimmt die 18-Jährige Bilder wahr, da wird die Behandlung abgebrochen, und ihre Welt versinkt wieder im Dunkeln. Alissa Walser hat darüber einen Roman geschrieben, die österreichische Regisseurin Barbara Albert drehte dazu den Film »Mademoiselle Paradis« (deutscher Titel: »Licht«). Schauplatz: Schloss Loosdorf.

Das im 15. Jahrhundert erbaute Schloss erhielt sein endgültiges Aussehen im 18. Jahrhundert. Johann Fürst von Liechtenstein ließ es klassizistisch umbauen, einen Landschaftsgarten anlegen und die romantische Ruine Hanselburg errichten. Seit 1834 ist das Anwesen im Besitz der Familie Piatti, die es vielfältig mit Leben erfüllt. Im Frühjahr und Herbst öffnen die Besitzer ihr Schloss für Konzertbesucher. Beim »Jungen Podium Schloss Loosdorf« musizieren Professoren und Studenten der Musikuniversität Wien. Das Programm ist spannend, der Empfang herzlich, das Ambiente einzigartig und der Wein, in den herrschaftlichen Räumen und im Schlosshof kredenzt, regional und köstlich.

1945 wurde Loosdorf, wie so viele Schlösser in der Gegend, verwüstet. An die Zeit destruktiver Kriegsgewalt erinnert eindrucksvoll das Scherbenzimmer – ein bewusst nicht restaurierter Prunkraum mit Abertausenden Bruchstücken wertvollen Porzellans, Möbelresten, Wegweisern mit kyrillischer Aufschrift. Sehenswert sind auch neun klassizistisch ausgestattete, renovierte Prunkräume und 14.000 Zinnfiguren.

Adresse Loosdorf 1, 2133 Loosdorf (Fallbach), www.schloss-loosdorf.at | Anfahrt A5 Abfahrt Mistelbach Süd, Richtung Mistelbach bis Frättingsdorf, links abbiegen nach Loosdorf | Öffnungszeiten 1. Mai–31. Okt. gegen Voranmeldung ab 5 Personen unter Tel. 02524/8222 | Tipp Im nahen Laa steht die Pfarrkirche St. Vitus, eine der größten und schönsten spätromanischen/frühgotischen Kirchen Österreichs.

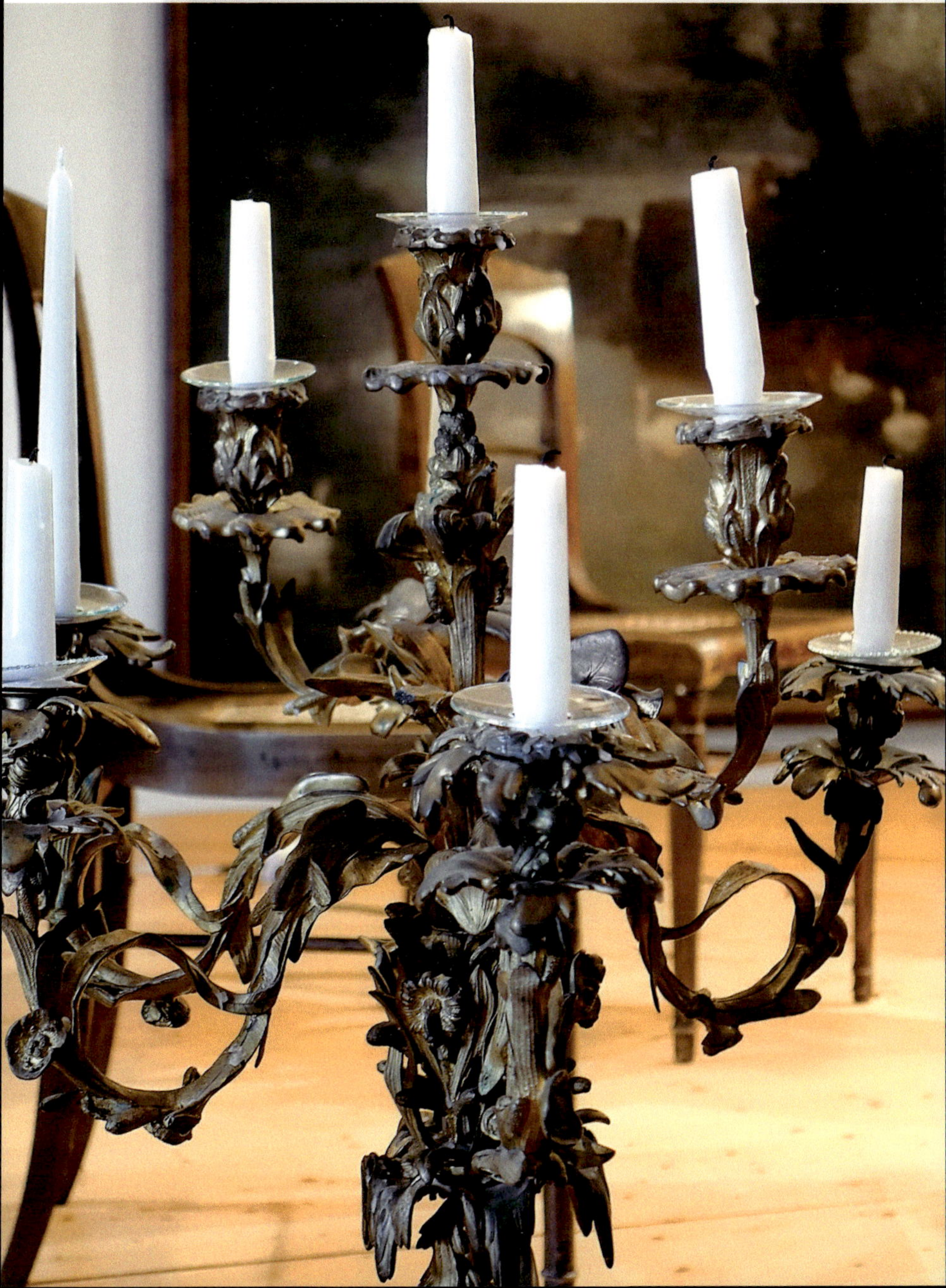

21 Das Alte Badehaus

Gluckhafte Begegnungen

Der Prinz von Sachsen-Hildburghausen verbringt seine Sommer gern im angesagtesten Badeort des 18. Jahrhunderts, in Mannersdorf am Leithagebirge. Ein Ort, der nicht nur für sein Thermalbad berühmt ist, das 1517 von Hofmedicus Dr. Enzianer gegründet wurde, sondern auch für musikalische Darbietungen. Illustre Kurgäste reisen aus Wien gratis mit einem Wagen an. Kaiserin Maria Theresia weilt oftmals zu Besuch bei ihrer Freundin und ehemaligen Erzieherin Maria Karoline Gräfin Fuchs; sie ist Schlossherrin und hat ganz in der Nähe ein feudales Badehaus errichten lassen.

1753 lässt der musikalische Prinz (51) seine Wiener Kapelle bei sommerlichen Soireen in Mannersdorf auftreten, mit all den Musikern, die in seinen Diensten stehen: Giuseppe Bonno (42), Georg Christoph Wagenseil (38), Carl Ditters, später von Dittersdorf (14) und – Christoph Willibald Gluck (40). Ebenfalls aus Wien angereist sind in dieser Saison: der frischgebackene venezianische Gesandte Pietro Correr, seine schöne Geliebte Wilhelmine (Sopran), deren berühmter Gesangslehrer Nicolo Porpora (67) und dessen Klavierbegleiter und Diener Joseph Haydn (21), der bei ihm im Großen Michaelerhaus in Wien zur Untermiete wohnt. Ob die erste Begegnung des unbekannten Haydn mit dem großen Gluck bei einer Soiree stattgefunden hat oder in seiner Freizeit – im Alten Badehaus etwa oder bei einer Wanderung durch die Lindenallee der Mannersdorfer »Wüste« zum Kloster der Unbeschuhten Karmelitinnen –, ist nicht belegt. Fest steht, dass Gluck den jungen Haydn mit anerkennenden Worten so sehr ermutigt, dass dieser seine Berufung zum Komponisten endgültig annimmt.

Schon gegen Ende des 18. Jahrhunderts verblasst der Glanz. Das barocke Badehaus mit Fundamenten aus der Römerzeit, später als Perlmooserhof zu Fabrikzwecken genutzt, verfällt. Nur die Gedenktafel für Haydn und Gluck mit der falschen Jahreszahl wird wohl die Zeiten überdauern.

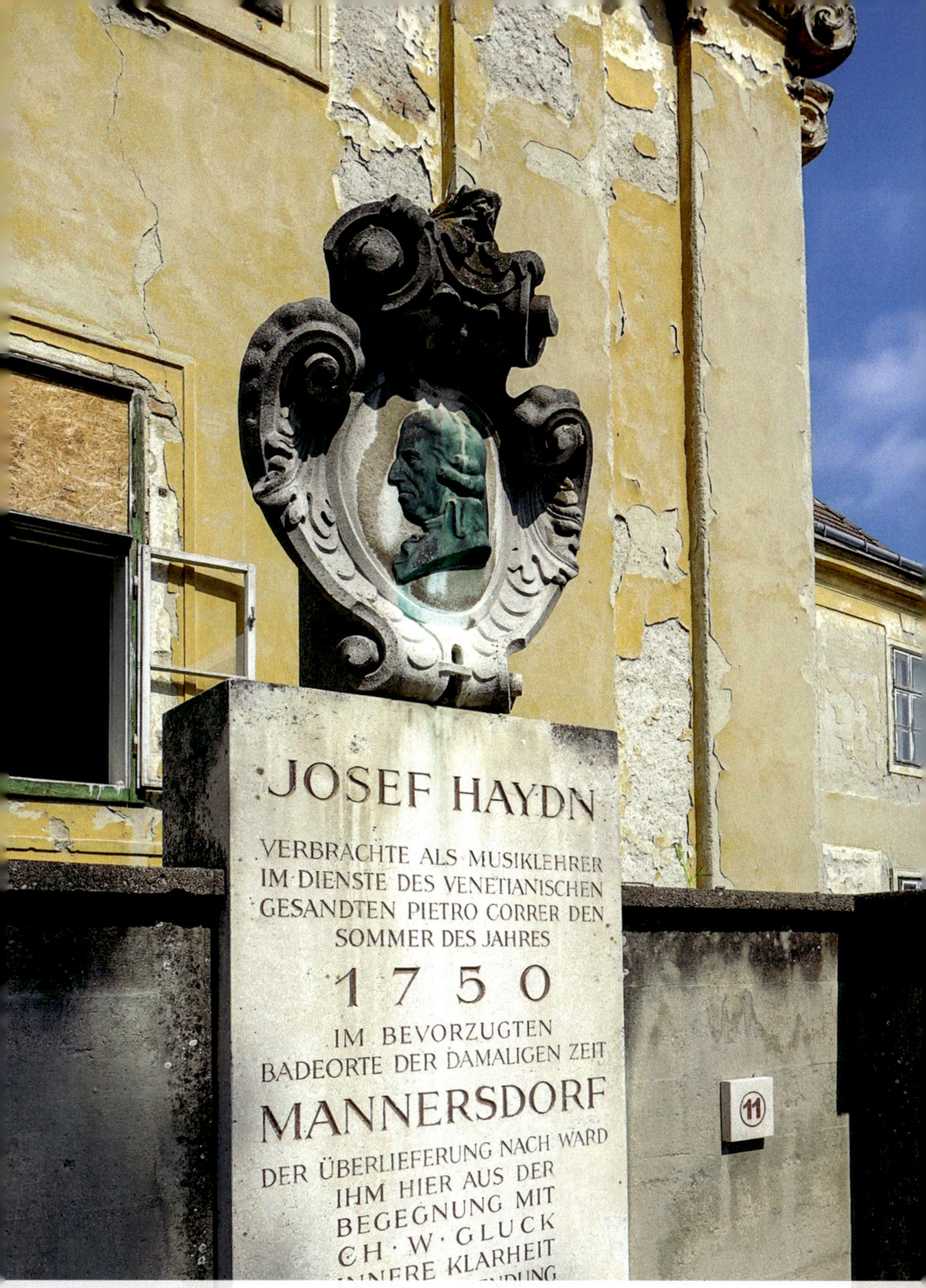

Adresse Fabriksgasse 1, 2452 Mannersdorf | **Anfahrt** A 4, B 10, B 60, B 15 bis Fabriksgasse folgen | **Öffnungszeiten** jederzeit zugänglich | **Tipp** Ein Rundgang durch die Stadt mit ihren vielen alten Häusern lohnt sich ebenso wie eine Wanderung durch den Naturpark »Die Wüste« zum ehemaligen Karmelitinnen-Kloster oder zur Ruine Scharfeneck.

22 Die Kartause Mauerbach

Musik in der Stille

Eingebettet in sanft waldige Hügeligkeit strahlt die Klosteranlage immer noch aus, wozu sie 1314 geschaffen wurde: Schweigen, Stille, Gebet. Allem Weltlichen abgewandt, sind um den vielleicht längsten Kreuzgang Europas die Häuschen der Mönche angeordnet. Im Vorraum dient eine Durchreiche zum Kreuzgang hin der Essensausgabe, ums Eck jedoch, damit niemand der Versuchung des Redens erliegt. »Siebenmal am Tag singe ich Dein Lob wegen Deiner gerechten Entscheide« (Psalm 119,164) – sonst herrscht das Schweigegebot. Im Hauptraum finden sich Arbeitstisch, Esstisch, Betstuhl, Gewandschrank, Bett, Ofen. Zum Schlafen Stroh, zum Waschen kaltes Wasser. Dazu ein Raum für Handwerksarbeiten und ein Gärtchen für Gemüse und Kräuter.

Plünderungen und der Türkeneinfall von 1529 bringen Tod und Verwüstung. Ein Jahrhundert später ist alles wieder aufgebaut, erweitert um den barocken Kaisertrakt, gesund und blühend. Bis Joseph II. die Mönche 1782 vertreibt. Nach einer wechselvollen Geschichte – Versorgungshaus für Alte und unheilbar Kranke, Zivilistenhospital, Herberge für Obdachlose – ist das Bundesdenkmalamt in die Kartause eingezogen. Die Tradition des Handwerks lebt wieder auf. Restauratoren werden aus- und weitergebildet; interessierte Besucher können sich anschaulich über alte Handwerkstechniken informieren, Fenster, Parkett, Fliesen, Mauerwerk.

Die große Stille wird immer wieder durchbrochen – von Musik. Kirche und Refektorium verwandeln sich zu einzigartigen musikalischen Erlebnisräumen; im Frühsommer zur Zeit der Rosenblüte wird auch der originalgetreu rekonstruierte Kaisergarten einbezogen. In klösterlicher Abgeschiedenheit spielen hochkarätige Ensembles auf alten Instrumenten. Die Musik verschmilzt mit Zeit und Ort. Im Frühsommer kredenzt man in der Pause Sekt mit Rosenblütensirup, im Winter Punsch und Klostersuppe. Ein Gesamtkunstwerk mit Suchtfaktor.

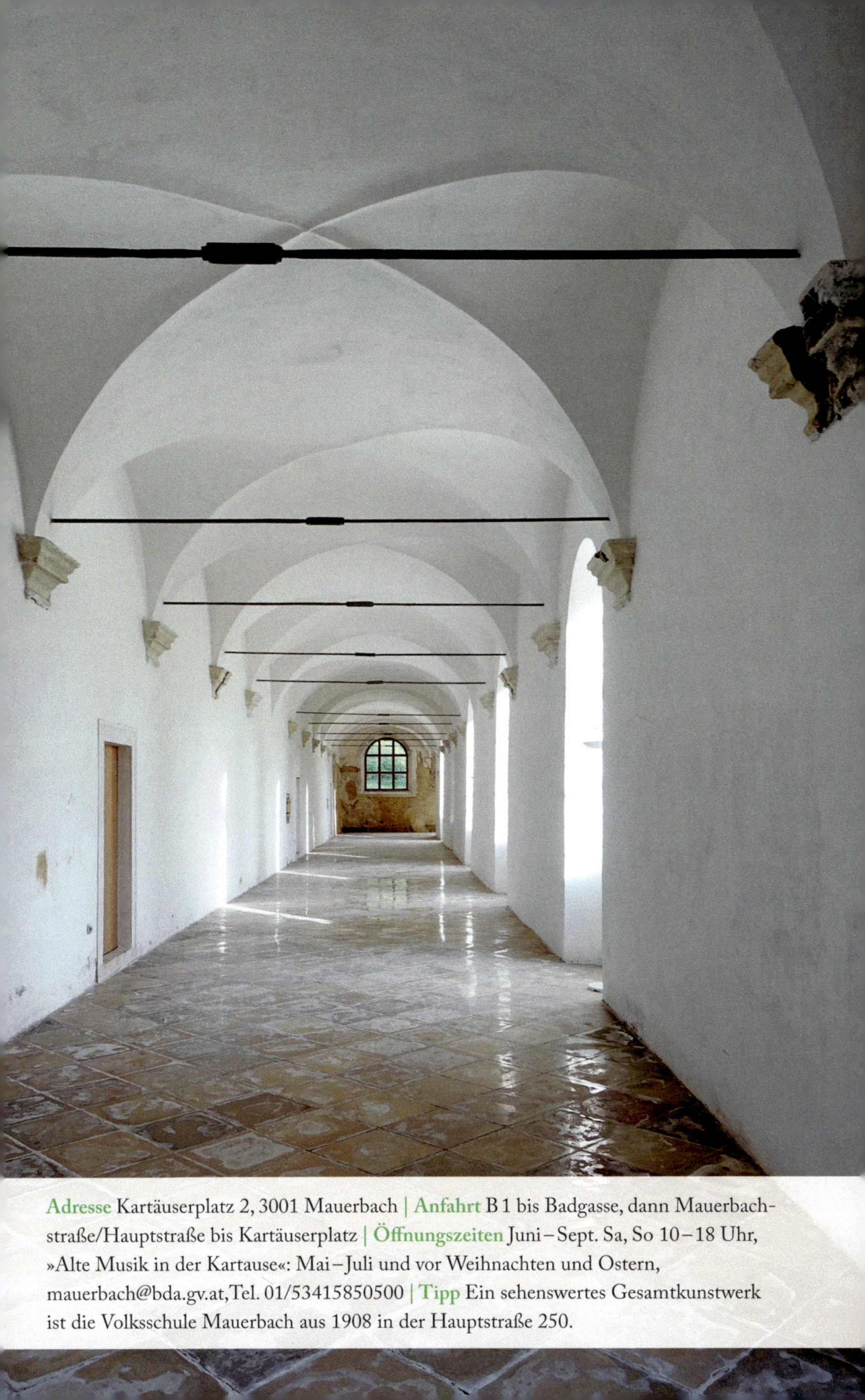

Adresse Kartäuserplatz 2, 3001 Mauerbach | Anfahrt B1 bis Badgasse, dann Mauerbachstraße/Hauptstraße bis Kartäuserplatz | Öffnungszeiten Juni – Sept. Sa, So 10 – 18 Uhr, »Alte Musik in der Kartause«: Mai – Juli und vor Weihnachten und Ostern, mauerbach@bda.gv.at,Tel. 01/53415850500 | Tipp Ein sehenswertes Gesamtkunstwerk ist die Volksschule Mauerbach aus 1908 in der Hauptstraße 250.

23 Das Hafnerhaus

Für Elise oder Therese

Die »Wiener Tänze« von Ludwig van Beethoven sind eigentlich Mödlinger Tänze. Fast jeden Sommer ergreift der Komponist die Stadtflucht in Richtung Süden. 1819 bezieht Ludwig Quartier in einem der Renaissance-Bauten mit mittelalterlichem Kern, die bis heute das Bild des pittoresken Städtchens Mödling prägen. Im Hafnerhaus hält es ihn wie immer nicht länger als nötig, lieber macht er ausgedehnte Spaziergänge. In einem amüsanten Brief an seinen Freund Vinzenz Hauschka, Rechnungsrat und Gründungsmitglied der Gesellschaft der Musikfreunde, schreibt er: »So wandle ich hier mit einem Stück Notenpapier in Bergen, Klüften und Tälern umher und schmiere manches um des Brots und Geldes willen.« Oft kehrt er im Gasthof »Zu den zwei Raben« ein, wo eine Musikkapelle zum Tanz aufspielt. Für diese schreibt er seine Sammlung ländlicher Tänze: zwei Ländler, vier Walzer und fünf Menuette. Ein wenig bedauert er, dass er, »um einige Zeit für ein großes Werk zu gewinnen, vorher so viel schmieren um des Geldes willen muß«. Und schließt den Brief mit Empfehlung an die »Musikfeindliche Gesellschaft in Wien«. Die großen Werke sind seine »Hammerklaviersonate«, die »Diabelli-Variationen« und die »Missa solemnis«.

Mit Mödling verbindet Beethoven eine schmerzliche Erinnerung. Therese Malfatti, seine 18-jährige Klavierschülerin, hat hier im Sommer 1810 auf dem väterlichen Landgut seinen Heiratsantrag zurückgewiesen. Sie könnte die Widmungsträgerin der berühmtesten Klavierbagatelle der Welt sein. Oder auch nicht. Denn nur ein ganz blöder Abschreibfehler könnte aus »Für Therese« ein »Für Elise« gemacht haben. So bleibt das Elisen-Rätsel weiterhin ungelöst.

Im Hafnerhaus hat man genau in dem Raum, in dem Beethoven tatsächlich gewohnt hat, eine Gedenkstätte eingerichtet. Wiewohl romantisch inszeniert, versetzt sie den Besucher gerade deshalb perfekt ins frühe Biedermeier, liebens- und sehenswert.

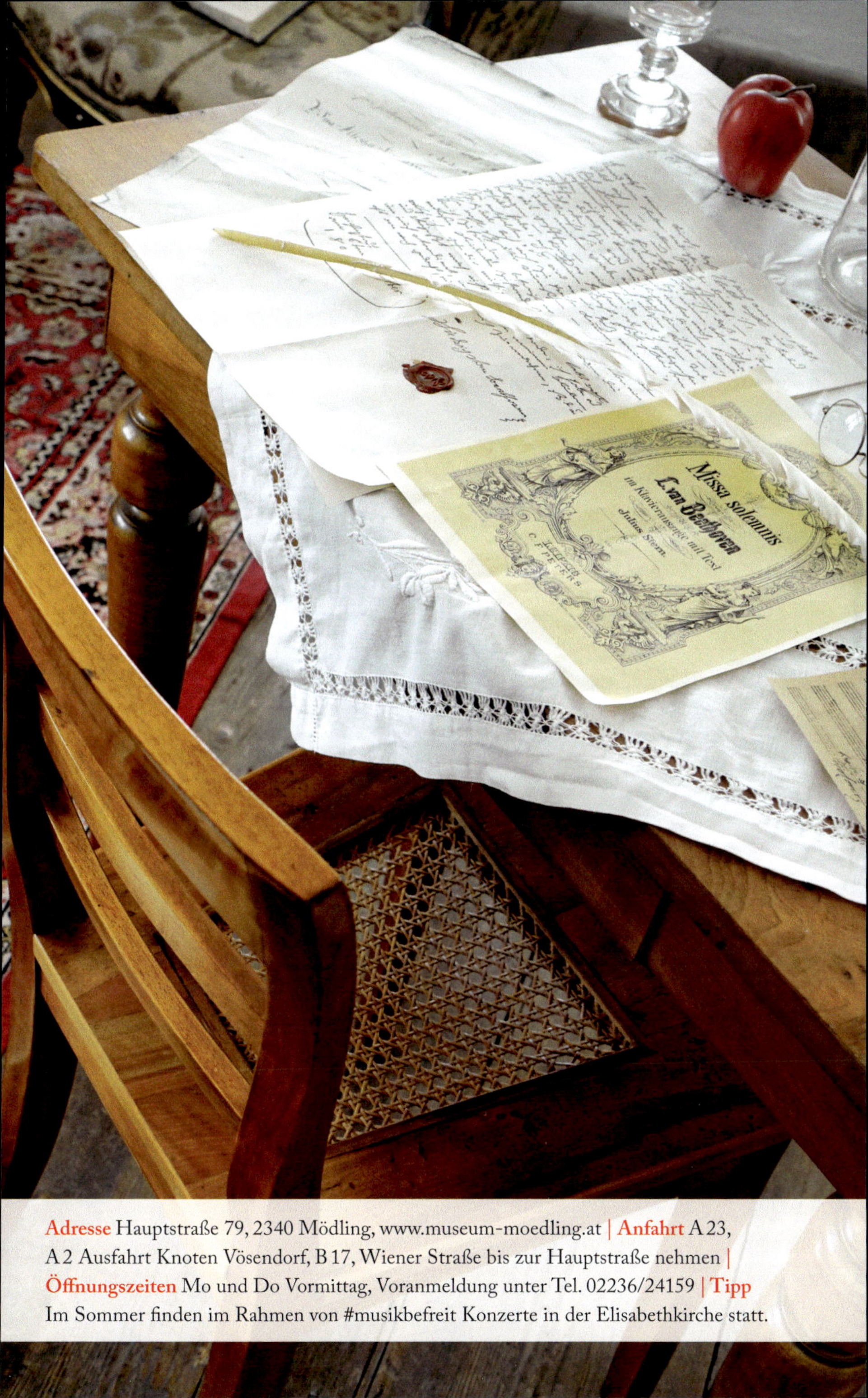

Adresse Hauptstraße 79, 2340 Mödling, www.museum-moedling.at | **Anfahrt** A 23, A 2 Ausfahrt Knoten Vösendorf, B 17, Wiener Straße bis zur Hauptstraße nehmen | **Öffnungszeiten** Mo und Do Vormittag, Voranmeldung unter Tel. 02236/24159 | **Tipp** Im Sommer finden im Rahmen von #musikbefreit Konzerte in der Elisabethkirche statt.

24 Das Schönberg-Haus

Triskaidekaphobie

Ins Hochparterre der Mödlinger Villa zieht Arnold Schönberg mit seiner Frau Mathilde und den Kindern Gertrud (16) und Georg (12) am 1. April 1918. Seine Beziehung zur Stadt knüpft er jedoch schon 1896. Da ist er 22 und hat seinen Posten als Bankangestellter in Wien gekündigt. Nun hat er viel Zeit und wenig Geld. Er übernimmt die Leitung des Mödlinger Arbeitergesangsvereins »Freisinn« und geht, um Geld zu sparen, jeweils eine Strecke zwischen Wien und Mödling (15 Kilometer) zu Fuß.

Schönberg ist am 13. September 1874 geboren, sein bester Freund David Josef Bach am 13. des Vormonats. Warum er Triskaidekaphobie, also panische Angst vor der Zahl 13, entwickelt, bleibt rätselhaft. Ab 1923 jedenfalls beschäftigt er sich sicherheitshalber nur mehr mit zwölf Tönen, was ihm zu Weltruhm verhilft. Bis auf wenige Kompositionsstunden bei dem drei Jahre älteren Alexander von Zemlinsky ist Schönberg Autodidakt. Dennoch ist er als Lehrer bald weithin bekannt und beliebt. Er unterrichtet bis zu 100 Privatschüler, darunter Alban Berg (siehe Kapitel 34) und Anton Webern (siehe Kapitel 82). Webern verehrt den Lehrer abgöttisch und zieht nach Mödling, um ihm nahe zu sein. Schönberg, Webern und Berg wandern oft gemeinsam auf den Anninger. In Mödling gründet Schönberg 1918 die »Gesellschaft für musikalische Privataufführungen«. Die Konzerte finden allerdings in Wien statt. Nicht nur die Programme sind unkonventionell, auch die neuen Regeln: Geheimhaltung des genauen Programms und Verbot von Beifall und Missfallen. 1933 emigriert Schönberg nach Amerika. Am Ende holt den Dodekaphoniker seine Triskaidekaphobie ein. Er stirbt an einem Freitag dem 13.

Das Schönberg-Haus ist jedoch auch an Donnerstagen geöffnet, die auf einen 13. fallen. Hier sind Schönbergs Möbel ausgestellt, ein Flügel und Streichinstrumente; Fotos, Hörbeispiele und Filme zeichnen ein lebhaftes Bild. Vereinzelt finden im Original-Ambiente Konzerte statt.

Adresse Bernhardgasse 6, 2340 Mödling | Anfahrt A 23, A 2 Ausfahrt Wiener Neudorf, B 11 folgen, Brown-Boveri-Straße und Josef Lowatschek-Gasse bis Bernhardgasse nehmen | Öffnungszeiten Do (außer Feiertage) 10–15 Uhr und nach Vereinbarung Tel. 01/7121888 | Tipp Einen Steinwurf entfernt bewohnte Anton Webern 1918 bis 1932 den zweiten Stock der Villa in der Neusiedler Straße 58 (Gedenktafel).

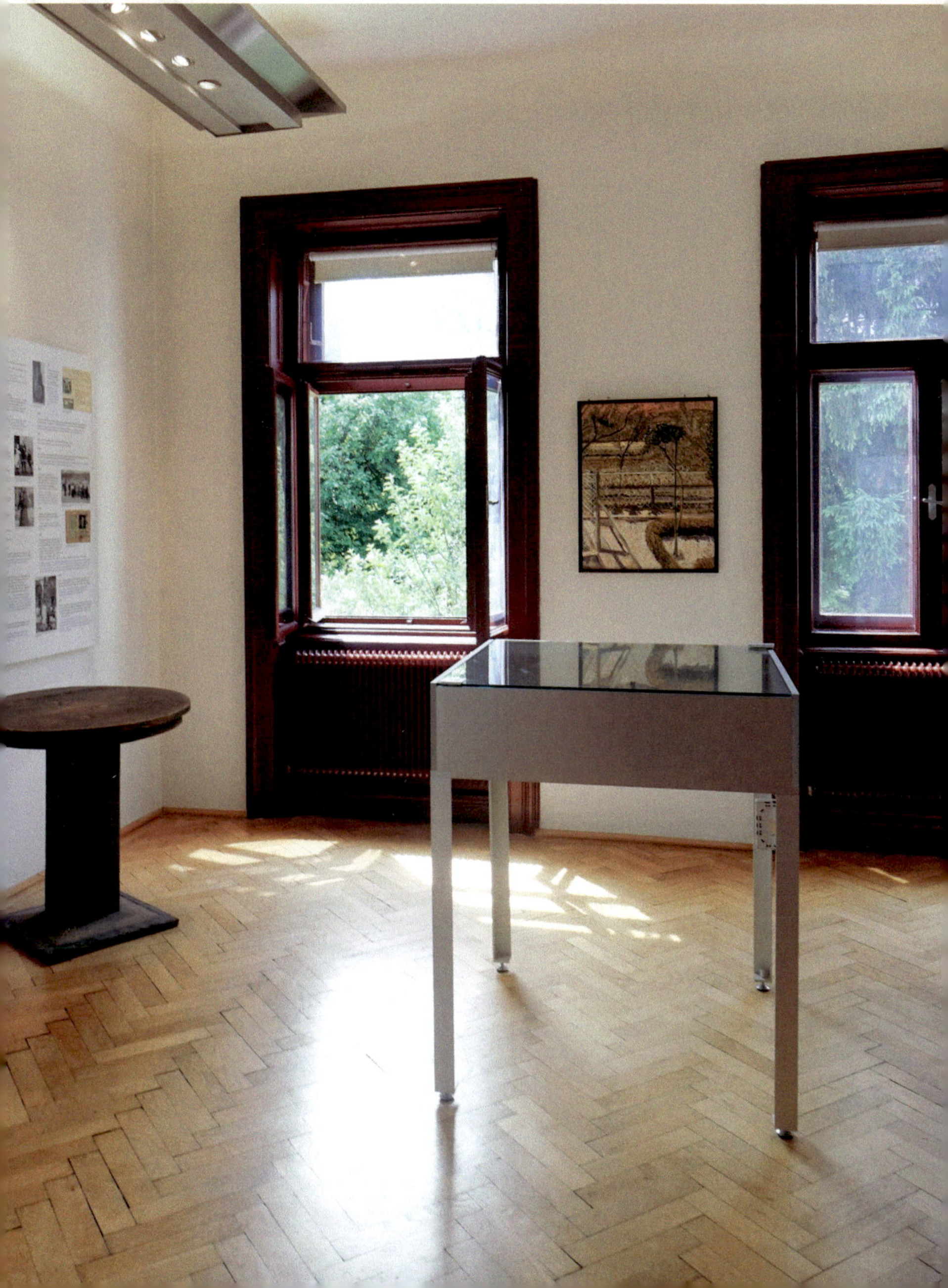

25 Die Myrafälle

Wassermusik

Womöglich ist Richard Strauss, als er eine »Wanderung neben dem Bache« machte, unvermittelt »Am Wasserfall« gelandet und wurde durch die mirakulösen Myrafälle zu Szenen seiner Symphonischen Dichtung »Eine Alpensinfonie op. 64« inspiriert. Ausschließen kann man es nicht. Denn schon 1884 hat der »Österreichische Touristenclub« das einzigartige Schau- und Hörspiel der Natur durch den Bau von Steiganlagen zugänglich gemacht. Seither überwindet man die 100 Meter Höhenunterschied mit Hilfe von Stegen, Stiegen und 26 Brücken praktisch mühelos. Mächtig und malerisch zeigt sich die Klamm – mit einer einzigartigen Klangkulisse.

Sanftes Gurgeln steigert sich stetig zu glucksendem Plätschern, bis der Bach sich über Steine und Felsen in die Tiefe stürzt, zischend, sausend, rauschend, brausend und tosend, unisono oder geteilt und stets rhythmisch. Darüber legt sich das Gezwitscher der Vögel und mischt sich in das plappernde Rauschen vom Wind in den Bäumen.

Die Klänge beruhigen und beleben Körper, Seele und Geist. Selbst Gedränge auf den Brücken und Stegen lässt keine Hektik aufkommen. Wochentags sind die Wasserfälle reizvoll für einsame Wanderer, am Wochenende für die ganze Familie.

Lange bevor die Myrafälle touristisch erschlossen werden, bestaunt sie, wie auf einer Gedenktafel zu lesen steht, eine hochwohlgeborene Familie. Auf der Durchreise zum Servitenkloster am Mariahilfberg in Gutenstein kommt im September 1801 Kaiser Franz II. (33) vorbei, begleitet von seiner zweiten Gemahlin Maria Theresia (27), Sohn Ferdinand (8) und seiner italienischen Cousine Maria Ludovica (13), die mit ihrer Familie in Wien im Exil lebt. Noch ahnt niemand, dass sie 1808 die dritte Frau des Kaisers und somit Ferdinands Stiefmutter werden wird. Der Blumenkaiser jedenfalls, gelernter Gärtner und Botanikschüler von Nikolaus von Jacquin, großer Natur- und Musikliebhaber, weiß das Wunder der Myrafälle zweifellos zu schätzen.

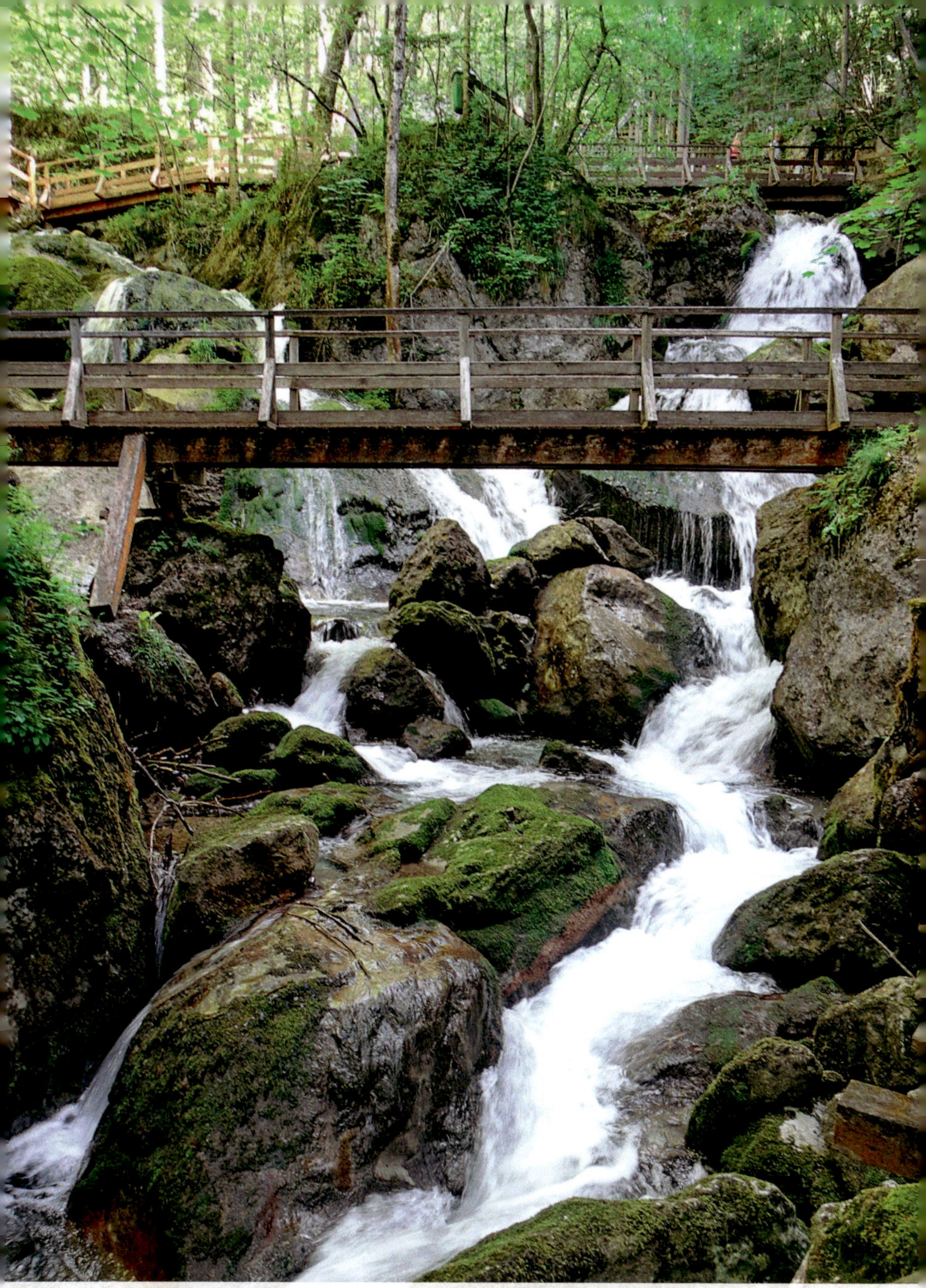

Adresse Myrafälle 1, 2763 Muggendorf | **Anfahrt** A 2 Ausfahrt Wöllersdorf, B 21 bis Hauptstraße in Muggendorf folgen | **Öffnungszeiten** 8 Uhr bis Einbruch der Dunkelheit | **Tipp** Den »Klang der Myrafälle« kann man auf CD mit nach Hause nehmen. Ganz in der Nähe ist ein historischer Kalkofen zu besichtigen.

26 Schloss Kirchstetten

Triumph der Wahrheit über die Zeit

Eine Burg verwandelt sich erst zum Renaissance-Wasserschloss und dann, nach Plänen Fischer von Erlachs, 1723 in ein zauberhaftes Barockschloss. Der neue Besitzer heißt Matthias von Suttner. Bertha, Ehefrau eines seiner Urururenkel, wird häufig in Kirchstetten zu Gast sein und manchmal an ihrem Buch arbeiten: »Die Waffen nieder!« 1905 wird ihr als erster Frau ein Nobelpreis verliehen – der Friedensnobelpreis.

40 Jahre später verwüstet ein schrecklicher Krieg das Schloss. Vor dem endgültigen Verfall bewahrt es eine Landesausstellung in den 90er Jahren. Was für ein Glück! Das erste Werk des spätbarocken Malers Franz Anton Maulbertsch schmückt, nach Jahren im Exil, wieder den Festsaal: »Triumph der Wahrheit über die Zeit«. Seither ist der Maulbertsch-Saal Schauplatz von Österreichs kleinster Opernbühne, spezialisiert auf Belcanto – Donizetti (siehe Kapitel 48), Rossini & Co. Die Mini-Bühne steht mitten im Raum, an drei Seiten kann das Publikum Platz nehmen. Das Orchester ist auf das Wesentliche reduziert. Das Klavier ersetzt das eine oder andere Instrument. Dirigent, Solisten, solistisch besetzter Chor. Die hohe Kunst der Beschränkung. Sie verlangt das absolut Erstklassige, denn sie verzeiht keine Fehler, erlaubt keine Ungenauigkeit, duldet kein Ablenkungsmanöver. So schlägt sie den Besucher in ihren Bann. Das musikalisch-szenische Erleben ist hautnah. Der Raum ist Spiel-Raum und Kulisse zugleich, in der ersten Reihe zieht man besser die Füße ein. Sänger, Musiker und Publikum reagieren unmittelbar aufeinander. Die Akustik ist atemberaubend. Als einzige Technik kommt Stimmtechnik zum Einsatz. Lichtspiele mit böhmischen Lustern. Wind weht kühlend durch die Holzjalousien der hohen Rundfenster.

Nebenan ist das Pausenbuffet aufgebaut. Man holt sich ein Glas Sekt mit Himbeersturm, wandelt ins Chinesische Zimmer, bestaunt barocke Wandmalereien und kann den nächsten Akt kaum erwarten.

Adresse Kirchstetten 1, 2135 Neudorf bei Staatz, www.schloss-kirchstetten.at | Anfahrt A 23, S 2, S 1, A 5 Ausfahrt Schrick, B 46 folgen, dann L 24 bis Kirchstetten | Öffnungszeiten bei und vor Veranstaltungen | Tipp Die Hl.-Geist-Kirche beherbergt eine klangschöne Ignaz-Reinhold-Orgel (1826) und zwei Glocken aus dem 16. Jahrhundert.

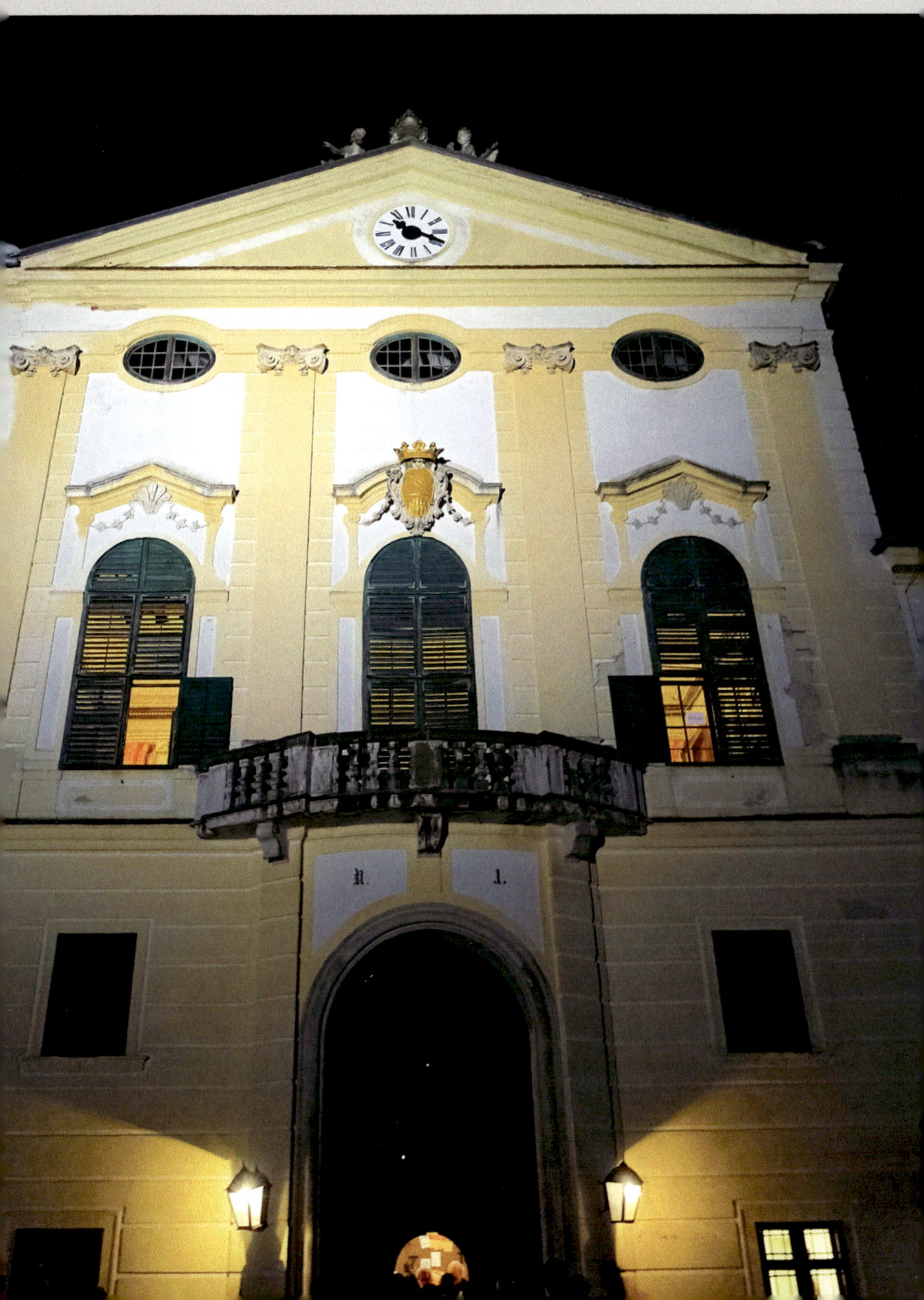

27 Schloss Niederfellabrunn

Mozarts unbekannte Muse

Am 15. September 1770 wird Wilhelm und Magdalena Prenner von Flamberg eine Tochter geboren: Anna Magdalena Antonia. Behütet verbringt sie ihre Kindheit auf dem elterlichen Landschlösschen Niederfellabrunn. Die Familie ist wohlhabend, doch nur von niederem Adel. Immerhin besitzt sie in Wien ein kleines Stadthaus, in der Nähe vom Hohen Markt 522. Ebendort befindet sich das prächtige Stadtpalais der reichen, bedeutenden Adelsfamilie Walsegg.

Ja, genau hier muss die Geschichte begonnen haben. Die von Flambergs lieben Musik. Franz von Walsegg musiziert, komponiert und veranstaltet musikalische Soireen. Bei einem der Konzerte müssen die beiden sich kennengelernt haben. Und lieben! Ja, es ist die ganz große Liebe. Franz heiratet die um sieben Jahre jüngere Anna kurz vor ihrem 16. Geburtstag, am 9. September 1786 in Maria Schutz am Semmering, unweit vom Walsegg'schen Schloss Stuppach. Die gräfliche Familie ist nicht erbaut. So jung, so arm, so unbedeutend. Nur wenige glückliche Jahre sind den Liebenden beschieden. Am 14. Jänner 1791 stirbt Anna. Franz ist zu Tode betrübt. Ihr Andenken möchte er mit etwas ganz Besonderem ehren. Schon oft hat er Kompositionen gekauft, um sie als seine eigenen auszugeben. Für Anna darf es kein Geringerer als Wolfgang Amadeus sein. Ein Mittelsmann überbringt ihm den Auftrag. Stellt 50 Gulden in Aussicht, zahlt die Hälfte gleich an.

Nie hätte Mozart sein Requiem komponiert – hätte es Anna nicht gegeben. Wäre sie nicht so jung gestorben. Hätte Graf von Walsegg ihn nicht zum Ghostwriter erkoren (siehe Kapitel 107). Und hätte er nicht so dringend Geld gebraucht. Eine schier unglaubliche Verkettung unglücklicher Umstände hat das erschütterndste Werk der Musikgeschichte hervorgebracht.

Die bürgerlichen Besitzer haben den musikalischen Geist des Schlosses die letzten 30 Jahre lang bewahrt und, im Verborgenen, Kammerkonzerte auf allerhöchstem Niveau veranstaltet.

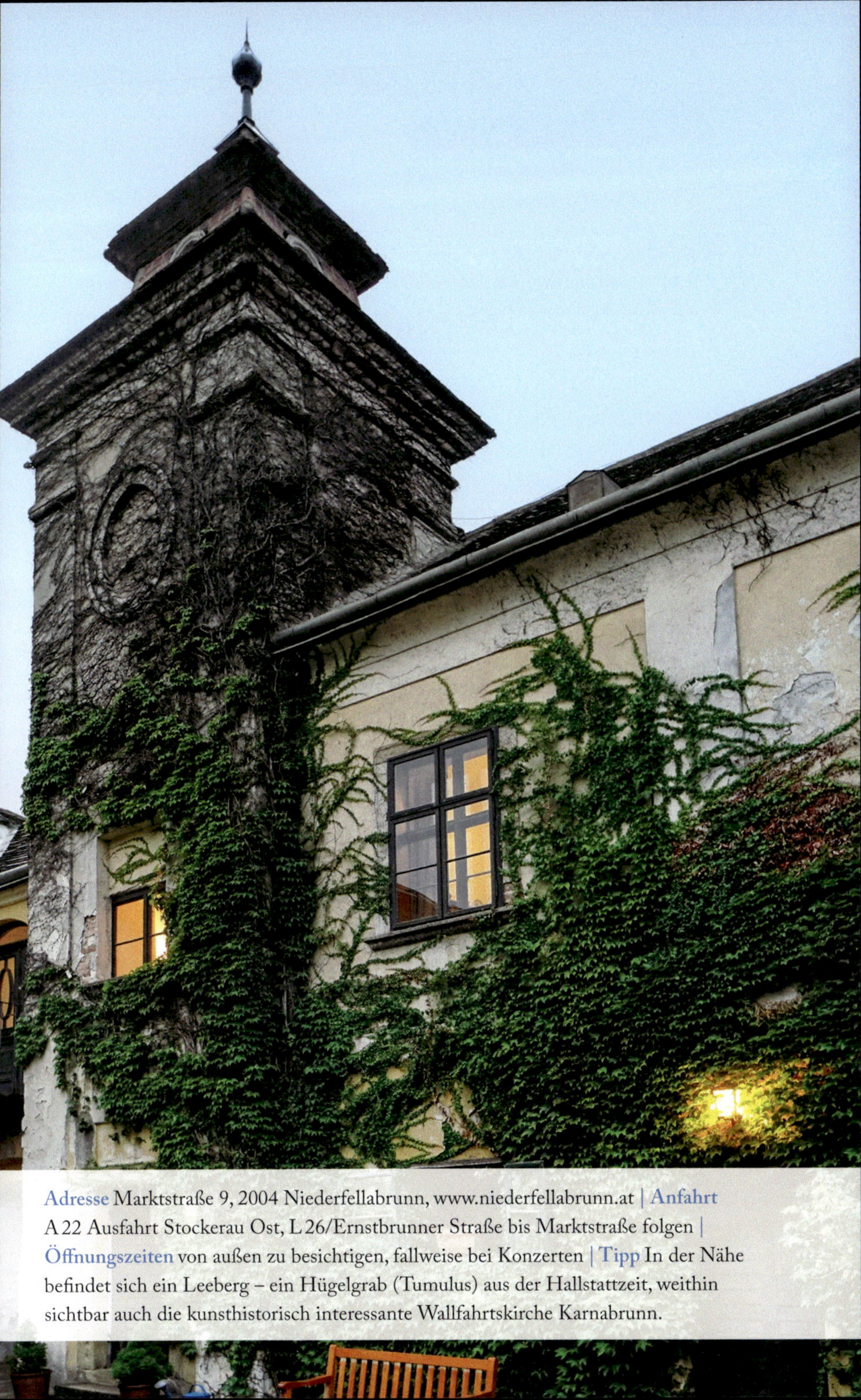

Adresse Marktstraße 9, 2004 Niederfellabrunn, www.niederfellabrunn.at | Anfahrt A 22 Ausfahrt Stockerau Ost, L 26/Ernstbrunner Straße bis Marktstraße folgen | Öffnungszeiten von außen zu besichtigen, fallweise bei Konzerten | Tipp In der Nähe befindet sich ein Leeberg – ein Hügelgrab (Tumulus) aus der Hallstattzeit, weithin sichtbar auch die kunsthistorisch interessante Wallfahrtskirche Karnabrunn.

28 Das Hugo Wolf-Haus

Ein Komponist auf Winterfrische

Der Schöpfer des modernen Kunstliedes ist zeitlebens so arm, dass er fast ausschließlich bei Freunden wohnt. Zu denen, die ihm Unterschlupf gewähren, gehören Heinrich und Marie Werner. In ihrem Sommerhaus in Perchtoldsdorf darf er ungestört komponieren, wann immer sie selbst es nicht benützen. Vor allem natürlich im Winter. 1683 erbaut, wirkt es von außen beinahe wehrhaft, im Inneren verbirgt sich ein unverwechselbares Flair. In vollkommener Abgeschiedenheit gelingt Hugo Wolf im Februar 1888 der Durchbruch. Er vertont das Gedicht »Der Tambour« von Eduard Mörike. Nach Versuchen mit Stimmungsgedichten hat er seinen Weg gefunden, das Rollengedicht. Nicht die Identität des Komponisten ist wichtig, nur mehr die Individualität der Frauen und Männer, die er in seinen Liedern porträtiert. Noch im selben Jahr komponiert er bei den Werners weitere 43 Lieder nach Mörike-Gedichten. Lieder aus dem »Spanischen« und »Italienischen Liederbuch« entstehen hier und Teile seiner Oper »Il Corregidor«.

Auch das Wiener Juweliers-Ehepaar Heinrich und Melanie Köchert fördert Hugo Wolf. Melanie ist seine Klavierschülerin. Für seine erste und einzige eigene Wohnung schenkt sie ihm zu Weihnachten 1896 einen Thonet-Schaukelstuhl. Doch eine Krankheit, die er sich in jungen Jahren zugezogen hat, wird ihn demnächst endgültig einholen. Syphilis. Sein Geist umnachtet sich. Im Herbst 1897, zu Gast im Landhaus von Heinrich und Melanie am Traunsee, will er sich ertränken. Er kommt in eine Irrenanstalt in Wien, wo er 1903 mit nur 43 Jahren stirbt. Melanie versinkt in tiefe Traurigkeit. Sie stürzt sich aus dem vierten Stock ihres Hauses am Neuen Markt. Der Enkel von Heinrich und Marie vermacht das Werner-Haus der Gemeinde Perchtoldsdorf mit der Auflage, ein Museum einzurichten. Im originalgetreu renovierten Wohnzimmer steht er nun – der Schaukelstuhl. Das einzige Möbel, das Hugo Wolf je besessen hat.

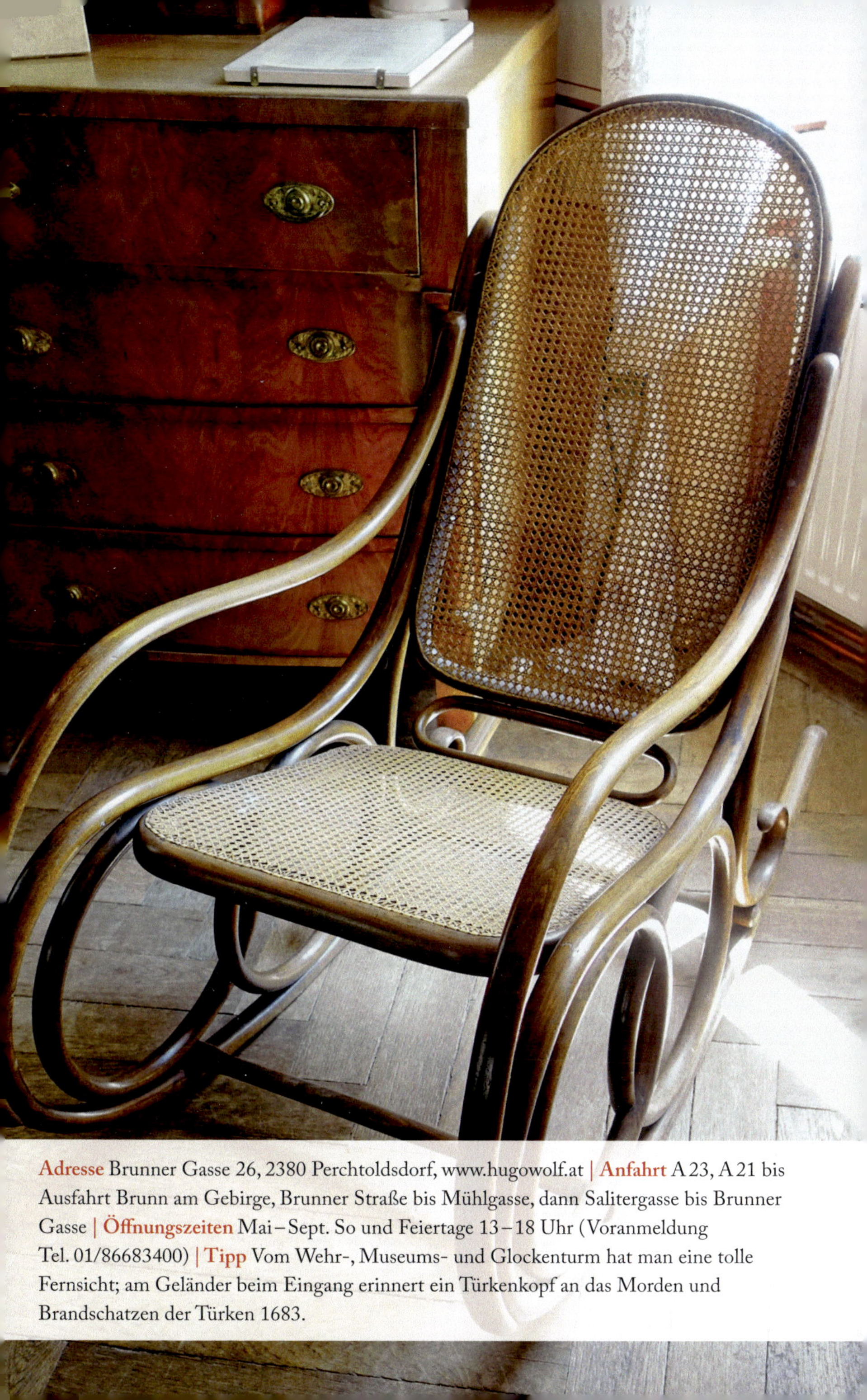

Adresse Brunner Gasse 26, 2380 Perchtoldsdorf, www.hugowolf.at | **Anfahrt** A 23, A 21 bis Ausfahrt Brunn am Gebirge, Brunner Straße bis Mühlgasse, dann Salitergasse bis Brunner Gasse | **Öffnungszeiten** Mai–Sept. So und Feiertage 13–18 Uhr (Voranmeldung Tel. 01/86683400) | **Tipp** Vom Wehr-, Museums- und Glockenturm hat man eine tolle Fernsicht; am Geländer beim Eingang erinnert ein Türkenkopf an das Morden und Brandschatzen der Türken 1683.

29_Das Lisztzentrum

Ein Popstar des 19. Jahrhunderts

Das einst ungarische, seit 1921 burgenländische Dorf Raiding / Doborján ist ein mehrfacher Glücksfall. Erstens ist hier am 22. Oktober 1811 einer der größten Klaviervirtuosen des 19. Jahrhunderts zur Welt gekommen. Franz Liszt. Wunderkind, Superstar, Marketing-Genie. Zweitens hat das Häuschen, in dem »Liszt Ferenc« seine Kinderjahre verbrachte, die Zeitenstürme auf wundersame Weise überdauert. Und drittens wird seine Musik genau hier besonders gewürdigt, seit auf dem musikhistorisch bedeutenden Boden ein moderner Konzertsaal eröffnet wurde. Seine schlichte Architektur und außergewöhnliche Akustik sind mittlerweile so berühmt wie das Festival, das dreimal jährlich stattfindet. Klaviermusik im Allgemeinen und lisztige Kompositionen im Besonderen spielen eine gewichtige Rolle, das versteht sich von selbst.

Adam Liszt, Franz' dominanter Vater, war Verwaltungsbeamter bei Fürst Nikolaus II. Esterhazy und spielte Cello. Und zwar so gut, dass er unter Haydn und Hummel im fürstlichen Orchester zu Eisenstadt / Kismarton auftreten durfte. Maria Anna, die sanfte Mutter, Bäckerstochter aus Krems, hatte keinerlei musikalische Bildung. Vater Adam erkannte das Talent des Sohnes und bildete ihn mit großer Strenge zum Virtuosen heran. Dabei scheute er weder Kosten noch Mühen. Er nahm unbezahlt Urlaub, trieb Geld auf und ließ ihn in Wien bei Czerny Klavier- und bei Salieri Kompositionsunterricht nehmen. Dann lernte die ganze Familie Französisch, weil der Elfjährige am Pariser Conservatoire studieren sollte. »Directeur« Cherubini lehnte es jedoch ab, ihn aufzunehmen – Franz war und blieb Ungar. Ungarisch beherrschte er zeit seines Lebens nicht. Trotzdem fühlte er sich als Magyare und blieb Raiding verbunden. Der Enthüllung der Gedenktafel an seinem Geburtshaus zu seinem 70. Geburtstag 1881 wohnte er höchstpersönlich bei. Und heute? Blickt er wohl wohlwollend auf »seinen« Konzertsaal.

Adresse Lisztstraße 46, 7321 Raiding | **Anfahrt** A 23, A 3 bis Ausfahrt Weppersdorf, B 62 und Raidinger Landesstraße bis Lisztstraße folgen | **Öffnungszeiten** Liszt-Geburtshaus März–Nov. Mo–Sa 9–17 Uhr, So 10–17 Uhr, Juni–Nov. auch Mo 10–17 Uhr, Liszt-Festival März, Juni und Okt., www.lisztfestival.at | **Tipp** Rund um Raiding werden die besten Blaufränkisch-Weine der Welt gekeltert.

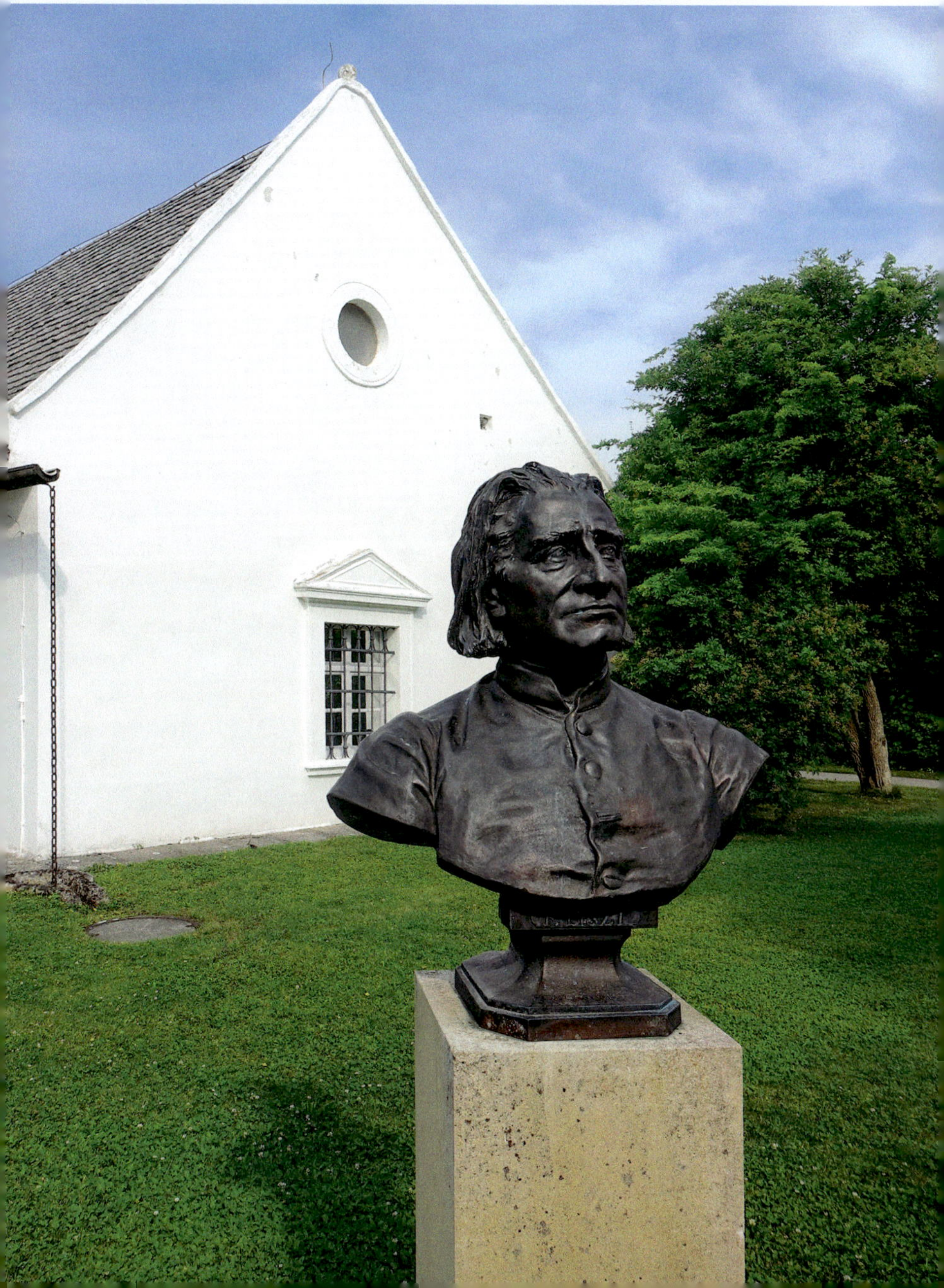

30 Zu den Gebrüdern Haydn

Die Kinderstube von Joseph und Michael

Noch ein Haydn-Haus? Nun, immerhin ist dies das Geburtshaus. Unverzichtbar. Also hat man es zum wiederholten Male renoviert. Diesmal sollte es von Romantisierung befreit, um zeitgemäße Museumsdidaktik bereichert und mit einem kleinen Konzertsaal ausgestattet werden. Die Übung ist gelungen: Der vielleicht wichtigste Haydn-Ort ist modern geworden und doch auratisch geblieben.

In dem schilfgedeckten Bauernhaus mit angeschlossener Werkstatt wurden dem Wagnermeister und Marktrichter Mathias Haydn und seiner ersten Frau Anna Maria, Unterköchin im nahe gelegenen Schloss Harrach, zwölf Kinder geboren – sechs haben überlebt, zwei sind in die Musikgeschichte eingegangen.

Michael, fünf Jahre jünger als Joseph, ist zu seiner Zeit mindestens so berühmt wie sein Bruder, seine Karriere verläuft sogar steiler. Mit 26 wird er als Hofmusicus und Concertmeister in der fürsterzbischöflichen Hofkapelle in Salzburg angestellt – hier bleibt er für den Rest seines Lebens; steigt zum ersten Konzertmeister auf; ehelicht eine bekannte Sängerin, unter deren Verschwendungssucht er zeitlebens leidet; übernimmt schließlich 1782 das Amt des Hof- und Domorganisten von keinem Geringeren als Wolfgang Amadeus Mozart, der als freier Komponist in Wien Fuß fasst – nach dem berühmten Fußtritt, der ihn aus dem Deutschordenshaus und den Diensten des Salzburger Fürsterzbischofs hinauskatapultiert hat (siehe Kapitel 86).

Im Haydn-Geburtshaus gibt man nun auch Michaels Schaffen gebührenden Raum. Doch man weiß wenig über Josephs Bruder. Ein einziges Porträt ist überliefert, und von seinem äußerst umfangreichen Werk sind heute nicht viele Kompositionen im Konzertrepertoire zu finden. Zu Recht? Zu Unrecht? Die gut gewählten Hörproben vor Ort geben Aufschluss. Bekannt sind einige seiner Messen und sein Requiem in c-Moll, es soll als Vorbild für Mozarts Requiem gedient haben. Seine bedeutendste Erfindung jedoch ist: der Männerchor.

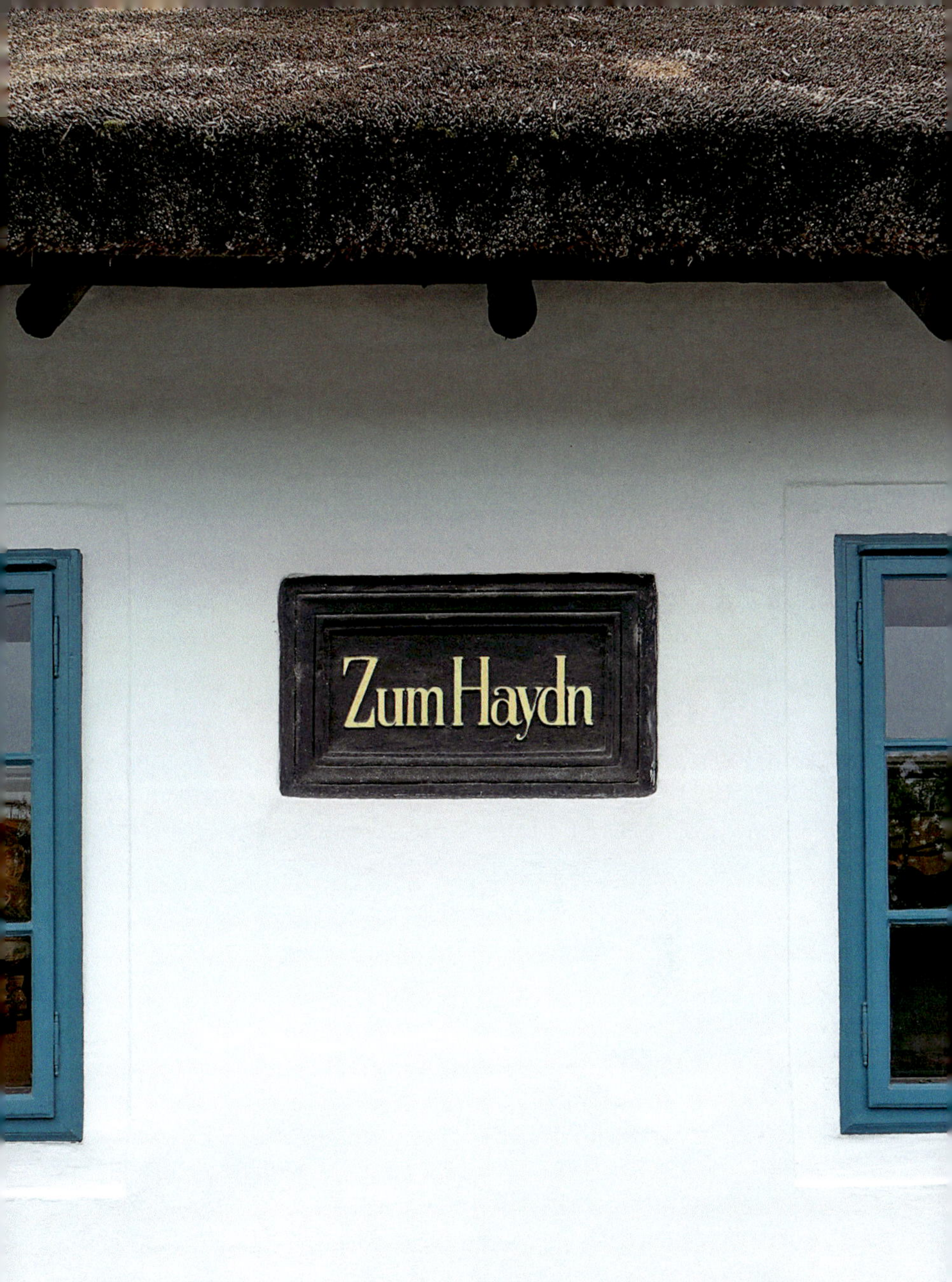

Adresse Haydns Geburtshaus, Obere Hauptstraße 25, 2471 Rohrau, Tel. 02164/2268, www.haydngeburtshaus.at | **Anfahrt** A 4, Abfahrt Bruck a. d. Leitha Ost, B 211 | **Öffnungszeiten** Mitte März – Anfang Nov. Di – So und Feiertage 10 – 17 Uhr und bei Konzerten | **Tipp** Führungen im sehenswerten Schloss Rohrau finden ebenfalls von März bis November statt (Sa, So und Feiertage, www.schloss-rohrau.at).

31 Das Pleyel Kulturzentrum

Salle Pleyel en miniature

In den Weinbergen von Ruppersthal, auf einer Anhöhe oberhalb der gotischen Pfarrkirche, steht seit 2016 ein schlichter, kleiner Konzertsaal, benannt nach Ignaz Josef Pleyel. Eigentlich heißt er ja Pleyl wie sein Vater, der Dorfschulmeister, als dessen Kind Nummer acht er am 18. Juni 1757 geboren wird. Das »e« fügt er erst später ein, als er in Frankreich als Komponist, Musikverleger und Klavierfabrikant Furore macht. Er ist in ganz Europa eine Berühmtheit. Als er 1831 in Paris stirbt, errichtet man ihm zu Ehren einen Konzertsaal, die Salle Pleyel, und bestattet ihn in einem Ehrengrab auf dem legendären Friedhof Père Lachaise.

Nur hierzulande wäre er beinahe endgültig in Vergessenheit geraten. Hätte sich nicht ein rühriger Ruppersthaler quergelegt. In letzter Sekunde verhinderte Adolf Ehrentraud den Abbruch des einsturzgefährdeten Geburtshauses neben der Kirche, trieb Geld für die Renovierung auf, richtete ein Museum ein, gründete die Internationale Pleyel Gesellschaft (IPG) und überzeugte Politiker von seiner Vision eines Konzertsaales inmitten von Weinbergen.

»Dann sind dermalen Quartetten heraus von einem gewissen Pleyel; dieser ist ein Scholar von Joseph Haydn. Wenn Sie selbige noch nicht kennen, so suchen Sie sie zu bekommen; es ist der Mühe werth. Sie sind sehr gut geschrieben, und sehr angenehm.« (Mozart an seinen Vater, 24. April 1784)

Ja, Haydn ist ein hervorragender Lehrmeister (siehe Kapitel 4). Davon kann man sich nun ein Bild machen, denn die IPG hat sich zum Ziel gesetzt, Pleyels gesamtes Kammermusikwerk aufzuführen und aufzunehmen. Die Akustik in der Salle Pleyel ist hervorragend, Lage und Ausblick unschlagbar. Hier wird auf »Opus 7134« gespielt, einem original Tafelklavier aus der Fabrikation von Pleyels Sohn Camille. Im Geburtshaus und Museum neben der Kirche steht »Opus 1614«, einer von weltweit sechs noch spielbaren Pleyel-Hammerflügeln.

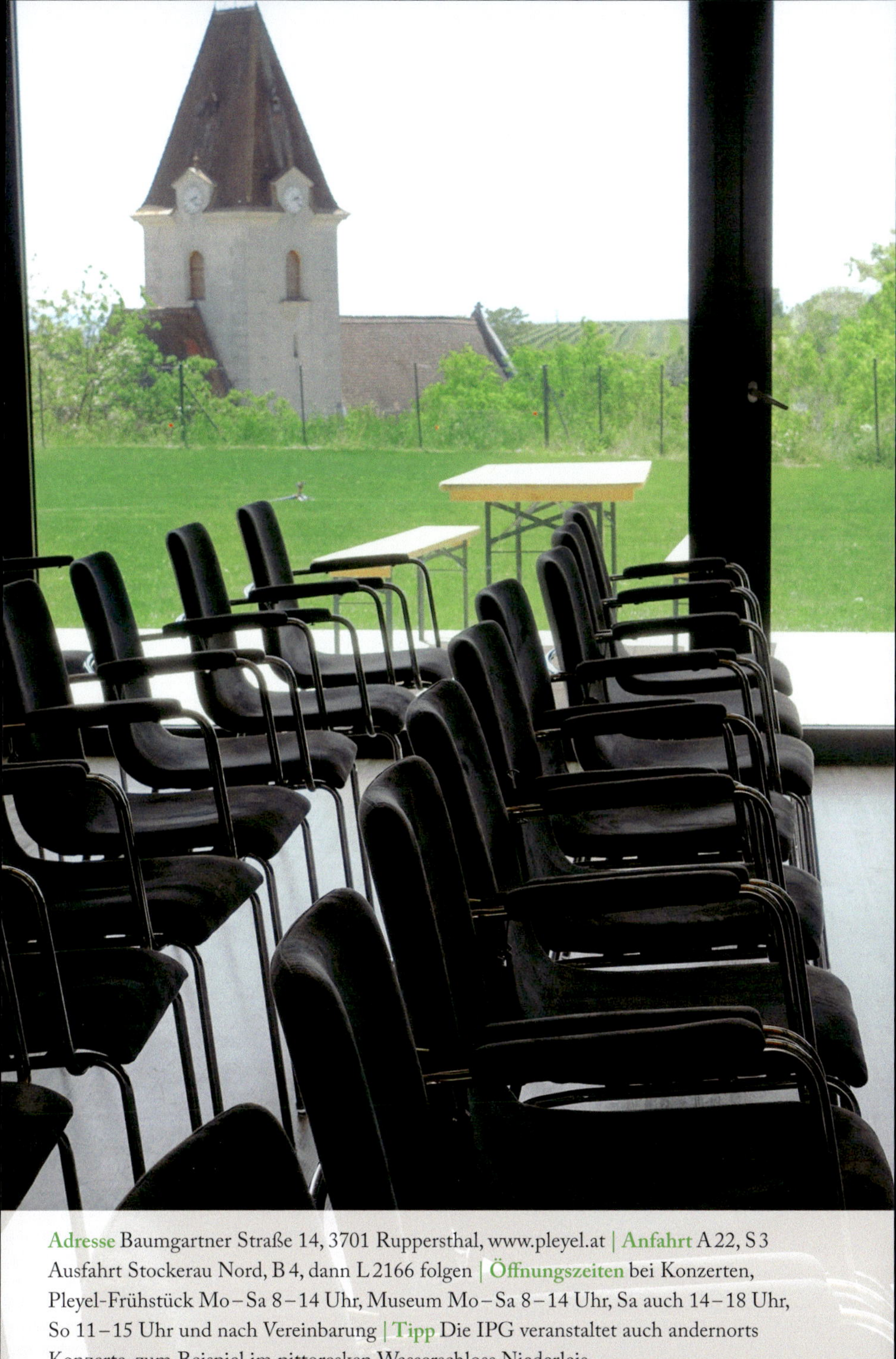

Adresse Baumgartner Straße 14, 3701 Ruppersthal, www.pleyel.at | Anfahrt A 22, S 3 Ausfahrt Stockerau Nord, B 4, dann L 2166 folgen | Öffnungszeiten bei Konzerten, Pleyel-Frühstück Mo – Sa 8 – 14 Uhr, Museum Mo – Sa 8 – 14 Uhr, Sa auch 14 – 18 Uhr, So 11 – 15 Uhr und nach Vereinbarung | Tipp Die IPG veranstaltet auch andernorts Konzerte, zum Beispiel im pittoresken Wasserschloss Niederleis.

32 Die Randhartinger-Büste

Ein wirklich schöner Tenor

Nähert man sich der glänzenden Bronze-Büste von Benedict Randhartinger, wird sonnenklar, warum er zu seiner Zeit so berühmt war. Tenor! Und so gut aussehend, beinahe unwiderstehlich.

Er ist einer von denen, die zu ihrer Zeit äußerst bekannt, beliebt und angesehen waren, dann aus der Mode kamen und vollkommen in Vergessenheit gerieten. Dabei sind vor allem Randhartingers melodienreiche Lieder hörenswert. Sie erinnern an Schubert, zu dessen Freundeskreis er gehört. Bei ihm hat Schubert die Texte der Müller-Lieder entdeckt.

Am 27. Juli 1802 in Ruprechtshofen geboren, wird er mit zehn Jahren Hofsängerknabe in Wien. Im Konvikt begegnet er dem fünf Jahre älteren Franz Schubert. Als 13-Jähriger führt er erstmals den »Erlkönig« auf. Nach dem Stimmbruch entwickelt sich der Sopran zu einem wirklich schönen Tenor. Antonio Salieri hält ihn für so begabt, dass er ihn nach dem Konvikt gratis im Komponieren unterweist. Sicherheitshalber studiert Benedict jedoch auch Jura und arbeitet als Privatsekretär für einen ungarischen Magnaten, was ihm viele gesellschaftliche Türen öffnet und die ökonomische Grundlage zum Komponieren schafft. Sein umfangreiches Werk findet großen Anklang. Sogar Jenny Lind, die schwedische Nachtigall, hat seine Lieder im Programm.

Benedicts glanzvolle musikalische Karriere beginnt mit einer Anstellung als Sänger in der Kaiserlichen Hofkapelle. Diese ist allerdings, wie es so schön heißt, unbesoldet. Immerhin hat er einen Fuß in der Tür, knüpft wichtige Kontakte. Bald wird er 3. Kapellmeister oder wie es im k.k. Besoldungsplan steht: überzähliger Vice-Hofkapellmeister. Dann wirklicher Vice-Hofkapellmeister. Endlich, mit über 60: wirklich wirklicher Hofkapellmeister. Da ist sein Stern bereits im Untergehen. Am Ende des Jahrhunderts, das fast sein Leben umspannt, kann er immerhin von sich sagen, die ganz Großen ganz persönlich gekannt zu haben.

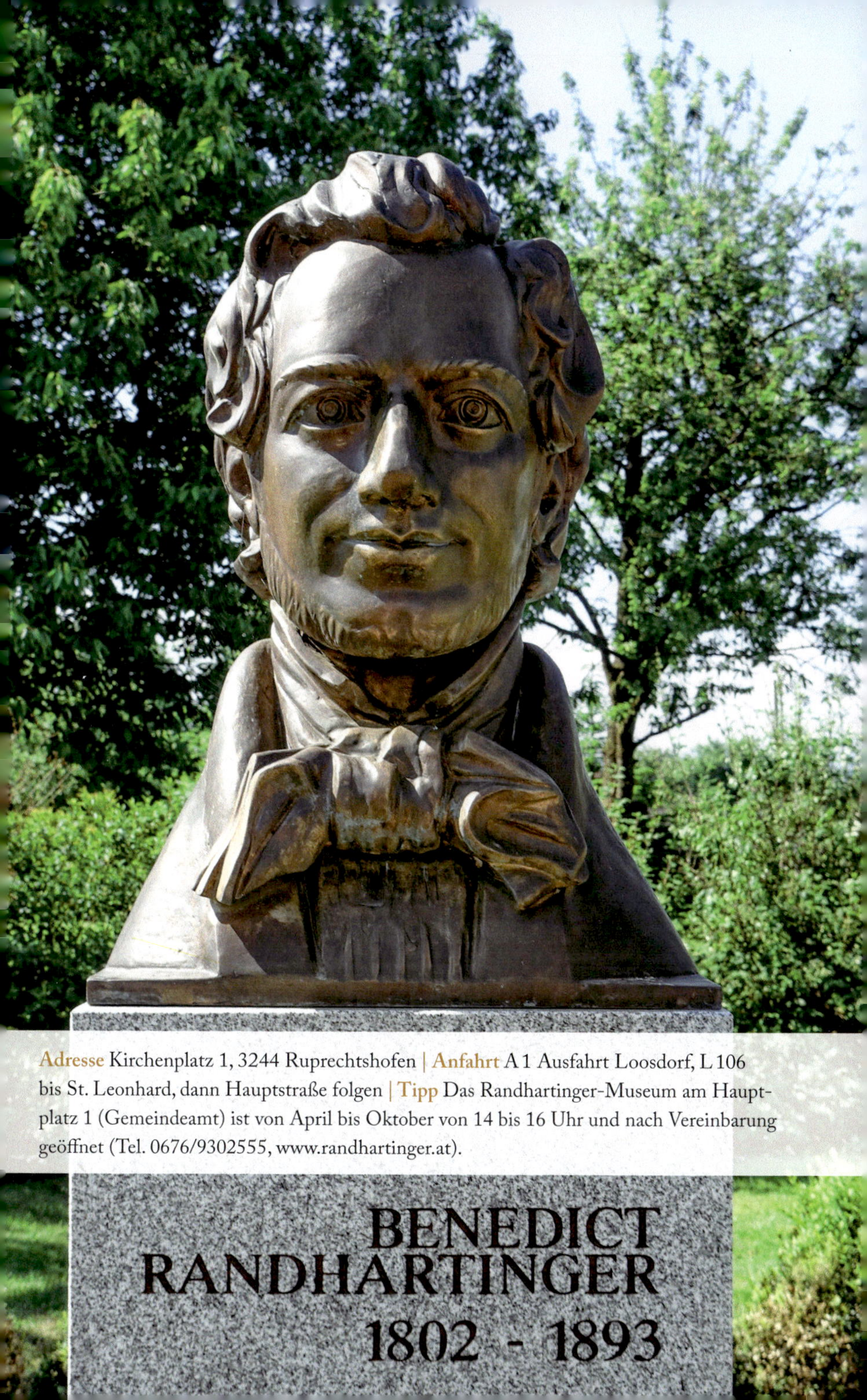

Adresse Kirchenplatz 1, 3244 Ruprechtshofen | Anfahrt A 1 Ausfahrt Loosdorf, L 106 bis St. Leonhard, dann Hauptstraße folgen | Tipp Das Randhartinger-Museum am Hauptplatz 1 (Gemeindeamt) ist von April bis Oktober von 14 bis 16 Uhr und nach Vereinbarung geöffnet (Tel. 0676/9302555, www.randhartinger.at).

33 Schloss Hof

Opernarien als Verkaufsschlager

Prinz Eugen von Savoyen erwirbt 1725 ein 100 Jahre altes Renaissancekastell im Marchfeld und lässt es von Lukas von Hildebrandt zum atemberaubend schönen Schloss Hof umbauen. Mit Wasserspielen im Neptunbrunnen auf der Ehrenseite und einer barocken Gartenanlage nach Osten, auf sieben Terrassen zur March hin.

1738 gelangt es in den Besitz von Prinz Joseph Friedrich von Sachsen-Hildburghausen (siehe Kapitel 76). Ein Geschenk seiner frisch angetrauten Anna Viktoria von Savoyen. Als Morgengabe! Unglaublich! Sie ist die reichste Frau Europas, Nichte und Alleinerbin von Prinz Eugen. Und 20 Jahre älter als ihr Gemahl. Skandal! Die Ehe geht schief. Ohne Anna Viktoria kann sich Joseph Friedrich den Unterhalt von Schloss Hof nicht leisten. Er will es loswerden. Und weil sich Kaiserin Maria Theresia für das Baujuwel interessiert, plant er 1754 ein viertägiges Barockfest unvorstellbaren Ausmaßes und Prunkes, um sie und ihren Gemahl Franz Stephan vom Kauf zu überzeugen. Musik spielt dabei die Hauptrolle. Maria Theresia hat Jahre zuvor in einer Vertonung des Metastasio-Librettos von »Le Cinesi« mitgespielt. Christoph Willibald Gluck wird beauftragt, eine neue Komposition auf dieses Libretto zu schaffen.

»Und nun die göttliche Musik von einem Gluck! – Es war nicht allein das liebliche Spiel der brillanten Symphonie allein, welches die Zuhörer gleich anfangs, ehe noch der Vorhang aufgezogen war, in Entzücken versetzte; die ganze Musik war durch und durch Zauberwerk.« So beschreibt Zeitzeuge Dittersdorf die Aufführung der Opernserenade »Le Cinesi« seines Kollegen am 24. September 1754. Es ist der glanzvolle Höhepunkt des Festes, das Maria Theresia tatsächlich zum Kauf bewegt.

Nach ihrem Tod 1780 versinkt Schloss Hof in einen Dornröschenschlaf, aus dem es erst 200 Jahre später allmählich erwacht. Heute erstrahlt es mit seinem einzigartigen Terrassengarten in altem Glanz, und im Festsaal erklingt wieder Musik.

Adresse 2294 Schlosshof, www.schlosshof.at | **Anfahrt** A 4 bis Abfahrt Fischamend, B 9 Richtung Hainburg, B 49, L 3014 bis Schloss Hof folgen | **Öffnungszeiten** Mitte März – Nov. täglich 10 – 18 Uhr, Dez. – Mitte März 10 – 16 Uhr | **Tipp** In Hainburg hat Joseph Haydn bei seinem Onkel den ersten Musikunterricht bekommen und in der Pfarrkirche sein erstes Instrument gespielt: die Pauke. Sie spielt in vielen seiner Kompositionen eine tragende Rolle.

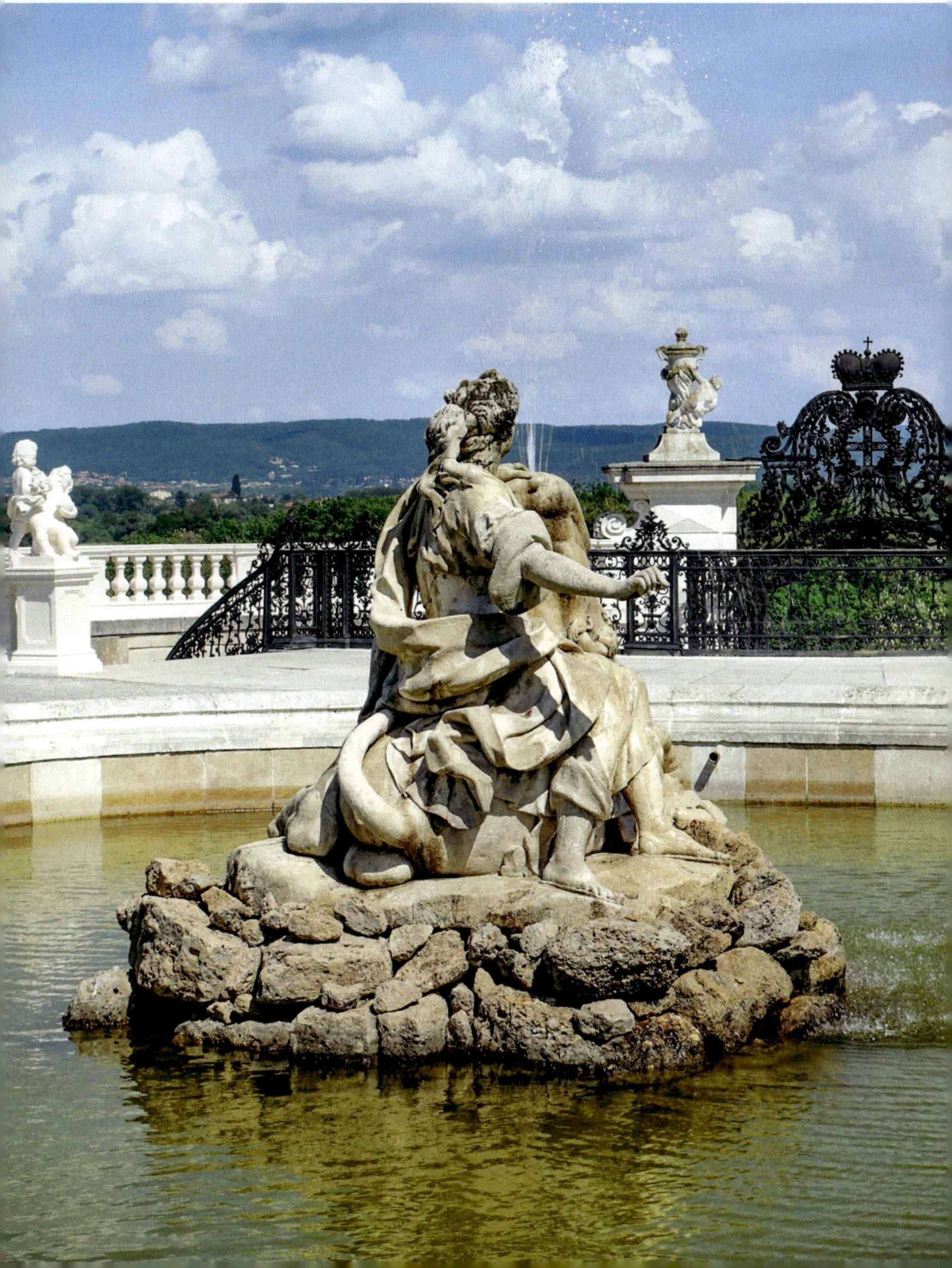

34 Alban Bergs Automobil

Der rasende Komponist

Das elegante Cabriolet Modell Ford A 1930 aus dem Besitz von Alban und Helene Berg steht seit Mai 2016 im TMW, dem Technischen Museum Wien, quasi im Entree zur Musikinstrumenten-Sammlung. An dem überdimensionalen Geigenkasten, in dem es effektvoll zur Schau gestellt wird, kann der Besucher zwei Knöpfe betätigen. Einer lässt die Hupe ertönen, der andere löst das wohlklingende Originalgeräusch des laufenden Motors aus. Beides war Musik in den Ohren des Komponisten, ebenso wie das Sausen des Fahrtwindes, wenn er, das weiße Verdeck aufgeklappt, mit Helene zwischen seiner Wiener Wohnung und seinem Waldhaus am Wörthersee hin- und herbrauste oder Bergstraßen erklomm.

An neuer Technik war er mindestens so interessiert wie an neuer Musik. Am liebsten wäre einer der wichtigsten Vertreter der Zweiten Wiener Schule überhaupt nur mehr Automobil gefahren und hätte das Komponieren ganz sein lassen. Womöglich fiel die Fertigstellung der Oper »Lulu« gar seiner Fahrleidenschaft zum Opfer. Das innige Verhältnis zu seinem »blauen Vogel« oder »Auterl«, wie er sein Fahrzeug liebevoll poetisch nannte, ist im TMW auf Schautafeln in Wort und Bild dokumentiert. Und während man das Wunderwerk der neuen Technik betrachtet, kann man via Kopfhörer versuchen, es mit Alban Bergs neuer Musik in Einklang zu bringen.

Leisten konnte sich Alban Berg diesen Luxus im Sommer 1930 nur dank dem großen Erfolg seines sechs Jahre zuvor in Berlin unter Erich Kleiber uraufgeführten »Wozzeck«. Die Drucklegung seiner Oper wäre freilich ohne die finanzielle Unterstützung von Alma Mahler nicht zustande gekommen – Alban Berg widmete ihr zum Dank seine berühmte Oper.

Nach Albans Tod 1935 gründete Helene eine Stiftung, die bis heute besteht. Ihr verdanken wir nicht nur das »Auterl«, sondern auch die Erhaltung der Berg-Wohnung und eine Skulptur vor der Staatsoper, die ihm und der Zweiten Wiener Schule zu Ehren errichtet wurde.

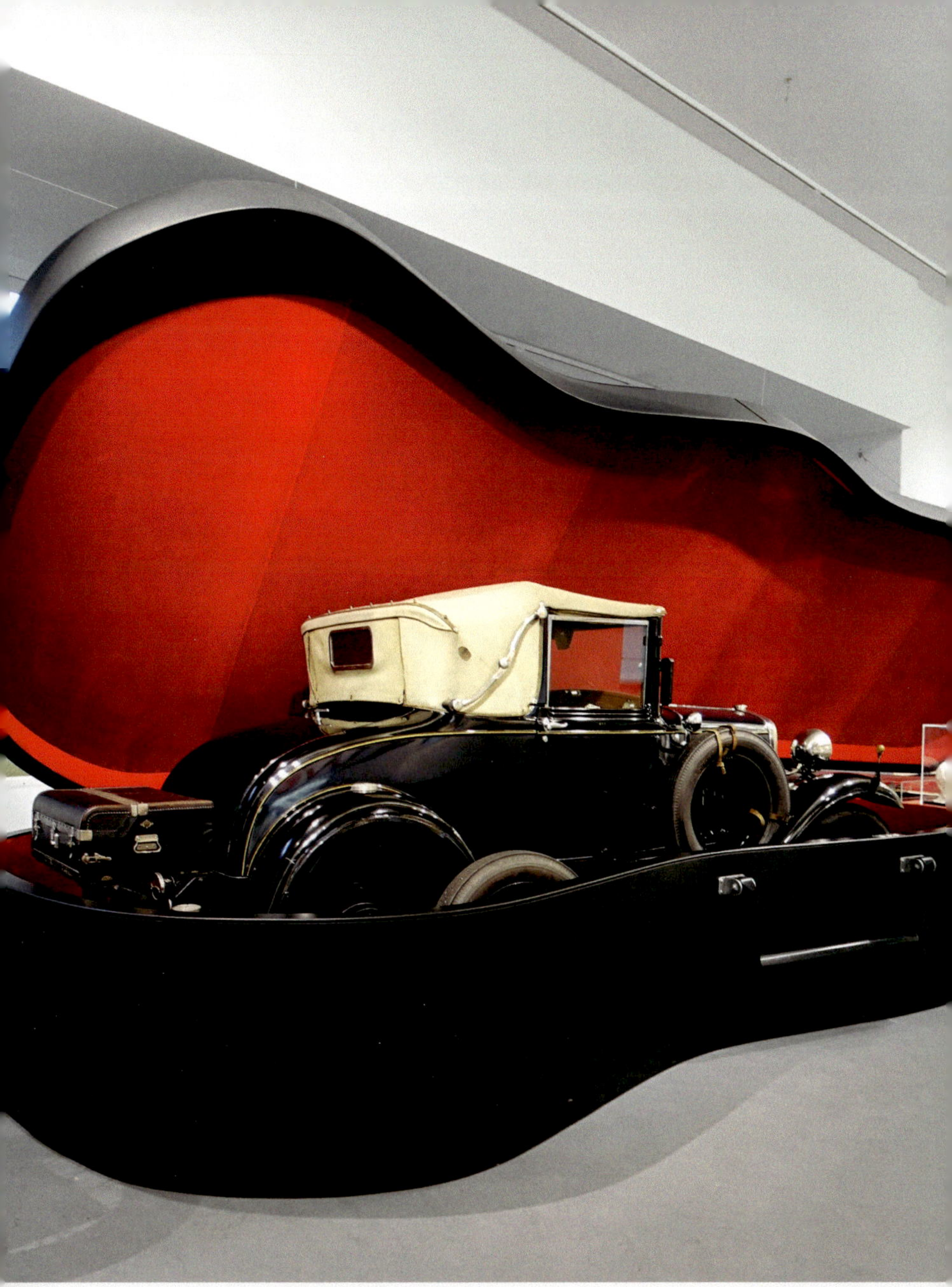

Adresse Technisches Museum Wien, Mariahilfer Straße 212, 1140 Wien, www.technischesmuseum.at | ÖPNV Straßenbahn 52, 60, 10, Bus 10A, 57A, Station Anschützgasse oder Linzer Straße | Öffnungszeiten Mo–Fr 9–18 Uhr, Sa, So und Feiertage 10–18 Uhr | Tipp Die Musikabteilung des TMW demonstriert, wie Instrumente hergestellt werden und wie sie klingen. Besonders sehenswert: die Musik-Automaten.

35 Das Alte Rathaus

Ohne Göd ka Musi

Bis 1853 tagte im Alten Rathaus, dessen Ursprung bis ins 13. Jahrhundert zurückreicht, der Wiener Gemeinderat – im Großen Ratssaal. Nach Eingemeindung der 34 Vorstädte wuchs die Zahl der Mitglieder mit einem Schlag auf 120 an. Im zweiten Stock wurde daher ein neuer Saal gebaut – der Große Sitzungssaal. Schade. Wie schön wäre es, wenn die Damen und Herren Stadtpolitiker heute noch Rat hielten, anstatt Sitzungen abzuhalten. Vielleicht würden die prächtigen Deckengemälde von Hans Georg Greiner, die »Salomons Urteil« und »Die Allegorie der Gerechtigkeit« darstellen, auf ihre Entscheidungen abfärben?

Der aufgeblähte Verwaltungsapparat erforderte den Umzug in das im neogotischen Stil errichtete Rathaus am Friedrich-Schmidt-Platz. In der Wipplingerstraße indessen hielt das Geld Einzug. Die Gründungssitzung der Zentralsparkasse der Gemeinde Wien fand 1907 im Großen Ratssaal statt, der bis 1965 als Kassenhalle dienen sollte. Längst ist die »Z« Geschichte, doch die verbrieften Rechte blieben erhalten. Und so liegt die Verfügungsgewalt heute in den Händen der Bank Austria. Seit einigen Jahren stellt sie den barocken Saal, in dem einst Münzen klingelten, als musikalischen Ort zur Verfügung, in Reminiszenz an die Wiener Salonkultur.

Die Akustik im »Salon der Bank Austria« ist hervorragend, der intime Rahmen garantiert dem neugierig offenen Besucher hautnahe Musikerlebnisse. Oft gibt es hier junge, noch wenig bekannte Solisten und Ensembles zu entdecken. So mancher setzt wohl Hoffnungen in eine andere Bank – die Österreichische Nationalbank. Sie besitzt etwa 40 wertvolle Streichinstrumente, darunter Stradivaris und Geigen von Guarneri del Gesù und Jacob Stainer. Im Gegensatz zu Goldbarren verlieren Instrumente an Qualität und Wert, wenn sie allzu lange im Tresor lagern. Wer also Glück hat, darf ein Instrument spielen, das er niemals kaufen könnte – leihweise, versteht sich.

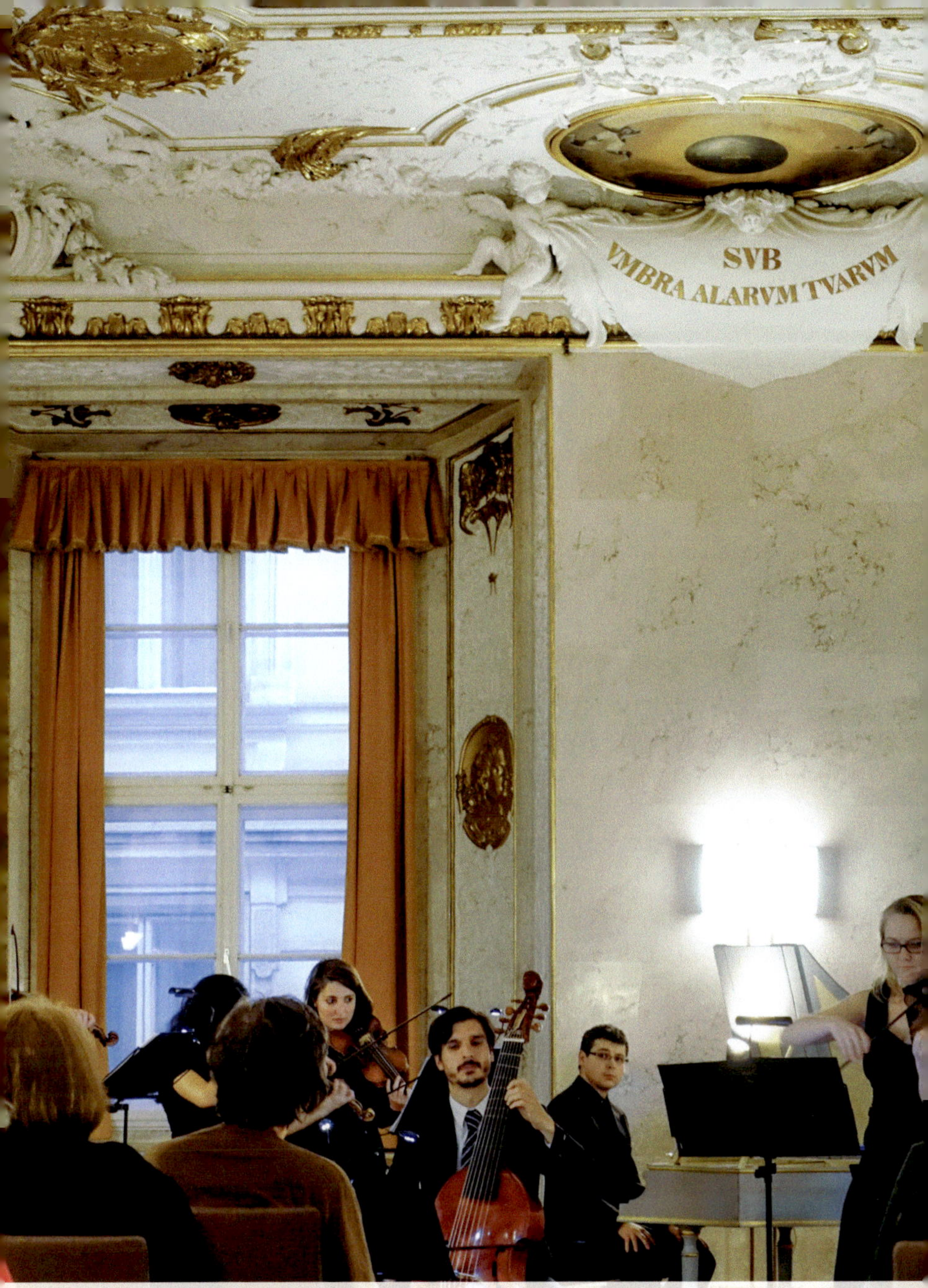

Adresse Wipplingerstraße 8, 1010 Wien | **ÖPNV** U1, Station Stephansplatz | **Öffnungszeiten** »Salon der Bank Austria« bei Konzerten, salon@unicreditgroup.at, etwa mit dem Originalklang!Orchester (im Bild) | **Tipp** Sehenswert ist die Kirche »Maria am Gestade« mit dem prächtigen gotischen Maßhelmwerk auf dem Turm – ein Wiener Wahrzeichen.

36 Die Anker-Uhr

Klingende Wien-Geschichte

Genau genommen macht Wiens berühmte musikalische Figurenuhr Werbung. Die Lebens- und Rentenversicherung »Der Anker« gibt das Bauwerk 1911 beim Jugendstil-Künstler Franz Matsch in Auftrag. Sie soll die glorreiche Vergangenheit Wiens illustrieren, unterschwellig aber auch eine Werbebotschaft vermitteln. »Zu sehen, wie rasch die Zeit vergeht, zeigt den Wert einer Lebensversicherung.« Ein Kind mit Schmetterling als Allegorie des Lebens, der Tod mit seiner Sanduhr als Ausdruck der Vergänglichkeit, dazwischen strahlt die Sonne. An der prächtigen Schauseite zieht jede Stunde langsam eine von zwölf Berühmtheiten aus der Geschichte Wiens am Betrachter vorüber, darunter Marc Aurel, Karl der Große, Walther von der Vogelweide, Rudolf von Habsburg, Maximilian I., Prinz Eugen, Maria Theresia. Die zwölfte Stunde gehört Joseph Haydn.

Herzstück der Uhr ist ein Orgelspielwerk. Die Orgel, aus deren 1.000 Pfeifen die Musik ursprünglich ertönte, ist nach dem Krieg durch eine Tonanlage ersetzt worden. Punkt 12 Uhr mittags paradieren die Figuren rasch nacheinander mit »ihrem« Lied – ausgewählt und arrangiert von Vinzenz Goller (siehe Kapitel 14), Komponist, musikalischer Beirat und Orgelsachverständiger.

Der Ausbruch des Ersten Weltkriegs verhindert die Inauguration der Prunkuhr, die Symbol einer glanzvollen Epoche hätte sein sollen und stattdessen ihren Untergang einläutet. Nach der Ermordung des Thronfolgers in Sarajevo am 28. Juni 1914 ist niemandem nach Feiern zumute. Eine Generalprobe gibt es an Kaiser Franz Josephs Geburtstag, am 18. August 1915. Die offizielle Premiere jedoch wird so lange verschoben, bis sie niemals stattfindet. Die Politik macht eben auch vor der Musik nicht halt. Spazierte Joseph Haydn ursprünglich zu der von ihm komponierten Kaiserhymne über den Hohen Markt, so tut er es heute zu den Klängen von »Die Himmel erzählen die Ehre Gottes« aus dem Oratorium »Die Schöpfung«. Dagegen kann niemand etwas sagen.

Adresse Hoher Markt 10, 1010 Wien | **ÖPNV** U1, Station Stephansplatz | **Öffnungszeiten** Parade der historischen Figuren mit Musik täglich 12 Uhr, im Advent um 17 und 18 Uhr Weihnachtslieder | **Tipp** Der Josephsbrunnen, 1732 von Fischer von Erlach entworfen, stellt die höchst seltene Szene der Vermählung von Jesu Eltern Maria und Joseph dar.

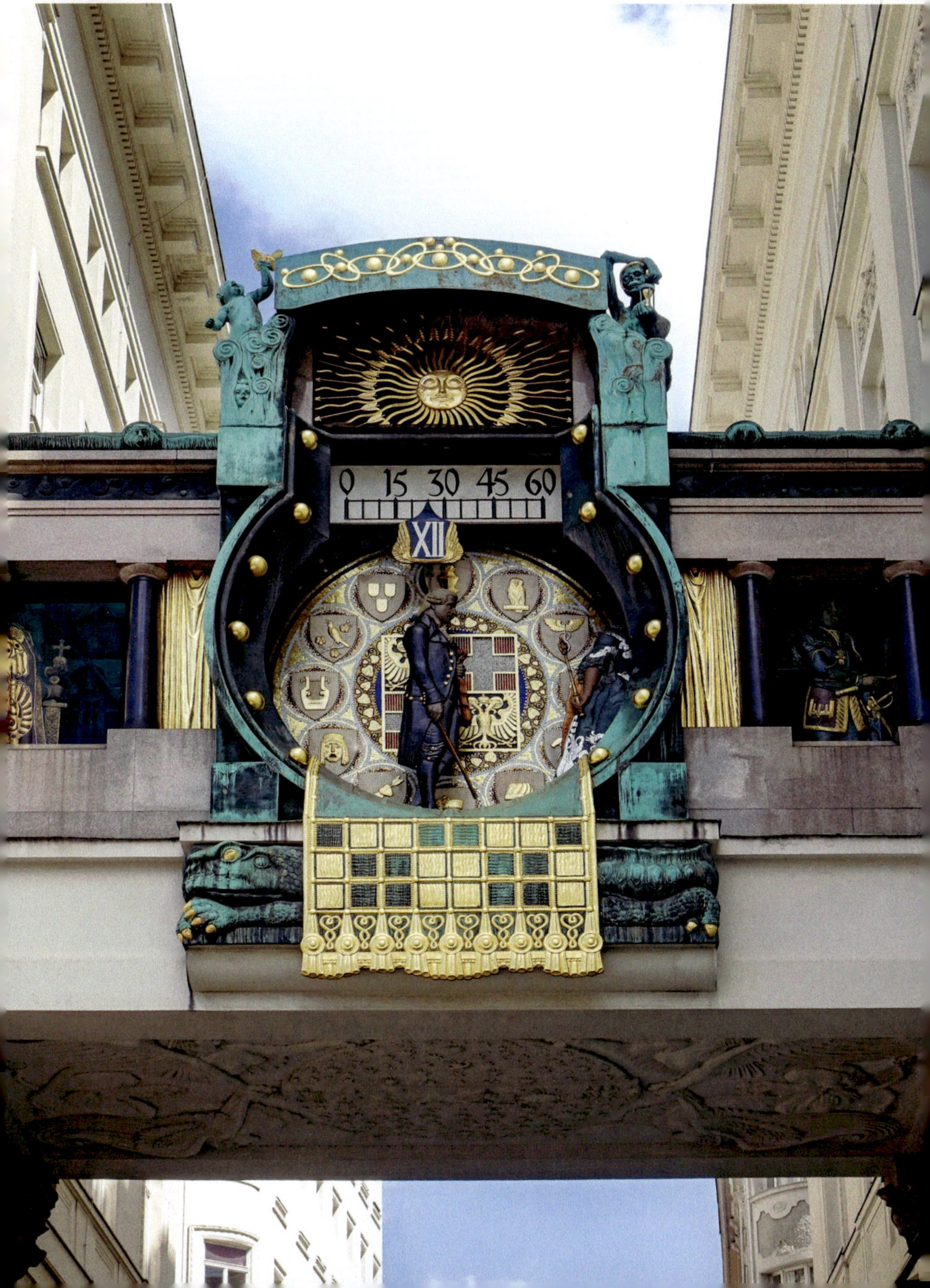

37__Der Annahof

Schuhting Stars

Unterirdisch ist die Wiener Innenstadt nicht weniger spannend als zu ebener Erde und im ersten Stock. Unter den Häusern der ältesten Teile Wiens verbergen sich oft mehrgeschossige Keller, die durch ein Stollenlabyrinth weitläufig miteinander verbunden sind oder vielmehr: waren. Über der Erde stand zwischen Johannesgasse und Annagasse bis 1894 ein Jesuitenkloster. Unterirdisch ging es hingegen zeitweise ausgesprochen weltlich zu. Am Faschingssonntag 1840 wurde »Das Neue Elysium« eröffnet, eine Art biedermeierliches Disneyland, ein »Heim der raffiniertesten Unterhaltungen und des echten Wiener Humors«. Eisenbahnfahrten, orientalische Szenerien, Pantomimen und Theater wurden da geboten – und viel Musik.

1894 musste das Kloster einem Neubau weichen. Das Architektenduo Fellner & Helmer, das auch für das Wiener Konzerthaus, Akademietheater, Ronacher und Volkstheater verantwortlich zeichnete, errichtete an seiner Stelle den Annahof und integrierte einen prachtvollen, mehrstöckigen Ballsaal. Schon 1910 allerdings zog man eine Zwischendecke ein. Das unterste Geschoss wurde zum Varieté umgebaut, mit Bühne, Parkett und seitlich erhöhten Logen. »Max & Moritz« hieß es, und ein gewisser Herr Hans Moser gab hier 1911 sein Debüt.

Ein Höhepunkt in der wechselvollen Geschichte der nächsten 100 Jahre war die Eröffnung des ersten Wiener Jazzclubs durch den legendären Fatty George (siehe Kapitel 50). Durch diverse Umbauten wurden die Räume irgendwann buchstäblich verschüttet. Ein Geschäftsmann, der sie 2008 mieten wollte, um Mode zu verkaufen, stieß bei seinen »Ausgrabungsarbeiten« auf Reste des Varietés. In Zusammenarbeit mit dem Denkmalamt restaurierte er es liebevoll und originalgetreu. So haben im »Art & Style Fashion Theatre« seit 2010 Schuhe ihren großen Auftritt, promenieren in den Gängen, bevölkern die Logen, stehen auf der Bühne im Rampenlicht und spielen im Orchestergraben alle Stückerl.

Adresse Annagasse 3, 1010 Wien | **ÖPNV** U1, U2, U4, Station Karlsplatz | **Öffnungszeiten** Mo – Sa 11 – 18 Uhr, Führungen Di, Do 14 Uhr | **Tipp** In der benachbarten St.-Anna-Kirche (www.classicexclusive.com) und in der Malteserkirche (www.wienkonzert.at) finden regelmäßig Konzerte statt.

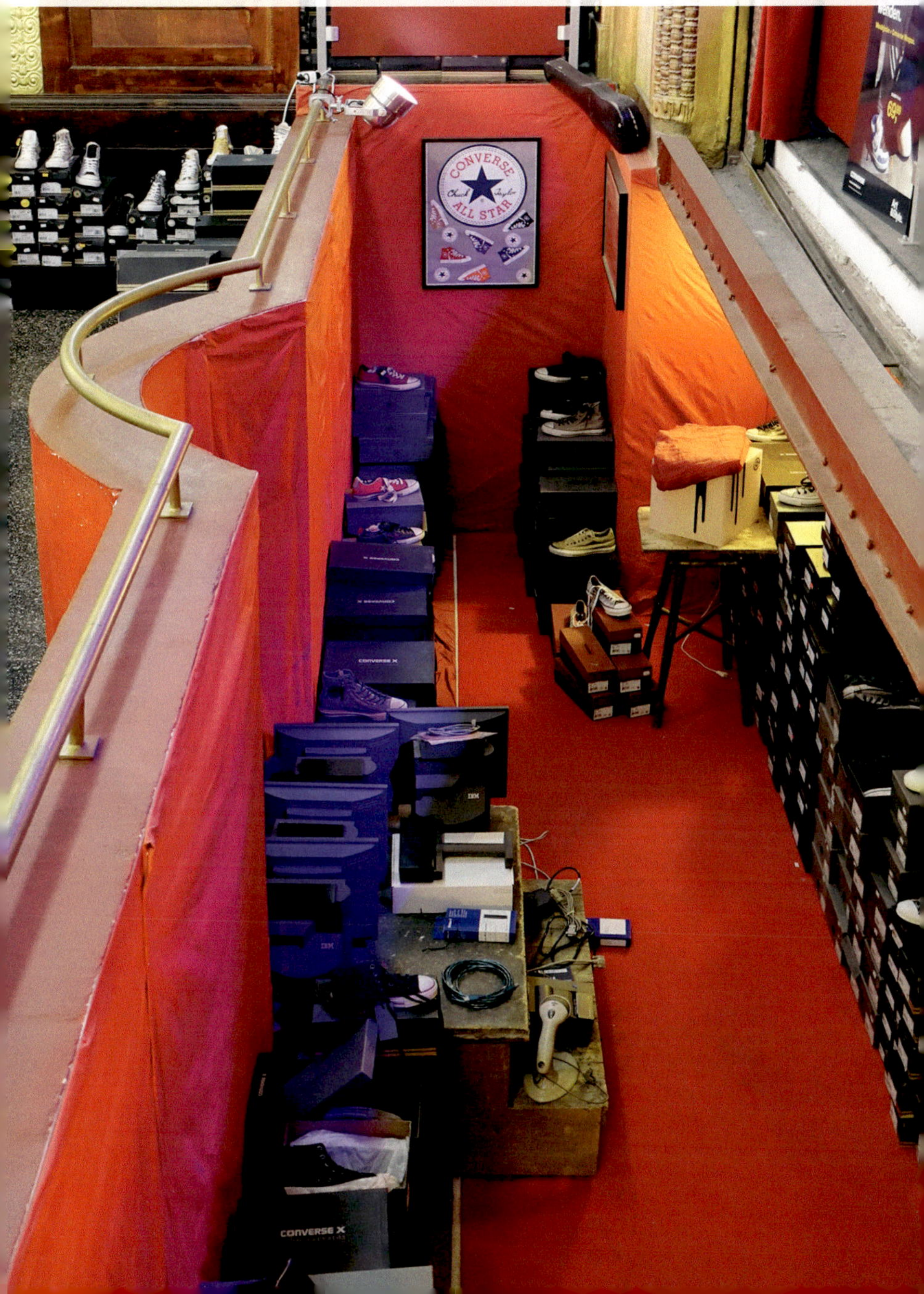

38 Der Armensünder-Gottesacker

Letzte Stagione des Antonio Vivaldi

1740 verlässt ein Priester, Komponist und Violinvirtuose Venedig. Seine Musik ist längst aus der Mode gekommen. Die Stellung als »Maestro di Violino e di Coro« im »Ospedale della Pietà« hat man ihm soeben aufgekündigt. Er ist pleite.

– *Herbst.* Antonio Vivaldi bezieht Quartier in Wien, im Haus der Sattlerswitwe Waller, einen Steinwurf vom Theater am Kärntnertor entfernt. Seine ganze Hoffnung setzt er auf Kaiser Karl VI., »den mildesten, großmütigsten und wohltätigsten Beschützer und Beförderer der Künste«. Doch zu Vivaldis Unglück stirbt sein Gönner am 20. Oktober an einer Knollenblätterpilz-Vergiftung. Staatstrauer. Verbot aller Lustbarkeiten. An die Aufführung seiner Oper »L'oracolo in Messenia« ist vorerst nicht zu denken. Kaisertochter Maria Theresia hat andere Sorgen, sie muss einen Erbfolgekrieg führen.

– *Winter.* Am 8. Februar 1741 wird Antonio beim Herzog von Sachsen-Meiningen vorstellig, der in der Mehlgrube logiert. Doch der Musik-Mäzen lässt ihn erst gar nicht vor.

– *Frühling.* Auch in Wien kräht nach seiner einst gefeierten Musik kein Hahn mehr. Der 63-Jährige ist ein arbeitsloser Musiker, verarmt, krank, verzweifelt.

– *Sommer.* Am 28. Juni 1741 erbarmt sich Tommaso di Collalto und kauft 16 Kompositionen – um nur zwölf Ungarische Dukaten. Zu wenig zum Leben und auch nicht genug, um würdig zu sterben. 30 Sommertage später stirbt Antonio Vivaldi, unerkannt, beweint von seiner Gefährtin, der Sängerin Anna Girò, ohne zu ahnen, dass seine lebens- und naturnahe, sinnenfrohe und ungestüme Musik den Nerv eines viel späteren Jahrhunderts treffen würde. Sein Violinkonzert-Zyklus »Quattro Stagioni« ist wahrscheinlich das meistgespielte Werk der Welt. Und in der Karlskirche, vor der er auf dem einstigen Gottesacker für arme Leute und Sünder begraben liegt.

Adresse Karlsplatz 13, 1040 Wien | ÖPNV U1, U2, U4, Station Karlsplatz | Öffnungszeiten Gedenktafel – immer zugänglich | Tipp Die Gedenktafel für Johann und Josef Strauss erinnert an deren Studium am k.k. Polytechnikum. In der Karlskirche sind mehrmals wöchentlich Aufführungen der »Vier Jahreszeiten« zu hören (www.konzert-wien.info). Neben der Kirche steht das Gluck-Denkmal.

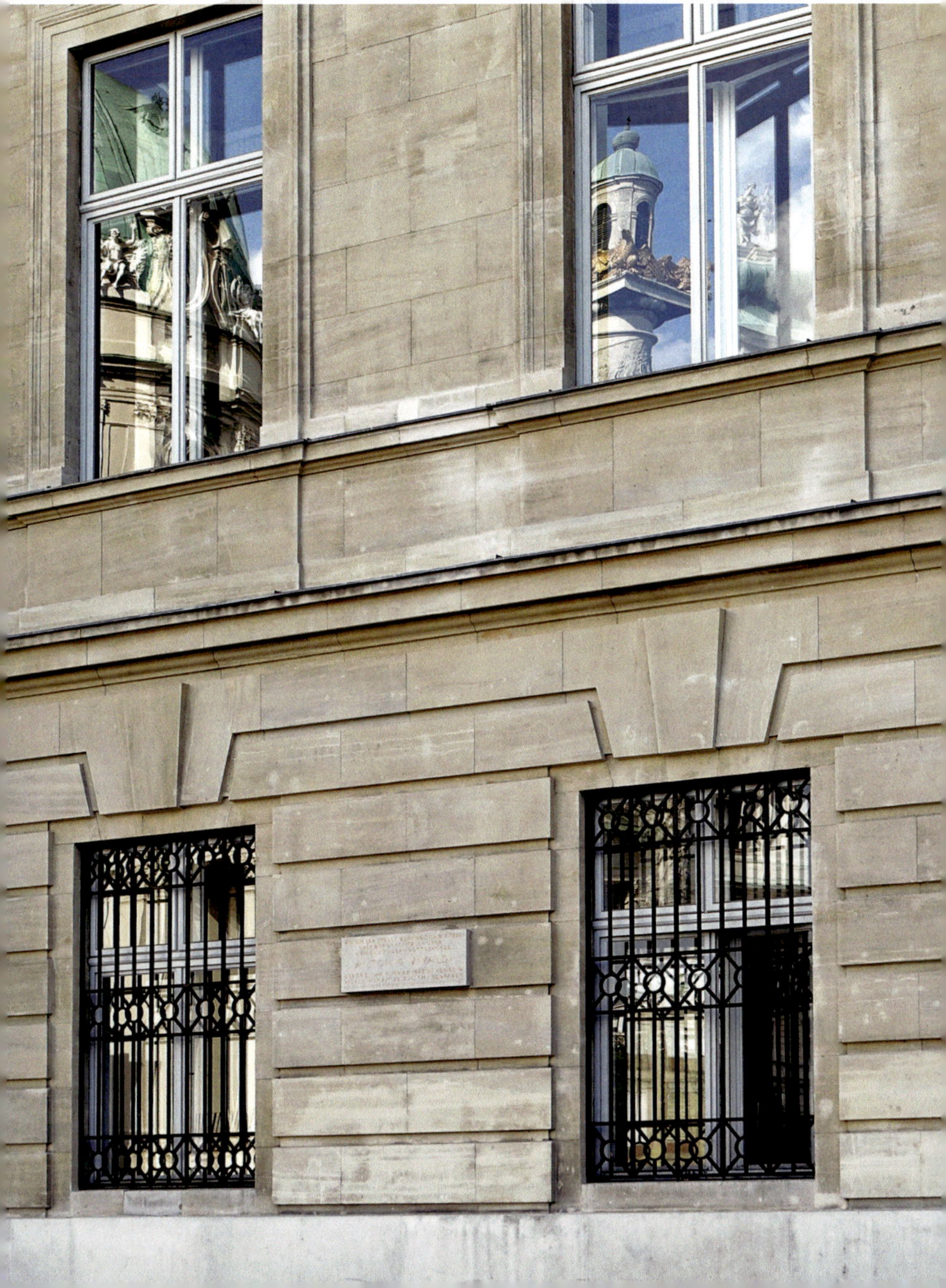

39 Die Aula der Alten Universität

Und es ward Licht!

»Vivat Haydn!« Am 27. März 1808 wird der Komponist auf einem Tragsessel in den prächtigen Festsaal gebracht. Anlässlich seines 76. Geburtstags dirigiert Antonio Salieri (58) »Die Schöpfung« – ein Wohltätigkeitskonzert der »Adeligen Gesellschaft der Liebhaber-Concerte«. Haydn sitzt neben der Fürstin Esterhazy, die ihm fürsorglich ihren Schal umhängt. Viele wichtige musikalische Persönlichkeiten spielen im Orchester oder sind anwesend, zum Beispiel Ludwig van Beethoven (38) und die Komponistin Marianna Martines (64). Die Haydn-Schülerin (siehe Kapitel 41) wird man ebenso wie ihren ehemaligen Lehrer an diesem Abend zum letzten Mal in der Öffentlichkeit sehen. »Und es ward Licht!« Ein Beifallssturm bricht los. Haydn aber deutet Richtung Himmel: »Es kommt von dort!« Er ist so aufgeregt, dass man ihn in der Pause nach Hause bringt.

Anno 1808 ist die Alte Universität immer noch die Neue. Kaiserin Maria Theresia hat sie 1755 als Juridische Fakultät vom Pariser Architekten Nicolas Jadot planen lassen, im Rokokostil à la française.

Der Schauplatz universitärer Zeremonien entwickelt sich zu einem beliebten Konzertsaal, denn seine Dimensionen entsprechen den neuen Anforderungen, die immer größer besetzte Orchesterwerke an Aufführungsorte stellen. Am 8. Dezember 1813 wird die Aula gar zum Kriegsschauplatz. Ludwig van Beethoven hat alle Hebel in Bewegung gesetzt, damit die Uraufführung von »Wellingtons Sieg oder die Schlacht bei Vittoria« hier stattfinden kann. Ein Spektakel ersten Ranges, mit Trommeln und Trompeten und riesigem Orchester in einer atemberaubend schönen Kulisse. Den gewaltigen Erfolg des »Sinfonischen Schlachtengemäldes« verdankt Beethoven wohl nicht zuletzt dem Raum, den es erzittern lässt.

1857 hat, ganz friedlich, die Akademie der Wissenschaften Einzug gehalten. Ab und zu finden Konzerte statt.

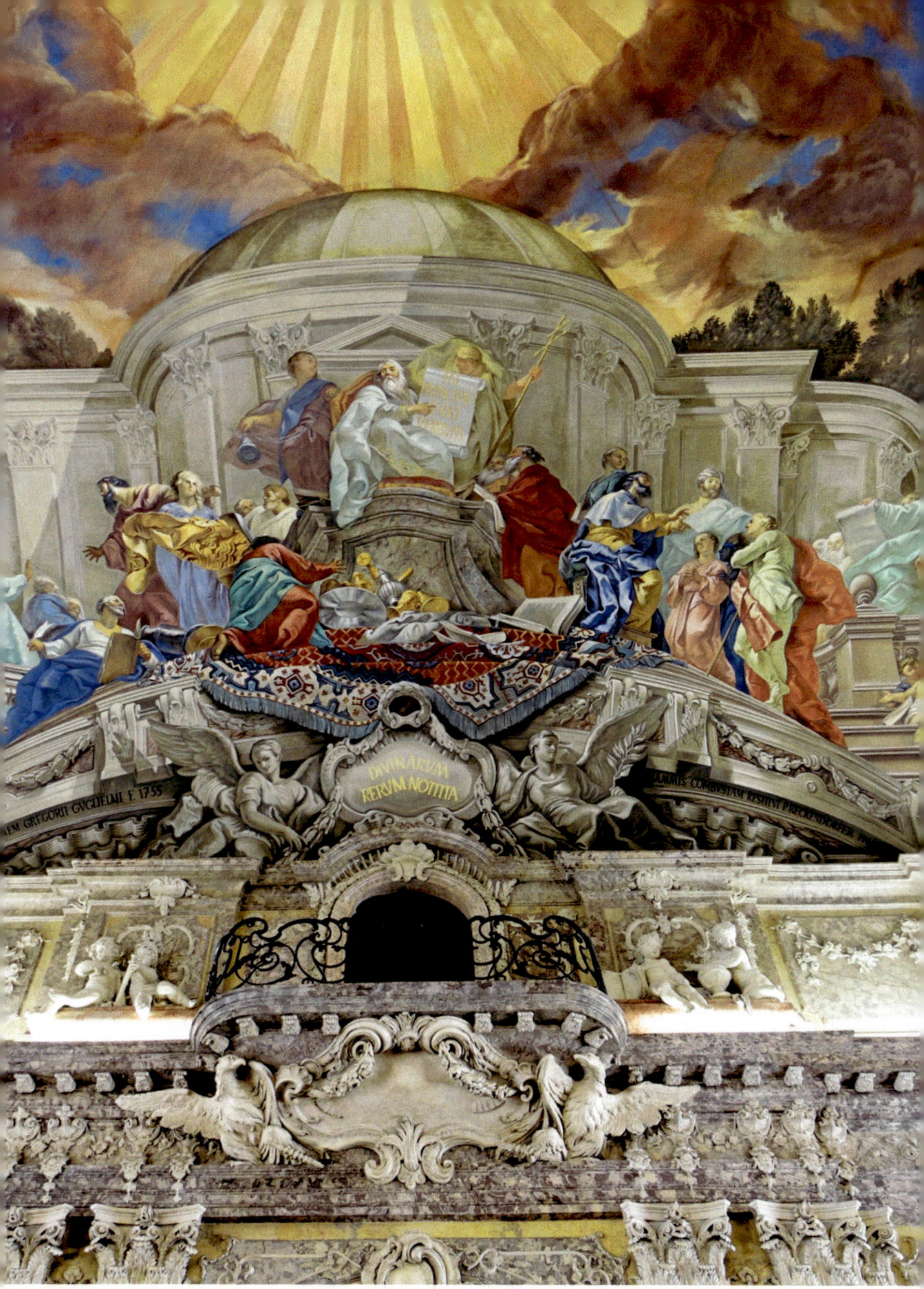

Adresse Dr.-Ignaz-Seipel-Platz 2, 1010 Wien, Tel. 01/515810 | **ÖPNV** U3, Station Stubentor | **Öffnungszeiten** Festsaal 9–17 Uhr (außer bei Veranstaltungen) | **Tipp** In der Jesuitenkirche werden sonntags um 10.30 Uhr Messen aufgeführt, u. a. von Haydn, Mozart, Beethoven, Bruckner und Schubert, der hier das Stadtkonvikt besuchte (Gedenktafel).

40 Der Beethovengang

Pastorale Impressionen

»Erwachen heiterer Empfindungen bey der Ankunft auf dem Lande.« Ja, als Ludwig van Beethoven in den Sommern von 1807 und 1808 durch Heiligenstadt wandert, ist es noch nicht Teil von Wien, sondern ein Dorf. Es liegt nicht allzu weit entfernt von seiner Wohnung auf der Mölker Bastei, nur etwa eine Stunde Fußweg Richtung Norden. Er trägt einen Frack (blau, Messingknöpfe), helle Pantalons, Zylinder und Halstuch (weiß). Stets hat er Bleistift und Skizzenheft dabei. Zumindest wird er von zeitgenössischen Künstlern gern so dargestellt.

Der schattenreiche Weg am Schreiberbach, den er bei seinen Sommeraufenthalten am liebsten entlanggeht, verbindet Heiligenstadt mit Nussdorf. Zu Anton Schindler wird Ludwig später, auf dem Wiesenboden sitzend an eine Ulme gelehnt, sagen: »Hier habe ich die Szene am Bach geschrieben, und die Goldammern da oben, die Wachteln, Nachtigallen und Kuckucke haben ringsum mitkomponiert.« Er meint natürlich den 2. Satz seiner »Sinfonia pastorale« Nr. 6 in F-Dur op. 68. Nicht nur Vögel komponieren mit, auch der Bach und die Landleute, deren »lustiges Zusammenseyn« er beobachtet, und später das aufziehende Gewitter samt Sturm. Damit aber niemand auf die Idee kommt, er würde versuchen, die Natur eins zu eins nachzubilden, schreibt er sicherheitshalber in die Stimme der 1. Violine: »Mehr Ausdruck der Empfindung als Mahlerey«. »Nach dem Sturm« jedenfalls erfüllen den Komponisten wie auch die Zuhörer, die im Dezember 1808 der Uraufführung im Theater an der Wien lauschen, »frohe und dankbare Gefühle«.

1862 entwirft Anton von Fernkorn das erste Wiener Beethoven-Denkmal. »In einem anmuthigen Halbkreis am Bache« wird es im Juni 1863 feierlich enthüllt. Dazu wird die »Cantate zur Enthüllung des Beethoven-Monumentes« aufgeführt. Text: Eduard von Bauernfeld, Musik: Benedict Randhartinger (siehe Kapitel 32). Es singt der Wiener Männergesang-Verein (siehe Kapitel 102).

Adresse zwischen Eroica-Gasse 37 und Kahlenberger Straße 69, 1190 Wien | **ÖPNV** Straßenbahn D, Endstation Beethovengang (5 Minuten Fußweg) | **Tipp** Zu Fuß erreicht man weitere Beethoven-Stätten wie das neu adaptierte Beethoven-Museum in der Probusgasse 6 und die Kahlenberger Straße 26, wo Beethoven im Sommer 1824 logierte.

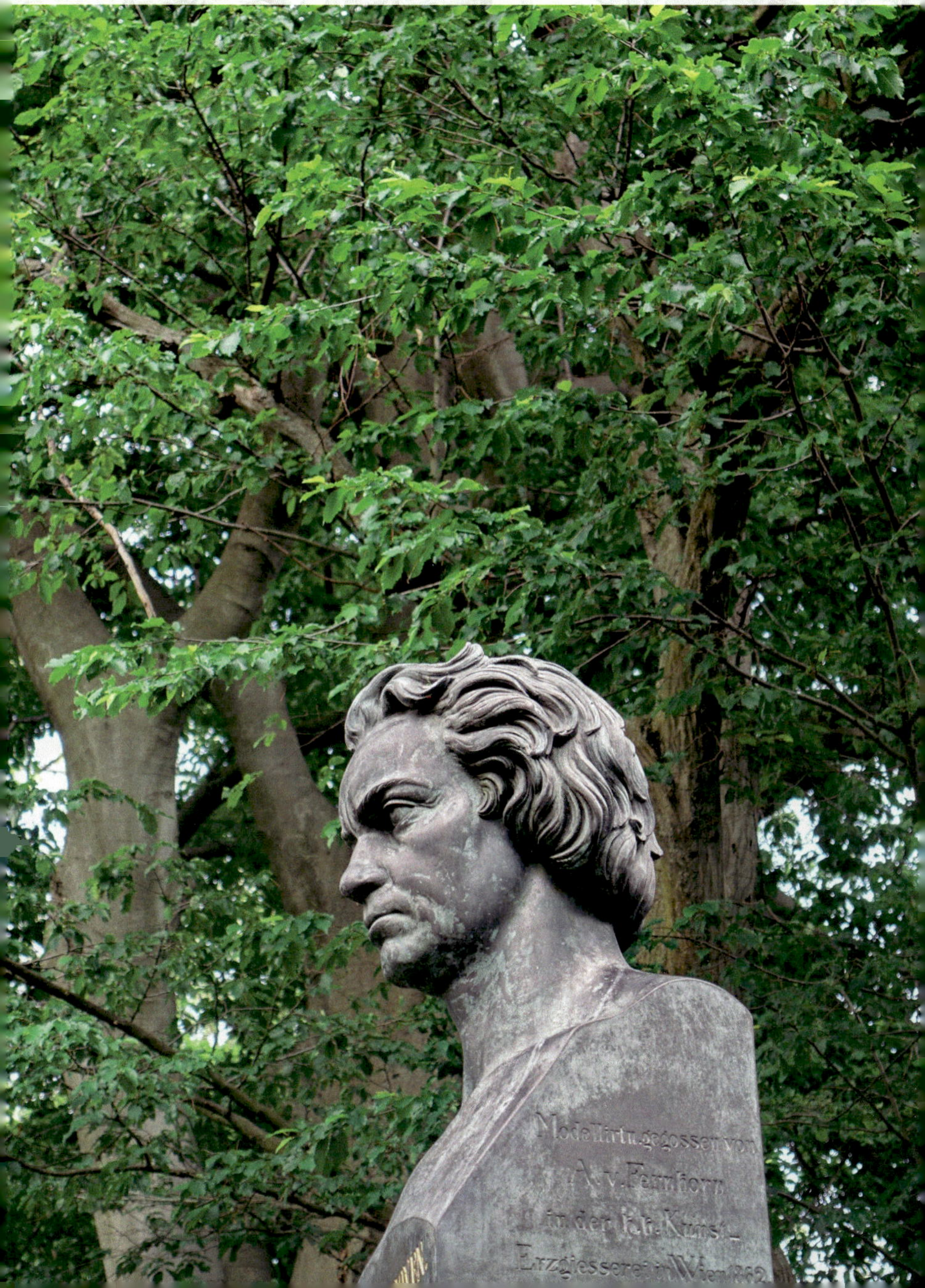

41 Das Beethovenhaus

Ludwig van zur Kur in Heiligenstadt

Als Ludwig van Beethoven Anfang Mai 1817 am stillen, sonnigen Pfarrplatz Quartier bezieht, ist es nicht des Komponierens wegen. Er hat eine längere Schaffenspause hinter sich, denn er ist gesundheitlich wie seelisch schwer angeschlagen. Die Nachlass-Verhandlungen nach dem Tod seines Bruders Kaspar Karl (41) mit dessen Witwe Johanna (31) ziehen sich schon mehr als ein Jahr hin; nun endlich, am 10. Mai, einigt man sich. Ludwig, der die Vormundschaft über seinen Neffen Karl (11) übernommen hat, bekommt die Hälfte der Witwenpension als Unterhalt, Karl erbt 2.000 Gulden, Johanna das Haus in der Alservorstadt.

In der Nähe des Pfarrplatzes, hinter der Heiligenstädter St. Michaelskirche, macht Ludwig eine Kur in der weithin berühmten Badeanstalt Heiligenstadt, mit schwefelhaltigem Mineralheilwasser. Er bewohnt ein Zimmer im ersten Stock, in einem alten Winzerhof aus 1683. Wilder Wein überwuchert die offene Holztreppe an der linken Langseite, die zu seiner bescheidenen Bleibe führt. Nur der Blick ist wunderschön, in die Eroicagasse und weit über die Donau. Dort draußen im Jedlesee hat die Gräfin Marie Erdödy, eine seiner größten Verehrerinnen, ihren Landsitz. An sie schreibt er am 17. Juni in einem Brief über die seit Monaten anhaltenden Leiden und die wechselnden, unfähigen Ärzte; er beklagt seinen hartnäckigen Entzündungskatarrh und seinen schlechter werdenden Gehörszustand. Verschiedenste Pulver und Tees hat er eingenommen, sich mit einer »volatilen Salbe« eingerieben. »Dabey muste ich hieher, wo ich die Bäder gebrauche, seit gestern erhielt ich nun wieder eine andere Medezin nemlich eine Tinctur, wovon ich des Tags wieder 12 löffel voll nehmen muß.«

Ob er sich wohl am Abend als Medizin auch ein gutes Gläschen Wein gegönnt hat? Heute beherbergt das malerische Gebäude den Edel-Heurigen »Mayer am Pfarrplatz«, wo allabendlich live Musik gespielt wird. Wenn auch nicht von Ludwig van.

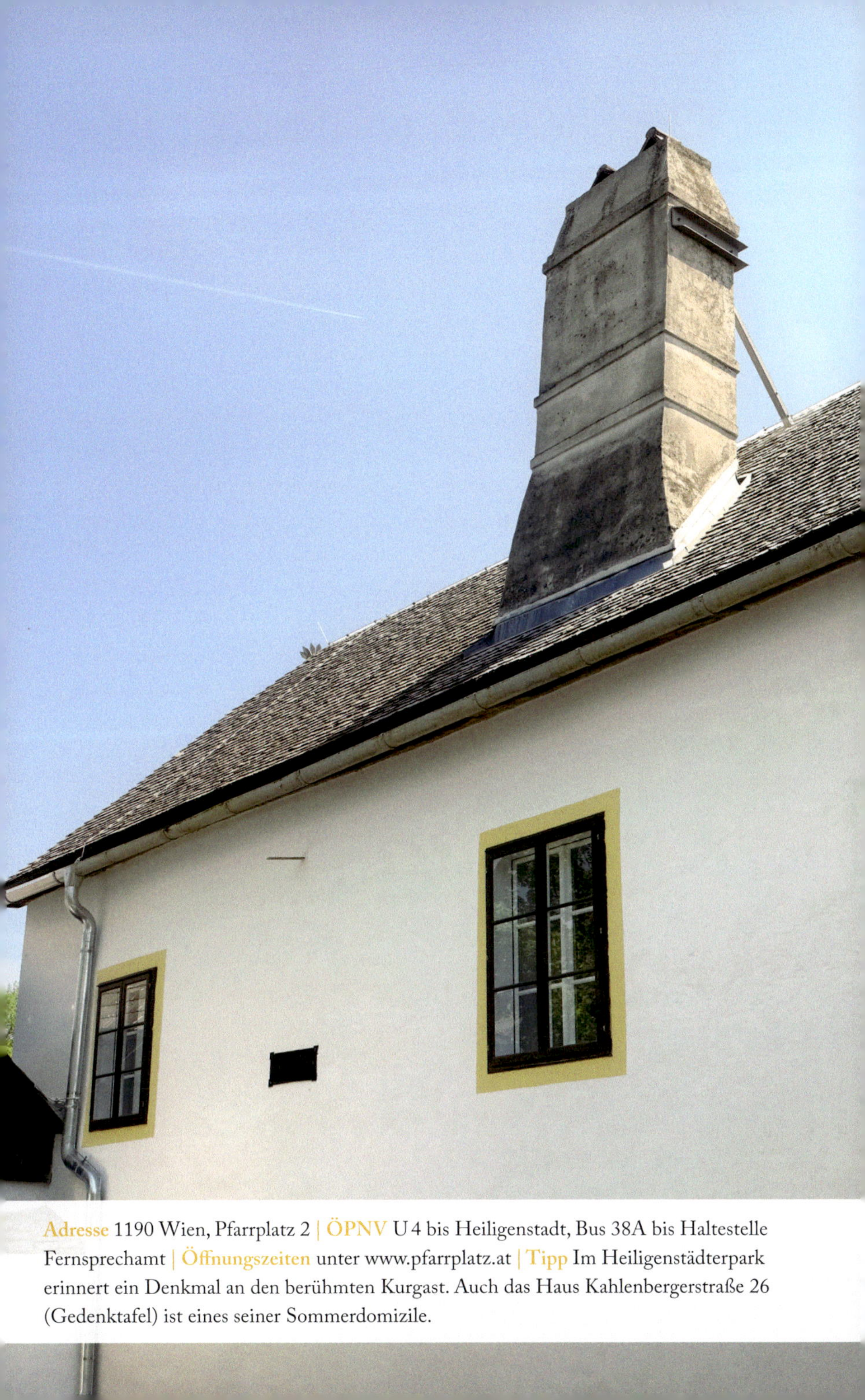

Adresse 1190 Wien, Pfarrplatz 2 | ÖPNV U 4 bis Heiligenstadt, Bus 38A bis Haltestelle Fernsprechamt | Öffnungszeiten unter www.pfarrplatz.at | Tipp Im Heiligenstädterpark erinnert ein Denkmal an den berühmten Kurgast. Auch das Haus Kahlenbergerstraße 26 (Gedenktafel) ist eines seiner Sommerdomizile.

42 Die Beletage der Martines

Eine wiederentdeckte Komponistin

An dem mächtigen Palais in der Herrengasse, in dem Marianna Martines mit ihren Geschwistern Antonia, Joseph und Carl Borromäus im Herbst 1785 zehn Räume samt Küche im ersten Stock bezogen hat, sucht man vergeblich nach einer Gedenktafel. Desgleichen am Großen Michaelerhaus, wo die Wienerin mit neapolitanischen Wurzeln am 4. Mai 1744 geboren wurde. Zu ihrer Zeit eine bedeutende und anerkannte Komponistin, von Haydn, Metastasio und Porpora unterrichtet, war sie zudem eine begnadete Sängerin und eine virtuose Cembalistin, die mit Mozart vierhändig spielte. Jüngst wurden ihre Kompositionen wiederentdeckt und ins Konzert- und CD-Repertoire aufgenommen, so kann sich jeder von ihrer Qualität und Originalität überzeugen.

Öffentlich aufzutreten galt im 18. Jahrhundert für eine Künstlerin als unschicklich. Auch das Komponieren von Opern blieb eine Männerdomäne. Marianna ließ sich durch solche Einschränkungen nicht beirren, im Gegenteil. Sie nützte die ökonomische Unabhängigkeit ihrer privilegierten Stellung und setzte mit großer Disziplin ihre Studien fort. Sie komponierte wunderschöne Sonaten für Cembalo, Kantaten, Arien und Konzerte, die sie bei den »Akademien«, die sie in der Herrengasse veranstaltete, selbst interpretierte.

Der musikalische Weltreisende Charles Burney bewunderte, welch großen Respekt man ihr entgegenbrachte. Wahre Lobeshymnen schrieb er über sie. »Sie übertraf wirklich noch die Erwartung, die man mir von ihr beigebracht hatte. Sie sang zwo Arien von ihrer eignen Komposition über Worte von Metastasio, wozu sie sich selbst auf dem Flügel akkompagnierte, und zwar auf eine wohlverstandne, meisterhafte Manier; und aus der Art, wie sie die Ritornelle spielte, konnte ich urteilen, daß sie sehr fertige Finger hätte.«

1773 wurde sie als erste Frau in die renommierte »Accademia Filarmonica di Bologna« aufgenommen. Sie starb am 13. Dezember 1812 in Wien an Tuberkulose.

Adresse Herrengasse 17, 1010 Wien | **ÖPNV** U3, Station Herrengasse | **Öffnungszeiten** nur von außen zu besichtigen | **Tipp** Mariannas Messkompositionen wurden in der Michaelerkirche uraufgeführt. Im 1720 erbauten »Großen Michaelerhaus« erinnern Gedenktafeln an Joseph Haydn und Pietro Metastasio.

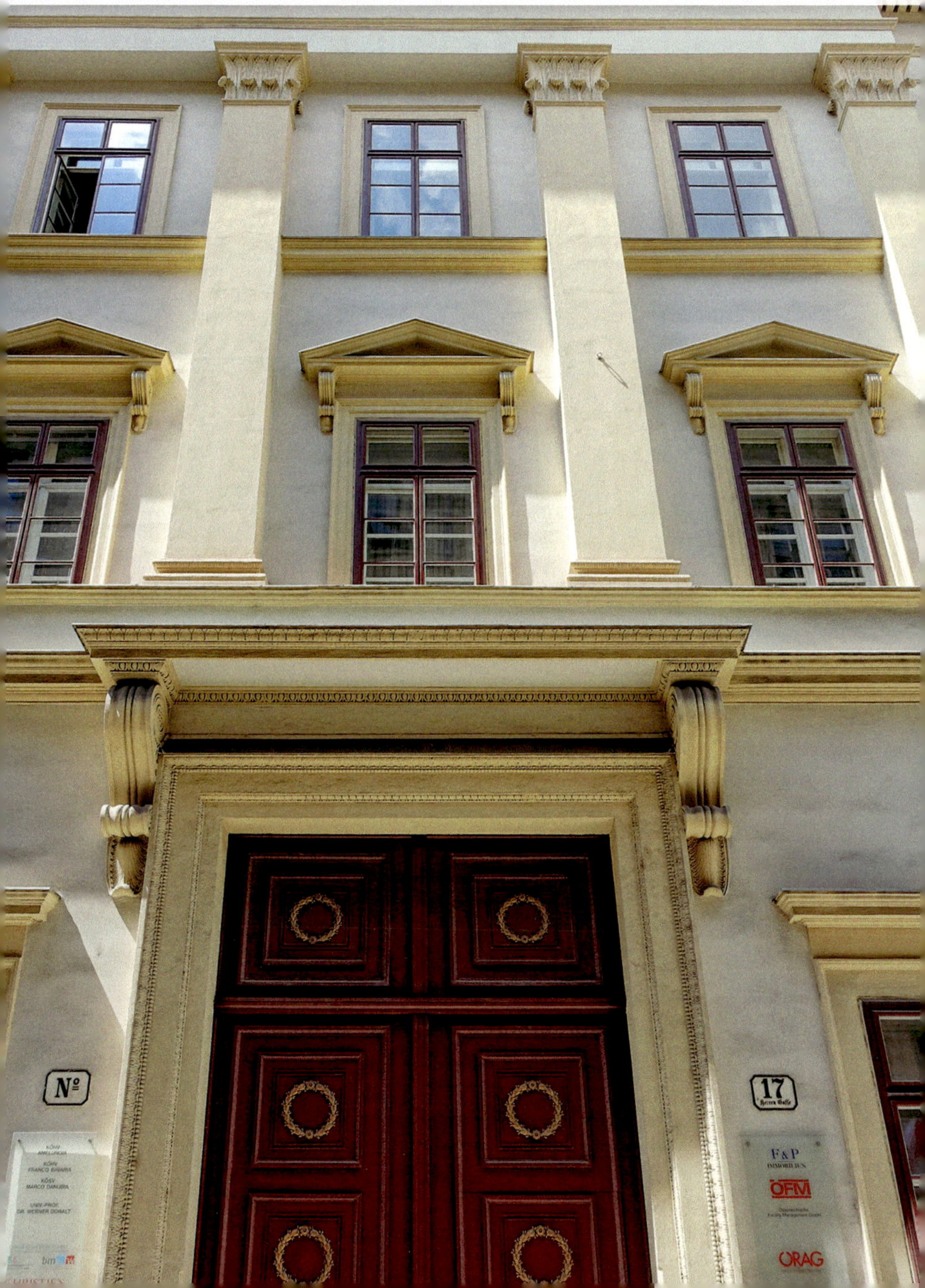

43 Der Bockkeller Ottakring

Bock auf echte Volksmusik

Wälder und Weinberge, Weine und Wirtshäuser, was wollen wirkliche Wiener mehr? Musik natürlich. Und, wenn sie Bock darauf haben, Bier. In Ottakring finden sie zur Jahrhundertwende alles auf einem Fleck. Hier steht nicht nur die Wiege des Wienerlieds, sondern auch die des Biers, das seit 1837 in der ortsansässigen Brauerei produziert wird. Kein Wunder also, dass scharenweise Ausflügler die damalige Vorstadt bevölkern. Auch im 1906 erbauten Bockkeller wird das »Ottakringer« ausgeschenkt. Musik aber darf um Gottes willen nicht gemacht werden! Schließlich wollen die Toten auf dem angrenzenden Friedhof ihre heilige Ruhe haben. Im Laufe der Zeit wird der Ottakringer jedoch quasi zum Wienerlied-Friedhof, weil so viele Komponisten, Texter und Sänger hier begraben werden, zum Beispiel der legendäre Schmid Hansl – »der letzte Herr des Wienerlieds«. Irgendwann hat man das Musizierverbot aufgehoben, ein kausaler Zusammenhang ist nicht bewiesen.

Heute pflegt man im Bockkeller jede Art von Volksmusik, Hauptsache authentisch. Im Parterre, in der historischen Holzveranda, kann man in der Bibliothek und im Archiv des Wiener Volksliedwerks forschen. Der ehemalige Speisesaal im ersten Stock bildet den glanzvollen Rahmen für Veranstaltungen rund um die Volksmusik. Historistische Dekorationen, Fresken und – seit der Renovierung – verspiegelte Wände und Kronleuchter: Man würde diesen Saal eher in einem Wiener Palais vermuten als in einem Vorstadt-Wirtshaus.

Das Programm umfasst Historisches und Avantgardistisches, Konzerte und Workshops. Der Schrammel-Montag ist ebenso Fixpunkt wie das Offene Singen, bei dem sangesfreudige Frauen und Männer gegen einen kleinen Unkostenbeitrag ihre Stimmbänder trainieren können. Pro Jahreszeit wird ein Liederheft zusammengestellt und an jeweils vier Abenden im Chor geprobt. Auch das Tanzbein darf dann und wann geschwungen werden.

Adresse Gallitzinstraße 1, 1160 Wien | **ÖPNV** U3, Station Ottakring, Bus 45A, 46B, Station Ottakringer Friedhof | **Öffnungszeiten** Veranstaltungen auf www.wienervolksliedwerk.at | **Tipp** Einen Blick zu den Sternen ermöglicht die vom Besitzer der Ottakringer Brauerei Moritz Kuffner 1886 errichtete Sternwarte in der Johann-Staud-Straße 10 (www.kuffner-sternwarte.at).

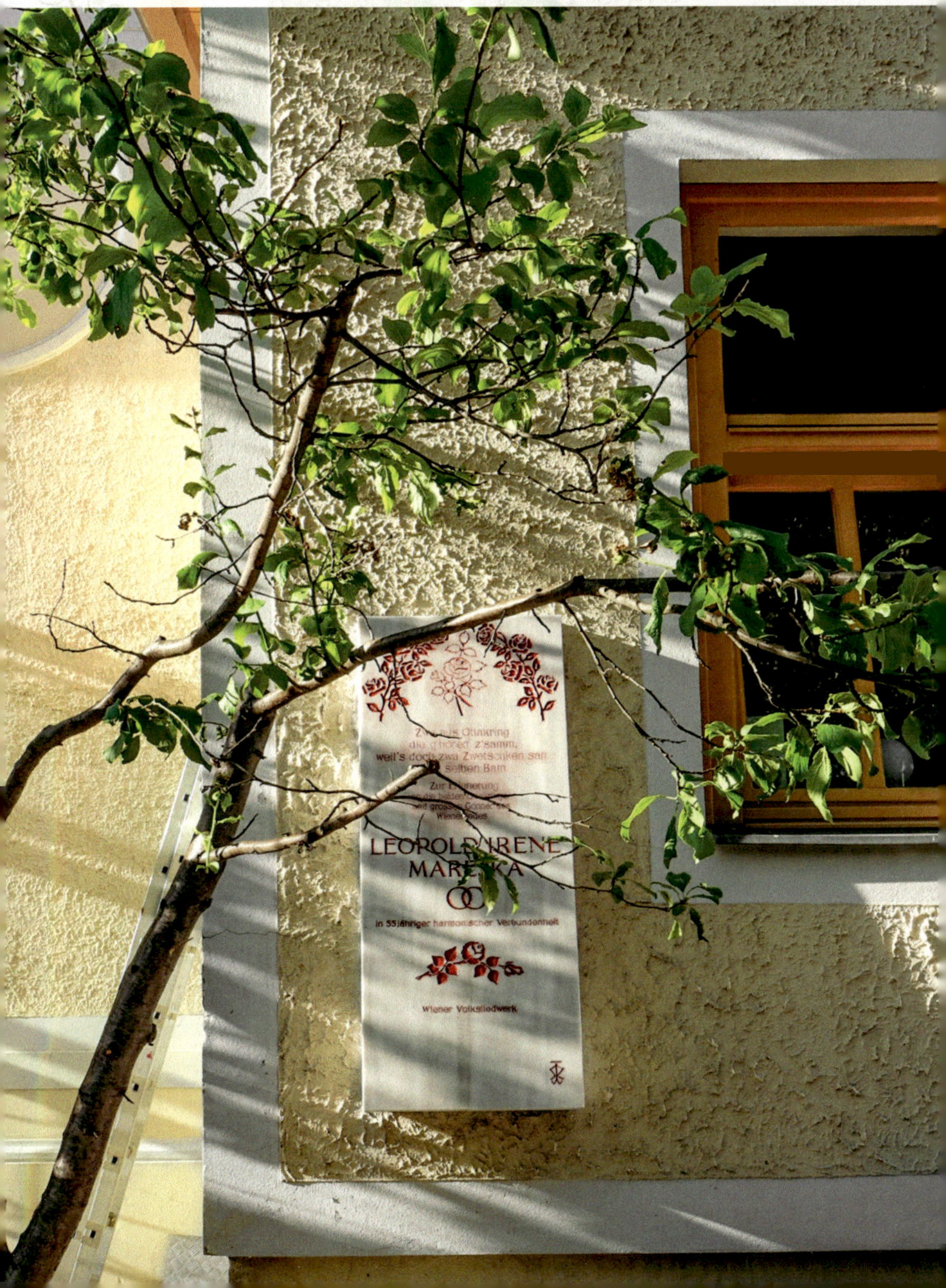

44 Die Böcklinstraße 26

Im Haus des Deutschverzeichnisses

Otto Erich Deutsch hat eines der bedeutendsten Werkverzeichnisse der Musikgeschichte erstellt – die erste vollständige Auflistung der Kompositionen von Franz Schubert. Studiert hat er nicht Musikwissenschaft, sondern Kunst- und Literaturgeschichte. Erst seine Arbeit an der Dissertation über einen Maler aus dem Schubert'schen Freundeskreis, Moritz von Schwind, brachte ihn dem Komponisten näher und entfachte seine Leidenschaft für die Musikologie im Allgemeinen und Schubert im Besonderen.

1911 stand er knapp vor seinem Abschluss. Er war 28 und Privatassistent an der kunstgeschichtlichen Fakultät in Wien. Zwei Rigorosen fehlten ihm. Da wurde ihm eine Liebesbeziehung mit einer Studentin zum Verhängnis. Man suspendierte ihn. Obwohl er Marie unverzüglich zu einer »ehrbaren Frau« machte – um sich später scheiden zu lassen und Hanna zu ehelichen. Weder der fehlende Titel noch das eigentlich artfremde Studium hinderten ihn an seinen herausragenden Leistungen auf dem Gebiet der Musikwissenschaft. Seine Händel-Biografie gilt als Muster moderner Dokumentarbiografien. Was wieder einmal beweist, worauf es wirklich ankommt: Neugier, Disziplin und Leidenschaft.

Von 1919 bis 1939 wohnt der gebürtige Wiener mit Hanna und seinen Kindern Gitta und Peter in der Böcklinstraße 26, einer ruhigen, noblen Seitenstraße nahe dem Prater; hier beginnt er mit der Katalogisierung von Schuberts Werken, bis der Einmarsch der Nationalsozialisten ihn 1939 zur Emigration nach Cambridge zwingt. 1951 kehrt er zurück – mit dem soeben auf Englisch erschienenen »Schubert Thematic Catalogue of all his Works in Chronological Order« im Gepäck. An seinem ehemaligen Wohnhaus gibt es keine Gedenktafel. Und doch hat er sich in der Musikwelt buchstäblich einen Namen gemacht – ist doch das große D Synonym für: Deutsch. Er starb am 23. November 1967 in Baden und wurde in einem Ehrengrab am Wiener Zentralfriedhof bestattet.

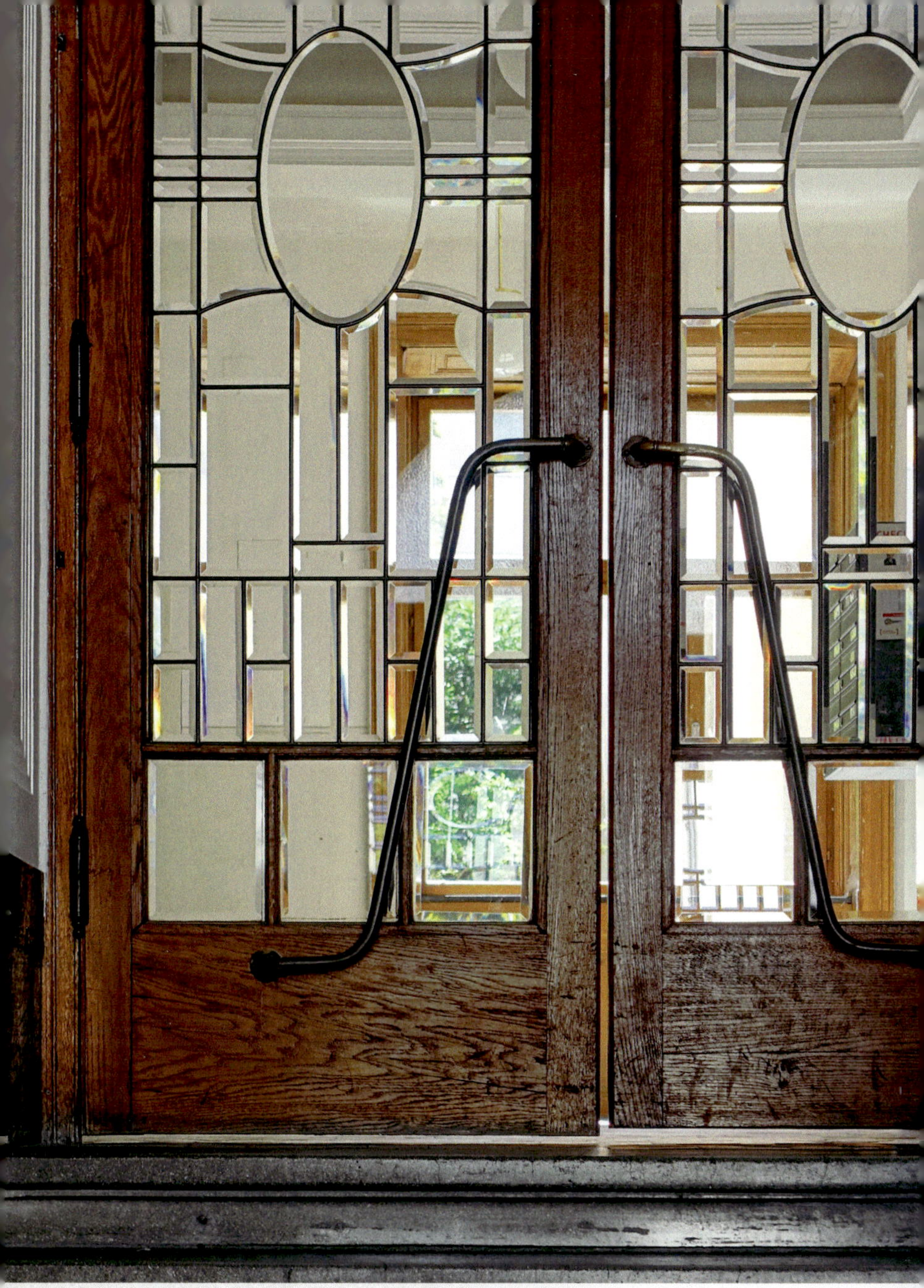

Adresse Böcklinstraße 26, 1020 Wien | **ÖPNV** Bus 80A, Station Josef-Gall-Gasse | **Öffnungszeiten** nur von außen | **Tipp** »D 1«, eine »Fantasie für Klavier zu vier Händen«, hat Schubert mit 13 komponiert. Aus dieser Zeit stammt auch Josef Abels Porträt »Der junge Schubert«, zu sehen in der »Sammlung alter Musikinstrumente« (Neue Burg).

45 Das Brahms-Denkmal

Von Schlangen und Maulwurfshügeln

Das Denkmal, das am 7. Mai 1908 zu Brahms' 75. Geburtstag enthüllt wurde, steht an einer Stelle, an der er wohl Tausende Male vorbeigekommen sein muss, auf halbem Weg zwischen seiner Wohnung und seiner Wirkungsstätte im Musikverein.

Johannes Brahms zieht es früh nach Wien, wo er mit 30 seine ersten Erfolge gefeiert hat. 1872 hält ihn in seiner norddeutschen Heimat nichts mehr. Der Hamburger wird endgültig Wiener und übersiedelt in die Karlsgasse 4, wo er bis zu seinem Tod wohnt. Der neue Musikverein ist zwei Jahre zuvor eröffnet worden. Seine geliebte, um 14 Jahre ältere Clara Schumann, gefeierte Pianistin, Komponistin und Ehefrau seines Freundes Robert, hat das Einweihungskonzert im Kleinen Saal gespielt. Zum Brahmssaal wird er erst viele Jahre später. Seltsam. Obwohl ihre Wiener Konzerte stets übervoll waren und in jeder Hinsicht erfolgreich, bleibt Clara, nachdem Brahms hier sesshaft geworden ist, der Stadt fern.

Die Anstellung als Chormeister des Wiener Singvereins hat er eigentlich nicht nötig – als Pianist und Komponist ist er so erfolgreich, dass er seinen Lebensunterhalt mühelos freischaffend bestreitet. Im Musikverein werden viele seiner Werke uraufgeführt. Sein »Deutsches Requiem« op. 45 steht ebenso häufig auf dem Programm wie sein »Schicksalslied« op. 54.

Johannes Brahms findet in Wien Freunde und Feinde. Im Wagnerianer Anton Bruckner begegnet er seinem musikalischen Widerpart. Eduard Hanslick, Kritiker und Brahms-Freund, ätzt über Bruckners »symphonische Schlangen«, während Bruckner-Befürworter Hugo Wolf (siehe Kapitel 28) bei Brahms »Maulwurfshügel« ortet.

Zu Brahms' besten Freunden zählen Richard und Maria Fellinger. In ihrem Arenberg-Schlössel entsteht am 2. Dezember 1889 eine legendäre Tonaufnahme mittels Edison-Wachswalze: Johannes Brahms spricht zwölf Worte und spielt einen ungarischen Tanz. Das Tondokument wird im Wiener Phonoarchiv aufbewahrt.

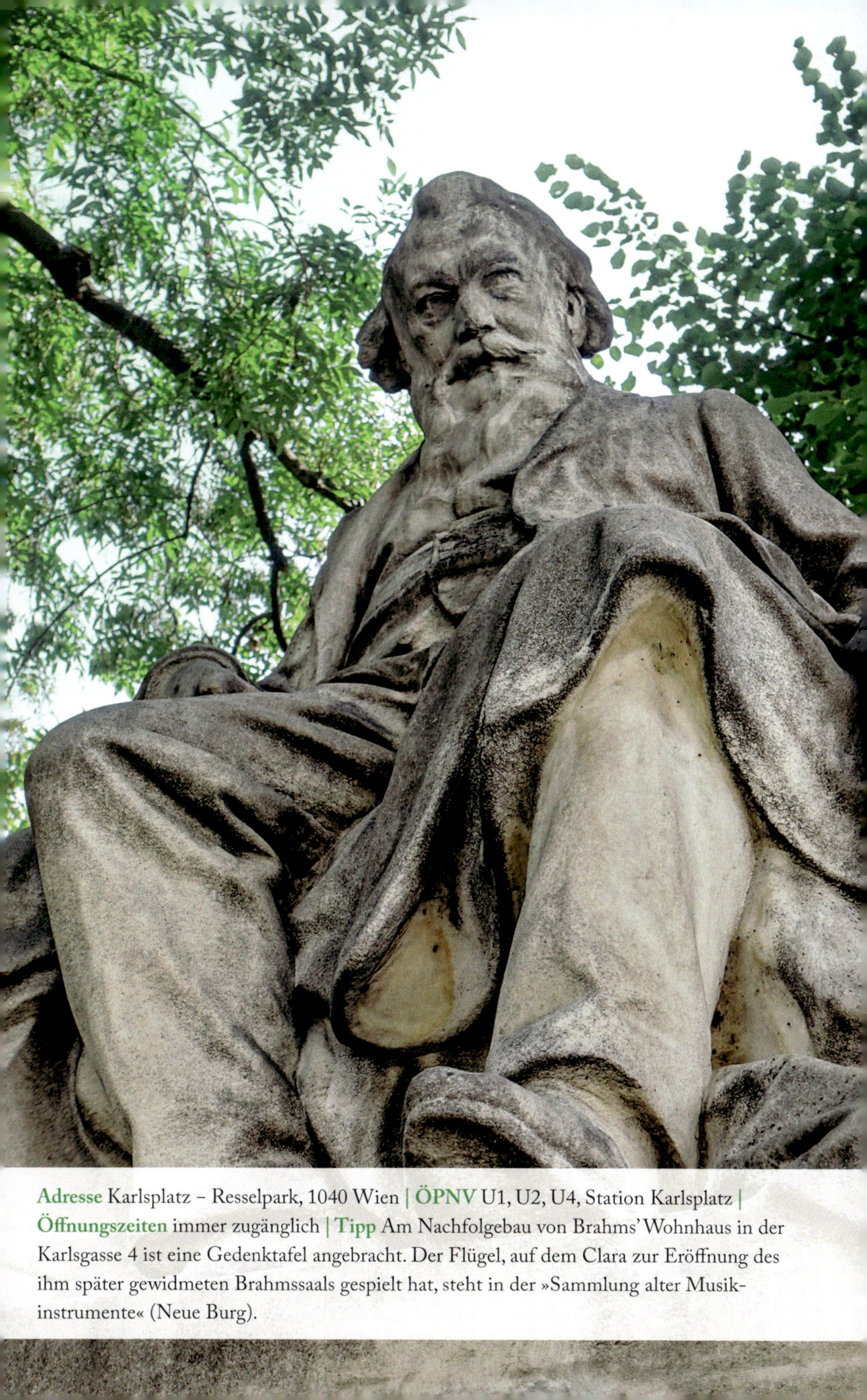

Adresse Karlsplatz – Resselpark, 1040 Wien | **ÖPNV** U1, U2, U4, Station Karlsplatz | **Öffnungszeiten** immer zugänglich | **Tipp** Am Nachfolgebau von Brahms' Wohnhaus in der Karlsgasse 4 ist eine Gedenktafel angebracht. Der Flügel, auf dem Clara zur Eröffnung des ihm später gewidmeten Brahmssaals gespielt hat, steht in der »Sammlung alter Musikinstrumente« (Neue Burg).

46 Das Brezl Gwölb

Gotische Klangkulisse

An der Rückseite des Ledererhofs (Am Hof 11), in einer kurzen, gebogenen Gasse, versteckt sich ein winziges Altwiener Wirtshaus, von dem man annehmen müsste, es handle sich um eine Touristenfalle. Tatsächlich lockt das Brezl Gwölb Menschen aller Nationalitäten an, die dort oft gar nicht zu speisen beabsichtigen, sondern nur fotografieren. Wer sich als Einheimischer dennoch unerschrocken hinein- und dann noch die gewundene Treppe hinunterwagt, wird reich belohnt.

Das gotische, mit Kerzen beleuchtete Gewölbe ist angenehm sparsam inszeniert und von klassischer Musik erfüllt. Diese kommt unaufdringlich aus kleinen Lautsprechern. Dabei spielt man nicht Mittelalter, sondern eine gute Mischung aus klassischen Stücken von Bach und Vivaldi über Mozart, Beethoven und Strauß bis Puccini und Strawinsky. Das verleiht dem Ort etwas zeitlos Musikalisches. Ob jemals ein Komponist in der ehemaligen Bäckerei eine Laugenbrezel gekauft und noch frisch und warm gegessen hat, sei dahingestellt, ist aber nicht auszuschließen.

Heutzutage kann man in diesem ungewöhnlichen Ambiente zu ganz normalen Preisen essen und trinken, und das wirklich gut. Selten findet man einfache Gerichte wie Knödel mit Ei und grünem Salat so perfekt zubereitet.

Das Haus mit der Konskriptionsnummer 337 wurde erstmals 1341 urkundlich erwähnt. Die unterirdischen Teile überstanden mehrere Brände. Das heutige Gebäude hat, von den neobarocken Um- und Aufbauten des restlichen Ledererhofs unbehelligt, seine frühbarocke Gestalt bewahrt. Und es ist nach wie vor tiefer, als es hoch ist. Zur Römerzeit lag das erste Kellergeschoss noch zu ebener Erde, wovon Reste einer römischen Mauer zeugen. Unter dem ersten Keller verbergen sich drei weitere. Sie sind Teile eines Stollensystems, welches das Brezl Gwölb womöglich mit dem Alten Rathaus in der Wipplingerstraße verbindet. Leider ist es im Zweiten Weltkrieg zugemauert worden.

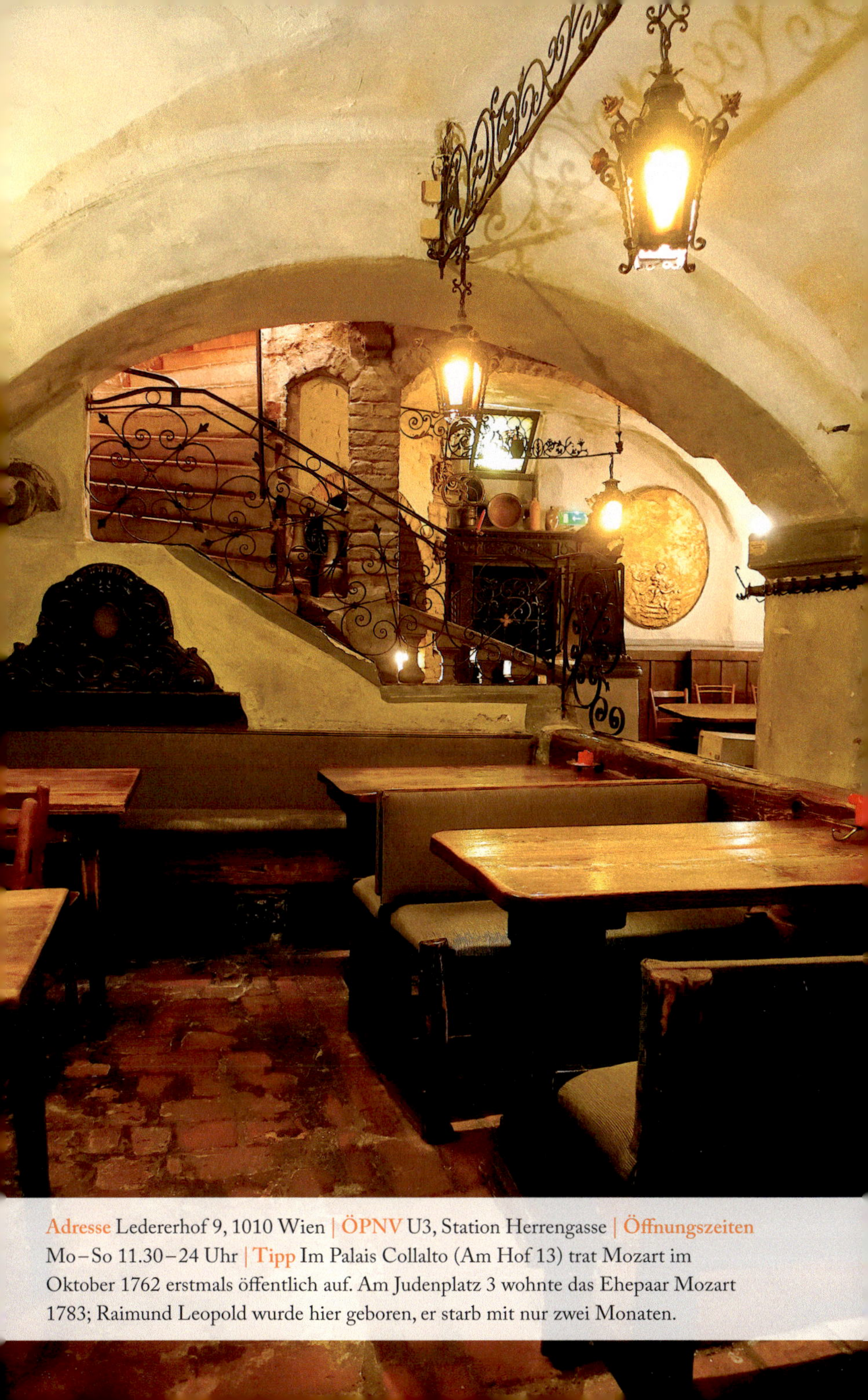

Adresse Ledererhof 9, 1010 Wien | ÖPNV U3, Station Herrengasse | Öffnungszeiten Mo–So 11.30–24 Uhr | Tipp Im Palais Collalto (Am Hof 13) trat Mozart im Oktober 1762 erstmals öffentlich auf. Am Judenplatz 3 wohnte das Ehepaar Mozart 1783; Raimund Leopold wurde hier geboren, er starb mit nur zwei Monaten.

47_Das Café Carina

Kultisches Musik-Gewölbe

Otto Koloman Wagner hat in seiner Jugendstil-Stadtbahnstation Josefstädter Straße bestimmt kein Café geplant. Doch das Bauwerk ist genau genommen nicht wirklich Jugendstil, und das Café Carina, das 1985 seine Pforten geöffnet hat, ist nicht wirklich ein Café. Obwohl – Kaffee gibt's hier natürlich auch. Sogar zu christlichen Preisen, wie alles, was man kredenzt. Auf der Bühne am Ende des akustisch vorteilhaften Ziegelgewölbes spielen seit 1985 täglich Live-Bands. Die Musik – für die Besucher gratis – organisiert sich quasi selbst: Wer immer sich rechtzeitig anmeldet, kann an diesem »Ort individueller Gestaltungsfreiheit« auftreten. Was für einen erfrischend eigenwilligen Mix an Musikrichtungen sorgt. Jazz, Rock, Pop, Metal, Country und was sonst noch anfällt. Klassik eher nicht. Am besten, man schaut vorher ins Programm. Noch besser, man lässt sich einfach auf das ein, was gerade läuft.

Viele von den Großen haben auf ihrem Weg nach oben hier gespielt. 2006 hat sich der skandalträchtige britische Rockmusiker Pete Doherty, Freund von Supermodel Kate Moss, mit seinem Gitarristen Mick für einen Gig angemeldet. Ziemlich kurzfristig, ja, aber in diesem speziellen Fall zeigte man sich flexibel. Und sehr geduldig. Um Mitternacht endlich stieg Pete leibhaftig aus dem Taxi, spielte drei Songs und entschwand nach diesem Guerilla-Gig durch die originale Otto-Wagner Tür. Ob er sich zuvor an der Bar mit Hilfe einer Eineuromünze Erdnüsse aus dem Automaten gedreht hat, ist nicht bekannt.

Otto Wagners Werke schert man heute der Einfachheit halber gern über einen, nämlich den Jugendstil-Kamm. Teile seines städtebaulichen Gesamtkunstwerks »Wiener Stadtbahn« jedoch tragen einerseits noch eindeutig Züge des Historismus, der »freien Renaissance«, wie er selbst es nannte. Und weisen in ihrer grün-weißen Schlichtheit zugleich weit über den Jugendstil hinaus – in die Moderne.

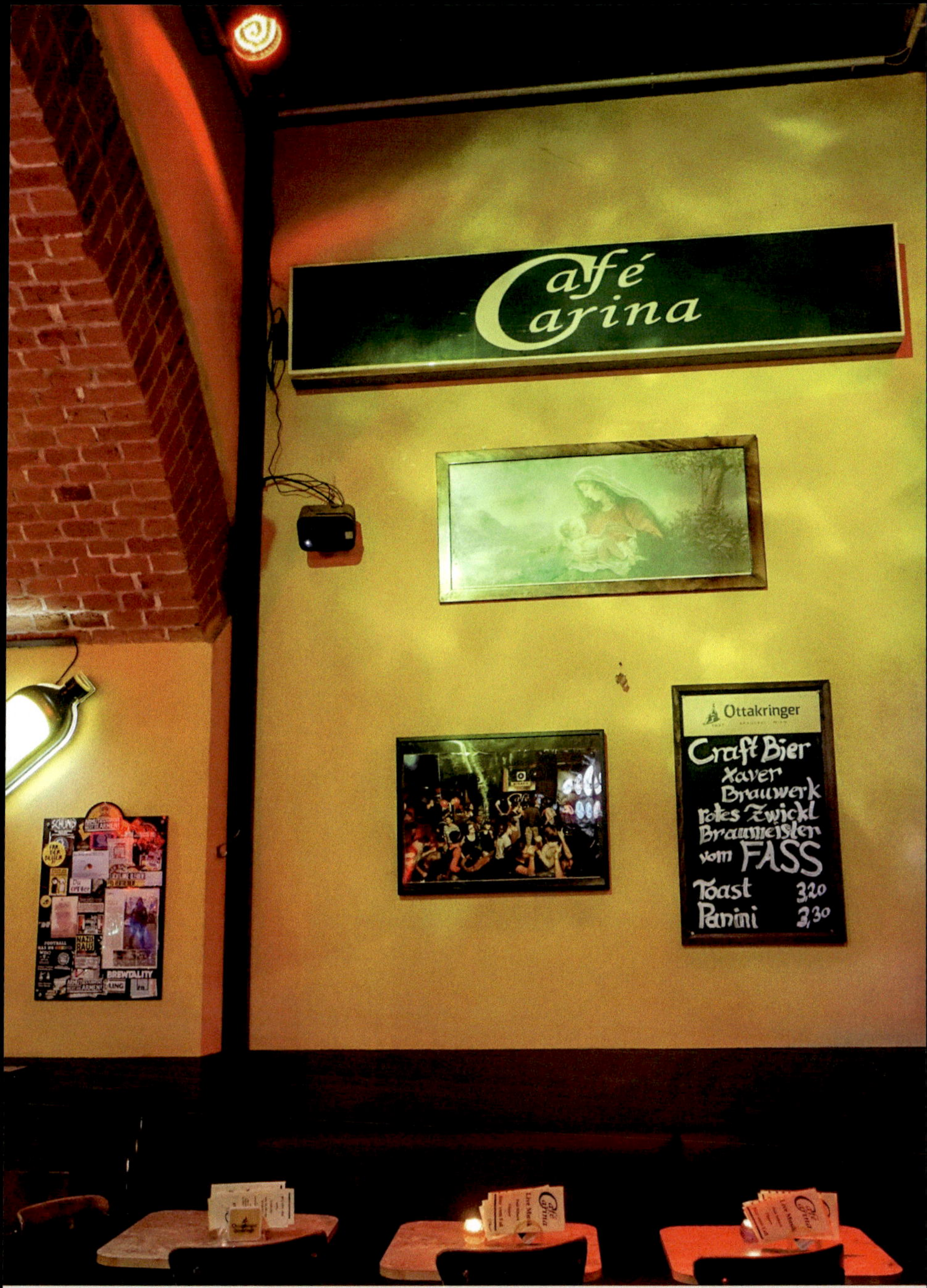

Adresse Josefstädter Straße 84, 1080 Wien | **ÖPNV** im Stationsgebäude der U6 | **Öffnungszeiten** Mo–Sa ab 18 Uhr | **Tipp** Entlang der U6 findet man in den Stadtbahnbögen weitere Kultlokale mit Livemusik: das Chelsea (29–30), das Loop (26–27), das Rhiz (37–38) das B 72 (72) und das Q[kju:] (142–144).

48 Der Doblinger

Eine musikalische Institution

»Ich hab den Titel vergessen, aber es ist grün!« Selbst mit solch vagen Produktbeschreibungen fangen die Musikexperten in der altehrwürdigen Musikalienhandlung etwas an. Und zwar bereits seit 1817. Am 1. August selbigen Jahres nämlich gründet ein gewisser Friedrich Mainzer in der Wiener Innenstadt eine »Musikalien-Leihanstalt«. 40 Jahre später übernimmt ein gebürtiger Linzer namens Ludwig Doblinger, frischgebackener Besitzer einer »Antiquar-Musikalien-Handlungsgerechtigkeit«, das Geschäft der verstorbenen Witwe Mainzer. Erst 1873 allerdings findet der umfangreiche Bestand an Noten und Büchern des Doblinger seinen endgültigen Standort in der Dorotheergasse 10. Als Ludwig sich drei Jahre später zur Ruhe setzt und den Doblinger verkauft, ist der Name schon so berühmt, dass der neue Besitzer Bernhard Herzmansky ihn behält.

Nun geht die Erfolgsgeschichte erst richtig los – der Musikverlag Doblinger wird gegründet. Prominente österreichische E- und U-Komponisten vertrauen ihm ihre Werke an: Carl Michael Ziehrer, Franz Lehár, Carl Goldmark, Anton Bruckner und Gustav Mahler, Alexander Zemlinsky, Franz Schmidt und Hermann Leopoldi, der legendäre Wienerlied-Komponist. 1938 wird der Aufstieg jäh gestoppt. Wenige Tage nach dem Anschluss wird Bernhard Herzmansky junior verhaftet und monatelang in Dachau interniert. Erst nach dem Krieg kann er Musikalienhandlung und Verlag erfolgreich weiterführen. Inzwischen dirigiert in fünfter Generation Herzmanskys Ururenkel den Doblinger.

Der Doblinger ist eine wahre Fundgrube für Noten und Musikbücher aller Genres. Im umfangreichsten Sortiment Europas werden nicht nur Klassik-Fans fündig, sondern auch Freunde von Unterhaltungsmusik, Pop, Rock, Jazz und Crossover. Ausleihen kann man immer noch – Aufführungsmaterial für zeitgenössische Werke. Das früher angeschlossene Antiquariat ist jedoch leider geschlossen.

Adresse Dorotheergasse 10, 1010 Wien | **ÖPNV** U1, U3, Station Stephansplatz | **Öffnungszeiten** Mo–Fr 10–18 Uhr, Sa 10–17 Uhr | **Tipp** Das älteste Tonträgergeschäft Wiens, »Gramola« (Am Graben 16), verkauft Schallplatten und CDs seit 1924. Einst Vertreter des Labels »His Master's Voice«, besitzt es eines von weltweit 16 Originalbildern des legendären, einem Grammophon lauschenden Nipper.

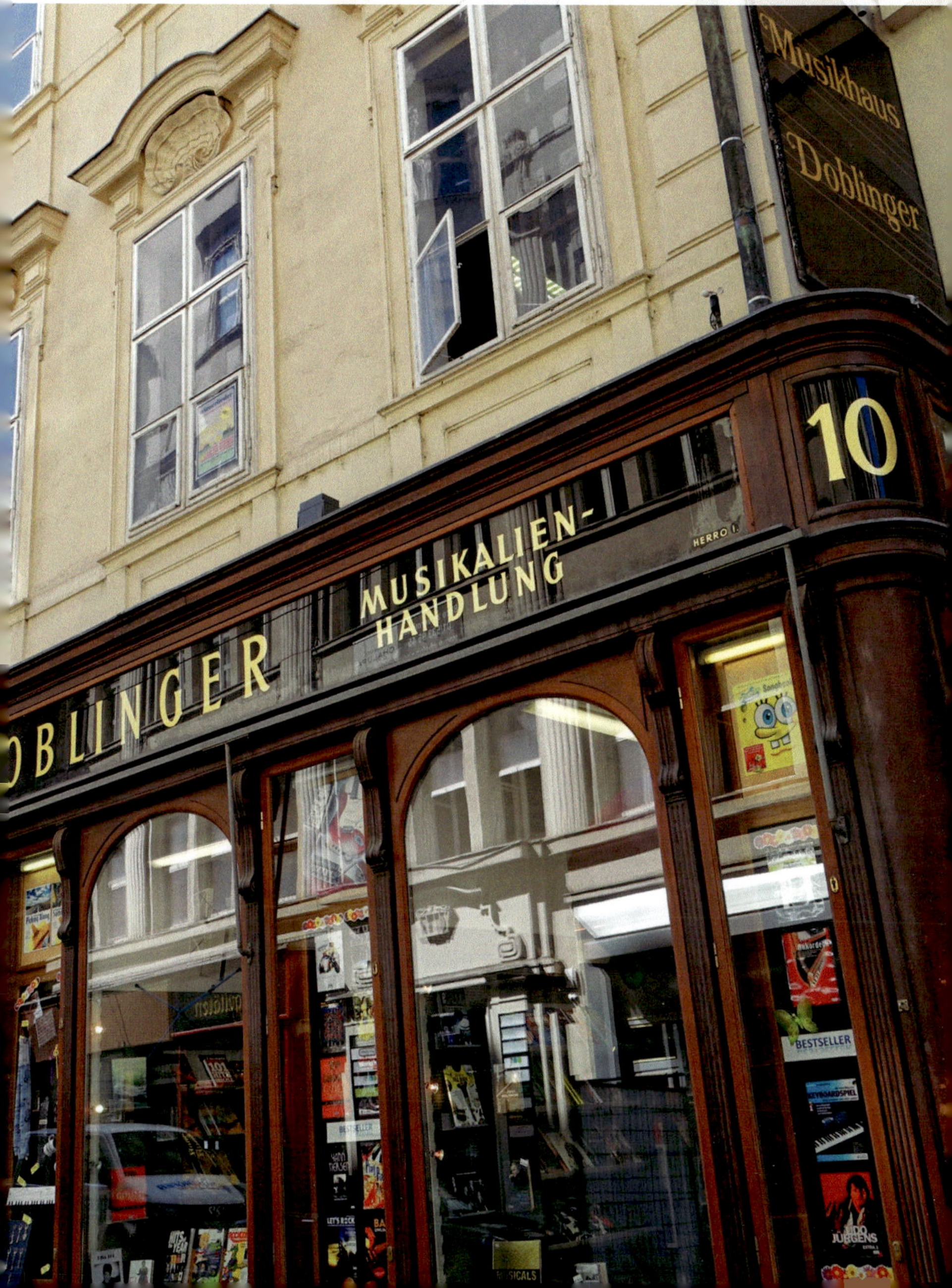

49 Das Donizetti-Haus

Wahnsinnig gut

Gaetano Donizetti wird wie Franz Schubert 1797 geboren, im oberitalienischen Bergamo. Er soll als einer der berühmtesten Belcanto-Komponisten in die Geschichte eingehen. Die erste seiner insgesamt 77 Opern, »Il Pigmalione«, schreibt er mit 19 Jahren in seiner Heimatstadt. Die beiden letzten komponiert er in Wien. Hier ernennt man ihn 1842 zum Ehrenmitglied der Gesellschaft der Musikfreunde, zum k.k. Kammerkapellmeister und Hofkompositeur. Im selben Jahr komponiert er für das Theater am Kärntnertor »Linda di Chamounix«. Die Heldin verfällt dem Wahnsinn, doch am Ende gibt es Rettung für sie. Für Donizetti nicht. In seinem Wiener Domizil in der Wipplingerstraße verschlimmert sich sein geistiger Zustand rapide: Symptom der unbehandelten Neurosyphilis, die er sich in jungen Jahren zugezogen hat. 1844 wird er in ein Irrenhaus nahe Paris gebracht, später in seiner Heimatstadt Bergamo gepflegt, wo er am 8. April 1848 geistig umnachtet stirbt. 4.000 Menschen folgen trauernd seinem Sarg.

Wien war und ist eine Donizetti-Stadt. Noch heute zählen viele seiner Opern zum Standardrepertoire der Staatsoper, »Don Pasquale« etwa und »Lucia di Lammermoor«. Bergamo würdigte den großen Sohn der Stadt zu seinem 100. Geburtstag mit dem Teatro Donizetti. Und der Konditor Alessandro Balzer komponierte 1948 in seinem Andenken die »Torta Donizetti«.

Zutaten: 260 g Butter, 150 g Zucker, 8 Eidotter, 4 Eiweiß, 80 g Mehl, 100 g Stärkemehl, 80 g kandierte Aprikosen, 120 g kandierte Ananas, 1 TL Maraschino, 1 Vanilleschote.

Zubereitung: Butter mit 120 g Zucker verrühren, nacheinander die Dotter hinzufügen, schaumig rühren. Eiweiß mit 30 g Zucker zu Schnee schlagen, mit Mehl und Stärke unterheben. Zuletzt die kandierten Früchte, Maraschino und Vanille dazugeben. In einer gebutterten Kranzkuchenform (26 cm) 40 Minuten bei 180 Grad backen. Mit Staubzucker bestreuen und mit Musik servieren.

Adresse Wipplingerstraße 10, 1010 Wien | **ÖPNV** U1, U3, Station Stephansplatz | **Öffnungszeiten** nur von außen zu besichtigen | **Tipp** Musikalische Köstlichkeiten bietet die nach Puccinis Oper benannte Konditorei Aida an: die Aida-Torte und die Mozart-Torte (Stephansplatz, Operngasse und Wollzeile).

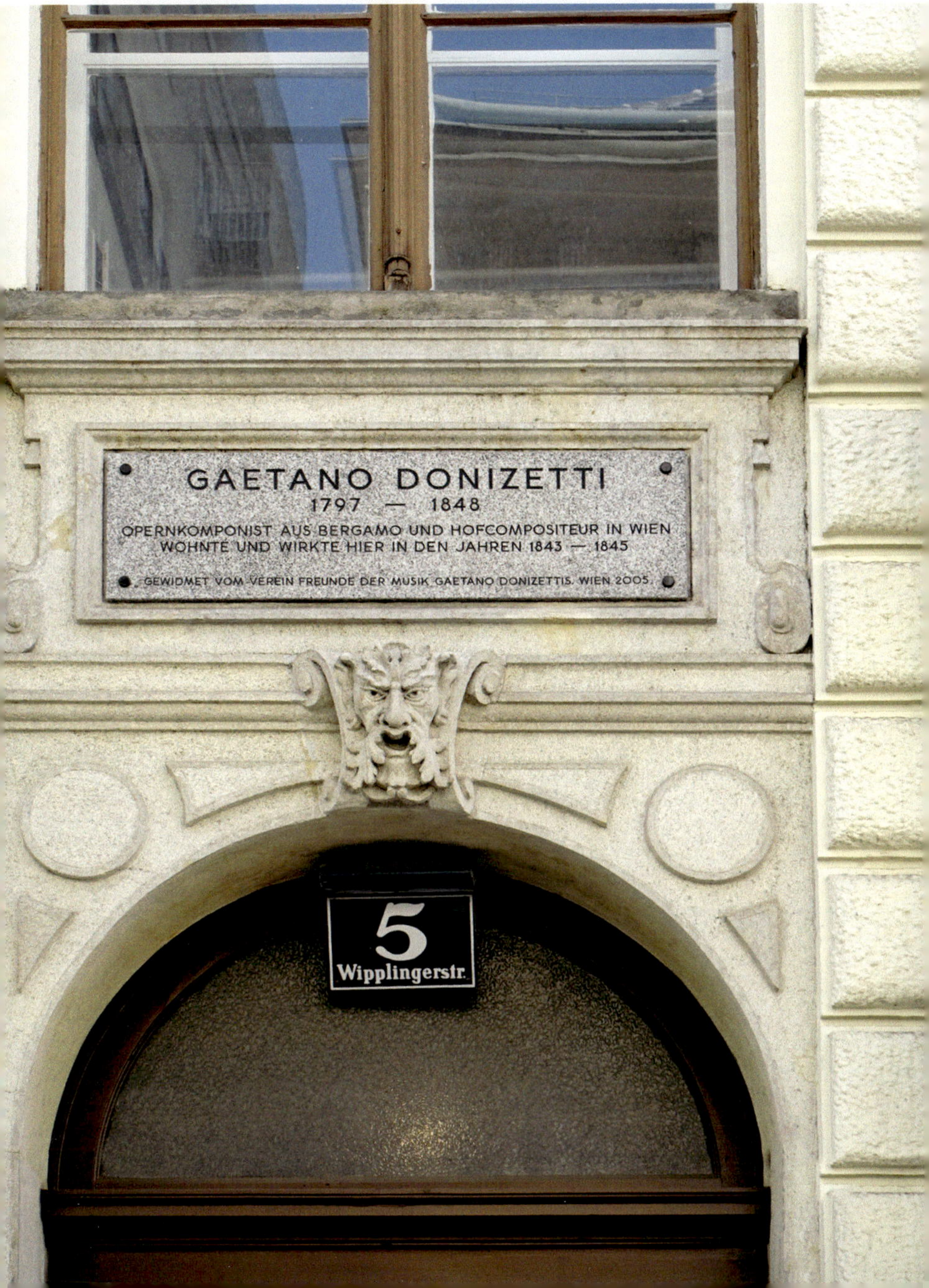

50 Der Eroica-Saal

Die Wut über die verlorene Hoffnung

Auf dem Titelblatt des Autografs der 3. Symphonie ist zwischen dem Titel »Sinfonia Grande« und der Signatur »Louis van Beethoven« deutlich ein Loch zu erkennen, dort, wo der Komponist das »intitolata Bonaparte« ausgekratzt hat. Dieses Loch sagt mehr als 1.000 Worte über die Größe der Hoffnung, die Beethoven in Napoleon gesetzt hat, und über die Heftigkeit seiner Wut und Enttäuschung darüber, dass dieser sich am 2. Dezember 1804 in der Pariser Notre-Dame selbst zum Kaiser krönte. »Ist er auch nichts anderes wie ein gewöhnlicher Mensch? Nun wird er auch alle Menschenrechte mit Füßen treten, nur seinem Ehrgeize frönen, er wird sich nun höher wie alle anderen stellen, ein Tyrann werden!«

Beethoven widmet das Werk nun Franz Joseph Maximilian Fürst von Lobkowitz, Musiker und Mäzen der Wiener Musikszene, der sich für sechs Monate exklusiv die Rechte daran sichert. Die erste Aufführung im Festsaal des Palais, seit 1745 im Besitz des Fürsten, findet im Juni 1804 statt, mit dem fürstlichen Privatorchester unter Beethovens Leitung, vor einem illustren Kreis geladener Gäste. Wie sie das neue Werk wohl aufnehmen? Es setzt sich über bis dahin gültige Regeln hinweg und sprengt, allein durch die Aufführungsdauer, alle symphonischen Dimensionen. Formal gewagt, harmonisch neu und rhythmisch kühn, spricht es eine leidenschaftliche Tonsprache und erzählt eine Geschichte. Ein Trauermarsch kommt vor. Ein Held wird zu Grabe getragen. Oder eine große Hoffnung.

Der Festsaal heißt fortan jedenfalls Eroica-Saal. 1807 wird hier auch Beethovens 4. Symphonie aufgeführt. Und im Dezember 1812 findet – mit der feierlichen Eintragung der Gründungsmitglieder – die eigentliche Gründung der »Gesellschaft der Musikfreunde« statt. Unter den prächtigen Deckenfresken, die Allegorien auf die in der Akademie vertretenen Künste darstellen, samt dem Fama-Engel, der den Ruhm verkündet.

Manchmal erklingt an diesem Original-Hörplatz auch heute Musik.

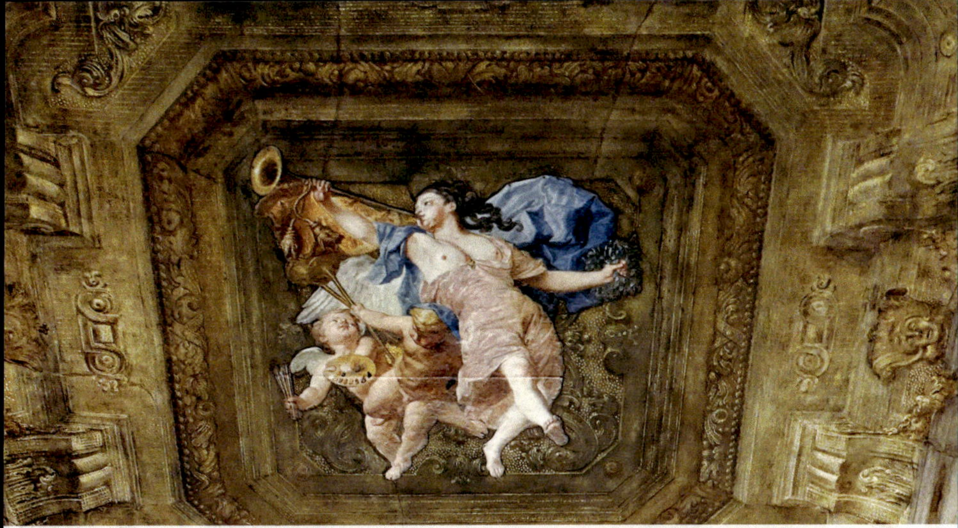

Adresse Theatermuseum, Lobkowitzplatz 2, 1010 Wien | **ÖPNV** U1, U2, U4, Station Karlsplatz | **Öffnungszeiten** Mo, Mi–So 10–18 Uhr | **Tipp** In der wunderschönen gotischen Augustinerkirche, ehemals Hofpfarrkirche, findet jeden Sonntag um 11 Uhr ein musikalisch hochkarätiges Hochamt statt (www.hochamt.augustiner.at).

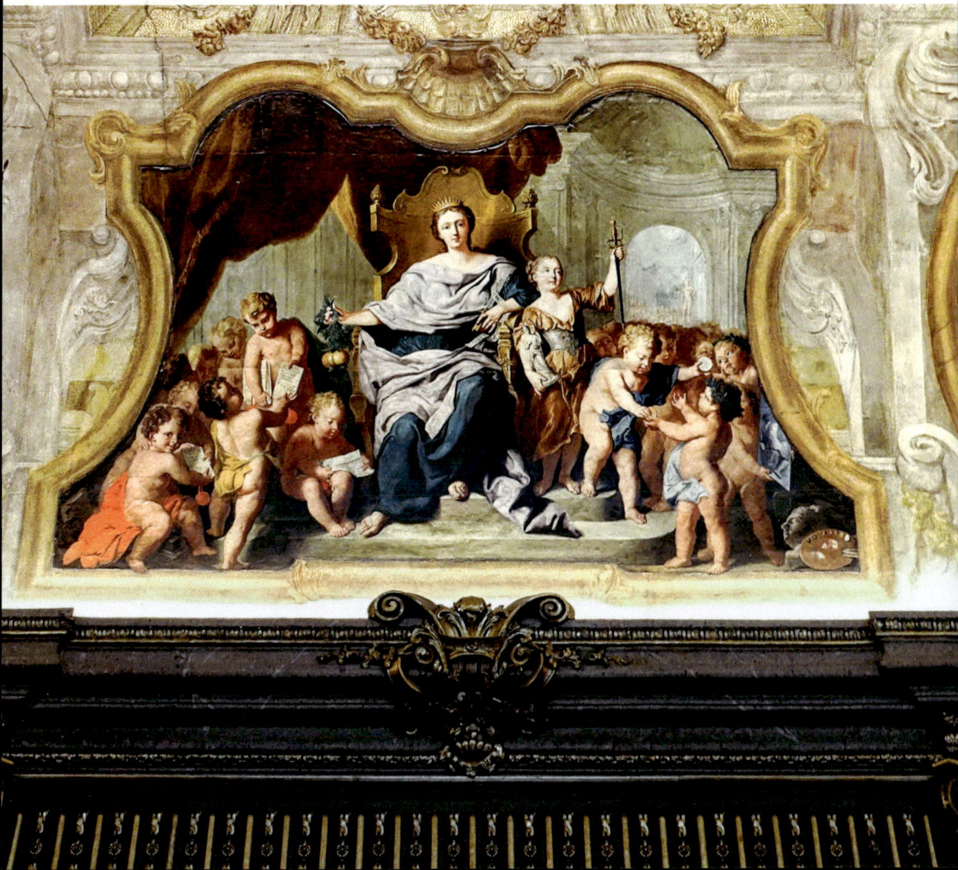

51 Das Falco-Grab

Stirb jung und tragisch, und du wirst unsterblich.

Am 6. Februar 1998 erschüttert eine Nachricht die Pop-Welt: Der Wiener Musiker Hans Hölzel ist bei einem Autounfall ums Leben gekommen, kurz vor seinem 41. Geburtstag. Er ist gerade noch nicht zu alt, um jung gestorben zu sein, und die Umstände sind mehr als tragisch. Seine weltberühmten Songs haben sich unauslöschlich eingeprägt. Dass es in letzter Zeit nicht mehr so gut lief, ist bald vergessen. Und so ist Hans unsterblich geworden, zumindest in Wien.

Sein Künstlername hat ihn 1977 gefunden, in einem Hotelzimmer in Berlin. Im Fernsehen lief zufällig ein Schispringen. Falko Weißpflog, Star aus der DDR, flog einem Sieg entgegen, und Hans nannte sich fortan: Falco. Als Falke erhob er sich an die Weltspitze. »Rock me Amadeus« erreichte 1986 als einziger deutschsprachiger Titel aller Zeiten Platz 1 in den US-Charts – für drei Wochen.

»Der Verunglückte durchfuhr am Steuer eines Jeeps den Straßenabschnitt Puerto Plata – Sosua in westöstlicher Richtung. Als er den Platz Gran Parada auf der Höhe Monte Llano erreichte, kam es zu einer Kollision mit einem Autobus.« Noch am Unfallort erlag er seinen schweren Verletzungen. In einer Lauda-Air-Maschine trat er seinen letzten Höhenflug an, aus seiner zweiten Heimat, der Dominikanischen Republik. Das Begräbnis am Valentinstag wird unvergesslich bleiben. Tausende Menschen aus allen Alters- und Gesellschaftsschichten strömten zum Zentralfriedhof, manche im Falco-Look mit dunkler Sonnenbrille und Anzug, viele weinten. Den Holzsarg zierte sein legendärer roter Hermelinmantel. Statt Orgelmusik ertönten Falco-Hits. »Out of the dark, into the light.« Ein Jahr später wurde das Ehrengrab enthüllt und ist bis heute eine wahre Pilgerstätte für Falco-Fans geblieben. Eine abgebrochene CD aus Glas, eine Grabsäule und ein Obelisk, der alles überragt. »Muss ich denn sterben, um zu leben?« fragt Falco in seinem letzten, posthum erschienenen Lied.

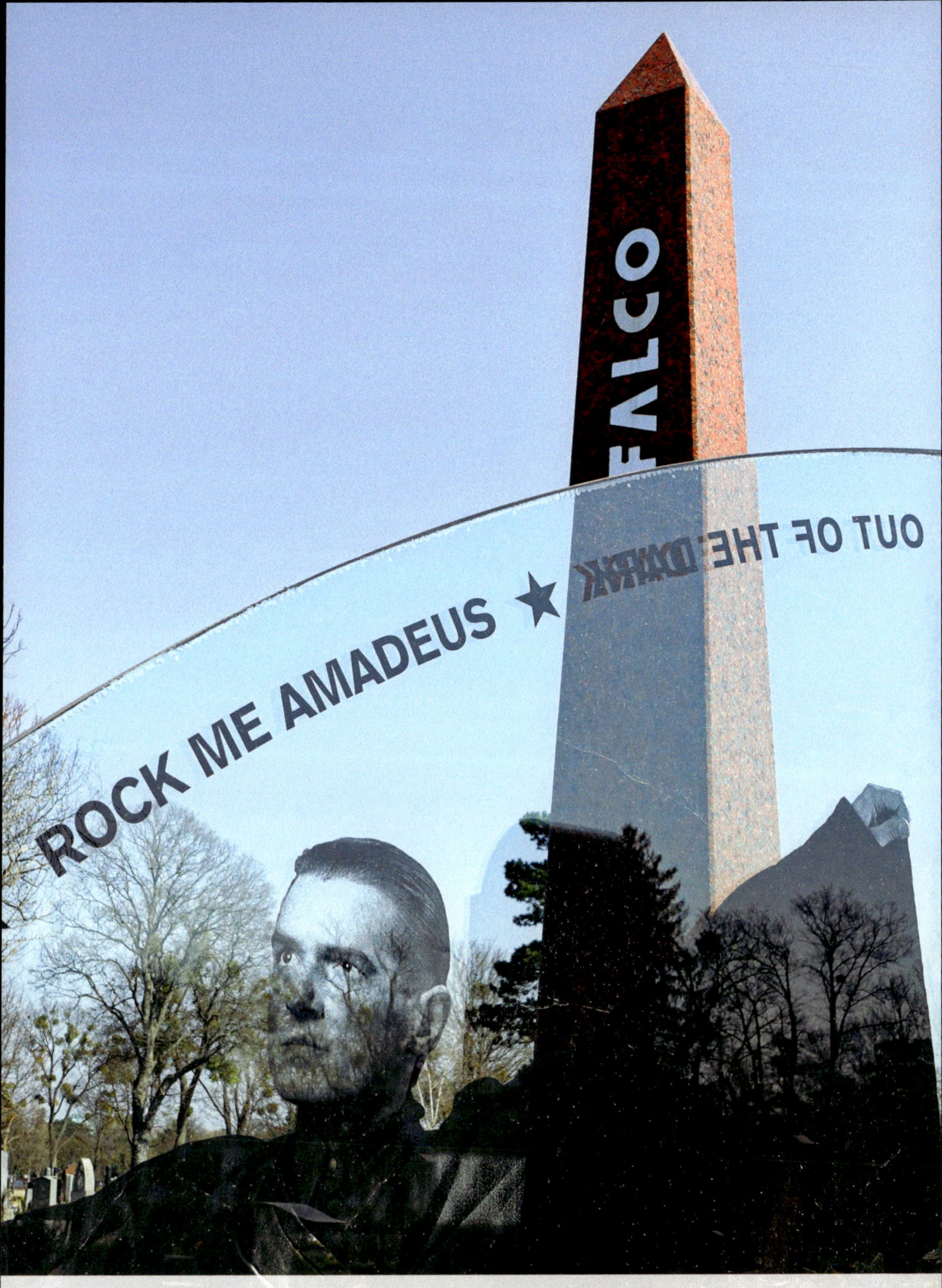

Adresse 1110 Wien, Zentralfriedhof, Simmeringer Hauptstraße, Tor 3, Gruppe 40/Nr. 64 | ÖPNV Straßenbahn 11, 71, Station Zentralfriedhof Tor 3 | Öffnungszeiten Winter 8–17 Uhr, Sommer 7–20 Uhr | Tipp Zwischen Tor 2 und der sehenswerten Jugendstil-Friedhofskirche befinden sich die Gräber berühmter Musiker wie Beethoven, Schubert und Brahms (Gruppe 32A).

52 Die Fatty-George-Gasse

Jazz-Hotspot Essling

Als Franz Georg Pressler alias Fatty George im April 1927 das Licht der Welt erblickte, war Essling noch ein Dorf. Der Anschluss an Wien im Jahre 1938 hinderte den Ort glücklicherweise nicht daran, viel von seinem dörflichen Charakter und seiner kulturellen Eigenständigkeit zu bewahren. Im April 1997 – der Esslinger Jazzmusiker wäre 80 Jahre alt geworden – wurde ihm die große Ehre einer eigenen Gasse zuteil. Und das nicht irgendwo, sondern mitten in seiner Heimat Essling, neben den beiden ganz dem Jazz gewidmeten Mini-Parks.

Da wäre zunächst der Bill-Grah-Park. Der Pianist Bill Grah, gebürtiger Deutscher, kam in den 50er Jahren als junger Mann – und blieb. Er spielte mit dem gleichaltrigen Fatty George und mit anderen Größen wie Joe Zawinul, Oscar Peterson, Roy Eldridge, Lionel Hampton, Bud Freeman und Wild Bill Davison. In seinem Park hat man ihm einen Gedenkstein gewidmet und im Jahr 2000 die erste Jazz-Skulptur der Welt enthüllt – Jazzinstrumente, eindrucksvoll aus Stein geformt. Jüngst wurde auch ein Jazz-Teich angelegt. Im Sommer kann man Konzerten der Frösche lauschen, die, wenn man etwas Phantasie mitbringt, zweifellos von den musikalischen Darbietungen im Jazzpark inspiriert sind, der nur durch eine Straße vom Bill-Grah-Park getrennt ist. Ein Verein namens Kulturfleckerl sorgt hier im sogenannten Kulturstadl regelmäßig für eine lebendige musikalische Gegenwart. 2005 wurde das Fatty-George-Jazzmuseum eröffnet. Sehenswert ist vor allem das Gebäude, in dem es untergebracht ist – eine öffentliche Toilettenanlage aus dem 19. Jahrhundert. Wilhelm Beetz hat die segensreiche Einrichtung 1883 erfunden und in Wien 200 dieser Holzpavillons für Damen und Herren errichtet und betrieben. Im Jazzpark wurde einer davon gewissermaßen: reframed. Gezeigt werden Dokumente, Tonträger, Plakate und Erinnerungsstücke der legendären Fatty George Jazzband.

Adresse 1220 Wien | **ÖPNV** U1, U2, Station Kagran, Aspernstraße, Bus 26A, Station Essling Schule | **Öffnungszeiten** Park immer zugänglich, Museum fallweise bei Veranstaltungen, www.kulturfleckerl.at | **Tipp** Das »Museum Aspern 1809« am Asperner Heldenplatz dokumentiert eindrucksvoll die Schlacht bei Aspern und Essling vom Mai 1809 (April–Okt. So 10–12 Uhr).

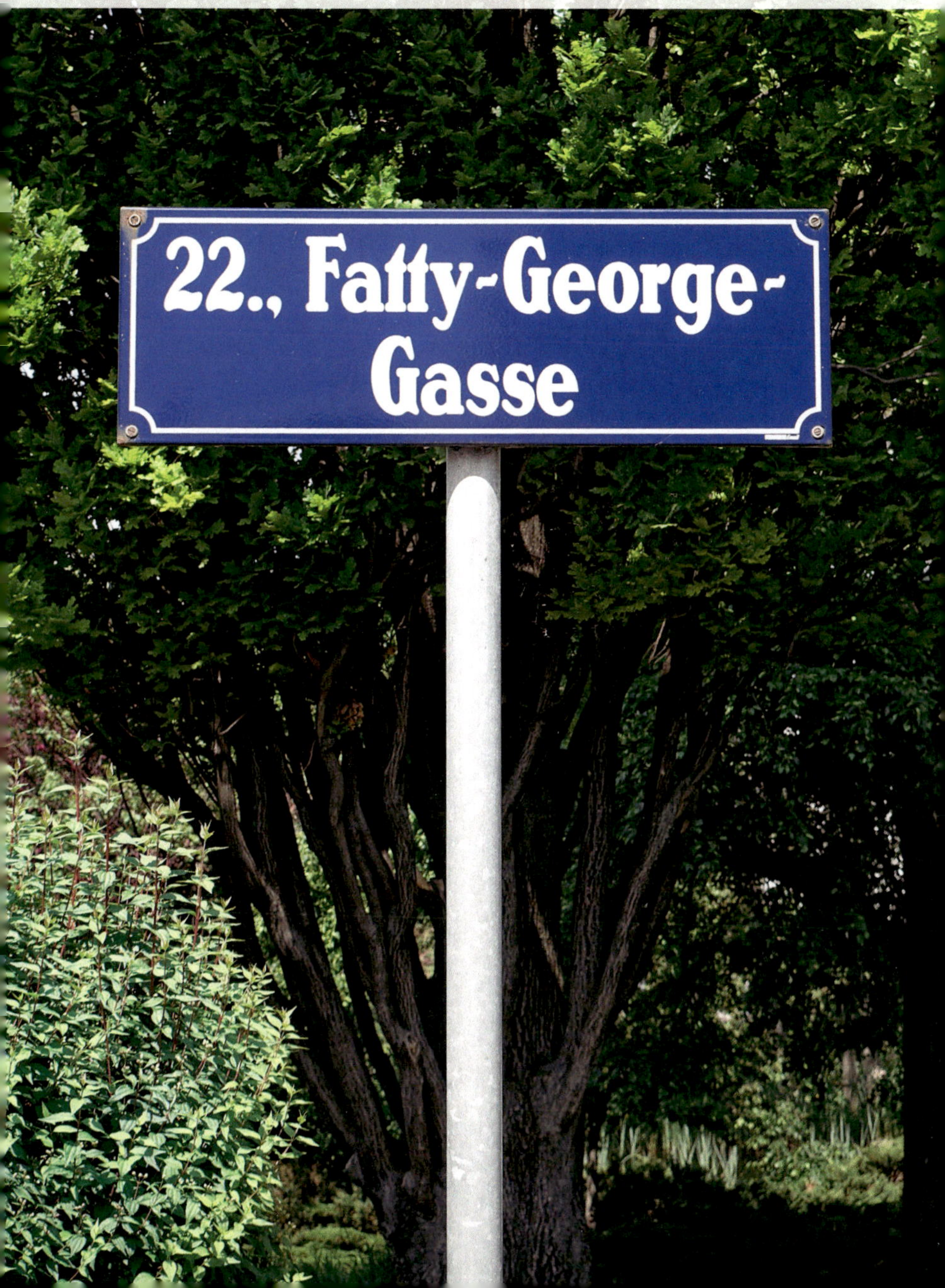

53_Das Flash

Second-Hand Music

Er ist nicht nur der gute Geist seines Geschäfts im Freihausviertel, sondern überhaupt der Mann an der Drehscheibe der Wiener Musikszene: Karl Bek, auch Flash-Bek genannt, Musiker, Tontechniker, Bastler und Tüftler.

Die Frage, was man denn im Flash käuflich erwerben kann, lässt sich mit einem Wort beantworten: alles. Wenn nämlich etwas wider Erwarten nicht vorhanden ist, wird es besorgt, notfalls hergestellt. Instrumente buchstäblich von A bis Z, von Akkordeon bis Zupfinstrument, von »neu« über »Topzustand« bis zum schlichten »funktioniert«. Gängige Modelle sind hier ebenso ausgestellt wie Vintage-Instrumente für Sammler und jedes erdenkliche elektronische Equipment. Dazu Ersatzteile aller Art, von Gitarrensaiten bis zum kleinsten Schräubchen für den Verstärker, bei dem eins locker geworden ist. Die Frage, wer im Flash fündig werden kann, braucht erst gar nicht gestellt zu werden. Der blutige Anfänger probiert hier ein erstes Instrument aus, der Vollblutmusiker findet seine neue »Holde« (mit anderen Worten: Gitarre). Jedem das, was er vielleicht will oder gerade dringend braucht.

Zum Testen und Probespielen hat Karl Bek im Keller ein Studio und eine Probebühne eingerichtet. Und in einem Kabäuschen im Zwischenstock wird sorgfältig repariert. Das Geschäft verspricht nicht nur einen Ohrenschmaus, auch optisch ist es ein Vergnügen. Das haben auch die Macher von »Echte Wiener 2 – Die Deppat'n und die Gspritzt'n« so gesehen. Und so ist das Flash als eine der Locations für Teil 2 des Kinofilms über den legendären Edmund Sackbauer alias Mundl alias Karl Merkatz ausgewählt worden.

Was es sonst über das Flash zu erzählen gibt? Karl Bek sieht sich kurz um und lächelt etwas ratlos unter seiner Brille hervor. »Uns gibt's seit mehr als 30 Jahren am selben Ort. Die Kunden schauen zufällig vorbei, kommen wieder und empfehlen uns. Mehr – gibt es eigentlich nicht zu sagen.«

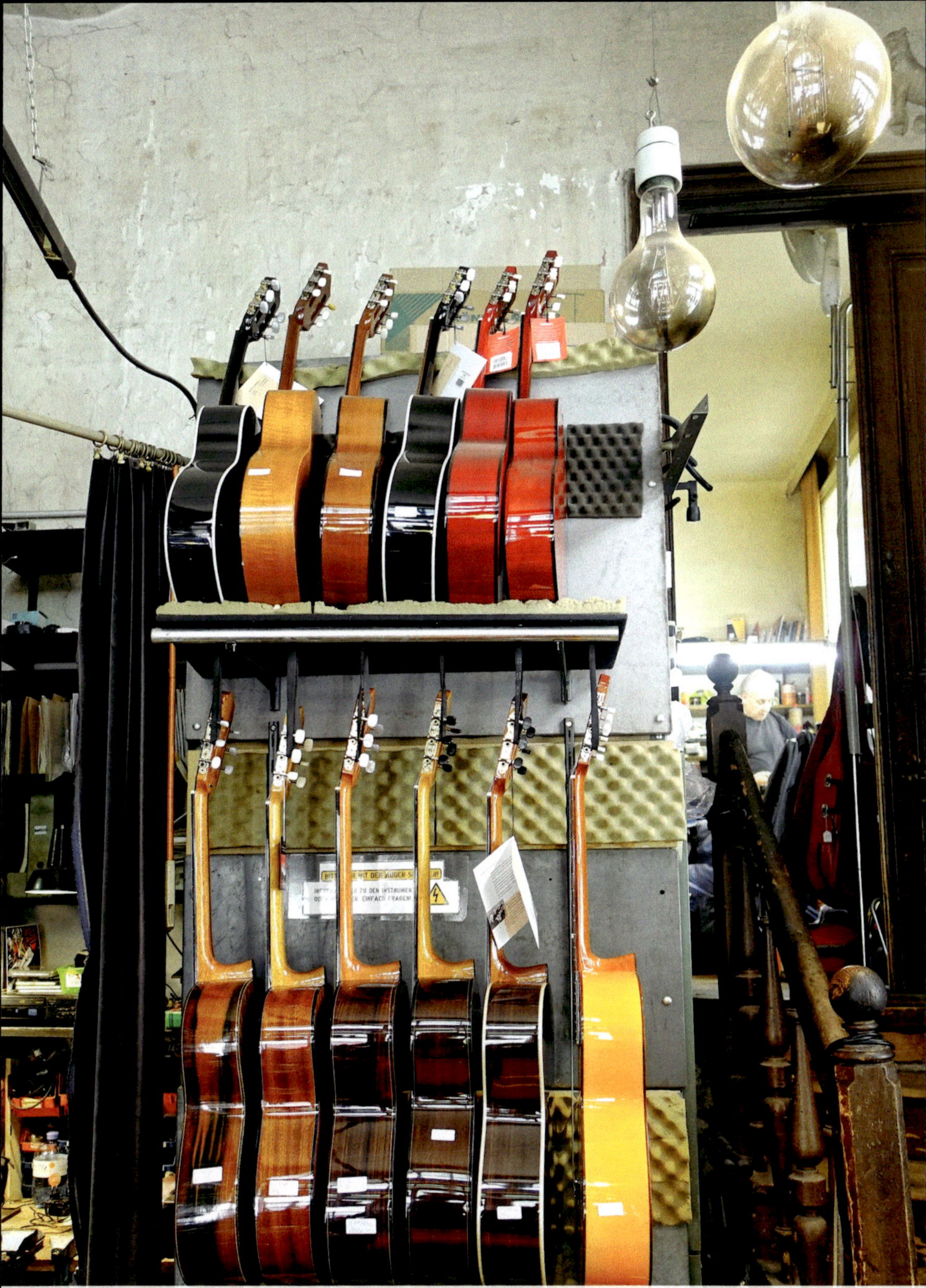

Adresse Mühlgasse 13, 1040 Wien | **ÖPNV** U4, Station Kettenbrückengasse | **Öffnungszeiten** Di–Fr 12–19 Uhr, Sa 12–17 Uhr | **Tipp** Das Palais des Klavierfabrikanten Ehrbar, Mühlgasse 30, beherbergt den Ehrbar-Saal (1877). Wo einst Brahms, Bruckner, Schönberg und Mahler auftraten, veranstaltet die Stadtinitiative Konzerte (www.stadtinitiative.at).

54__Das Flex

Supersound im Underground

Clubs kommen und gehen, das Flex bleibt. Seit 1990. Als Underground-Club in einem besetzten Haus gegründet, übersiedelt es 1995 tatsächlich in den Untergrund, in einen stillgelegten U-Bahn-Schacht am Donaukanal. Ursprünglich war Rock angesagt, inzwischen hat sich das Spektrum stark verbreitert, mit Live-Acts und Alternative Music. Selbstredend sind internationale Stars der Techno- und Drum-and-Bass-Szene regelmäßig zu Gast. Aber nicht nur die Stars, auch der inländische DJ-Nachwuchs hat die Chance, im Flex aufzulegen. Die pure Neugier treibt das eine oder andere ältere Semester an diesen Ort, sonst sind die Besucher durchwegs in jugendlichem Alter. Das Ambiente ist Understatement pur, die verschiedenen Music-Styles tönen fremd an klassisch getunte Ohren, von der Lautstärke ganz zu schweigen. Unwahrscheinlich also, dass Freunde von Klassik und Jazz das Flex zu ihrer Lieblingslocation erklären werden. Doch zumindest einmal im Leben sollte man hier gewesen sein – des Sounds wegen. Denn der garantiert, unabhängig von der Musikrichtung, ein starkes psychophysisches Erlebnis.

Die Beschallungstechnik ist ausgeklügelt und sensationell gut, eine der drei besten in Europa. Die Basis bildet das Basssystem: Hochleistungs-Lautsprecher, in sechs Meter Tiefe unter der Bühne einbetoniert. Die Wirkung ist unvergleichlich. Musik geht nicht nur ins Ohr, sie erfasst den ganzen Körper. Hat man sich erst einmal an den schwarzen Raum und an den Pegel gewöhnt, wird man nach und nach von der Musik erfasst. Verblüffend. Die Schallwellen breiten sich im Körper aus, der Energielevel steigt, die Müdigkeit verfliegt. Einzigartiges Feeling.

Neben dem unterirdischen Mainfloor steht, für Einsteiger, das ebenfalls perfekt beschallte Flex Café im Vorbau zur Verfügung. Im Sommer ist auf dem Sonnendeck chillen in Liegestühlen unter Sonnenschirmen angesagt, bei guter Musik in moderater Lautstärke.

Adresse Am Donaukanal, Abgang Augartenbrücke, 1010 Wien, www.flex.at | **ÖPNV** U2, Station Schottenring, U1, U4, Station Schwedenplatz | **Öffnungszeiten** Club Do–Sa 22–6 Uhr, Sonnendeck (im Sommer) ab 17 Uhr, Konzerte laut Programm | **Tipp** Empfehlenswert im Sommer: das Badeschiff und die Strandbar Herrmann unterhalb der Urania.

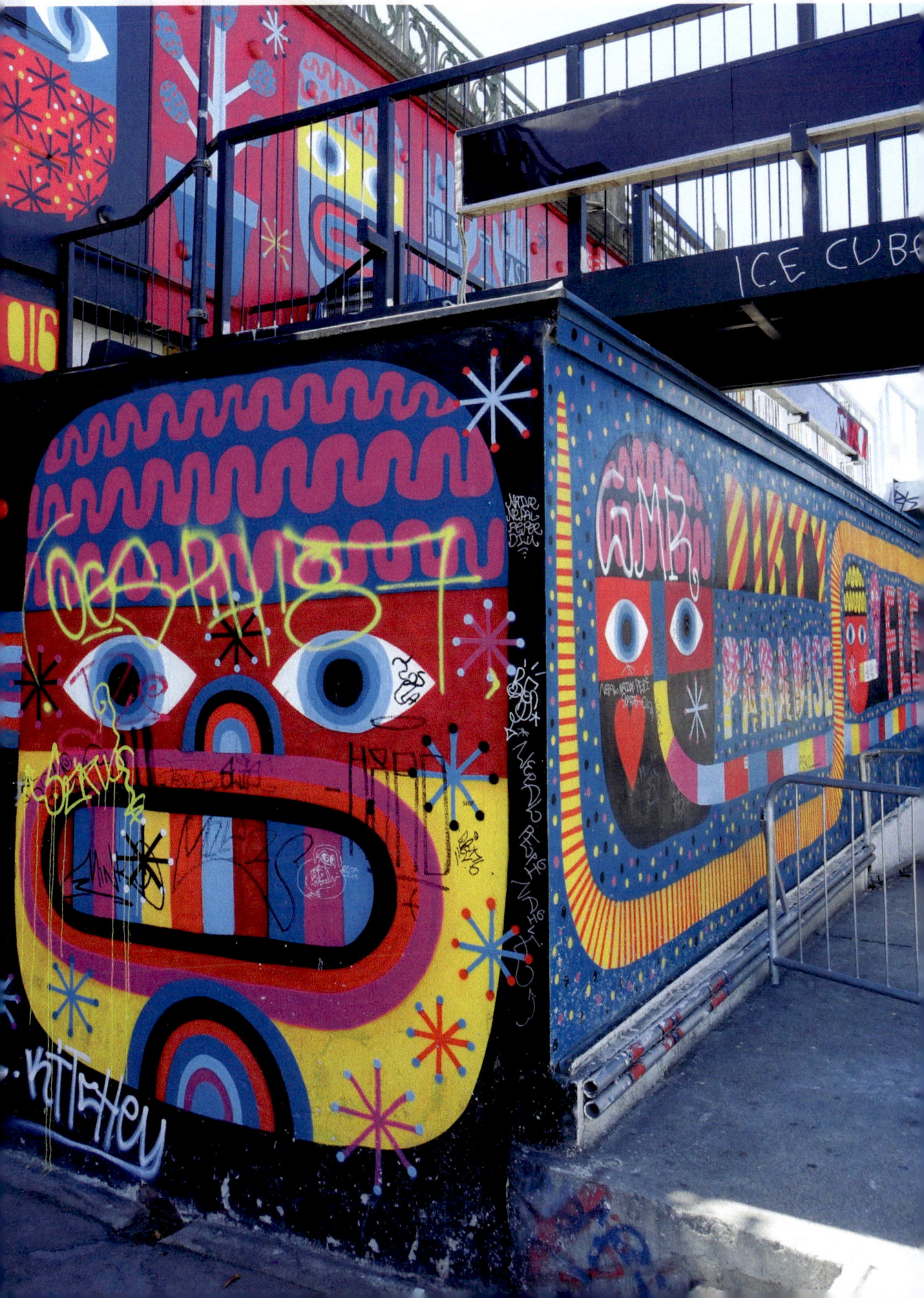

55 Das Freddy-Quinn-Archiv

Der Mann, der alles kann

Ein Mann und eine Frau. Eduard und Brigitta. Sie begegnen einander Ende der 70er Jahre bei einem Freddy-Quinn-Konzert im Wiener Konzerthaus. Schicksal? Von Stund an jedenfalls pflegen sie ihre bis dato getrennte Leidenschaft gemeinsam: das Sammeln von allem, was mit ihrem Idol zu tun hat. 35 Jahre später erfüllen sie sich ihren Traum und richten im Wohnpark Alterlaa ein »Museum und Archiv für Freddy Quinn« ein, charmant und einzigartig wie der mittlerweile über 80-jährige Freddy, dem sie damit zu Lebzeiten ein Denkmal setzen.

Der »waschechte Hamburger« wird 1931 in Wien geboren und verbringt seine Kindheit in der Josefstadt, ehe er im hohen Norden Karriere macht. Mit seiner sonoren Bariton-Stimme singt und spricht er in sieben Sprachen. In der Zirkus-Arena spaziert er über Hochseile und bändigt Löwen. Auf der Theaterbühne macht er eine ebenso blendende Figur wie auf der Kinoleinwand. Ja, Freddy Quinn kann einfach alles. Auf 23 Platzierungen unter den Top Ten der deutschen Charts kann er zurückblicken, zahlreiche Nummer-eins-Hits und Sammelposter in Lebensgröße in der Jugend-Kult-Zeitschrift »Bravo«, dessen Cover er unzählige Male ziert. Nach 50 Jahren beendet er seine phänomenale Karriere. Zieht sich ins Privatleben zurück. Skandalfrei.

Lückenlos sind Freddys Tonaufnahmen dokumentiert, von der ersten Schellack bis zur letzten CD, Filme, Interviews und Fernsehsendungen. Kostproben werden nach Wunsch auf hervorragenden Geräten abgespielt. Bei Filterkaffee und Mannerschnitten blättert man in »Bravo«-Heften, Club-Zeitungen und Alben mit Zeitungsausschnitten, bestaunt Filmplakate, das einzige Exemplar von Freddys erster privat aufgenommener Single, seine Saxofonband aus 1949 und das Glitzerkostüm aus seinem Hollywoodfilm mit Jayne Mansfield. Eine faszinierende Zeitreise ins 20. Jahrhundert.

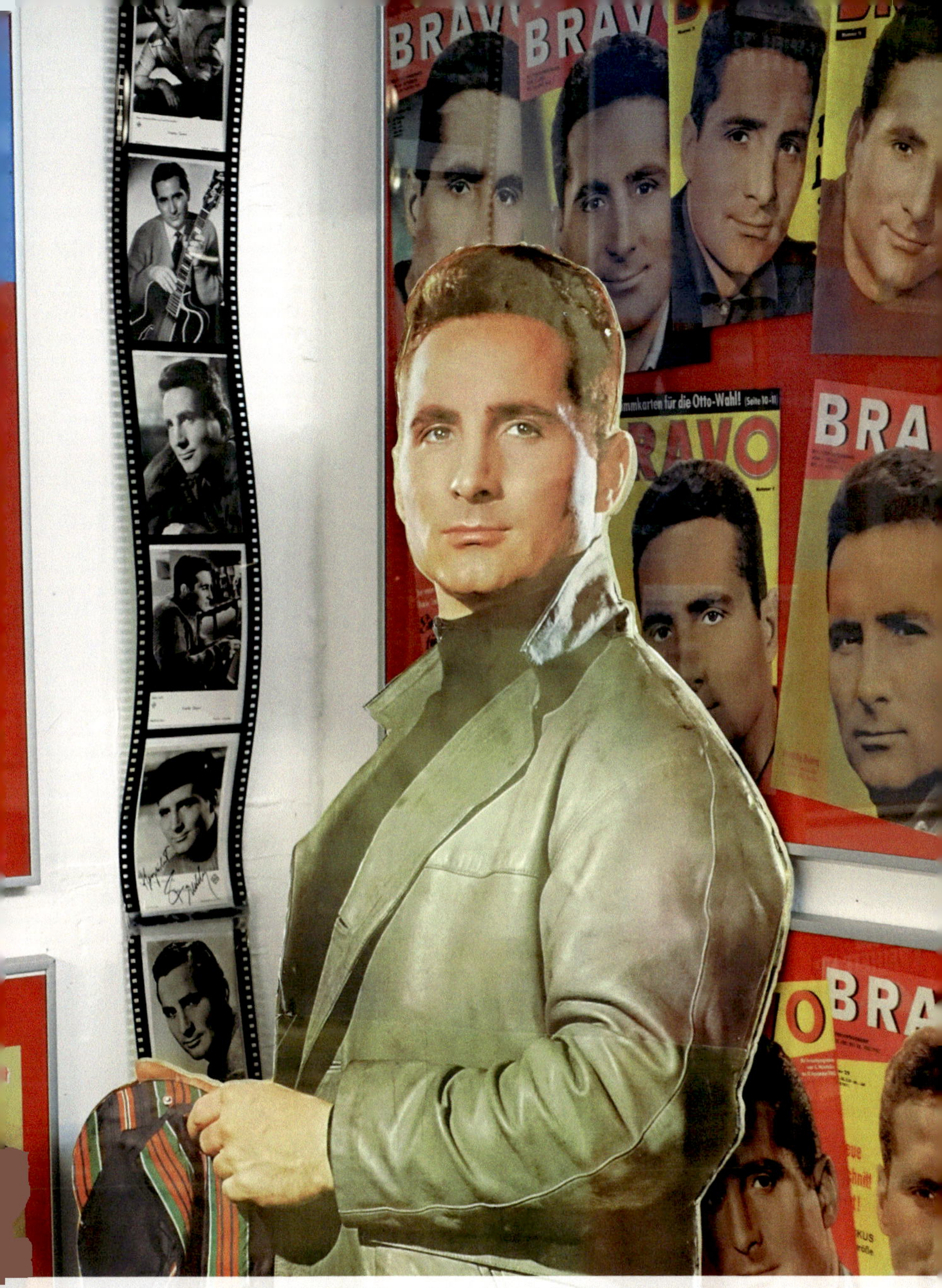

Adresse Anton-Baumgartner-Straße 44/A 8/184 (Wohnparkstraße), 1230 Wien, www.freddy-quinn-archiv.at | **ÖPNV** U6, Station Alterlaa | **Öffnungszeiten** nach Vereinbarung, Tel. 01/6673496 (Brigitta und Eduard Klinger) | **Tipp** Der Wohnpark Alterlaa ist eine in den 70er Jahren von Harry Glück geplante legendäre Wiener Satellitenstadt. Wohnzufriedenheit: 98 Prozent.

56 Der Friedhof St. Marx

Mozart und seine Pamina

Ein verborgener und verwunschener Ort aus dem Biedermeier. Im Mai weht dem Besucher der lila Duft uralter Fliederbäume entgegen, auf dem weitläufigen Parkgelände, zwischen mehr als 5.000 Gräbern; im Herbst durchschreitet man ein Meer aus bunten Blättern und glänzenden Kastanien. Längst gäbe es den Ort nicht mehr, wäre nicht im Dezember 1791 Wolfgang Amadeus Mozart hier begraben worden.

Von 1784 bis zur Eröffnung des Zentralfriedhofs 1874 fanden Menschen auf diesem »Communalen Friedhof« ihre letzte Ruhestätte. Danach war der Ort jahrzehntelang verlassen, in steter Gefahr, aufgelassen und mit Straßen und Großbauten zugepflastert zu werden. So wäre es wohl auch gekommen. Doch der Heimatforscher und Lehrer Hans Pemmer ging Ämtern und Behörden so lange auf die Nerven, bis 1936 beschlossen wurde, den Begräbnisort Mozarts in seiner Gesamtheit zu erhalten und unter Denkmalschutz zu stellen. In Gottes Namen und damit die arme Seele ihre Ruhe hatte.

Mozart starb am 5. Dezember 1791 gegen 1 Uhr früh (siehe Kapitel 57). Am nächsten Tag wurde er in der Kruzifixkapelle am Stephansdom aufgebahrt und eingesegnet und wie üblich erst nach Einbruch der Dunkelheit ins vier Kilometer entfernte St. Marx gebracht, wo man ihn in einem Schachtgrab ohne Grabkreuz bestattete. So viel ist sicher. Um alles andere ranken sich Legenden, und die Experten werden sich wohl bis in alle Ewigkeit nicht darüber einigen. Unweit der ungefähren Grabstätte Mozarts befindet sich das Grab seiner Pamina Anna Gottlieb. Ihre Sopranstimme hatte Mozart beim Komponieren der »Zauberflöte« im Ohr. Bei der Uraufführung am 30. September 1791 war Anna 17 Jahre alt. Schon die Barbarina in »Le nozze di Figaro« hat Mozart ihr in die Kehle geschrieben, die Uraufführung hatte kurz nach ihrem zwölften Geburtstag stattgefunden. Anna überlebte Wolfgang Amadeus um genau 65 Jahre. Noch mit 80 stellte sie sich so vor: »Ich bin die erste Pamina.«

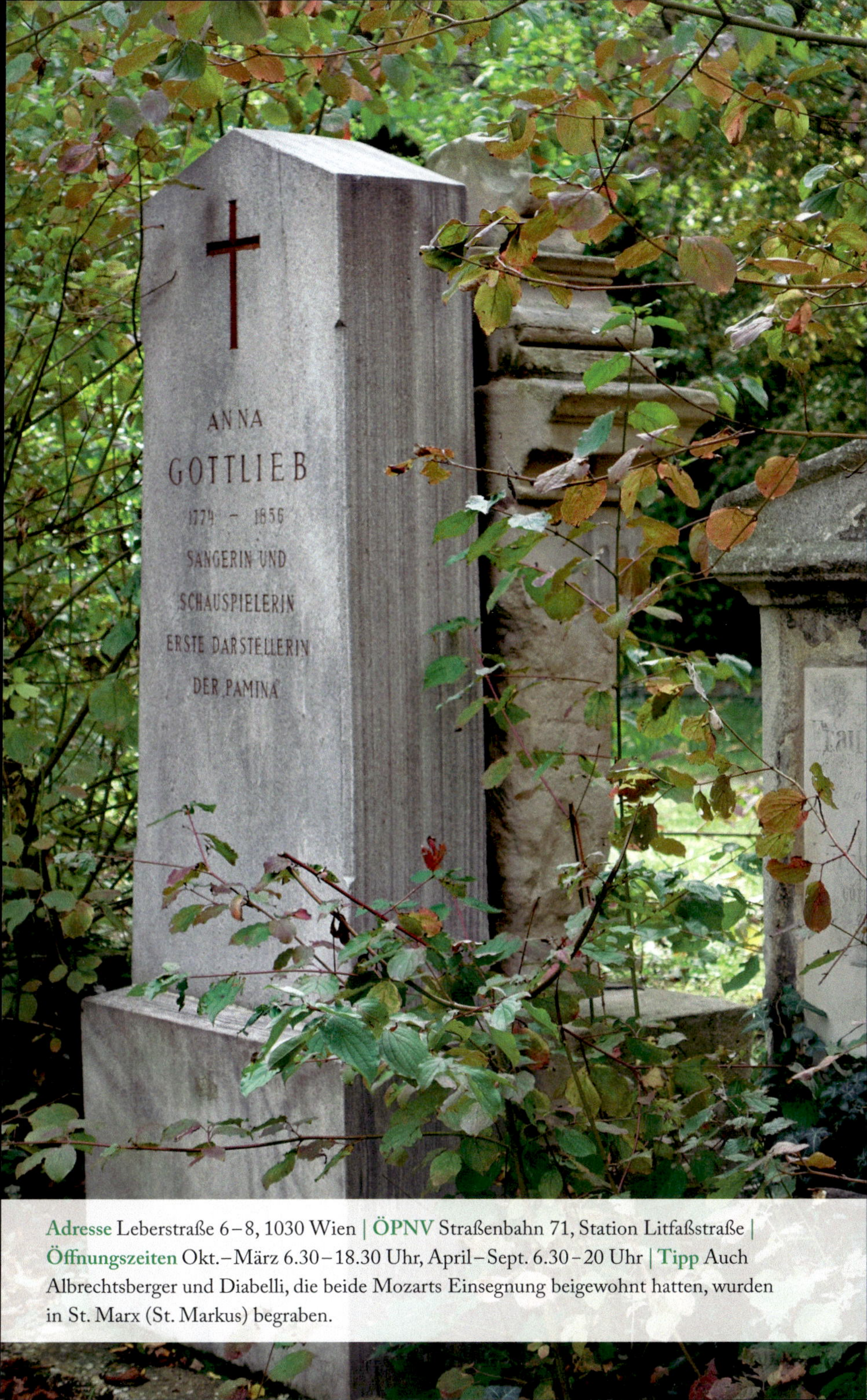

Adresse Leberstraße 6 – 8, 1030 Wien | **ÖPNV** Straßenbahn 71, Station Litfaßstraße | **Öffnungszeiten** Okt. – März 6.30 – 18.30 Uhr, April – Sept. 6.30 - 20 Uhr | **Tipp** Auch Albrechtsberger und Diabelli, die beide Mozarts Einsegnung beigewohnt hatten, wurden in St. Marx (St. Markus) begraben.

57__Der Friedrich-Gulda-Park

Als ob es in jedem Augenblick ums Leben ginge

Auf der Infotafel der Gemeinde Wien steht »Friedrich Gulda, 1930–2000, Komponist«. Das hätte ihm gefallen. Er, der als klassischer Pianist Weltberühmtheit erlangte, sah sich später als grenzüberschreitenden Musiker und Reinkarnation von Mozart. Mit zwölf Jahren, mitten im Zweiten Weltkrieg also, kommt er auf die Wiener Musik-Akademie; mit 14 tritt er zum ersten Mal öffentlich auf; neben Klavier studiert er Komposition bei Joseph Marx, Traditionalist und Gegenpol zur Zweiten Wiener Schule um Arnold Schönberg. Mit 16 bricht er die Schule ab. Für so was hat er keine Zeit. Als ihm die Musikakademie mit 39 den Beethoven-Ring verleiht, sagt er, nicht durch, sondern trotz Akademie sei er zu dem geworden, was er sei. Und woher eine konservative Akademie überhaupt das Recht nähme, im Namen des größten Revolutionärs der Musikgeschichte einen Preis zu verleihen!

Sein musikalisches Doppelleben beginnt früh. In den berühmtesten Konzertsälen der Welt spielt er Bachs »Wohltemperiertes Klavier«, die 32 Beethoven-Sonaten und sämtliche Mozart-Sonaten. Auswendig. Während er zugleich von Grund auf Jazz lernt, bis er 300 Standards beherrscht.

Er ist einer der wenigen Pianisten, die man an ihrem Anschlag erkennt. Ob Bach, Mozart oder Beethoven, Eigenkompositionen oder Jazz – er spielt es auf eine unnachahmliche, wiedererkennbare Weise. Immer so, als ginge es in jedem Augenblick ums Leben. Er rebelliert gegen den Musikbetrieb, wird berühmt dafür, genau das nicht zu tun, was man von ihm erwartet. Verteidigt andere Rebellen. Im Sommer 1988, am Abend vor der Eröffnung der Salzburger Festspiele, spielt er »off the record« mit dem Chamber Orchestra of Europe auf dem Residenzplatz, Nikolaus Harnoncourt dirigiert. Seine offiziellen Festspieltermine sagt Gulda ab. Damit will er Herbert von Karajan, der über den unbequemen Harnoncourt in Salzburg Auftrittsverbot verhängt hat, die Grenzen seiner Macht zeigen.

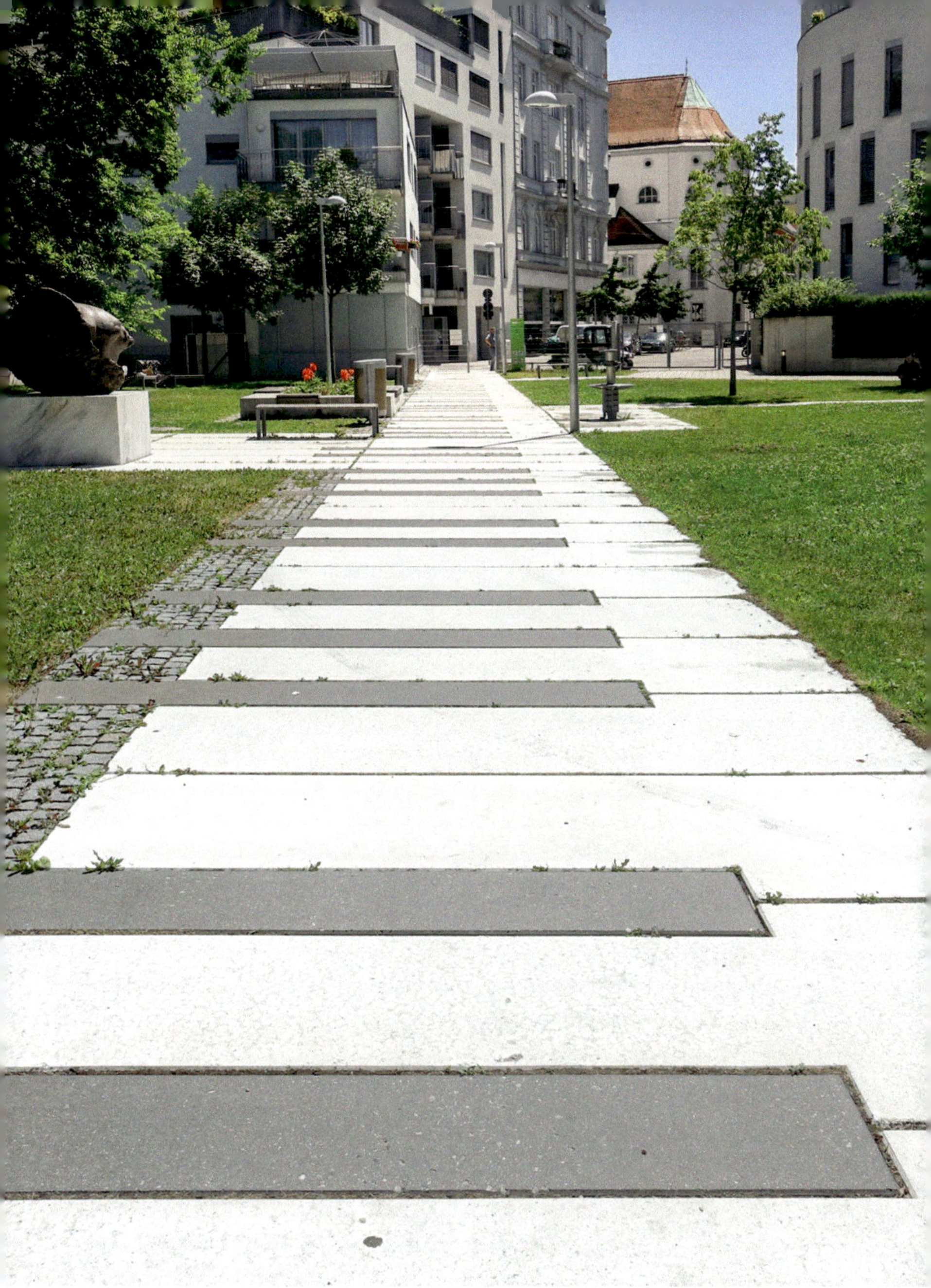

Adresse Pfarrhofgasse 1, 1030 Wien | ÖPNV U3, Station Rochusgasse | Öffnungszeiten immer zugänglich | Tipp Im prächtigen Borromäus-Saal im Bezirksamt Landstraße (Tel. 01/400003115) finden immer wieder Konzerte statt. Davor steht der sehenswerte Karl-Borromäus-Brunnen, ein Jugendstil-Werk von Jože Plečnik und Josef Engelhart.

58 Der Gedenkstein für Alma Rosé

Überlebens-Künstlerin

Fatale politische Entwicklungen verknüpfen sich mit dem persönlichen Schicksal einer Musikerin. Alma Rosé kommt 1906 zur Welt, als Tochter von Arnold Rosé, Konzertmeister im Hofopernorchester und Primgeiger im Rosé-Quartett, und Justine, Schwester von Hofoperndirektor Gustav Mahler (siehe Kapitel 70). Alma Mahler ist Taufpatin. Wie anders könnte das Mädchen die hohen Erwartungen erfüllen, als durch Höchstleistungen auf dem Instrument ihres verehrten Vaters? Erst steht sie in seinem Schatten, dann in dem ihres Ehemanns, Váša Prihoda, dem »neuen Paganini«. Scheidung. Sie gründet, weil Frauen in Orchestern nicht zugelassen sind, die Damenkapelle »Wiener Walzermädeln« und führt sie mit eiserner Hand zum Erfolg.

1938: Auftrittsverbot für jüdische Musiker. Die Mutter stirbt, den Vater bringt sie ins Exil nach London. Für Karriere und Einkommen riskiert sie alles. Geht nach Amsterdam, spielt Hauskonzerte bei reichen Naziregime-Gegnern. Im Juli 1943 wird sie auf der Flucht verhaftet und nach Auschwitz-Birkenau deportiert. Ihr Instrument hat sie mitnehmen können, ihr Geigenspiel rührt die Aufseher zu Tränen. Man rekrutiert sie für das »Mädchenorchester«, das zur Unterhaltung der SS-Schergen spielt und morgens und abends am Tor die Zwangsarbeiter fröhlich stimmen soll, Normalität vortäuschend. Alma übernimmt die Leitung. Acht Stunden täglich treibt sie die Laienmusikerinnen zu Höchstleistungen an. Eine Frage des Überlebens für sie alle. Sie sind zu wertvoll, um getötet zu werden, genießen Privilegien. Alma wird zum Protegé ihrer größten Bewunderin, der berüchtigten Aufseherin Maria Mandl. Am 4. April 1944 stirbt »Frau Alma«, wie man sie ehrfürchtig nennt, nach einer SS-Geburtstagsparty an einer Lebensmittelvergiftung. Ihre musikliebenden Peiniger trauern, allen voran Josef Mengele, KZ-Arzt, Engel des Todes. Alle anderen Mädchen des Orchesters überleben.

Adresse Friedhof Grinzing, An den langen Lüssen 33, 1190 Wien | ÖPNV Straßenbahn 38, Station An den langen Lüssen | Öffnungszeiten Okt.–März 8–17 Uhr, April–Sept. 7–19 Uhr | Tipp Auch Gustav Mahler liegt hier begraben und Alma Mahler mit ihrer Tochter Manon Gropius. Ihr widmete Alban Berg 1935 sein berühmtes Violinkonzert »Dem Andenken eines Engels«.

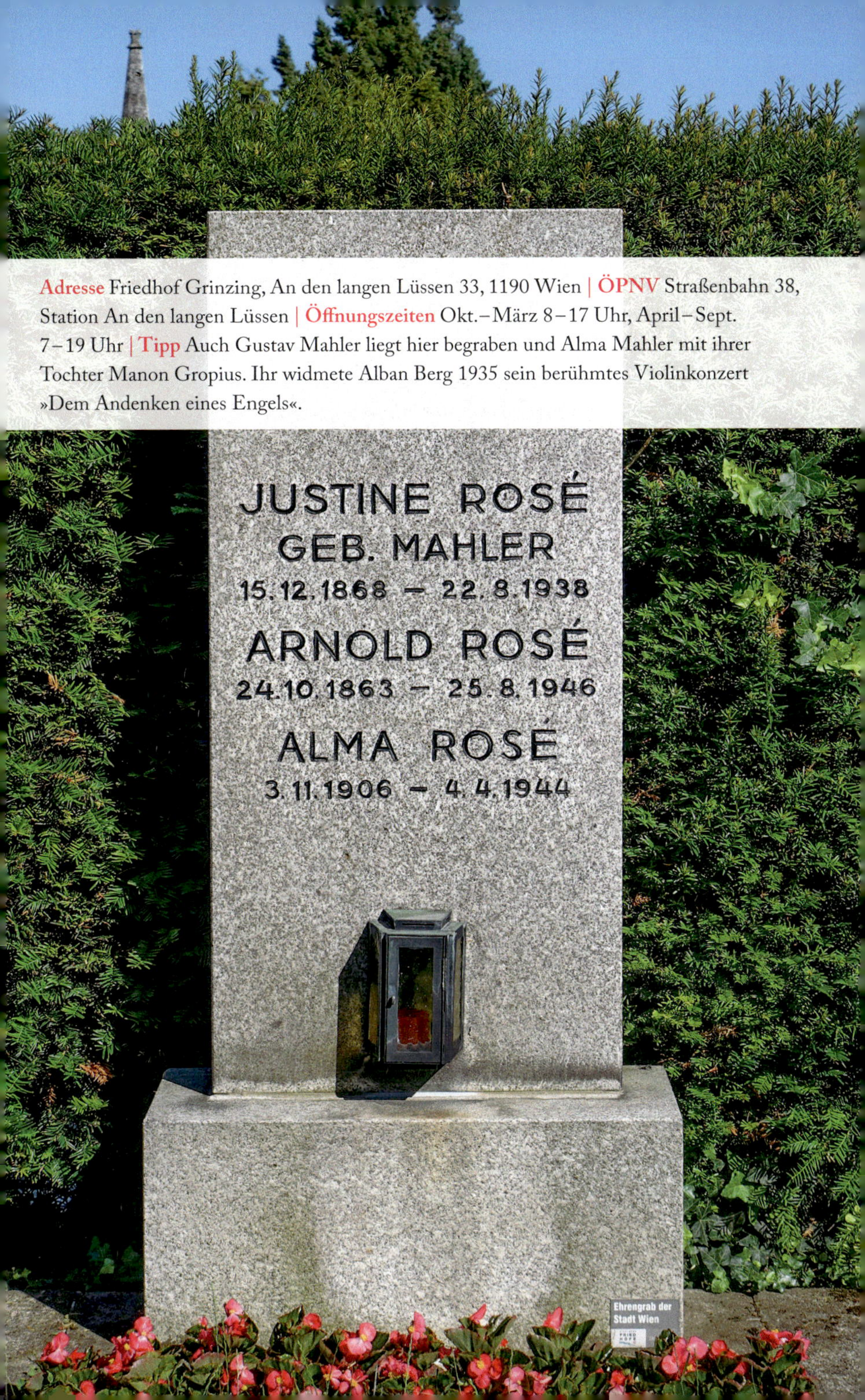

59 Die Glocken zu St. Stephan

Die Verbindung von Himmel und Erde

Nichts ahnend schlendert man abends kurz vor sieben Uhr über den Stephansplatz, da umfängt einen himmlischer Glockenklang. Unwillkürlich wandert der Blick nach oben, man hält inne, lauscht. Bis vor gar nicht langer Zeit haben die ältesten Musikinstrumente der Welt, vor 5.000 Jahren in China erfunden, für Menschen den Lauf der Tage angezeigt und das irdische Leben begleitet. Tageszeit und Wochentag konnte man hören, und in dem Gefühl, das der Klang auslöste, seine Bedeutung spüren.

Die Glocken des Stephansdoms halten sich an eine genau festgelegte Läutordnung, wochentags wird neunmal, an Sonn- und Feiertagen zwölfmal geläutet. Je nachdem, welche Glocken erklingen, wie lange, auf welcher Tonhöhe, allein oder in einem Geläute, wird eine Botschaft oder ein Signal in die Welt hinausgetragen. Die Christophorusglocke, auf dem hellen Ton G zum Beispiel, soll aufwecken, morgens um sieben, und an die Auferstehung erinnern. Kurz vor acht erklingt ein a-Moll-Akkord. Eine Bitte. Das wunderschön tönende Vollgeläut aller elf Glocken im Südturm kann man an hohen Feiertagen hören. Seine Anziehungskraft ist geradezu magisch.

Mit feierlichem Trauergeläute wurde am 6. Dezember 1791 Wolfgang Amadeus Mozart empfangen, der tags zuvor in der Rauhensteingasse an »hietzigem Frieselfieber« gestorben war, »gelassen zwar, doch sehr ungern«. Ein Kondukt geleitete ihn zur Kruzifixkapelle am Dom, an einem sonnig kalten Tag.

Schon zu seiner Hochzeit mit Constanze am 4. August 1782 hatten die Domglocken geläutet, später bei der Taufe von zwei seiner Kinder und zur Einsegnung des einen von ihnen. Noch im April 1791 hatte er sich um die Stelle des Domkapellmeisters beworben, in der Hoffnung, das Amt des schwer kranken Leopold Hofmann nach dessen Ableben antreten zu können. Doch dieser genas, während er selbst das Einläuten des Jahres 1792 durch die Alte Pummerin nicht mehr erleben durfte.

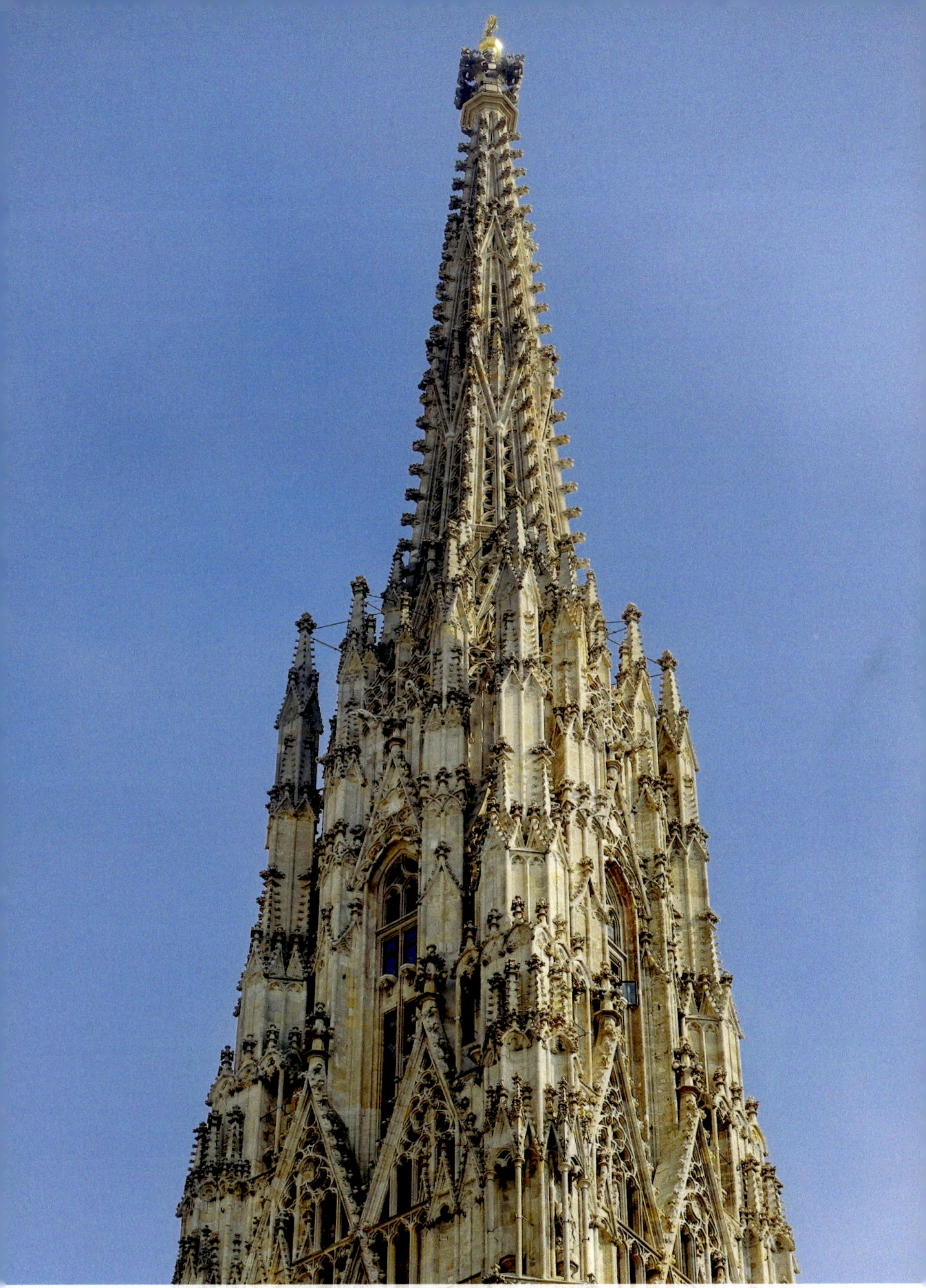

Adresse Stephansplatz 3, 1010 Wien | **ÖPNV** U1, U3, Station Stephansplatz | **Öffnungszeiten** Mo–Sa 6–22 Uhr, So und Feiertage 7–22 Uhr | **Tipp** Im Dom finden regelmäßig Konzerte statt und jeden Sonntag um 10.15 Uhr Hochämter mit der hervorragenden Dommusik. Zur Pummerin im Adler- oder Nordturm gelangt man von 9 bis 17.30 Uhr per Aufzug.

60 Das Griechenbeisl

Wo die Wände sprechen können

Das Phänomen ist bekannt. Kaum ist ein Name in eine Rinde geschnitten oder an eine Wand gekritzelt, gesellen sich weitere dazu. Wer im Griechenbeisl als Erster seinen Namen an eine Wand geschrieben hat, um sich zu verewigen, ist ungewiss. Der liebe Marx Augustin vielleicht? Der Bänkelsänger und Stegreifdichter hat jedenfalls 1679 mit seiner Sackpfeife hier aufgespielt. So die Legende. Womöglich sogar in jener Nacht, als er sturzbetrunken in eine Pestgrube fiel, seinen Rausch ausschlief, beim Erwachen die Pestknechte mit einem Liedchen auf sich aufmerksam machte und so wider Erwarten lebendig aus der Sache herauskam. Musik als Überlebensmittel – typisch Wien. Oh, du lieber Augustin, alles ist hin! Nicht zufällig befindet sich die älteste Gaststätte Wiens, im Kern ein namenloser mittelalterlicher Keller mit Weinausschank, ausgerechnet am Fleischmarkt. Dieser lag ursprünglich am Hauptgerinne der Donau, gleich hinter der Stadtmauer. An den Waag- und Mauthäusern führte kein Weg vorbei.

Die Musiker, die sich später an den Wänden verewigen, kehren ausschließlich ihres leiblichen Wohls wegen ein. Wolfgang Amadeus Mozart, Ludwig van Beethoven, Franz Schubert, Richard Wagner, Johann Strauß, Richard Strauss, Johannes Brahms, Engelbert Humperdinck und später dann Fjodor Iwanowitsch Schaljapin, Luciano Pavarotti und Riccardo Muti, Johnny Cash, Barry Manilow und Phil Collins. Natürlich sind Musiker nicht die einzigen Promis, die hier speisen und unterschreiben.

Benannt ist das weltweit einzigartige Autogramm-Zimmer nach dem Schriftsteller Mark Twain. Die Kellner sind neugierige Besucher gewöhnt und deuten mit langen Zeigestäben bereitwillig auf die gewünschten Namen, eine Konsumation ist nicht Bedingung.

Livemusik wird im Zitherstüberl und im Musikzimmer serviert. Dazu Tafelspitz, Wiener Schnitzel und Co. Die Preise sind erwartungsgemäß – geschmalzen.

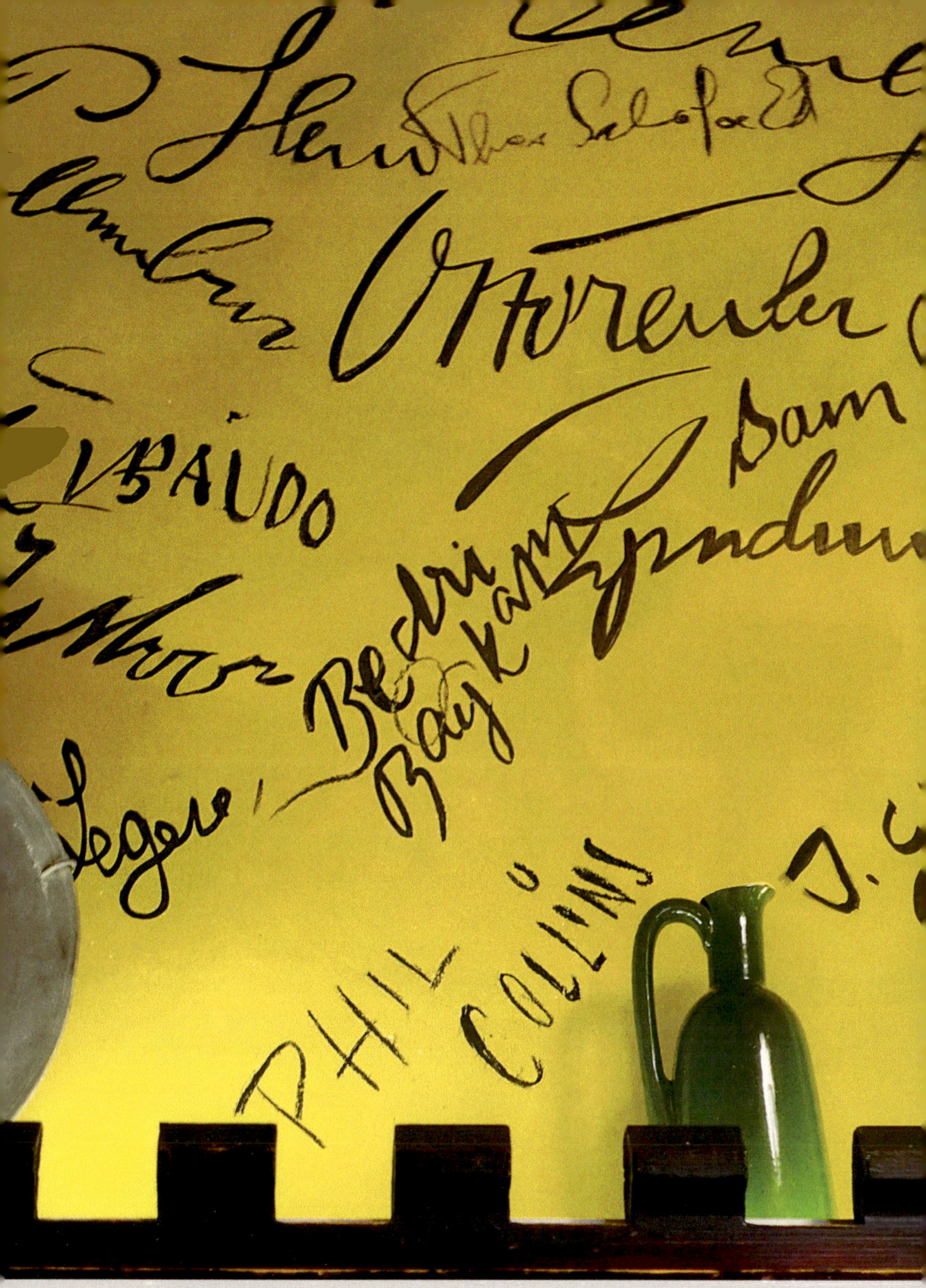

Adresse Fleischmarkt 11, 1010 Wien | ÖPNV U1, U4 Station Schwedenplatz | Öffnungszeiten Mo–Do 14–23 Uhr, Fr–So 12–23 Uhr | Tipp Am Fleischmarkt 15 wurde der Maler und Schubertianer Moritz von Schwind geboren; er gestaltete das Schwind-Foyer in der Staatsoper.

61 Haydns letztes Haus

Oh Gott, wie viel ist noch zu tun!

Maria Anna Haydn macht das Haus mit seinem schmucken Nutz- und Ziergarten im Jahre 1793 ausfindig. Joseph befindet es für gut und lässt es aufstocken. 1797 endlich, nach seiner letzten großen Londonreise, zieht er mit Maria Anna ein. Sie stirbt drei Jahre später während eines Kuraufenthalts in Baden, just in jenem Haus des Chorleiters Anton Stoll, in dem Mozart 1791 das »Ave verum« komponiert hat.

1808 sucht der Biograf Giuseppe Carpani den greisen Haydn auf. »Am äußersten Rand einer Wiener Vorstadt nahe dem kaiserlichen Park von Schönbrunn findet sich, an der Grenze zu Maria Hilff, eine kleine, ungepflasterte Straße; dort, wo sie wenig begangen wird, ist sie mit Gras bewachsen. Etwa in der Mitte dieser Gasse steht ein bescheidenes, kleines Haus, das immer von Stille umgeben ist.« In dieser Stille hat der 65-Jährige am Oratorium »Die Schöpfung« nach dem Libretto seines Freundes und Gönners Gottfried van Swieten gearbeitet, bis zur Erschöpfung. Im April 1798 hat er die Uraufführung im ehemaligen Palais Schwarzenberg (Mehlmarkt, heute Neuer Markt) dirigiert. Am nächsten Tag erkrankt er schwer und für lange Zeit.

Ein letztes Mal bündelt er noch seine Kräfte, um sein Opus summum zu komponieren: »Die Jahreszeiten«. Hat »Die Schöpfung« noch eine idealtypische Welt vor uns ausgebreitet, in der ewig paradiesischer Frühling herrscht, so sind »Die Jahreszeiten« die auf das wirkliche Leben angewandte »Schöpfung«. Sie sind wie das Leben selbst: körperlich mühsam, seelisch anstrengend und mit all seinen Höhen und Tiefen und verschlungenen Pfaden erst ganz am Ende zu begreifen.

Nach der Uraufführung der »Jahreszeiten« im Frühling 1801 komponiert Joseph Haydn, im Winter seines Lebens angekommen, nichts mehr. Er ruht von seinen Werken aus und stirbt am 31. Mai 1809, umgeben vom donnernden Lärm der Kanonenschüsse von Napoleons Armee, die in Wien einmarschiert.

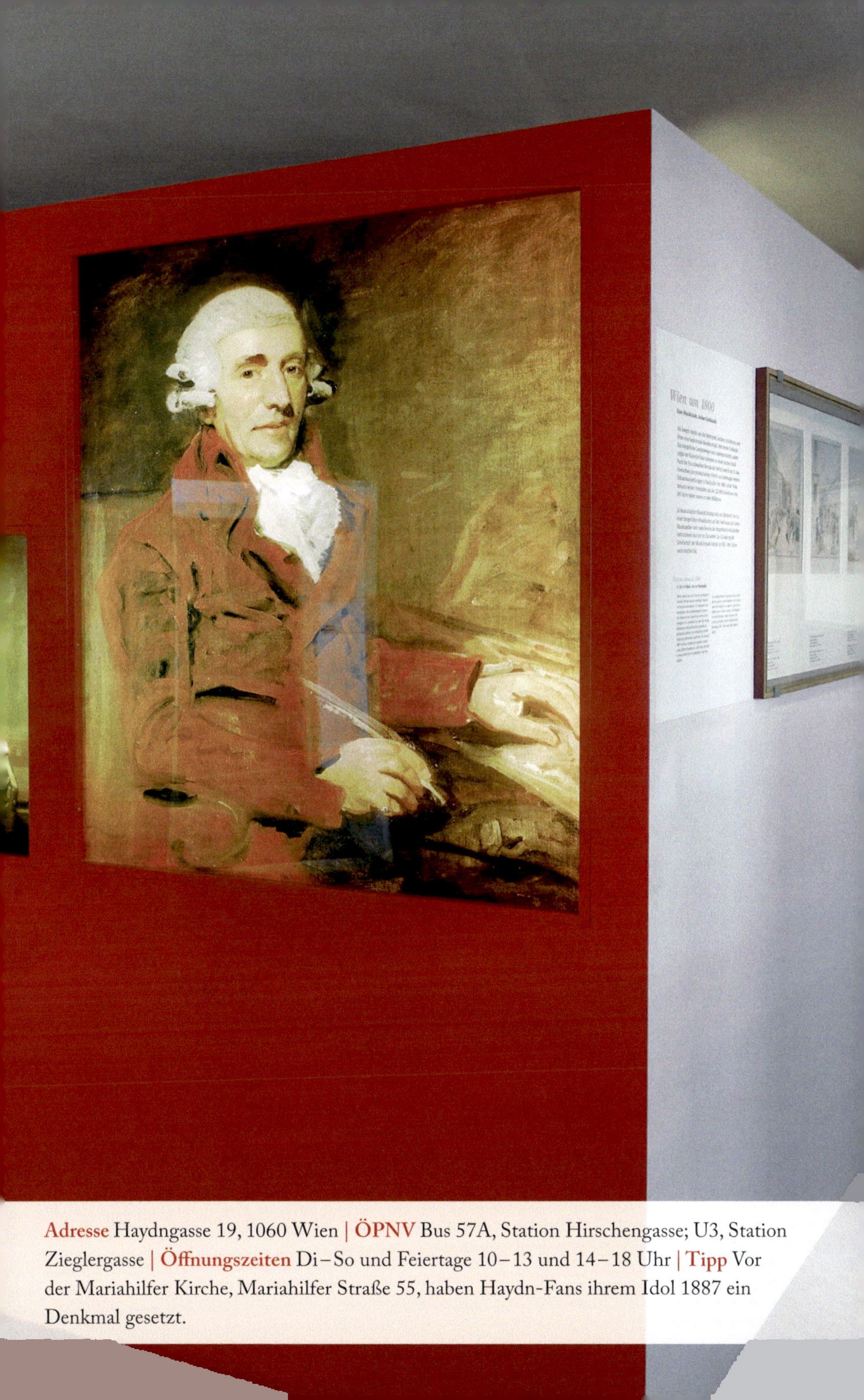

Adresse Haydngasse 19, 1060 Wien | **ÖPNV** Bus 57A, Station Hirschengasse; U3, Station Zieglergasse | **Öffnungszeiten** Di–So und Feiertage 10–13 und 14–18 Uhr | **Tipp** Vor der Mariahilfer Kirche, Mariahilfer Straße 55, haben Haydn-Fans ihrem Idol 1887 ein Denkmal gesetzt.

62_Der Heiligenkreuzerhof

Großstadtoase

Ein wahres Kleinod versteckt sich im Schatten des Stephansdoms zwischen Schönlaterngasse und Grashofgasse. Ein Ruhepol inmitten der Großstadt, zu dem zwei Tore Zutritt verschaffen. Ab dem 13. Jahrhundert diente der Bau den Zisterziensern von Stift Heiligenkreuz im Wienerwald (siehe Kapitel 10) als Stadtresidenz; hier logierte die hohe Geistlichkeit, wenn geistliche, politische oder merkantile Geschäfte sie in der Residenzstadt festhielten. Doch nicht nur sie. Auch ganz normale Leute durften hier wohnen, in einem um ein Rechteck geschlossenen Komplex von Zinswohnungen, die als die ältesten Wiens gelten. Die mittelalterlichen Ursprünge lassen sich noch im verwinkelten Kellerlabyrinth erahnen; das heutige Gesicht des Heiligenkreuzerhofs jedoch ist dezent barock.

Das musikalische Innenleben erschließt sich erst auf den zweiten oder dritten Blick. Gleich drei Geigenbaumeister haben in der ruhigen Abgeschiedenheit ideale Arbeitsbedingungen gefunden und ihre Werkstätten eingerichtet: Vater und Sohn Stietencron und Christoph Schachner, der auch einen Musikraum betreibt, die »Sala di Musica«. Gleich nebenan hat eine Ton-Manufaktur namens »Col legno« Quartier bezogen, die sich der modernen Klassik verschrieben hat und avantgardistische CDs in Kleinauflage produziert. Hinter einer unscheinbaren Fassade verbirgt sich ein hochbarockes Juwel: die Bernardikapelle, einst Privatkapelle und Rektoratskirche der Zisterzienser. In dem prunkvoll ausgestatteten Sakralraum finden bisweilen Konzerte statt. Das Altarbild malte Martino Altomonte alias Martin Hohenberg, der im Heiligenkreuzerhof lebte und starb.

Der prominenteste Mieter von Wiens ältestem Zinshaus war in neuerer Zeit der legendäre Helmut Qualtinger, Schauspieler, Schriftsteller und Sänger. Er wohnte bis zu seinem frühen Tod im Jahr 1986 auf der sogenannten Einserstiege. Seine Witwe Vera Borek hat ihm eine Gedenktafel gewidmet.

Adresse 1. Bezirk, Schönlaterngasse 3, Grashofgasse 3 | **ÖPNV** U1, U4, Station Schwedenplatz | **Öffnungszeiten** Hof frei zugänglich, Torschluss 21 Uhr, Bernardikapelle zu den Messen, bernardikapelle.wordpress.com, Tel. 02258/8703158 (Kirchenrektorat) | **Tipp** In der Schönlaterngasse 7A komponierte Robert Schumann 1839 den Klavierzyklus »Faschingsschwank aus Wien« (Gedenktafel).

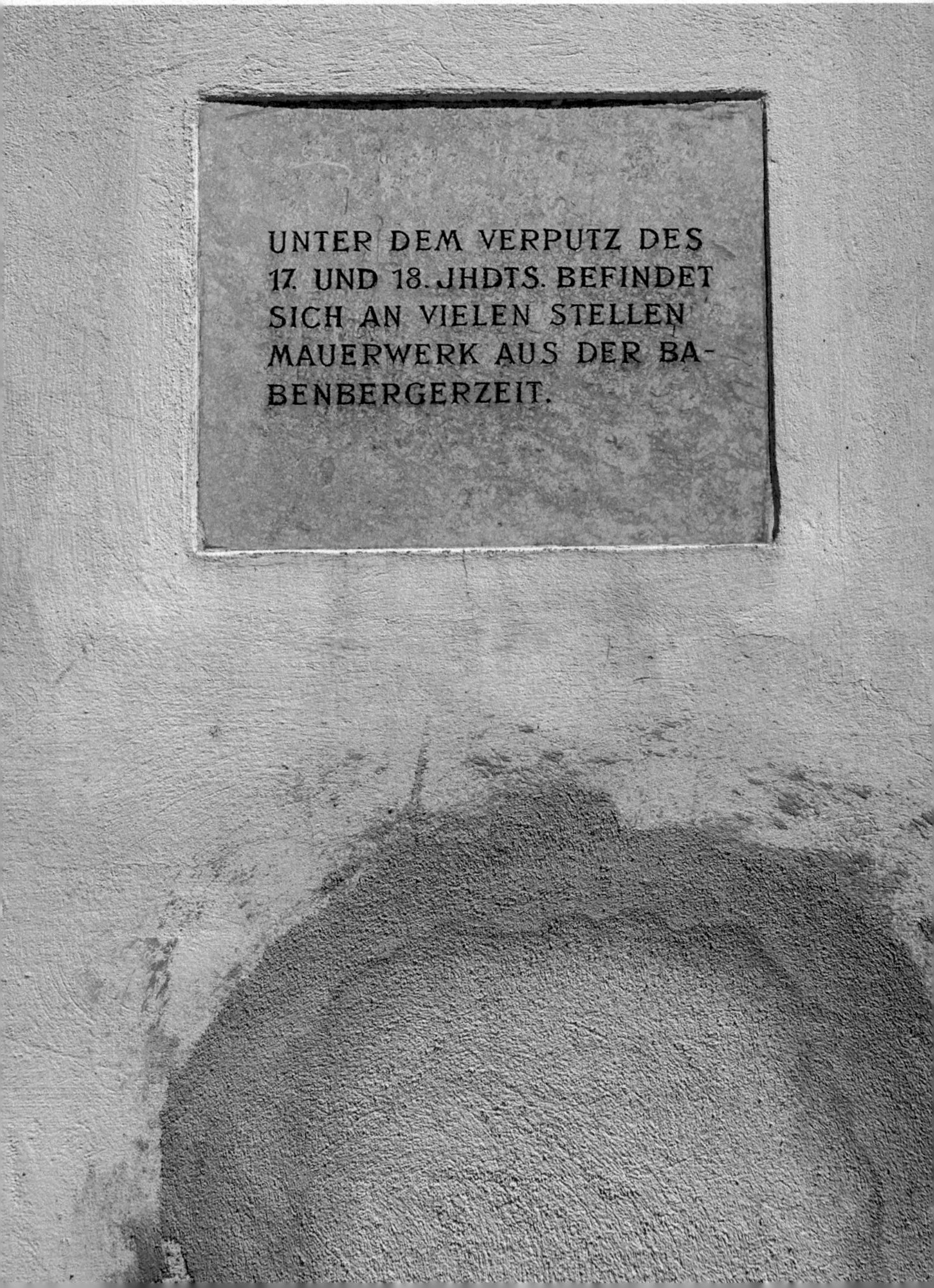

63__Das Hotel Nordbahn

Gone with the Wind

Opulente Bilder tauchen im Kopf auf, wenn »Tara's Theme« erklingt. Eine feudale Plantage in den Südstaaten, schwarze Sklaven, Clark Gable und Vivien Leigh alias Rhett Butler und Scarlett O'Hara. »Liebling! Hier, nimm ein Taschentuch! In den entscheidenden Stunden deines Lebens warst du immer ohne Taschentuch.«

»Vom Winde verweht«: Die Musik zum erfolgreichsten Hollywoodfilm aller Zeiten stammt von dem gebürtigen Wiener Max Steiner. Er wurde am 10. Mai 1888 in eine Wiener Theaterfamilie geboren, die in der Praterstraße 72 residierte, im Hotel Nordbahn (heute »Hotel Austria Classic«). Taufpate war Richard Strauss, ein guter Freund der Familie; wie auch Mahler, Offenbach, Lehár und Johann Strauß. Das musikalische Wunderkind absolvierte in Rekordzeit sein Studium: Klavier, Dirigieren, Komposition. Mit 15 schrieb er seine erste Operette, mit 18 dirigierte er in London »Die lustige Witwe«. Beim Ausbruch des Ersten Weltkriegs flüchtete er nach New York.

Er macht sich am Broadway einen Namen und klopft in Hollywood an. 1929 ist der Tonfilm gerade einmal zwei Jahre alt, das Genre Filmmusik steckt in den Babyschuhen. Max wird musikalischer Leiter der RKO-Filmstudios. Er muss mit zehn Musikern und ein paar schlechten Mikrofonen arbeiten, bis die Idee zum Monumentalfilm »King Kong« geboren wird. Erstmals riskiert man ein Riesenbudget. Max hat freie Hand und tobt sich aus. In der Wiener Tradition von Mahler und Wagner schafft er farbenprächtige, groß orchestrierte symphonische Musik, die den Film 1933 zum Welterfolg trägt. Wenige Jahre später gelingt ihm mit dem Soundtrack zu »Vom Winde verweht« erstmals die perfekte Synchronisation von Musik, Bildern und Handlung. Leitmotive, Lokalkolorit, durchkomponierte Dialogszenen.

Als Hommage an den dreifachen Oscarpreisträger und »Vater der Filmmusik« vergibt die Stadt Wien alljährlich den »Max Steiner Film Music Achievement Award«.

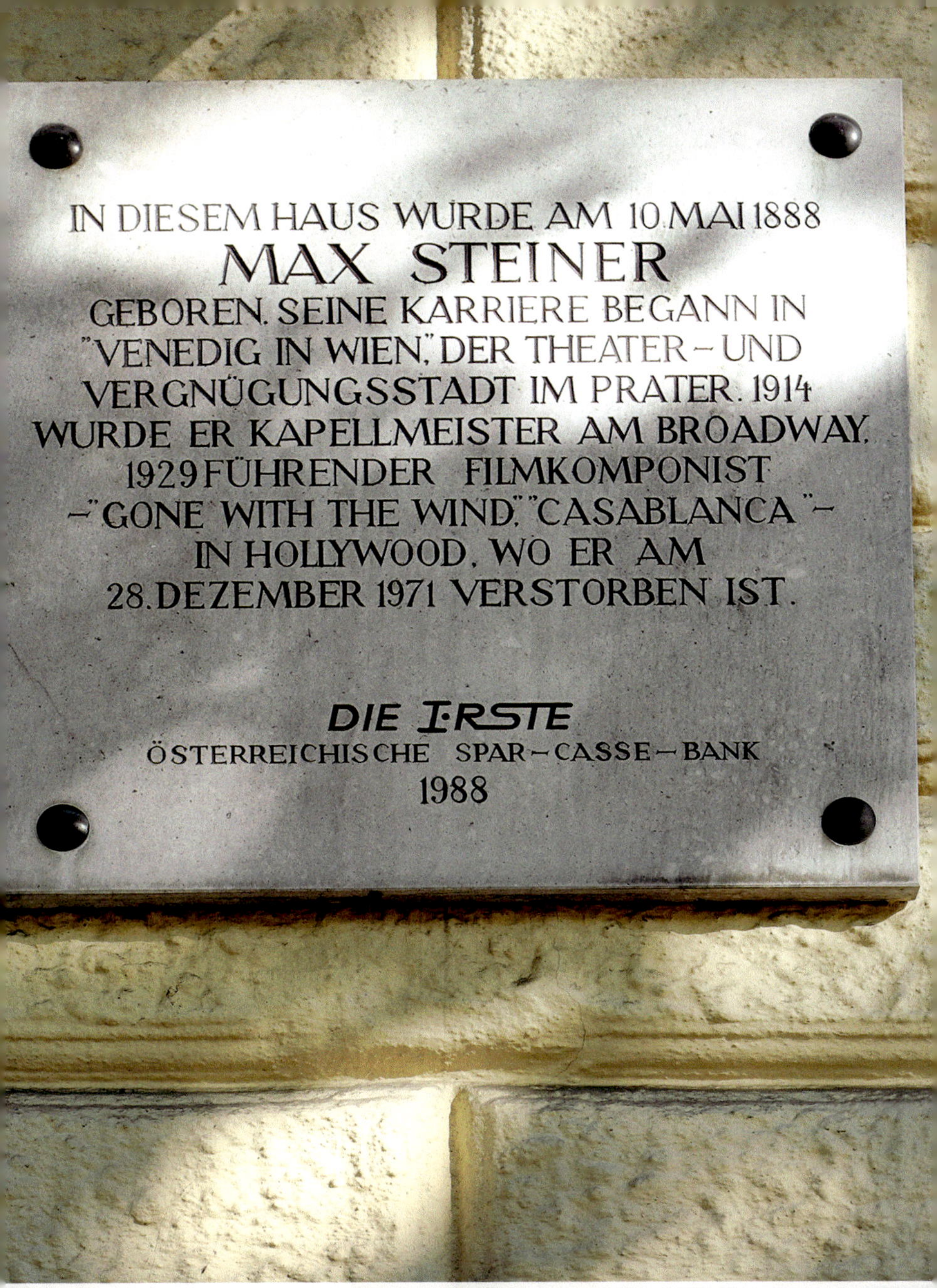

Adresse Gedenktafel am »Austria Classic Hotel Wien«, Praterstraße 72, 1020 Wien | **ÖPNV** U1, Station Nestroyplatz | **Tipp** In der Praterstraße 56 wohnte Max' Vater Gabor, der »Venedig in Wien« im Prater gründete und dem wir auch den Bau des Riesenrads verdanken (Gedenktafel).

64 Das Jazzland

Auf historischem Boden gewachsen

Die Wiener Jazz-Szene wird in den 50er Jahren des vorigen Jahrhunderts geboren. Ihr Vater ist der Krieg, die US-Besatzungssoldaten sind Geburtshelfer. 1955 eröffnet der Klarinettist Franz Georg Pressler alias Fatty George den ersten Wiener Jazzclub, das Jazz-Casino im Annahof. Doch erst Anfang der 70er beginnt der Aufstieg des Jazz – mit dem Abstieg eines Wiener Stadtheurigen. Um nämlich das allabendlich gähnend leere »Weinfassl« zu füllen, hat Axel Melhardt die grandiose Idee, Jazzabende zu veranstalten. Und siehe da – die Gäste strömen herbei. Die Musik avanciert schnell zur Hauptsache, Speis und Trank bleiben als willkommene Beilage. 1972 mutiert das Weinfassl zum Jazzland.

Der Club prägte nicht nur die Jazzszene, er setzte neue Akzente im Wiener Kulturleben. Hunderte US-Stars sind hier bis heute aufgetreten und praktisch die gesamte heimische Jazz-Prominenz. Natürlich auch der legendäre Fatty George (siehe Kapitel 50).

Im Jazzland scheint die Zeit stillzustehen. Man spürt eine Sorgfalt, wie sie heute nur mehr selten anzutreffen ist. Hier sind keine Eventmanager am Ruder, sondern immer noch Axel Melhardt und Family höchstselbst. Was das Jazzland zum weltweit ältesten kontinuierlich von einer Hand geführten Jazzclub macht. Zudem ist die Location mit Sicherheit die weltweit älteste, die einen Jazzclub beherbergt. Das mehrgeschossige Kellergewölbe unter der alten Stadtmauer stammt aus dem Mittelalter und ist Teil eines ausgedehnten Systems von Katakomben, das die Wiener Innenstadt unterirdisch durchzieht. Das schafft eine unvergleichliche Atmosphäre und optimale akustische Bedingungen.

In der Speisekarte, die neben guter, einfacher Wiener Küche auch Schmalz- und Aufstrichbrote beinhaltet, finden sich noch Anklänge an den ehemaligen Stadtheurigen. Auch das trägt dazu bei, dass Jazzfreunde sich hier wohlfühlen – das »Landl« ist jedenfalls sechsmal die Woche voll.

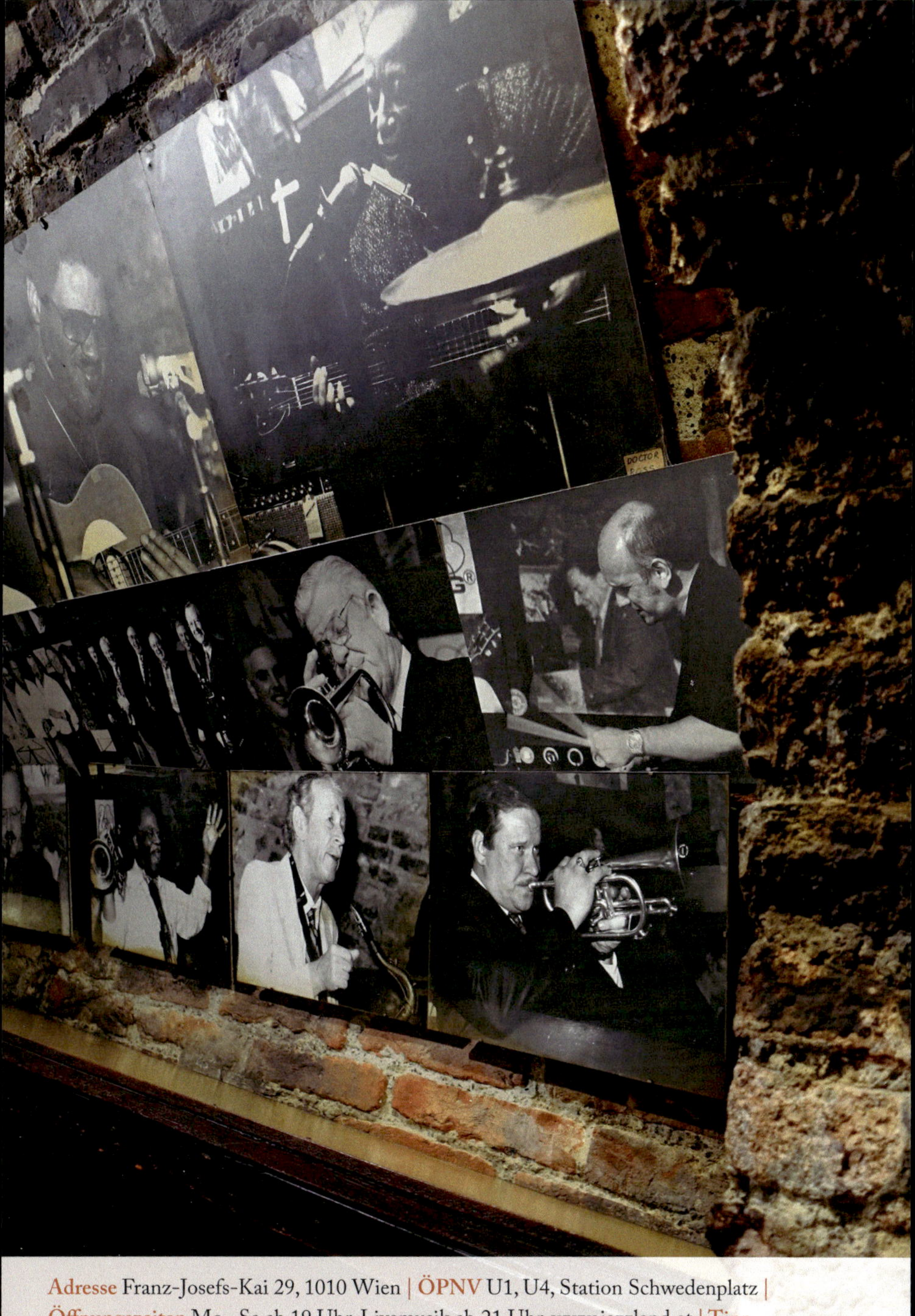

Adresse Franz-Josefs-Kai 29, 1010 Wien | **ÖPNV** U1, U4, Station Schwedenplatz | **Öffnungszeiten** Mo–Sa ab 19 Uhr, Livemusik ab 21 Uhr, www.jazzland.at | **Tipp** Am anderen Ufer des Donaukanals (Floßgasse 4) befindet sich das Jazz-Café »Zwe« – klein und fein und jeden Abend geöffnet.

65 Die Johann-Strauß-Wohnung

Firma Walzerkönig und Co

Die Praterstraße führt von der Stadt geradewegs in das gleichnamige kaiserliche Jagdrevier in den Donauauen. Ursprünglich dem Adel vorbehalten, gibt Kaiser Joseph II. den Prater 1766 für das Volk frei. Das Naherholungsgebiet wandelt sich unverzüglich in einen Vergnügungspark. Idealer Ort für das Kaiserhaus, um bei Familienfesten die perfekte Illusion von Volksnähe zu erzeugen. Als Kaiser Franz Joseph I. sich im April 1854 mit seiner bayerischen Cousine Sisi vermählt, gibt es im »Kaisergarten« ein Jahrhundertfest. Johann Strauß komponiert und dirigiert die »Elisabethklänge«, mit Motiven aus Haydns »Kaiserhymne« und dem »Bayernlied«. Längst ist der Kapellmeister und Walzerkönig aus dem Schatten seines verstorbenen Vaters getreten. Der Schöpfer des Radetzky-Marsches wollte die musikalische Karriere seiner Söhne um jeden Preis verhindern, die seine verschmähte Ex-Ehefrau Anna förderte.

1866 bezieht Johann (36), in der Musikszene fest etabliert, mit seiner Frau Henriette (33) eine feudale Wohnung in Praternähe. Die Donau praktisch vor der Haustür, komponiert er den Walzer, der ihn unsterblich machen wird: den »Donauwalzer« – wie es seiner Gewohnheit entspricht: im Stehen. Sein Original-Stehpult kann man nun an seinem Original-Standort besichtigen.

Kein Komponist hat uns ein authentischeres Bild von sich selbst hinterlassen. Gemälde, Scherenschnitte, Karikaturen, Fotografien zeugen von einer beispiellosen Weltkarriere, die nur deshalb möglich ist, weil Strauß & Co auch ein echtes Musik-Unternehmen ist. Johann und seine Brüder Josef und Eduard liefern Melodien und dirigieren weltweit Walzer-Konzerte, ein Heer von Arrangeuren und Kopisten vervollständigt und vervielfältigt. Doch der Genie-Nimbus muss um jeden Preis gewahrt bleiben. Eduard wird 1907 das gesamte Notenmaterial aller Strauß-Kapellen verbrennen lassen.

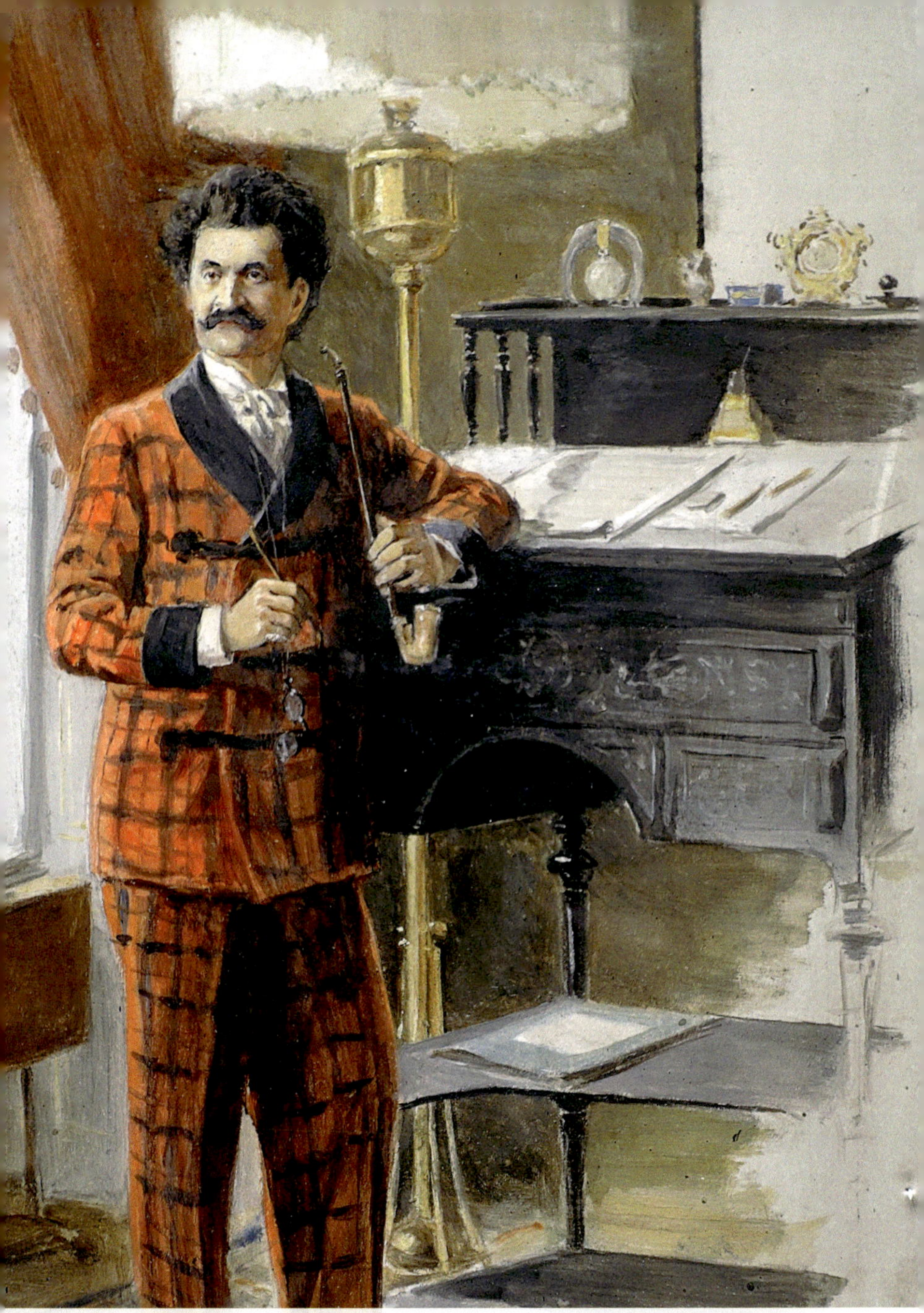

Adresse Praterstraße 54, 1020 Wien | **ÖPNV** U1, Station Nestroyplatz | **Öffnungszeiten** Di – So und Feiertage 10 – 13 und 14 – 18 Uhr | **Tipp** Bei Madame Tussauds Wien im Prater am Riesenradplatz kann man Johann Strauß in Gesellschaft zahlreicher Musikerkollegen als lebensgroße Wachsfigur bewundern.

66__Die Kammeroper

Where Stars are Born

In Wien sind die Straßen mit Kultur gepflastert, hat Karl Kraus gesagt. Am Fleischmarkt, zwischen Jerusalem-Stiege und Postgasse, begegnet man auf Schritt und Tritt Wiener Musikkultur.

Im Wirtshaus »Zum weißen Ochsen« stieg 1762 ein gewisser Leopold Mozart mit seinen Wunderkindern Wolferl und Nannerl ab. Die jungen Virtuosen sollten erstmals in Wien auftreten, im Palais Collalto. Auch Haydn logierte bisweilen im Weißen Ochsen. 1822 wurde das Einkehrwirtshaus mondänisiert und zum »Hotel de Londres« umgebaut. Richard Wagner und Frédéric Chopin waren Stammgäste. Um 1900 wurde es abgerissen. Auch in dem neu erbauten »Hotel Post« stiegen Komponisten ab, Leoš Janáček zum Beispiel, anlässlich der Wiener Premiere seiner Oper »Jenůfa« im Februar 1918, mit der legendären Maria Jeritza in der Titelrolle.

Längst ist das opulente Innenleben des Nobelhotels moderneren Zeiten zum Opfer gefallen. Nur der prächtige, zweistöckige Ballsaal im Keller, einst Schauplatz bedeutender gesellschaftlicher Ereignisse, ist geblieben – die Kammeroper hat ihn gerettet. 1953 vom ungarischen Dirigenten Hans Gabor zur Förderung junger Sänger gegründet, erhielt sie im nicht mehr genutzten Saal im Keller eine dauerhafte Bleibe. Im Jahre 2012 hat das Theater an der Wien die Kammeroper unter seine Fittiche genommen. Der Intention ihres Gründers gemäß wird nach wie vor jungen Sängern eine kleine Bühne für große Auftritte zur Verfügung gestellt. Der Rahmen ist historisch, die Technik modern. Programmschwerpunkt sind Raritäten, das Ausgefallene, Neue, Vergessene oder selten Gespielte. Barockopern, Altwiener Singspiele, Parodien, Rockopern und Zeitgenössisches. Außerdem gibt es Porträtkonzerte. So mancher Star wird hier geboren.

Der für sich einnehmende Rahmen ist ausnehmend persönlich, nicht mehr als 300 Zuschauer finden Platz. Geboten wird hohe künstlerische Qualität zu günstigen Eintrittspreisen.

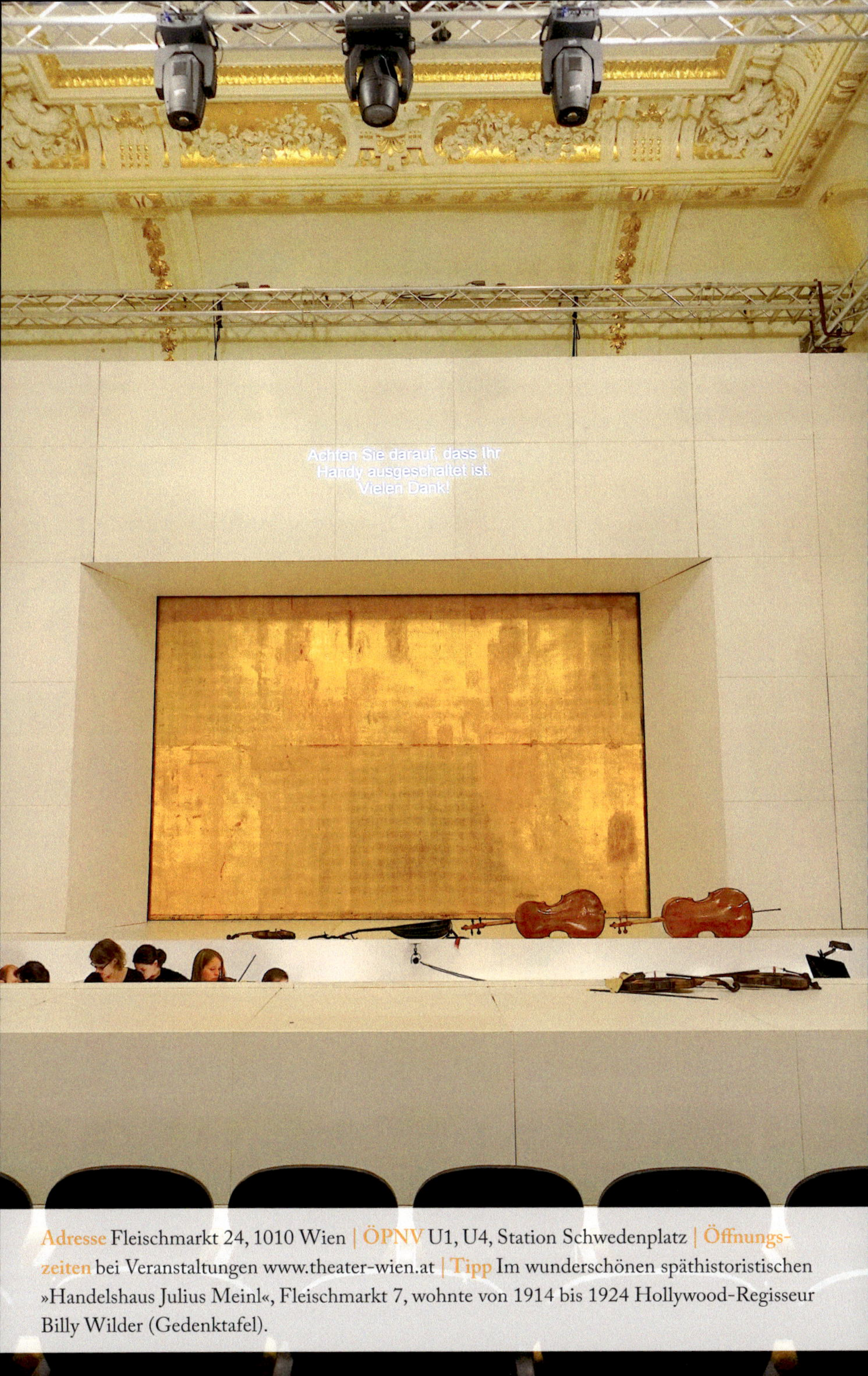

Adresse Fleischmarkt 24, 1010 Wien | ÖPNV U1, U4, Station Schwedenplatz | Öffnungszeiten bei Veranstaltungen www.theater-wien.at | Tipp Im wunderschönen späthistoristischen »Handelshaus Julius Meinl«, Fleischmarkt 7, wohnte von 1914 bis 1924 Hollywood-Regisseur Billy Wilder (Gedenktafel).

67 Im Klangraum Wienerwald

Tierischer Minnesang

Am äußersten Ende des letzten Stücks urtümlichen Wienerwaldes, am Nikolaitor des Lainzer Tiergartens, geht's los. Ein Häuflein Hobby-Ornithologen hat sich eingefunden, um sich von einem Zoologen freundlich und geduldig in die Kunst des Vogelstimmenhörens einführen zu lassen. Er geht voran, spitzt die Ohren, deutet nach oben, wartet, lässt raten, bestätigt oder verrät den Namen des Vogels, der zu hören ist. Zunächst hört man dennoch nur Stimmengewirr, schlimmer als beim Turmbau zu Babel. Die Vögel sitzen zu hoch, fliegen zu schnell, als dass man Gestalt und Gesang in Einklang bringen könnte. Kühl und windig ist es, deshalb lassen nur wenige der 150 Brutvogelarten ihren Gesang ertönen. Trotzdem. Wie soll es möglich sein, nur eine einzige Vogelstimme von den anderen zu unterscheiden? Doch die Fortschritte sind, dem kundigen, aufmerksamen »Audioguide« sei Dank, unerhört.

Die sauber vorgetragene Akkordzerlegung der Amsel ist am schönsten – und gut wiederzuerkennen. Erster akustischer Anhaltspunkt. Allmählich hebt sich das leise Lachen des Grünspechts vom kurz angebundenen Ton des Buntspechts ab. Der flötende Gesang kommt aus der Kehle der Mönchsgrasmücke, der flirrende von der Blaumeise. Das laute und aufdringliche Solo, das nur aus zwei Tönen besteht? Die Kohlmeise. Die Singdrossel erinnert an die Amsel, doch ihre Töne, aufgeregt repetierend, sind nicht so sauber. Einer allerdings kann auch den erfahrenen Stimmenhörer täuschen: der Star. Er macht seinem Namen Ehre und setzt sich durch perfektes Imitieren aller anderen Stimmen in Szene.

Im Frühjahr, früh am Morgen und in der Abenddämmerung, klingt das Vogelstimmenorchester am schönsten, vom rhythmischen Gesang des Windes im Blätterkleid der Bäume getragen. Da nämlich findet das große Liebeswerben statt.

Adresse Lainzer Tiergarten, Nikolaitor, 1130 Wien, www.lainzer-tiergarten.at | **ÖPNV** U4, S-Bahn, Station Hütteldorf | **Öffnungszeiten** ab 8 Uhr, Schließzeiten nach Jahreszeit, Führung »Streifzug Vogelstimmen« April–Mai, Tel. 01/400049200 | **Tipp** Von April bis September kann man bei Nachtführungen Fledermausstimmen hören.

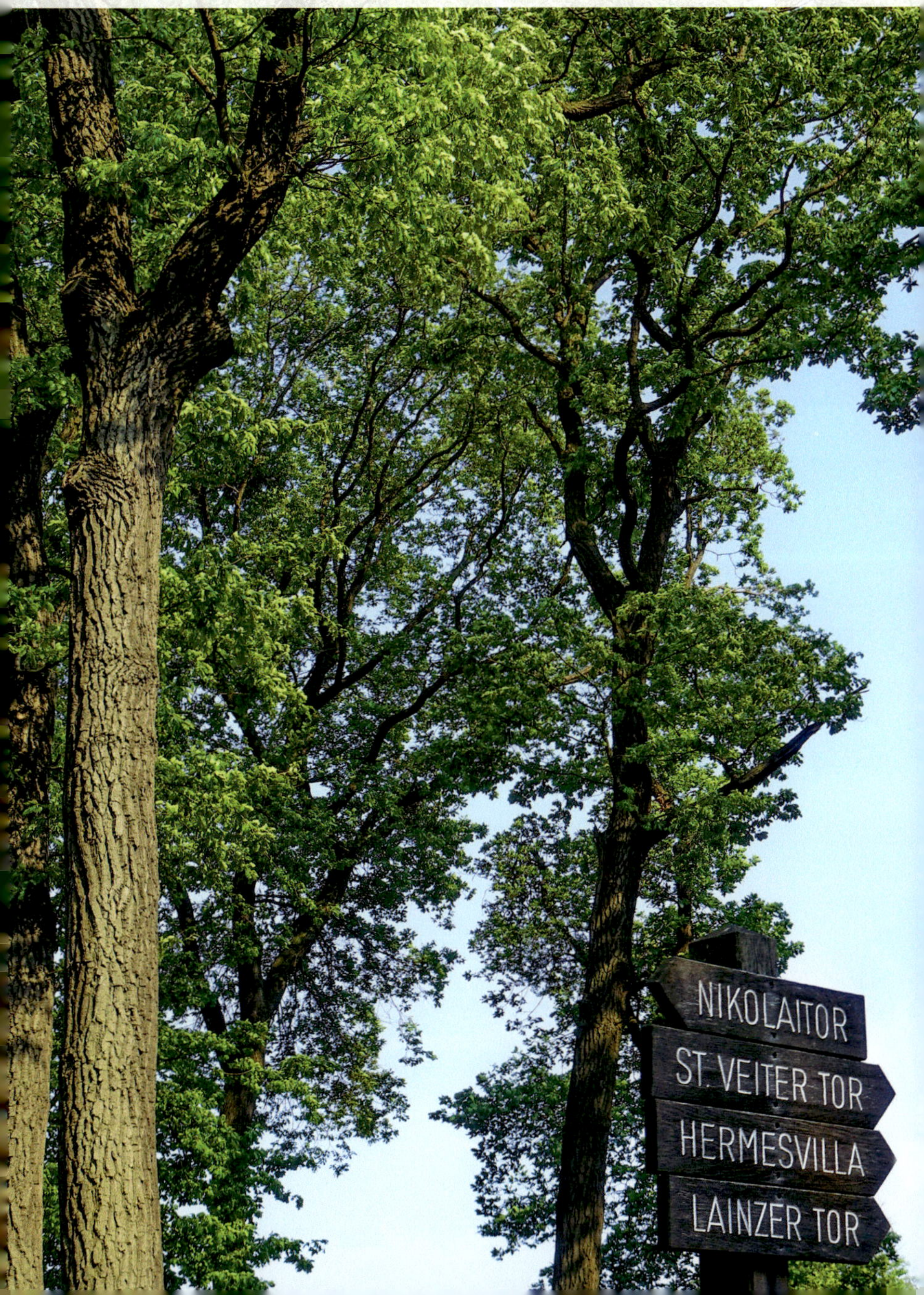

68 Das Konzerthaus

Ein Haus der Musik für alle

Anno 1911, lange bevor die Barrierefreiheit überhaupt als Begriff existiert, wird sie in einer der wichtigsten Kulturinstitutionen Wiens verwirklicht. Wer im Konzerthaus ins Foyer gelangen will, muss keine einzige Stufe überwinden, und zu den drei Sälen führen Aufzüge. Barrierefrei ist das Haus aber von Anfang an auch im übertragenen Sinn. Während sich das sogenannte Volk kaum in die Hofoper oder in den Musikverein wagt, wird es ins Konzerthaus gleichsam hineingezogen.

Schon die Ursprungsidee des Architekten Ludwig Baumann aus dem Jahr 1890 ist volksnah. Er träumt von einem »Olympion«, das Konzertsäle und sportliche Einrichtungen verbindet. Mit den Theaterarchitekten Fellner & Helmer kann er 20 Jahre später immerhin den Eislaufverein und das Konzerthaus unter einen Hut bringen. Revolutionär ist, dass sich der Kleine, der Mittlere und der Große Saal auf einer Ebene befinden und zur selben Zeit bespielt werden können. Bei der Funktionalität haben die Architekten bewundernswerten Weitblick bewiesen, die Grundstruktur ist auch 100 Jahre später zeitgemäß. Elemente des späten Historismus, Secessionismus und Jugendstils verschmelzen zu etwas Neuem, Einzigartigem.

Wenige Monate vor Ausbruch des Ersten Weltkriegs wird das Haus von Kaiser Franz Joseph I. eröffnet. Schon im ersten Konzert, das Richard Strauss' »Festliches Präludium« Beethovens 9. Symphonie gegenüberstellt, wird die Symbiose von Tradition und Moderne deutlich. Uraufführungen werden zu einer Tradition, die Claudio Abbado 1997 mit dem weltberühmten Festival »Wien Modern« neu etabliert.

Jazz, Schlager, Rap, Weltmusik – stilistisch setzt das Konzerthaus sich und seinen Besuchern erfreulicherweise keine Grenzen. Und so ist es das geworden, was es sein sollte: »Eine Stätte für die Pflege edler Musik, ein Sammelpunkt künstlerischer Bestrebungen, ein Haus für die Musik und ein Haus für Wien.«

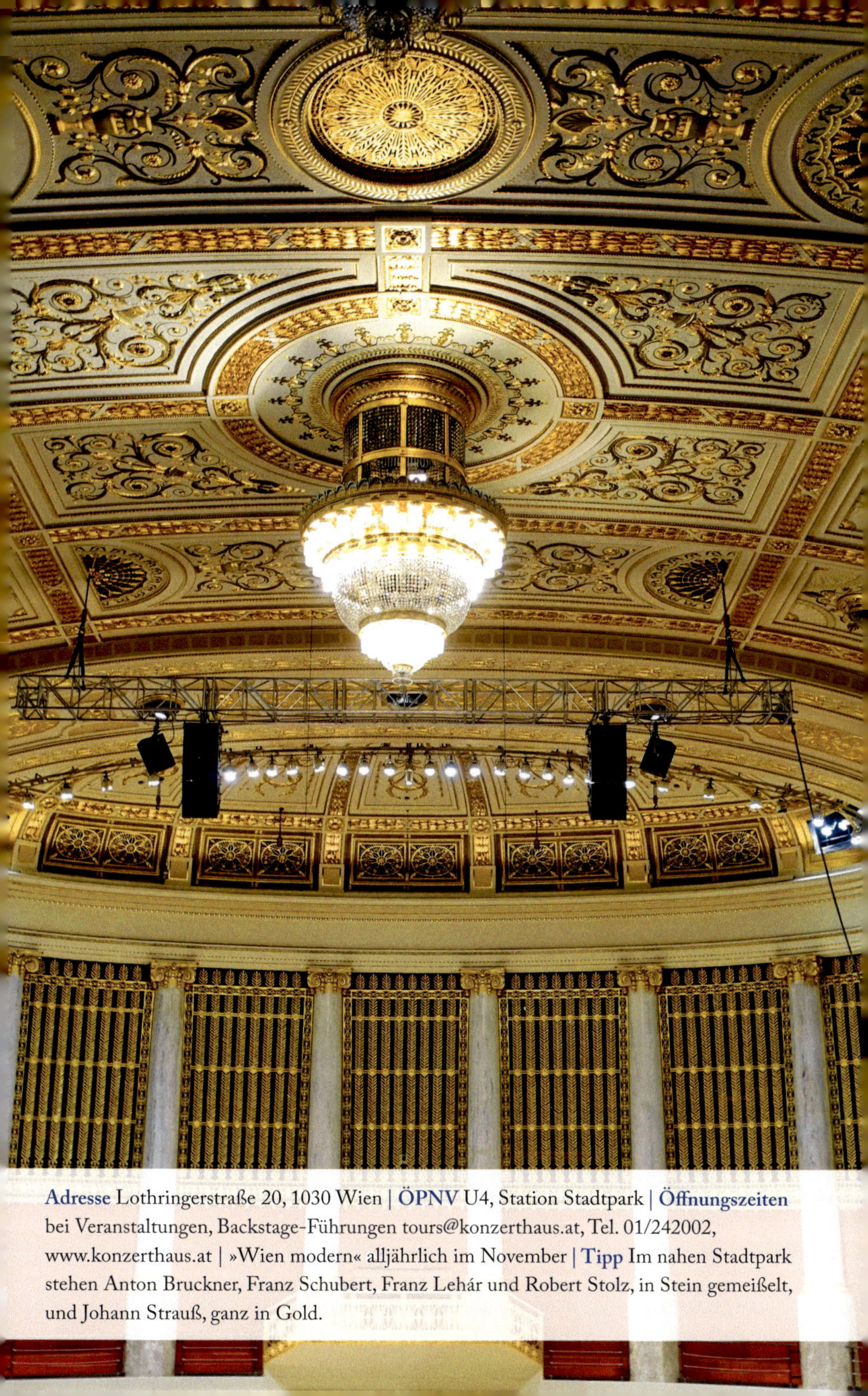

Adresse Lothringerstraße 20, 1030 Wien | **ÖPNV** U4, Station Stadtpark | **Öffnungszeiten** bei Veranstaltungen, Backstage-Führungen tours@konzerthaus.at, Tel. 01/242002, www.konzerthaus.at | »Wien modern« alljährlich im November | **Tipp** Im nahen Stadtpark stehen Anton Bruckner, Franz Schubert, Franz Lehár und Robert Stolz, in Stein gemeißelt, und Johann Strauß, ganz in Gold.

69_La Bella Nussy

Tränenfest

Auf der Bühne perfekt auszusehen ist für eine Sängerin in den 30er Jahren des vorigen Jahrhunderts wahrlich nicht leicht. Für die Wimpern stehen nur untaugliche Schminkmittel zur Verfügung, zum Beispiel: Schuhcreme! Und dann zerrinnt die schwarze Pracht im gleißenden Licht der Scheinwerfer. Brennende Augen und hässliche schwarze Spuren sind die Folge.

Eine Wiener Konzertsängerin hat es satt, dass ein schnödes Make-up-Problem ihren künstlerischen Ausdruck beeinträchtigt. Helene Vierthaler, verehelichte Winterstein-Kambersky, experimentiert in ihrer privaten Küche in der Wiener Hegelgasse, mischt und rührt Bienenwachs, hochwertige Öle und lebensmittelechte Farbpigmente zusammen. 2.000 Versuche später ist es so weit: Die erste wasserfeste Mascara der Welt ist erfunden und wird 1934 zum Patent angemeldet.

Inzwischen macht Helene international Karriere, singt vor allem Lieder, besonders gern Hugo Wolf und zeitgenössische Komponisten wie Pfitzner und Marx. Ihr Ururgroßvater, der Salzburger Pädagoge Franz Michael Vierthaler, war Schüler Leopold Mozarts und Joseph Haydns und förderte Franz Schubert, der sich 1815 mit der Kantate »Namensfeier« D 294 bedankte.

Eine heimtückische Bleivergiftung, ausgelöst durch untaugliche Möbellacke, lässt die junge Helene schwer erkranken. An den Rollstuhl gefesselt, kann sie nicht mehr als Sängerin auftreten. Mutig startet sie ihre zweite Karriere als Unternehmerin. Ihr Künstlername »Nussi« mutiert zur Mascara-Marke – »La Bella Nussy« tritt den Siegeszug um die Welt an. Das Unternehmen befindet sich bis heute im Familienbesitz. Am selben Ort wie damals wird das augenfreundliche Make-up nach der nur minimal abgewandelten Originalrezeptur hergestellt. In Handarbeit, versteht sich. Die Palette ist inzwischen um Eyeliner, Lidschatten und Kajal erweitert worden und verleiht nicht nur den Augen von Sängerinnen eine besondere, künstlerische Note.

Adresse Hegelgasse 6, 1010 Wien, Produktbestellung www.labellanussy.com | **ÖPNV** Straßenbahn 2, Station Weihburggasse | **Öffnungszeiten** nur von außen, Produkt-Beratung Mo–Fr 10–18 Uhr unter Tel. 02236/26344 | **Tipp** Gegenüber befindet sich das bestens sortierte Musikhaus Laimer, das sogar ein Klavier zum Probespielen bereitstellt.

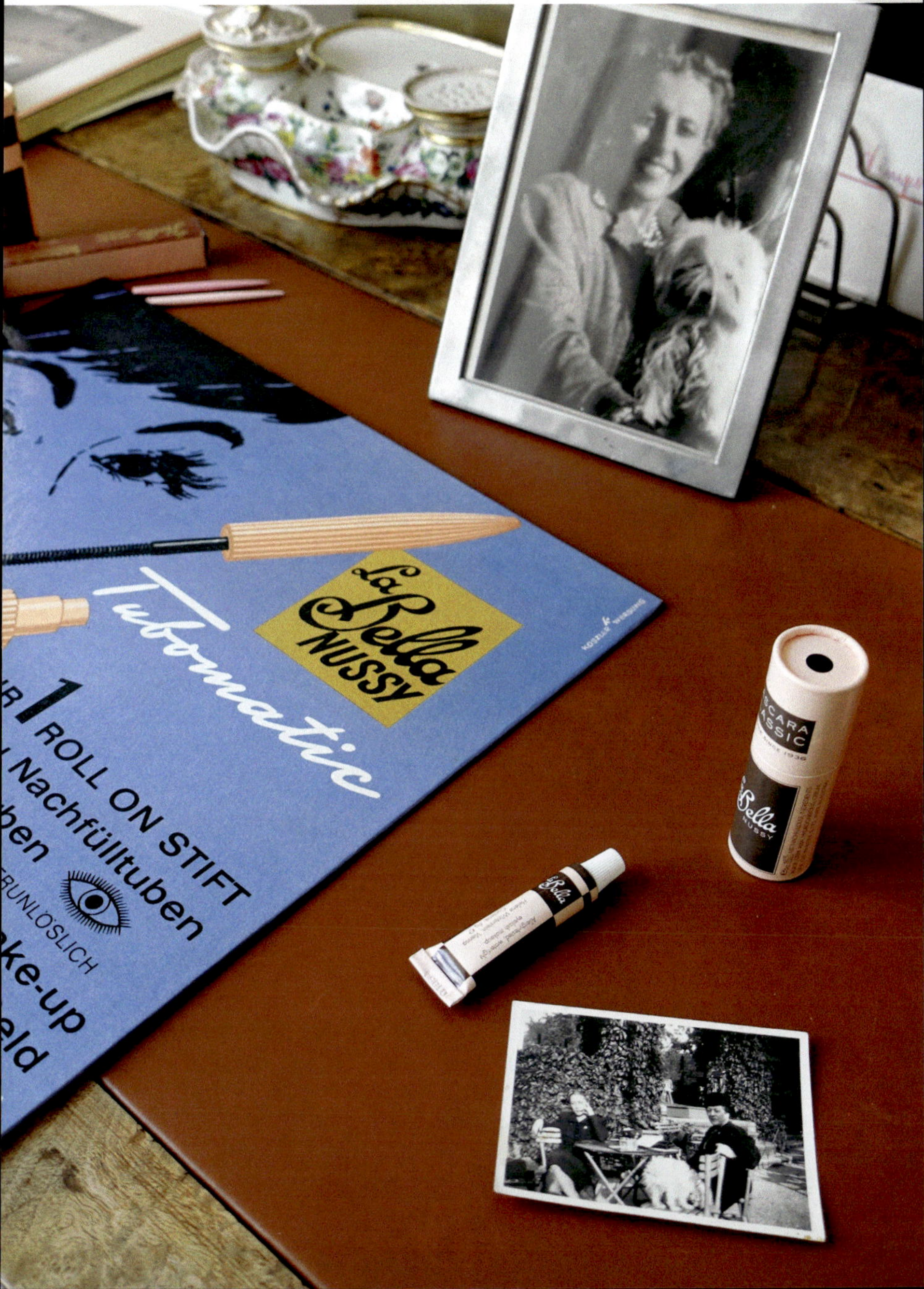

70_La Note Bleue

Souvenir à Frédéric Chopin

In der Rue Pigalle 16 in Paris wohnt Frédéric Chopin 1841 in einem von zwei Sommergartenpavillons, die seine Geliebte George Sand gemietet hat. Er (31) gibt Klavierstunden, die Schriftstellerin (37) empfängt Künstler und Berühmtheiten zu exklusiven Soiréen. Chopin spielt für seine polnischen Landsleute. Das Licht im Wohnzimmer ist gedämpft, er präludiert in leichten Arpeggien, lässt seine Hände traumwandlerisch über die Tasten gleiten, bis er die Tonart findet, die am besten die Atmosphäre des Abends einfängt. George hört darin das »Azurblau der durchsichtigen Nacht« und nennt das Unbeschreibliche, das in Frédérics Musik widerhallt »La note bleue« – die blaue Note.

Die Skulptur, die Krzysztof M. Bednarski im Schweizergarten geschaffen hat, soll etwas davon widerspiegeln. Die schwarze Silhouette von Frédérics Kopf mit an Tasten erinnernden Öffnungen geben den Blick frei auf einen dahinter liegenden Teich. Im rechten Winkel dazu erhebt sich ein großer schwarzer Vogel in den azurblauen Himmel.

An Wien hat Frédéric wenige himmelblaue Erinnerungen. Als er im August 1829 zum ersten Mal anreist, mit Freunden, um hier sein Sprungbrett in die Welt zu finden, feiert er erste Erfolge. Zwei »Musikalische Akademien« im Kärntnertortheater werden akklamiert, seine Mozart-Variationen bei Haslinger verlegt. Ein Jahr später kommt er zum denkbar ungünstigsten Zeitpunkt: In seiner Heimatstadt Warschau bricht ein Aufstand aus. Die Stimmung für polnische Musiker schlägt um, in ganz Europa, besonders aber in Wien. Über Nacht wird aus dem Geachteten – nur auf Grund seiner Nationalität – ein Geächteter. Er will zurück nach Polen, doch das bleibt ihm verwehrt. In den folgenden neun Monaten darf er nur ein einziges Mal auftreten. Am 21. Juli 1831 verlässt er die Hauptstadt der Musik zutiefst enttäuscht. Den Rest seines viel zu kurzen Lebens verbringt er in Frankreich, ab 1838 mit George Sand.

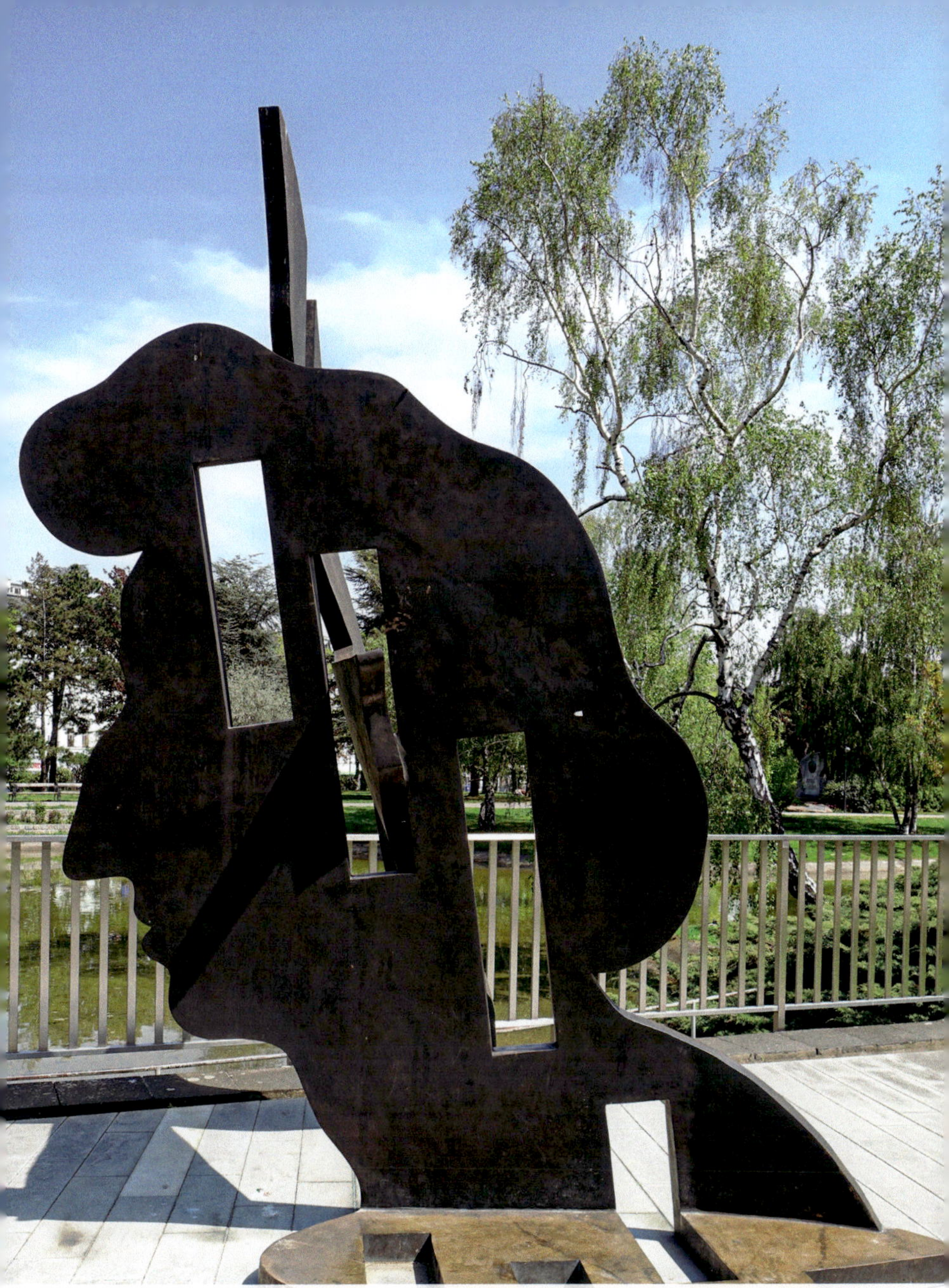

Adresse 1030 Wien, Schweizer-Garten-Straße | ÖPNV Straßenbahn Linie D, 1, 18, 0, Haltestelle Quartier Belvedere | Öffnungszeiten frei zugänglich | Tipp Im Kammergarten von Schloss Belvedere steht die Villa, die Richard Strauss sich 1920 hat bauen lassen (Botschaft der Niederlande). Am Kohlmarkt 9 im 1. Bezirk bewohnte Chopin 1830/31 ein Zimmer im vierten Stock (Gedenktafel).

71_Das L.E.O.

Letztes erfreuliches Operntheater

Im Opernhaus am Ring sind nicht nur Orchester und Solisten, sondern auch Chor und Statisterie im Ticket inkludiert. Das erklärt den etwas höheren Preis im Vergleich zum Opernhaus in der Ungargasse. Im kleinsten Musiktheater Wiens nämlich werden die Zuhörer, zum Beispiel bei Puccinis »Tosca«, aufgefordert, für den nicht vorhandenen Opernchor einzuspringen oder bei einer Massenszene mitzuwirken, etwa als Prostituierte, die in eine Strafkolonie geschickt werden. Dafür ist der Eintrittspreis günstig und das Opernerlebnis abenteuerlich und voller Überraschungen. In der Pause gibt's gegen eine freiwillige Spende Schmalzbrote und ein Glaserl Wein, welches im Sommer im Hinterhofgärtchen getrunken werden kann, mit Blick auf die Kehrseite der Universität für Musik am Webernplatz. Klar, einfach, lustvoll und spielerisch wird hier Musiktheater gemacht.

Allerhöchstens 50 Personen fasst die ehemalige Jahrhundertwende-Bäckerei, in der Stefan Fleischhacker, gelernter Tenor, Bühnenbildner und Kunstpfeifer, sich seinen Traum vom Operntheater erfüllt hat. Im Foyer sind Reste alter Fresken zu sehen, die Räumlichkeiten haben Stil und Flair. Die Zuschauer sitzen auf Gartenstühlen mitten im Geschehen, durch das ein charmanter Erzähler führt. Auf diese Weise kann sich die Darstellung auf das Notwendige beschränken, und ein Programmheft wird überflüssig. So humorvoll, ja respektlos die Kommentare des Conférenciers sein mögen – die eigentlichen Opernszenen sind absolut ernst und auf höchstem Niveau gesungen und gespielt. Zwei Sänger, eine Sängerin, eine Pianistin als Orchester und ein Beleuchter, der auch die Karten verkauft und die Plätze zuweist.

Das L.E.O. hat außer Opern auch Varietés, Revuen, Chansons, Potpourris und Kabarett im Programm. Mit welch sparsamen Mitteln den Zuhörern einzigartige Erlebnisse verschafft werden – das ist einfach unerhört und in und um Wien absolut einzigartig.

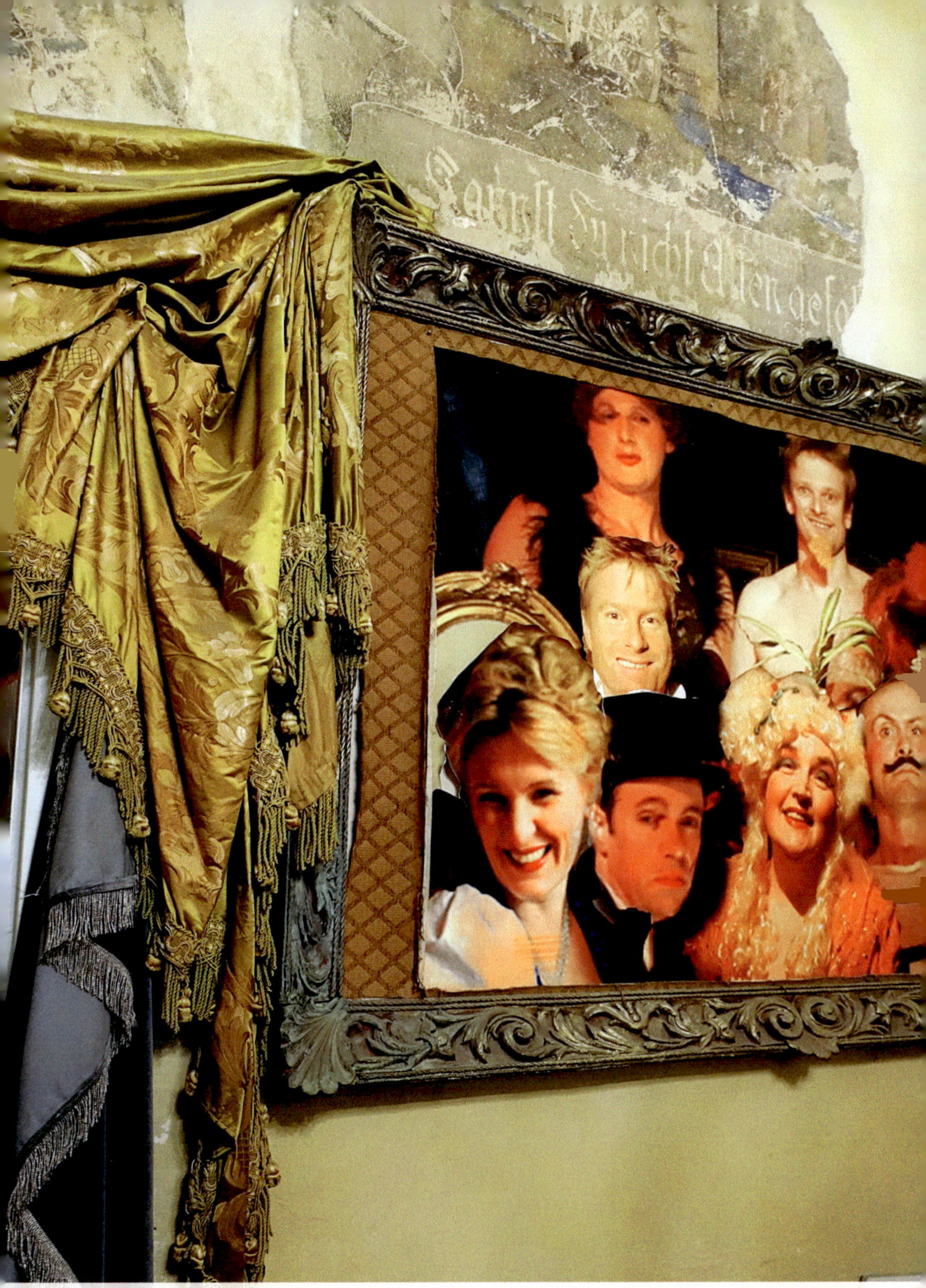

Adresse Ungargasse 18, 1030 Wien, www.theaterleo.at | **ÖPNV** U3, Station Rochusgasse; Straßenbahnlinie 1, O, Station Sechskrügelgasse | **Öffnungszeiten** bei Veranstaltungen | **Tipp** Beethoven vollendete seine »Neunte« auf Hausnummer 5, auf Nummer 8 wohnte Joseph von Eichendorff und auf Nummer 17 Robert Musil.

72 Das Ludwig van

Opus 111

Hätte es das »Ludwig van« schon gegeben, als Ludwig van zwischen Herbst 1822 und Frühsommer 1823 daselbst gewohnt hat, in der Laimgrubengasse (ehedem Obere Pfarrgasse), dann wäre er darob sehr glücklich gewesen. Ludwig van nämlich schätzte gut, frisch und gesund zubereitetes Essen außerordentlich. Er aß, für seine Zeit erstaunlich, gern Fisch. Manchmal hatte er Gusto auf Kälbernes und geriet in Wut, wenn es, obwohl versprochen, nicht vorrätig war. Von Ignaz von Seyfried wissen wir außerdem: »Eines seiner Lieblingsgerichte war Brotsuppe, breiartig gekocht. Dazu mussten ihm zehn ansehnliche Eier auf einem Teller präsentiert werden, welche er, bevor selbe in das Fluidum hineingerührt wurden, vorerst gegen das Licht prüfend sondierte, eigenhändig köpfte und, der Frische wegen, sorgfältig beschnüffelte. Am allerliebsten mochte Ludwig van jedoch Makkaroni mit Käse.« Wobei die noch nicht ihre moderne Röhrenform hatten.

Im heimelig schicken Souterrain-Gourmet-Lokal mit der dunklen Holzlamperie im Biedermeierstil wäre er womöglich jeden Tag gesessen. Oder, bei schönem Wetter, im Schani-Garten. Die Menüs mit neu interpretierten Wiener Köstlichkeiten – meisterhaft komponiert von Starkoch Andreas Spindler – hätten ihm bestimmt gemundet. Der Wirt und ehemalige Kulturmanager Oliver Jauk hätte seinem prominenten Gast gewiss den einen oder anderen Sonderwunsch erfüllt. Und von der hohen Qualität der Weine wäre Ludwig van besonders angetan gewesen.

Zufrieden hätte er sich in seine bescheidene, sparsam möblierte Wohnung begeben, im zweiten Stock des 1782 erbauten josephinischen Vorstadt-Zinshauses mit der dorischen Pilastergliederung. Um dann, an seinem Schreibtisch sitzend, die letzten Korrekturen an seinem »Opus 111« vorzunehmen, seiner 32. und letzten Klaviersonate. Zweiter und letzter Satz. Thema mit Variationen. Überirdisch, erschütternd und ewig rätselhaft.

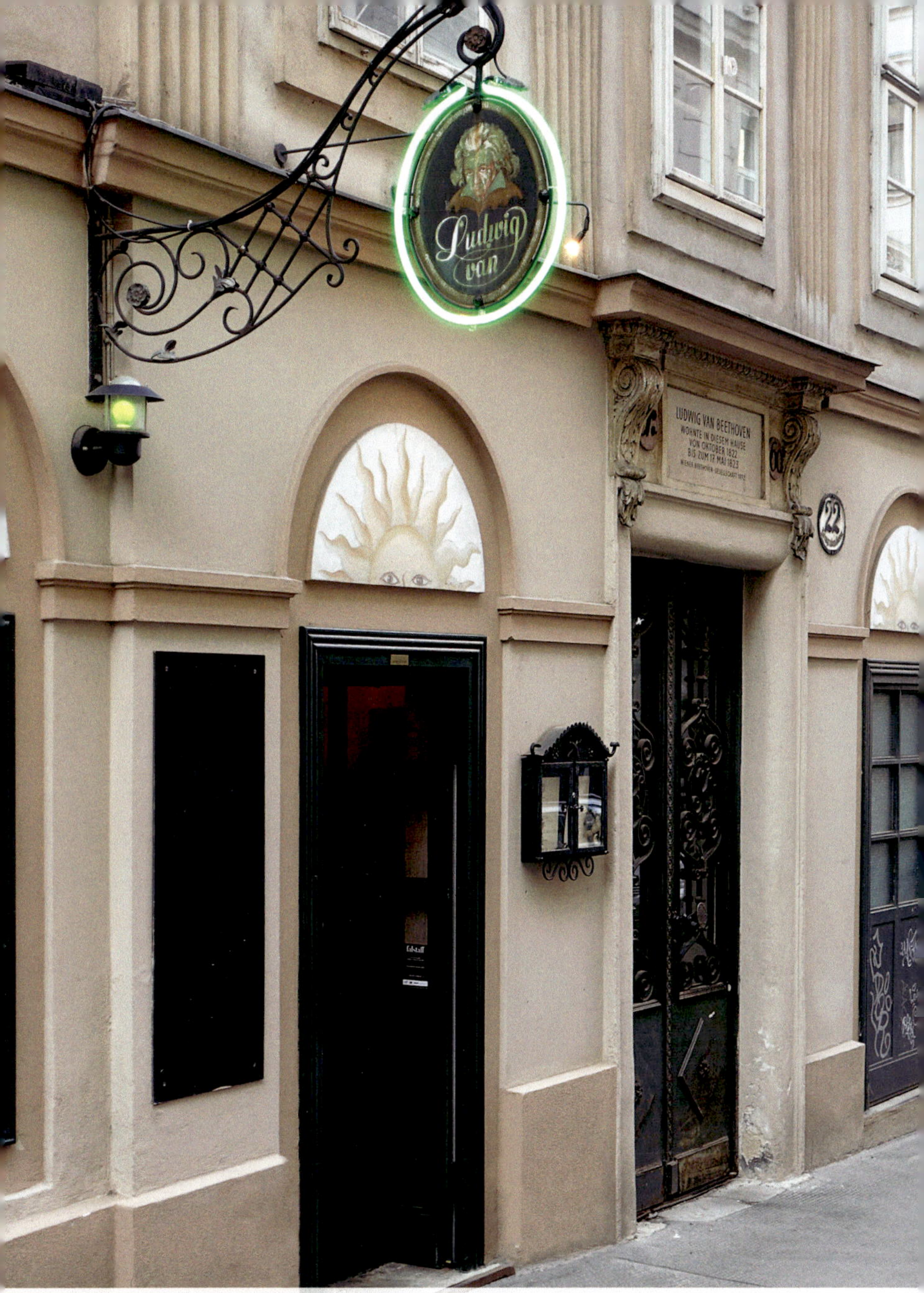

Adresse Laimgrubengasse 22, 1060 Wien | **ÖPNV** Bus 57A, Station Laimgrubengasse | **Öffnungszeiten** unter www.ludwigvan.wien | **Tipp** Das Café Sperl, eines der ältesten Kaffeehäuser Wiens und einzigartiges Relikt aus 1880, serviert sonntags ab 15.30 Uhr zum großen Braunen Klaviermusik.

73 Das Mahler-Grab

Der Welt abhanden gekommen

Obwohl Gustav Mahlers Leben eng mit Wien verknüpft ist, gibt es in dieser Stadt keine würdige Gedenkstätte. Die Staatsoper (siehe Kapitel 103) hat einen Mehrzwecksaal, der ihm als Direktor und Kapellmeister von 1897 bis 1907 zur Verfügung stand, nach ihm benannt. Hier erinnern jedoch nur ein Bild und eine Büste an den großen Opernreformator, der dem Haus seine wohl glanzvollste Zeit bescherte.

Gustav Mahler logiert in einer Wohnung nahe seiner Arbeitsstätte, in der Auenbruggergasse 2, in einem von Otto Wagner erbauten Mietshaus. Zunächst allein. Am 7. November 1901 jedoch begegnet er im Salon von Berta Zuckerkandl der schönen, umschwärmten und äußerst selbstbewussten Alma Schindler. 28. November: Heiratsantrag, 23. Dezember: Verlobung, 9. März: Vermählung in der Karlskirche (Mahler ist schon 1897 von der jüdischen zur katholischen Religion konvertiert). Acht Monate später kommt Maria Anna (Putzi) zur Welt, benannt nach seiner geliebten Mutter, zwei Jahre später Anna Justine.

Schon 1901 beschäftigen Mahler Texte von Friedrich Rückert. Unter anderem komponiert er das Orchesterlied »Ich bin der Welt abhanden gekommen«. Besonders ergreifen ihn die Gedichte, in denen Rückert seine zwei an Scharlach verstorbenen Kinder betrauert. Vielleicht erinnern sie ihn an seine Kindheit im mährischen Iglau, als er den Tod von sechs jüngeren Geschwistern miterleben musste. Fünf dieser Gedichte vertont er in den »Kindertotenliedern«. Alma ist aufgebracht. Sie kann seine morbiden Gedanken nicht verstehen. Als Gustav 1904 das letzte Lied des aufwühlenden Zyklus' vollendet, ahnt niemand, dass er darin die Trauer um sein eigenes Kind vorwegnimmt. Im Juli 1907 nämlich, im Sommerhaus der Mahlers in Maiernigg am Wörthersee, stirbt seine Tochter Maria Anna (5) an Scharlach. Man begräbt sie auf dem örtlichen Friedhof. Ihr Vater wird sie nur um vier Jahre überleben. Sein totes Kind wird man zu ihm ins Grab legen.

Adresse Friedhof Grinzing, An den langen Lüssen 33, 1190 Wien | **ÖPNV** Straßenbahnlinie 38, Station An den langen Lüssen | **Öffnungszeiten** täglich Nov.–Feb. 8–17 Uhr, März und Okt. 7–18 Uhr, April–Sept. 7–19 Uhr | **Tipp** Ganz in der Nähe befindet sich die Grabstätte von Peter Neumayer alias Peter Alexander.

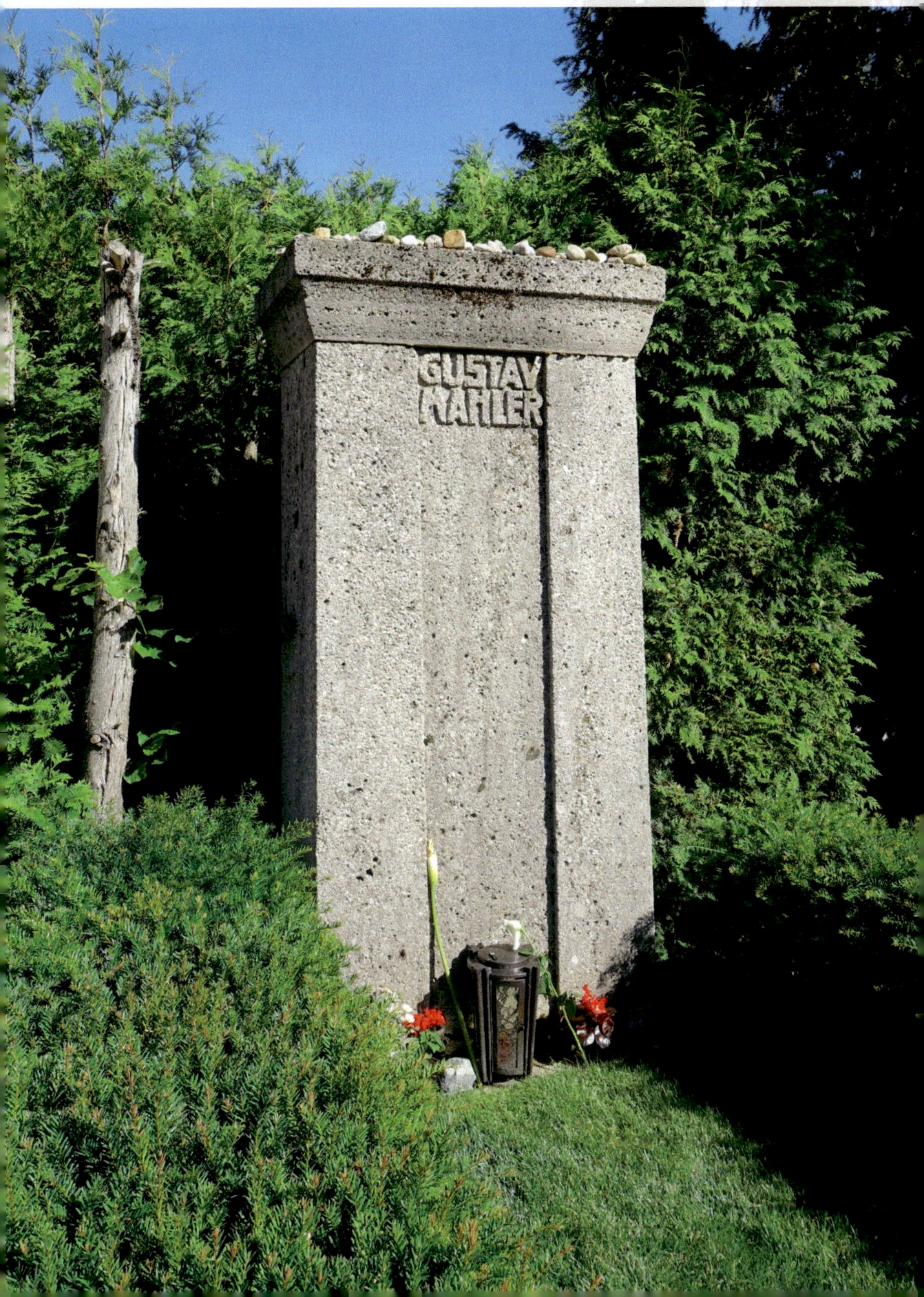

74__Das Metropol

Kleinod aus vergnüglichen Tagen

Heute kaum mehr vorstellbar: dass tatsächlich Weingärten, Buschenschanken, Vergnügungsstätten, Parks und Sommerdomizile den durch den Linienwall von den Vorstädten getrennten, eigenständigen und eigenwilligen Vorort Hernals von Wien prägten. Eine wahre Idylle. Wer es sich leisten konnte, flüchtete für kürzere oder längere Zeit aus der Vor- oder Innenstadt aufs Land, zum Beispiel mit dem Stellwagendienst, der 1825 seinen Betrieb aufnahm. Allerorten wurde der resche und frische Alsegger ausgeschenkt – ein Wein, an den noch die gleichnamige Riede erinnert. Vom Mittelalter bis zur beginnenden Industrialisierung war der Wein überhaupt die Haupteinnahmequelle der Hernalser. Kein Wunder also, dass sich hier besonders viele vergnügliche Stätten ansiedelten.

Das Metropol ist das letzte noch verbliebene seit 1860 durchgängig betriebene Vergnügungs-Etablissement. Ein gewisser Quirin Maierhofer, Bäckermeister aus Würzburg, erwarb hier 1828 eine Bäckerei samt Presshaus und Weingarten. Sein Geselle Georg Klein ehelichte seine Tochter und baute die Gebäude zu einer Gast- und Veranstaltungsstätte um – für Konzerte, Tanzveranstaltungen, Spanferkelessen und Ringkämpfe. Als Hernals 1892 trotz massiver Proteste seiner Einwohner der Stadt einverleibt wurde, war es *das* Vergnügungsviertel von Wien. Um die Jahrhundertwende erlebte das »Etablissement Klein« seine absolute Blütezeit, mit einem riesigen Saal samt Bühne, einem Gartensalon, zwei Glassalons und einer Pawlatschenbühne im Garten. Zahlreiche namhafte Wiener Künstler und Künstlerinnen sind hier zum ersten Mal aufgetreten und populär geworden.

Behutsam renoviert, wurde es 1981 als »Metropol« eröffnet und entwickelte sich zu einer wahren Kultstätte der populären Wiener Musik- und Kabarett-Szene. Von seinem unvergleichlichen Charme der Jahrhundertwende hat es bis heute nichts eingebüßt. Irgendwie ist es ihm gelungen, ein »Etablissement« zu bleiben.

Adresse Hernalser Hauptstraße 55, 1170 Wien, www.wiener-metropol.at | **ÖPNV** U6, Station Alserstraße, Straßenbahn 43, Station Elterleinplatz | **Öffnungszeiten** bei Veranstaltungen | **Tipp** Das »Grand Etablissement Gschwandner« in der Geblergasse 40 ist als Avantgarde-Kunst-Raum »Reaktor« zum Leben erweckt worden (www.reaktor.art).

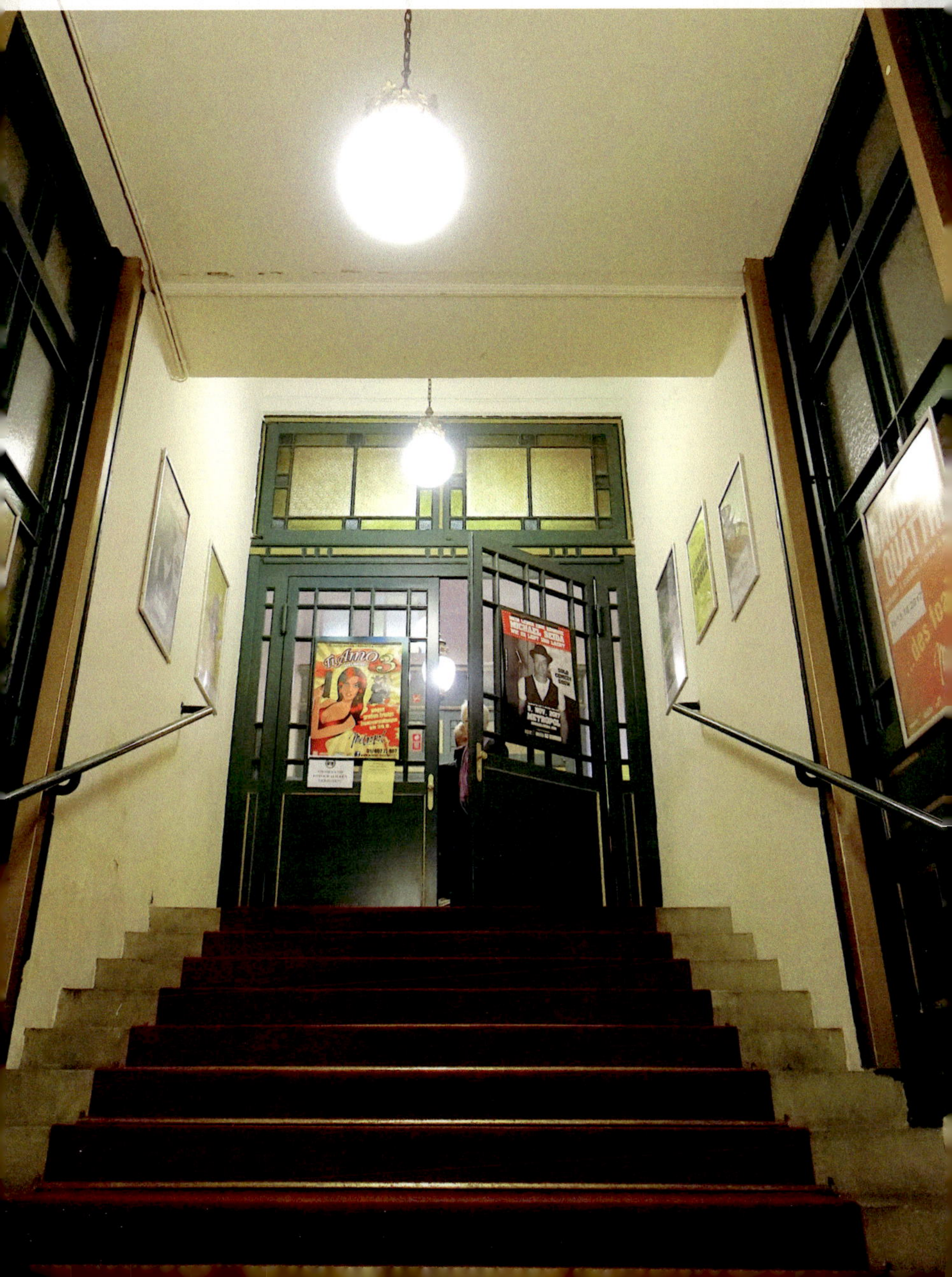

75 Das Mozarthaus

Nobelwohnung in zentraler Lage

Mozart hat in Wien von seiner Ankunft im Dominikanerhaus 1781 bis zu seinem Tod 1791 in der Rauhensteingasse 8 insgesamt 15 Wohnungen bewohnt. Doch nur die zwischen Domgasse 5 und Schulerstraße 8 ist erhalten geblieben.

Wolfgang Amadeus (28) zieht hier mit Frau Constanze (22) und Söhnchen Carl Thomas (10 Tage) zu Michaeli ein, am 29. September 1784. Zu Michaeli und zu Georgi (23. April) pflegt man nämlich den Zins zu zahlen, Dienstboten zu wechseln und fallweise umzuziehen. Hausbesitzer und Vermieter Alberto Camesina, stadtbekannter Stuckateur, hat die Räume prächtig ausgestattet. Vier Zimmer, zwei Kabinette und Küche – Luxus pur!

»Am Freytag um 1 uhr waren wir in der Schullerstrasse, im ersten Stock, der weg war durchaus abscheulich von schnee, Eyss, und gruben, und aller orten wegarbeiter. Daß dein Bruder ein schönes quartier mit aller zum Hauß gehörigen Auszierung hat, mögt ihr daraus schlüssen, weil er 480 fl Hauszünß zahlt«, schreibt Leopold Mozart am 16. Februar 1785 an seine Tochter. Und dann noch: »Am Samstag war abends Herr Joseph Haydn bey uns. Er sagte mir: ich sage ihnen vor gott, als ein ehrlicher Mann, ihr Sohn ist der größte Componist, den ich von Person und den Nahmen nach kenne.« Am Tag der Übersiedlung vollendet Mozart sein Klavierkonzert Nr. 18 in B-Dur für die blinde Pianistin Maria Theresia Paradis (siehe Kapitel 20). Die produktivste Phase seines kurzen Lebens beginnt. Unter anderem komponiert er weitere sieben Klavierkonzerte, die Prager Symphonie, die drei Joseph Haydn gewidmeten Streichquartette und eine seiner berühmtesten Opern: »Le nozze di Figaro«.

Mozarts Briefe aus seiner Zeit in der Domgasse sind verschollen. Warum er zu Georgi 1787 in die Vorstadt zieht, ist ungeklärt. Dort jedenfalls gibt er der Schwester seines Freundes, des berühmten Botanikers Gottfried von Jacquin, Klavierunterricht und spaziert fast täglich an einer Platane vorbei, die heute noch steht.

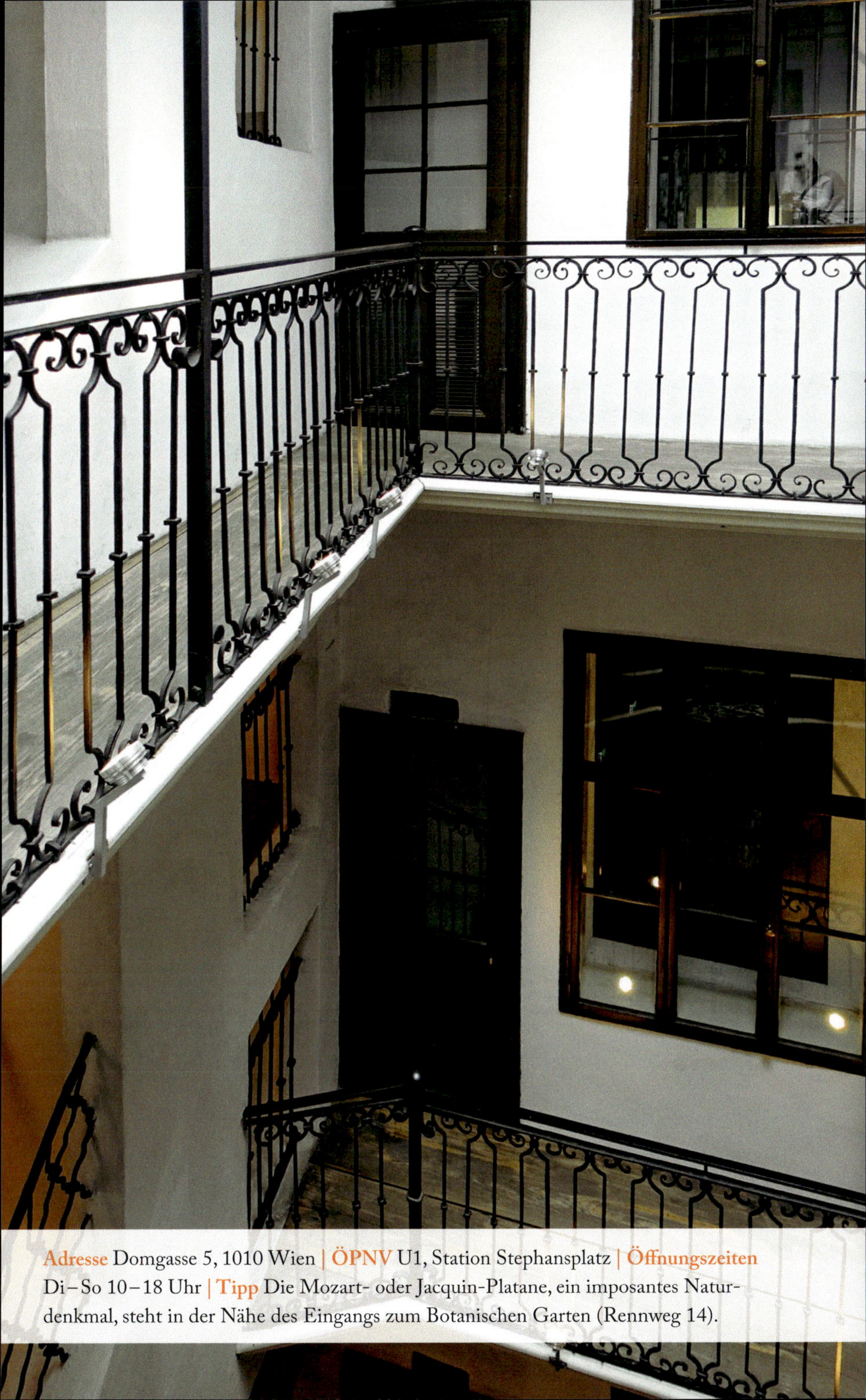

Adresse Domgasse 5, 1010 Wien | ÖPNV U1, Station Stephansplatz | Öffnungszeiten Di–So 10–18 Uhr | Tipp Die Mozart- oder Jacquin-Platane, ein imposantes Naturdenkmal, steht in der Nähe des Eingangs zum Botanischen Garten (Rennweg 14).

76 Der Musikverein

Skandal, Skandal!

Hohngelächter zwingt den Dirigenten Arnold Schönberg zum Abklopfen. »Ich bitte diejenigen, die nicht ruhig sein wollen, den Saal zu verlassen!« Schon während der »6 Stücke op. 6 für Orchester« von Anton Webern wird das Publikum unruhig. Lachen und Zischen. Schönberg-Anhänger applaudieren. Dann die 1. Kammersinfonie. Pfiffe und Geschrei. Erregte Auseinandersetzungen auf der Galerie. Alban Bergs »Fünf Orchesterlieder nach Ansichtskartentexten von Peter Altenberg« lassen die Streitigkeiten ausarten. Die gegnerischen Parteien werden handgreiflich. Angeblich eine Ohrfeige. Vom Polizeioberkommissär werden zur Ordnung gerufen: ein Hörer der Philosophie, ein praktischer Arzt, ein Ingenieur und ein Jurist. Das Licht geht aus, das Konzert wird abgebrochen. Mahlers Kindertotenlieder (siehe Kapitel 70) fallen dem Tumult zum Opfer.

Am 1. April 1913 wird in allen Details über das, was als Skandal- oder Watschenkonzert in die Musikgeschichte eingegangen ist, berichtet. Die Ohrfeige muss wirklich schallend gewesen sein. Der mutmaßliche Täter hätte sich jedenfalls keinen besseren Ort aussuchen können, als die 1870 eröffnete, von Theophil Hansen geplante »Goldene Schuhschachtel« mit den akustischen Idealmaßen von 48,8 mal 19,1 mal 17,75 Metern. Ein Hohlraum unter dem Holzboden fungiert als Resonanzkörper, die nicht aufliegende, am Dachstuhl aufgehängte Holzdecke lässt den Klang frei im Raum schwingen. Gliedernde Elemente wie die Karyatiden und ionische Säulen, zu denen Hansen in Athen inspiriert wurde, streuen die Schallwellen so perfekt, dass auch der zweitausendste Besucher auf dem allerletzten Platz sogar eine Watschen klangschön genießen kann.

Dem einst skandalösen Komponisten wurde kürzlich ein Denkmal gesetzt, vor der Staatsoper, unweit vom Musikverein, wo heute nichts mehr erklingt, was Unmut und Tumult auslösen könnte. Die Zeiten ändern sich – der Goldene Saal bleibt der schönste und akustisch beste Konzertsaal der Welt.

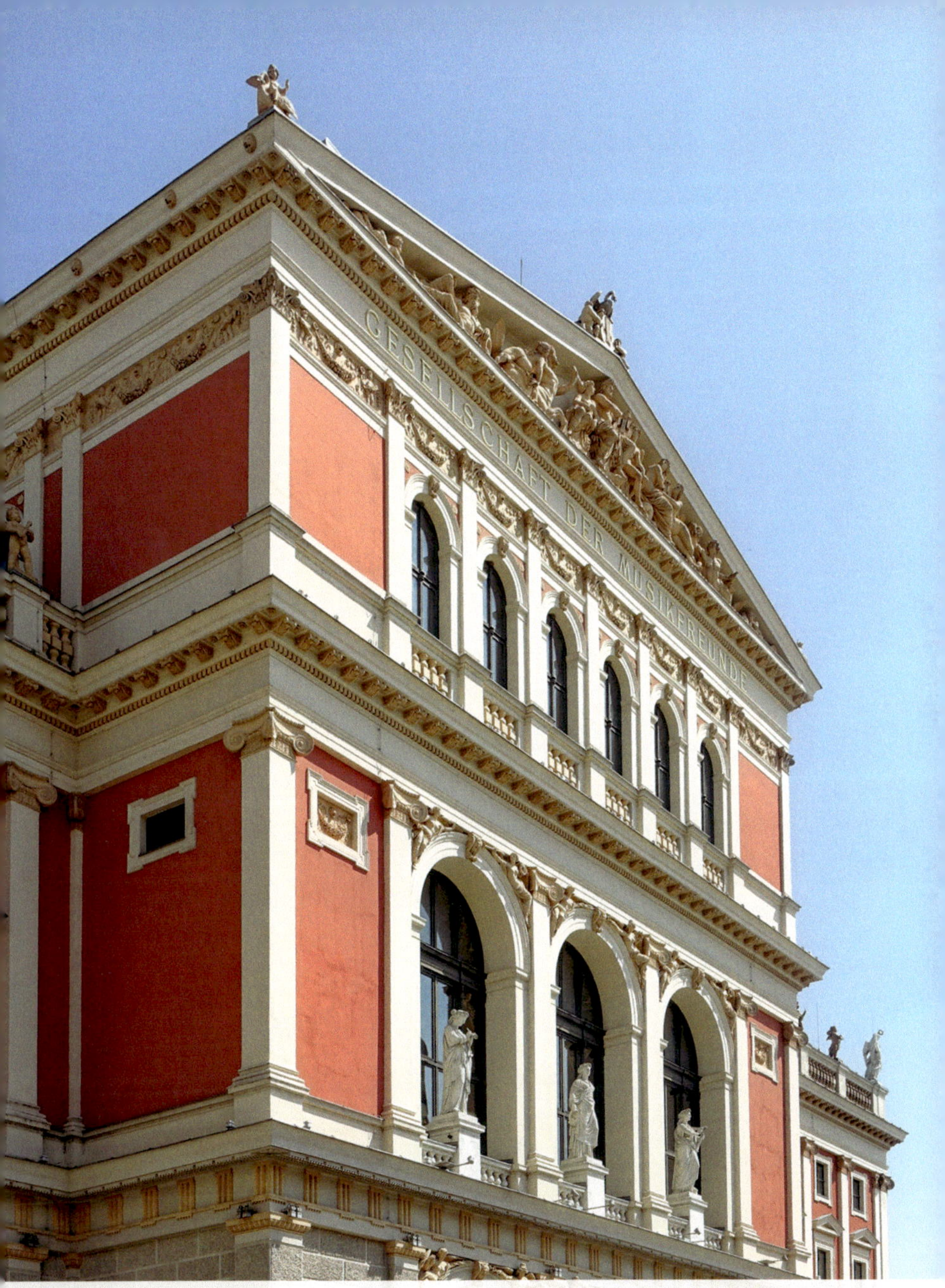

Adresse Musikvereinsplatz 1, 1010 Wien, www.musikverein.at | ÖPNV U1, U2, U4, Station Karlsplatz | Öffnungszeiten bei Konzerten, Proben (auf Anfrage), Führungen; strenges Fotografierverbot | Tipp Im Café Schwarzenberg, beliebter Treffpunkt für Konzertbesucher seit 1861, wird einmal im Monat zum Sonntagsfrühstück Jazz serviert (Klaviermusik Do – Fr 19.30 – 23 Uhr und Sa, So 17 – 20.30 Uhr).

77_Die Orangerie Kagran

Klassische Gartenklänge

In Wien Donaustadt, zwischen Donizettiweg und Cherubinistraße, blüht im Verborgenen der Schulgarten Kagran. Die dazugehörige Orangerie wurde im Herbst 1912 zur Überwinterung exotischer Pflanzen errichtet. Schon wenige Jahre später baute man sie zu einer Schule aus. Gärtner- und Floristenlehrlinge konnten alles über Obst- und Gemüsebau, Floristik und Gartengestaltung lernen und sich auf sieben Hektar Land ausprobieren und austoben. Während des Zweiten Weltkriegs und in den Nachkriegsjahren beschränkte man sich naturgemäß auf den Gemüseanbau. In den 70er Jahren musste ein Hektar Gartenland der neuen U-Bahn-Linie U1 weichen. 2003 zogen die Schüler in ein modernes Gebäude um, und in dem denkmalgeschützten Jugendstilbau wurde eines der originellsten Museen Wiens eröffnet – das Gartenbaumuseum.

Auf zwei Etagen sind mehr als 30.000 historische Schaustücke aus der Geschichte des Gartenbaus und Kleingartenwesens ausgestellt und beschrieben. Kurios sind die 540 Eisenstanzen zur Herstellung von Kunstblumen aus dem 19. Jahrhundert. Auch die originale Einrichtung des letzten Blumengeschäftes des Wiener Historismus ist sehenswert. Und besonders hübsch ist die Sammlung von 470 Wandvasen aus der Zeit von 1900 bis 1970.

Der »Verein der Freunde des Gartenbaumuseums« veranstaltet hörenswerte Musik-Matineen. Umgeben von Ausstellungsstücken und echten Donaustädtern, mit Blick in den wunderschönen Garten kann man einmal im Monat Klassik und Jazz auf hohem Niveau genießen – Eintritt frei. Bei schönem Wetter sind Fenster und Türen geöffnet, dann lauschen auch die Pflanzen. Mit Ausnahme der bekannten Kakteenart haben sie zwar keine Ohren, reagieren jedoch mit Hilfe von Zellmembranen sehr sensibel auf Schall. Laut Langzeitexperimenten in toskanischen Weingärten und auf indischen Reisfeldern gedeihen sie besonders gut, wenn man sie mit Musik berieselt. Mit guter, versteht sich.

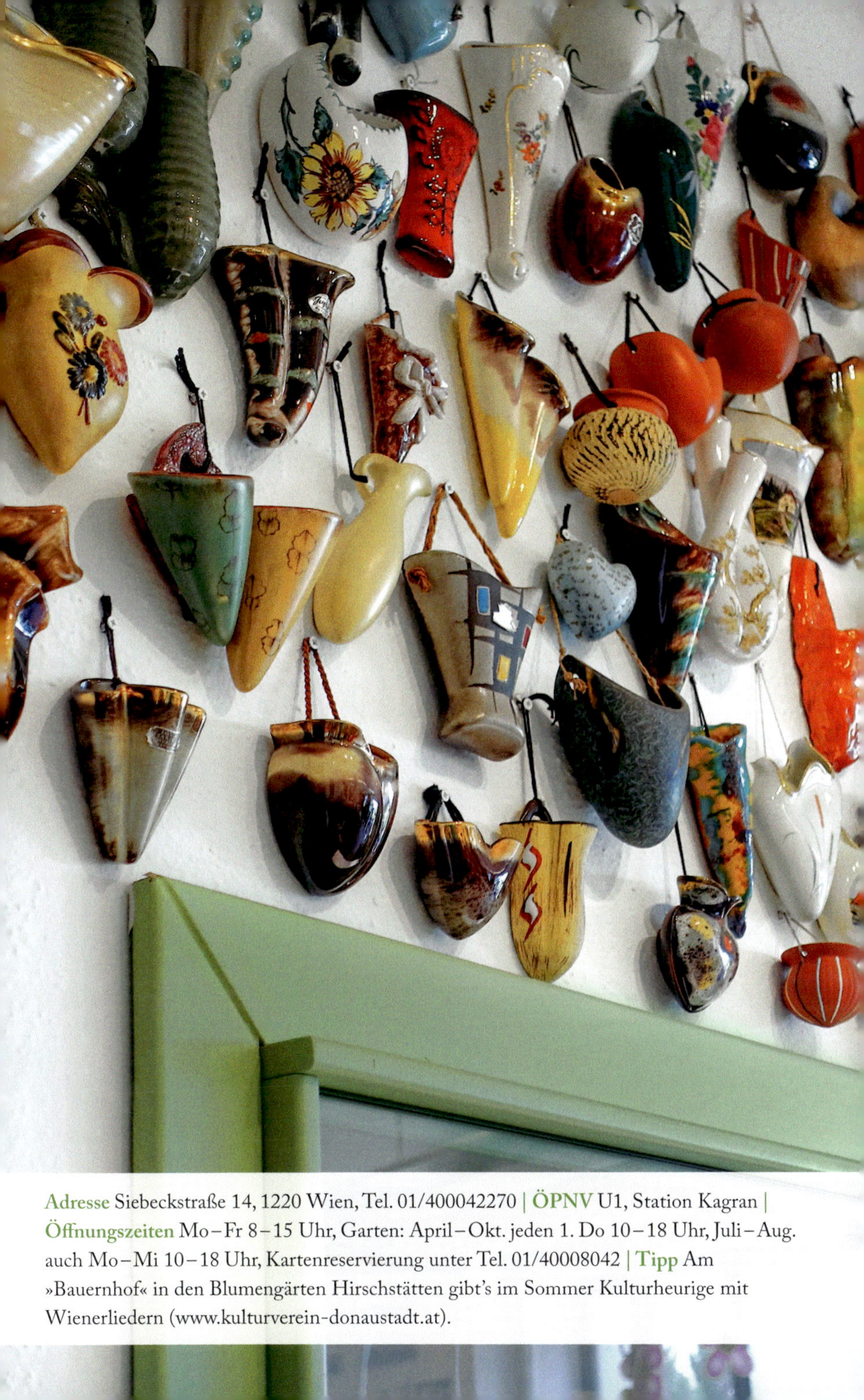

Adresse Siebeckstraße 14, 1220 Wien, Tel. 01/400042270 | **ÖPNV** U1, Station Kagran | **Öffnungszeiten** Mo–Fr 8–15 Uhr, Garten: April–Okt. jeden 1. Do 10–18 Uhr, Juli–Aug. auch Mo–Mi 10–18 Uhr, Kartenreservierung unter Tel. 01/40008042 | **Tipp** Am »Bauernhof« in den Blumengärten Hirschstätten gibt's im Sommer Kulturheurige mit Wienerliedern (www.kulturverein-donaustadt.at).

78 Das Palais Auersperg

Wiens musikalische Visitenkarte

Ein Palais mieten, ein ganzes Orchester beschäftigen, Privatkonzerte veranstalten – wer kann das schon? Der Prinz von Sachsen-Hildburghausen anno 1755. Der Verkauf der Morgengabe seiner Ex-Frau, Schloss Hof im Marchfeld, ist finanziell erfolgreich über die Bühne gegangen. Giuseppe Bonno und Christoph Willibald Gluck haben das Ihre dazu beigetragen und Opern für ein grandioses Fest komponiert, das die Kaiserin zum Kauf bewogen hat. Gluck und Bonno stehen fortan in privaten Diensten des Prinzen in seinem Palais Rofrano in Wien, ebenso wie ein blutjunger Musiker namens Carl Ditters.

Der Marchese di Rofrano, habsburgischer Generalpostmeister in Italien, hat das Palais 1721 gekauft und seinem Sohn vererbt. Über ihn weiß man rein gar nichts, nur dass er sensibel und kunstsinnig war und als 19-jähriger Jüngling starb. Und doch machte Hugo von Hofmannsthal ihn unsterblich. Er nahm ihn zum Vorbild für seinen »Rosenkavalier« im gleichnamigen Opernlibretto, 1911 von Richard Strauss vertont. Die Oper gilt als eines der meistgespielten Werke der Welt.

Heute wird das musikgeschichtsträchtige Palais Rofrano alias Palais Auersperg als Event-Location betrieben, und das »Residenz-Orchester« spielt sein Honorar allabendlich selbst ein. Mit Konzerten, die von Touristen aus aller Herren Länder besucht werden. Doch auch für Einheimische ist es ein unvergessliches Erlebnis. Über die wohl schönste Doppelstiege Wiens gelangt man staunend in den ovalen Rosenkavalier-Saal, wo Musiker auf sehr hohem Niveau »Greatest Hits from Mozart & Strauß« darbieten, mit erstklassigen Gesangs- und Balletteinlagen. Beim Radetzkymarsch klatscht das Publikum begeistert den Takt mit – wie beim Neujahrskonzert, das jeder aus dem Fernsehen kennt, nur besser, denn live ist eben immer noch live. Auf der Prunkstiege indessen harren schon erwartungsvoll die Besucher des ausverkauften zweiten Konzerts an diesem Abend.

Adresse Auerspergstraße 1, 1080 Wien, www.musicofvienna.com | ÖPNV U2, Station Rathaus | Öffnungszeiten bei Veranstaltungen und Konzerten | Tipp Der Kuppelsaal des Kunsthistorischen Museums verwandelt sich im Rahmen von »Kunstschatzi« bisweilen abends in eine hippe DJ-Event-Location mit Cocktails und Führungen (www.khm.at).

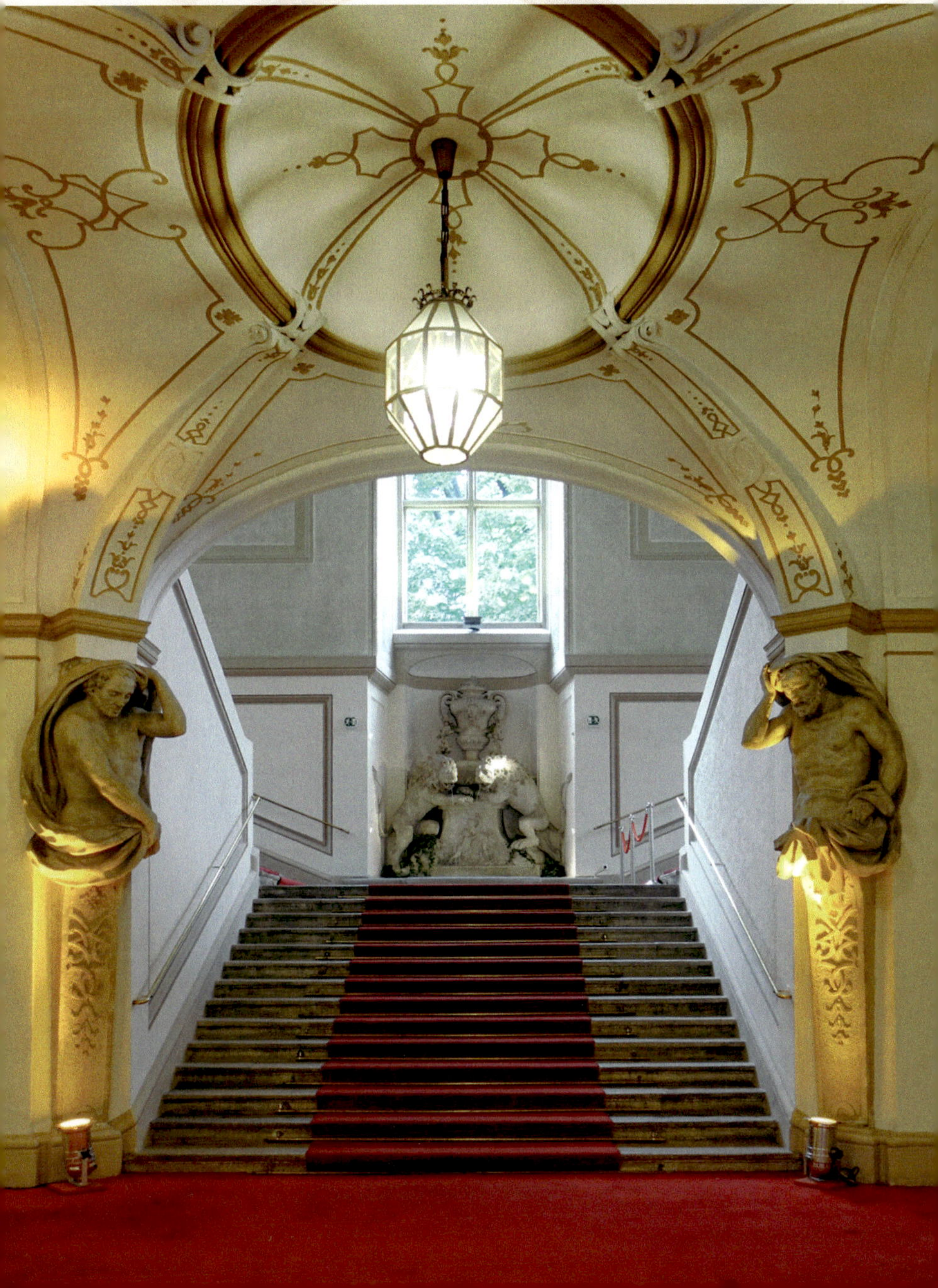

79 Das Pasqualatihaus

Zur schönen Aussicht

In 35 Jahren zieht Ludwig van Beethoven in und um Wien 60-mal um. Ein Rastloser, ewig Unzufriedener also. Oder etwa nicht? Wenn die damaligen Wohngewohnheiten die heutigen wären, ja. Doch sie sind ganz anders. Was das Rastlossein relativiert.

Man besitzt ein Haus – oder gar nichts, denn die Eigentumswohnung ist noch nicht erfunden. Mietverträge werden halbjährlich abgeschlossen – zu Michaeli (29. September) und Georgi (23. April). Wohnraum ist knapp, man nimmt, was man kriegt, und zieht um, wenn man etwas Besseres ausfindig macht. Eine Stadtwohnung, die leer steht, während man auf Sommerfrische weilt? Unüblich. Doppelt Miete bezahlen? Niemals. Als Hausbesitzer auf Geld verzichten? Unwahrscheinlich. Die Wohnung wird zwischenzeitlich vermietet und ist im Herbst wieder frei – oder auch nicht. Das Mobiliar wird mitgeführt, man besitzt ohnehin nur das Nötigste.

Mit der Wohnung im vierten Stock in der Mölker Bastei Nummer 8 hat Beethoven ganz großes Glück. Sie bietet genau das, was ihm, wenn er schon in der Stadt sein muss, am allerwichtigsten ist: einen weiten, freien Ausblick. Aufs Glacis sieht der Komponist und bis zum Leopoldsberg, und wenn er sich weit aus dem Fenster lehnt, zu den Donau-Auen. Sein Vermieter Baron Johann Baptist Pasqualati von Osterberg, der das Haus zu einem Viertel von seinem Vater geerbt hat, ist ungewöhnlich großzügig. Von Georgi 1804 an, als Beethoven die Wohnung erstmals bezieht, hält der Baron sie für ihn frei. Gratis. Er ist nämlich ein großer Musikliebhaber, spielt gut Klavier, komponiert und wird 1812 einer der 50 Repräsentanten der »Gesellschaft der Musikfreunde«, dem Verein zur Förderung des darniederliegenden Musiklebens.

»Das Logis wird nicht vermietet! Beethoven wird schon wiederkommen«, weist der Baron seinen Verwalter an. Und so kann sein umzugsfreudiger Freund noch bis 1814 ein- und ausziehen, sooft er nur will.

Adresse Mölker Bastei 8, 1010 Wien | ÖPNV U2, Straßenbahn 1, D, Station Schottentor | Öffnungszeiten Di–So und Feiertage 10–13 und 14–18 Uhr | Tipp In der Heßgasse 7 wohnte 1877 bis 1895 Anton Bruckner (siehe Kapitel 12) und vollendete hier einen Großteil seiner Werke. Die Universität Wien hat ihrem langjährigen Lektor und Ehrendoktor 1912 im Arkadenhof ein Denkmal errichtet.

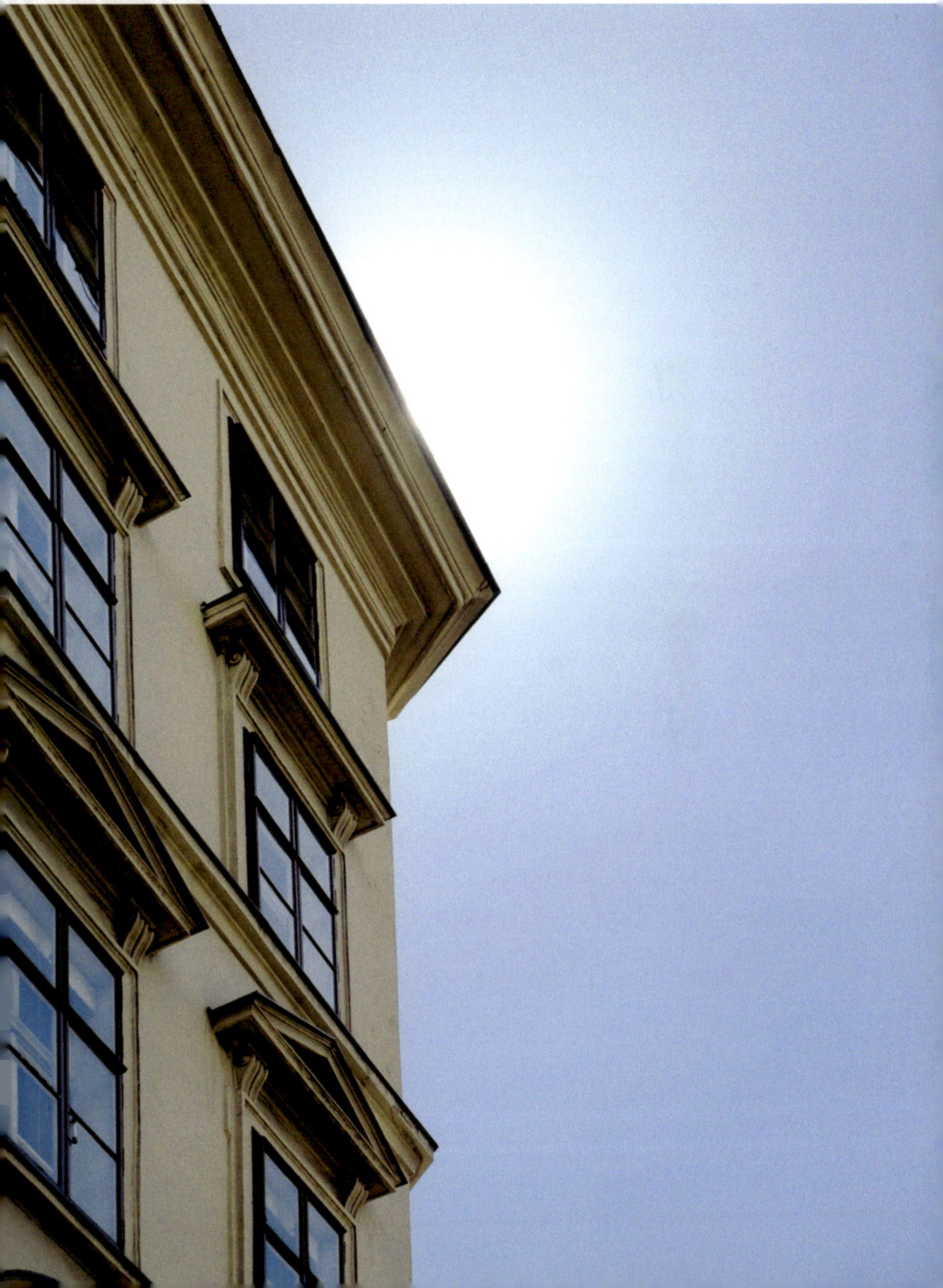

80_Peter Alexander

Chez Madame Tussauds

Peter Alexander Ferdinand Maximilian Neumayer wird am 30. Juni 1926 in Wien geboren. Schon mit fünf singt der musische Enkel eines böhmischen Musikalienhändlers und Sohn eines Bankbeamten bei den Wiener Sängerknaben. Mit 15 bringt er sich selbst Klavierspielen und Singen bei. Schulabbruch, Notabitur beim Großvater in Znaim, Schauspielausbildung am Max-Reinhardt-Seminar mit Auszeichnung. Flakhelfer, Marinesoldat, Kriegsgefangener. Mit 25 produziert er bei Austrophon seinen ersten Hit: »Die Beine von Dolores«.

Zwei Jahre später gelingt ihm mit seinem Sieg beim Münchner Schlagerwettbewerb »Bella Musica« der Durchbruch. Er startet eine beispiellose Karriere. Sein Repertoire reicht vom deutschen Schlager über Cover-Versionen internationaler Hits bis zu Operette und Wienerlied. Er verkauft Millionen von Schallplatten. Von der ersten großen Tournee 1969 bis zur Abschiedstournee 1991 besuchen in Österreich, Deutschland und der Schweiz Hunderttausende Menschen seine Konzerte. Die Wiener Stadthalle füllt er mit seinem Abschiedskonzert 1991 viermal. Seine Filme sind Kassenschlager, seine Fernsehshows legendär.

Abseits vom Rampenlicht lebt er publicityscheu, skandalfrei. Seinen Jägerhut trägt er nicht nur zum Angeln, sondern zur Tarnung – um nicht gleich erkannt zu werden. Mit 70 zieht er sich vollkommen zurück.

Hätte er 100 Jahre früher gelebt, dann würde »Alexander der Große« in Marmor oder Bronze auf dem nach ihm benannten Platz in Grinzing stehen. So aber wurde er ein Jahr nach seinem Tod im Februar 2012 bei Madame Tussauds Wien im Prater als Wachsskulptur enthüllt. Vom Stecktuch bis zu den Manschettenknöpfen – alles echt, alles hat er wirklich getragen, auf dem Höhepunkt seiner Karriere, in der Blüte seiner Jahre, mit etwa 50 Jahren. Ja, das hätte ihn gefreut. »Die Zeit, die ich erleben durfte, war eine bessere. Ich möchte nicht in der Zukunft leben müssen.«

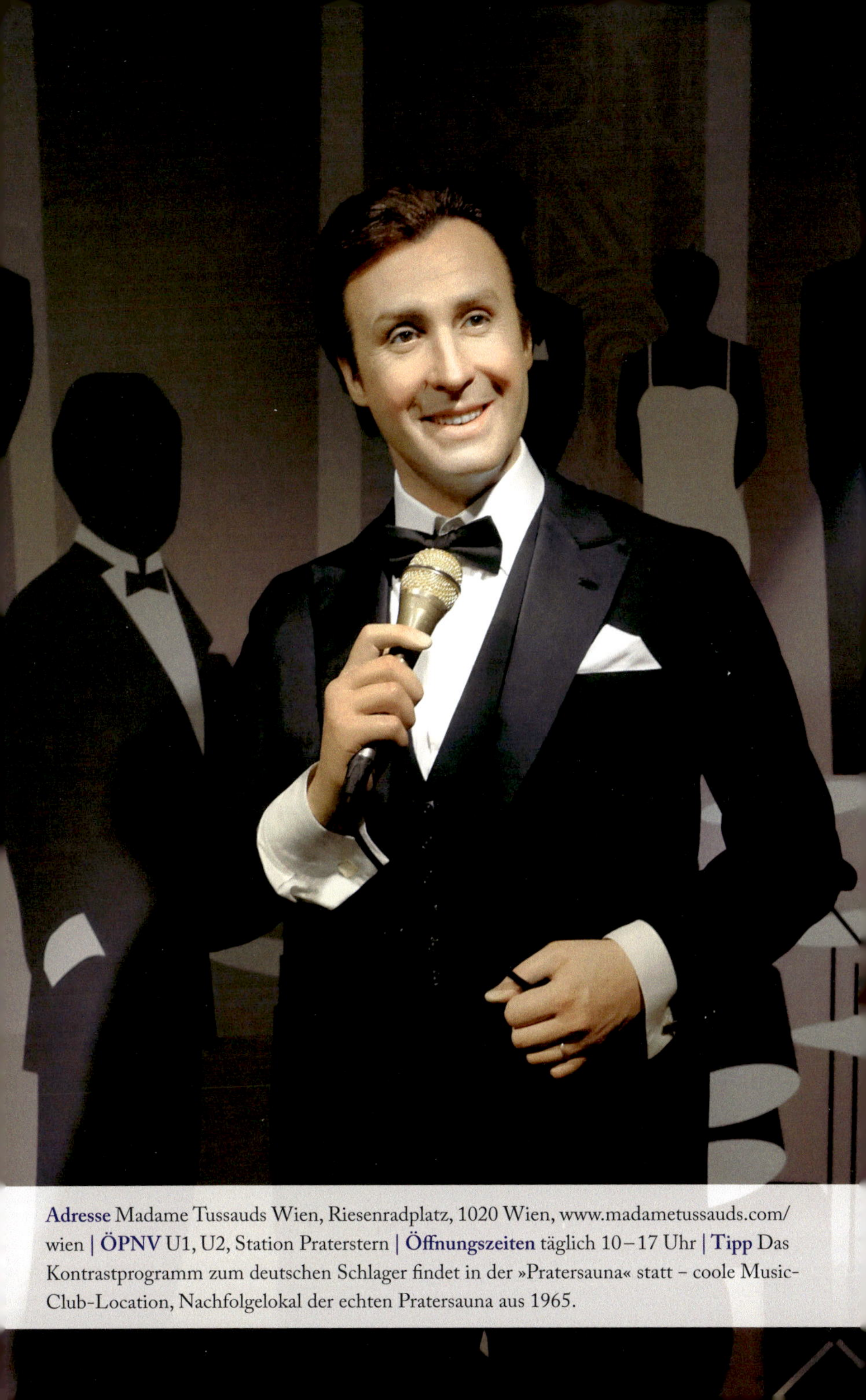

Adresse Madame Tussauds Wien, Riesenradplatz, 1020 Wien, www.madametussauds.com/wien | **ÖPNV** U1, U2, Station Praterstern | **Öffnungszeiten** täglich 10–17 Uhr | **Tipp** Das Kontrastprogramm zum deutschen Schlager findet in der »Pratersauna« statt – coole Music-Club-Location, Nachfolgelokal der echten Pratersauna aus 1965.

81 Die Peterskirche

Kirchenkonzerte vom Feinsten

Der ovale Kuppelbau mit der schlichten Barockfassade wird von Häusern regelrecht bedrängt. Nur vom Graben aus ist er überhaupt sichtbar. Erinnert er nicht an den Petersdom? Wäre es nach Gabriele Montani gegangen, so wäre die Ähnlichkeit noch frappierender. Er hat die Fassade nämlich als echte Miniaturausgabe der vatikanischen Basilika geplant. Doch er geht umständehalber 1703 nach Madrid, und sein ursprünglicher Plan wird, wie es so schön heißt: neu interpretiert. Kaiser Leopold hat seinen Sohn Karl zum König von Spanien gemacht und stellt ihm seinen Star-Architekten zur Seite.

Der Bau der Peterskirche zieht sich über mehr als 50 Jahre. Schon 1679 hat Leopold einen Neubau des desolaten gotischen Gotteshauses gelobt, um Gott der Pest wegen gnädig zu stimmen. Doch als die Pest endlich besiegt ist, sind sämtliche Mittel aufgebraucht. Erst 1707 ist der Bau halbwegs fertig. Die Türme sind noch unvollendet, das Ziegelsteinmauerwerk ist unverputzt. Chronischer Geldmangel. Weitere 25 Jahre bleibt der Bau roh, sein Inneres wird am Ende: Rokoko. Der Künstler, der für die feinen Stuck-Verzierungen im Rokokostil verantwortlich zeichnet, heißt Alberto Camesina und ist Quartiergeber für die Familie Mozart in der Domgasse 5 (siehe Kapitel 72).

Betritt man nachmittags die Peterskirche, wird man von Orgelklängen empfangen. Auch abends finden Konzerte statt, an diesem prunkvollen und dennoch einladenden Ort. Der Eintritt zu allen Kirchenkonzerten ist frei – erfreuliche Erscheinung in Zeiten, in denen man Besucher allein für das Betreten von Gotteshäusern oft kräftig zur Kasse bittet. Hier ersucht man um eine freiwillige Spende, für die Künstler und für die Renovierung der Orgel. Sie gilt als eine der besten Wiens. Der Wiener Orgelbauer Swoboda hat sie 1903 in den Orgelprospekt aus 1751 hineingebaut. Hoch über dem Orgelchor spielen drei Engel lautlos Barockposaune und Fagott.

Adresse Petersplatz 1, 1010 Wien, www.peterskirche.at | **ÖPNV** U1, U3, Station Stephansplatz | **Öffnungszeiten** Mo–Fr 7–20 Uhr, Sa, So und Feiertage 9–21 Uhr; Orgelkonzerte Mo–Fr 15 Uhr | **Tipp** »Time Travel Vienna« in der Habsburgergasse 1 führt ins unterirdische Wien und inszeniert unterhaltsame Wien-Geschichte im Eilzugstempo.

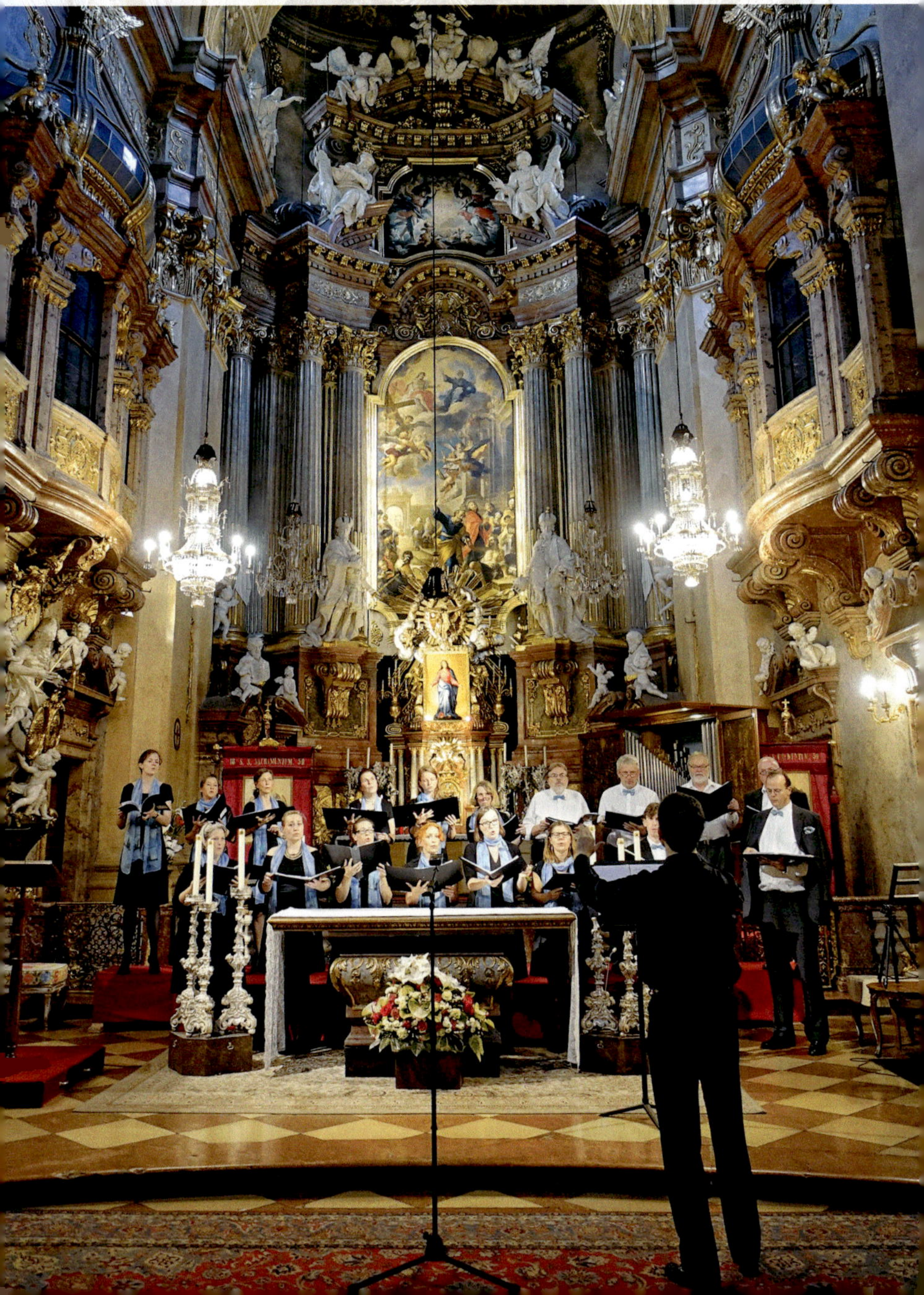

82 Die Pfarrkirche Lichtental

Schlicht und ergreifend Schubert

Als Franz Schubert am 31. Jänner 1797 in der Pfarrkirche der Vorstadt Lichtental getauft wird (siehe Kapitel 92), fehlt ihr noch der zweite Turm. 83 Jahre nach der Einweihung! Niemanden scheint es zu stören. Viel wichtiger als äußere Perfektion ist die ebenso prächtige wie luftig-lichte Gestaltung des Innenraums mit den Kuppelfresken von Franz Zoller, welche die sieben Bitten des Vaterunsers darstellen. Auch der großartigen Akustik tut der fehlende Nordturm keinen Abbruch. Franz Schubert wächst in dieser Kirche auf. Es ist seine Kirche. Schon mit acht Jahren singt er im Chor und bisweilen das Sopransolo, spielt Geige oder Orgel. Mit 17 wird er von Chorleiter Michael Holzer, seinem verehrten ersten Lehrer, beauftragt, eine Messe für die 100-Jahr-Feier zu komponieren. Und so dirigiert Franz am 25. September 1814 in seiner Kirche erstmals öffentlich seine erste große Komposition: die Messe Nr. 1 in F-Dur.

Kurz nach seinem 18. Geburtstag schreibt er, ebenfalls für Lichtental, die Messe Nr. 2 in G-Dur. In ihrer liedhaften Schlichtheit gehört sie zum Ergreifendsten, was Schubert je komponiert hat. Für die einfach instrumentierte Erstfassung – zwei Violinen, Bratsche, Basso continuo, Orgel, Soli und gemischter Chor – braucht er weniger als eine Woche. Als erster großer Komponist sieht Schubert seine liturgischen Werke nicht mehr für den Gebrauch bei Hof vor, sondern für die Aufführung in ganz normalen Pfarrkirchen mit örtlichen Kirchenchören.

Leise Kritik an katholischen Glaubenssätzen klingt an. Den Glauben an die eine heilige, katholische und apostolische Kirche, »et unam sanctam catholicam et apostolicam ecclesiam«, lässt er grundsätzlich weg. In der G-Dur-Messe scheint er auch vom Weiterleben nach dem Tod nicht überzeugt zu sein: »Et expecto resurrectionem mortuorum« fehlt. Ein Jahr vor Schuberts Tod wird endlich der Nordturm fertig. Daran hat er wohl auch nicht mehr geglaubt.

Adresse Marktgasse 40, 1090 Wien, www.schubertkirche.at | **ÖPNV** Straßenbahn 37, Station Canisiusgasse | **Öffnungszeiten** 7–18 Uhr und bei Gottesdiensten und Konzerten (Schubertfestival, Orgelherbst, Sommerkonzerte) | **Tipp** In der Alserbachstraße 14 lauscht am Schubertbrunnen ein marmornes Mädchen Schuberts Musik.

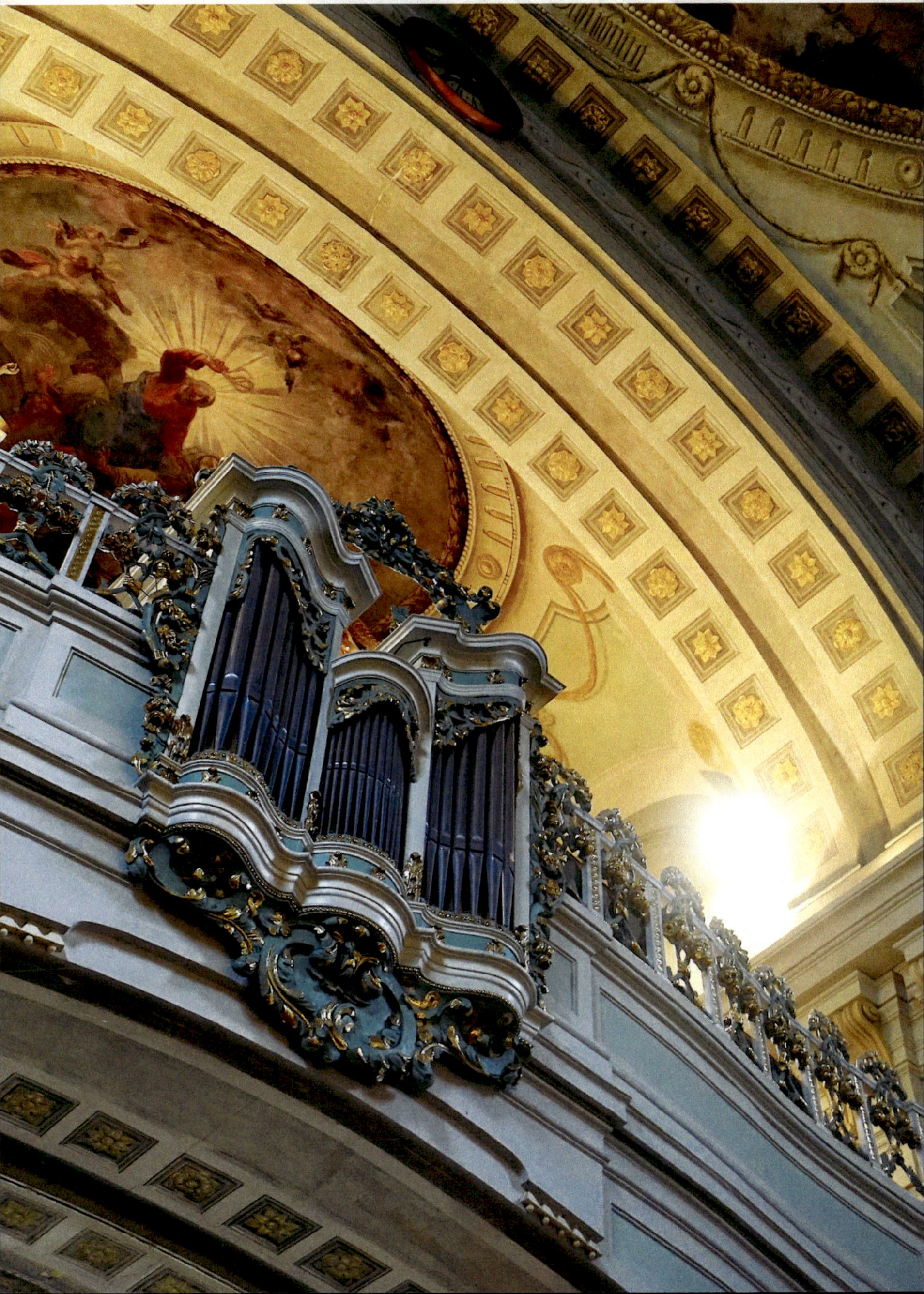

83_Das Phonomuseum

Das Leben vor dem Livestream

Außer Schulklassen und Phonofanatikern verirren sich nur selten Besucher hierher. Viel zu selten. Leider. Denn was man hier zu sehen bekommt, ist eine hörenswerte kunst- und kulturhistorische Zeitreise. Da findet sich zum Beispiel ein Exemplar des legendären Phonographen von Thomas Alva Edison. Er entwickelte 1888 den Apparat, mit dem erstmals Schallwellen aufgezeichnet und wiedergegeben werden konnten: das Diktiergerät. Eine elegante Lösung für sein sehr persönliches Problem, die Schwerhörigkeit, unter der er von Kindheit an gelitten hatte.

Der Phonograph steht hinter Glas, viele andere Geräte jedoch werden im Phonomuseum für die Besucher tatsächlich in Betrieb genommen. Man bekommt so einen authentischen Eindruck, wie Musik klingt, wenn sie, in eine Walze aus Wachs oder Zinn geritzt, über einen riesigen Schalltrichter wiedergegeben wird.

Der Deutsche Emil Berliner hat Ende des 19. Jahrhunderts die Königsidee, aus Walzen Scheiben zu machen, die man pressen und industriell produzieren kann. Seine Schallplatte, wie er sie nennt, ist noch einen halben Zentimeter dick, die getesteten Materialien liefern akustisch unbefriedigende Ergebnisse. Erst die Beimengung von Schellack, eine Absonderung der indischen Baumlaus, bringt den Durchbruch.

Berliner patentiert und produziert auch das dazugehörige Abspielgerät, das von ihm so benannte Grammophon, und gründet 1898 das Plattenlabel »Deutsche Grammophon«. Er beteiligt sich an dem amerikanischen Unternehmen von Eldridge R. Johnson in New Jersey, der »Victor Talking Machine Company«, und dem Plattenlabel »His Master's Voice«. Das Markenzeichen, der legendäre Terrier Nipper vor dem Schalltrichter eines Phonographen, wird weltberühmt. Das Label hat alle großen Künstler der Zeit unter Vertrag: Duke Ellington, Sergei Rachmaninoff, Arturo Toscanini – und Enrico Caruso. Im Phonomuseum kann man sie hören wie damals.

Adresse Mollardgasse 8, 2. Stock, 1060 Wien | ÖPNV U4, Bus 12A, 13A, 14A, Station Pilgramgasse | Öffnungszeiten Mi 15 – 19 Uhr (außer Ferien und Feiertage) und nach Vereinbarung unter Tel. 01/5811159 | Tipp Das Bezirksmuseum im Erdgeschoss gibt Einblicke in die höchst interessante Geschichte der Wiener Vorstädte.

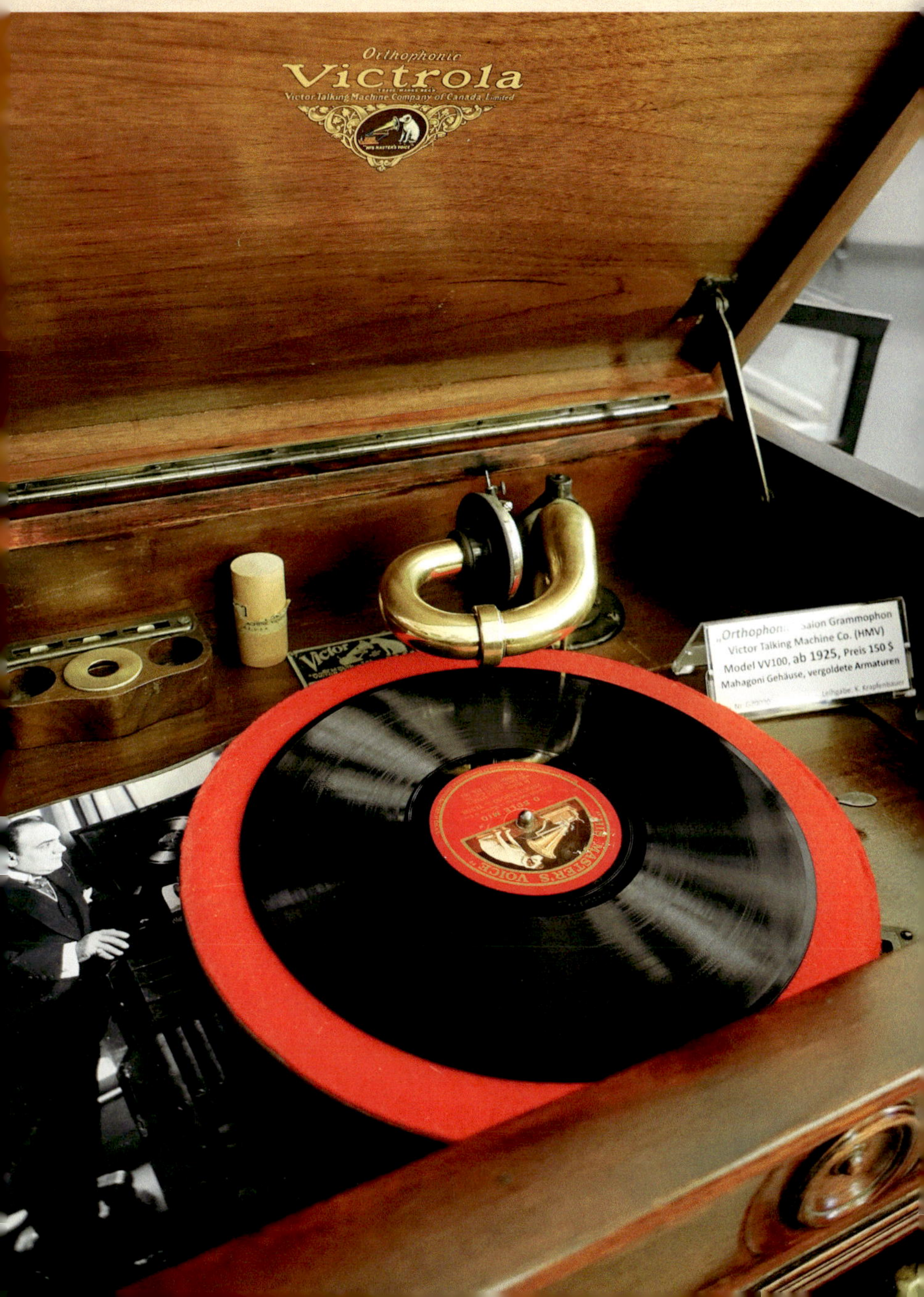

84_Die Praxis Dr. Adler

Zwölf Töne auf der Couch

Alfred Adler ist nie auch nur annähernd so berühmt geworden wie sein Lehrer Sigmund Freud, der bis heute die Psychologie der »Wiener Schule« verkörpert. Dabei sind Adlers Theorien, im Gegensatz zu Freuds, bis heute unwiderlegt und unumstritten. Unter anderem bilden sie die Basis der modernen Psychosomatik. Adler, Begründer der Individualpsychologie, entdeckt als Erster ein bekanntes und uns allen sehr vertrautes Phänomen: den Minderwertigkeitskomplex.

Anton von Webern gelingt es nie, sich aus dem Schatten seines neun Jahre älteren Lehrers Arnold Schönberg zu lösen. Vier Jahre hat er bei ihm Unterricht in Komposition genommen. Er verehrt ihn abgöttisch und wäre am liebsten ständig in seiner Nähe. Webern leidet unter einem starken Gefühl von Minderwertigkeit, das ihm öffentliche Auftritte als Dirigent schier unmöglich macht. Auch am Komponieren hindern ihn die Selbstzweifel. »Alle diese Ehren, die einem da widerfahren, sind deprimierend. Ich bin mehr unglücklich als froh über so etwas. Ich spüre bei solchen Gelegenheiten umso deutlicher, wie wenig ich selber dafür kann, wenn ich wirklich was Gutes hervorbringen sollte. Ich bin nur das Werkzeug einer höheren Macht. Ich selber bin für nichts«, schreibt er 1912 an Schönberg.

Im Sommer 1913 soll Webern (30) eine Stelle als Dirigent am Theater in Prag antreten. Er bringt es nicht über sich. Stattdessen sucht er Alfred Adler in dessen Praxis in der Dominikanerbastei auf. Schon im Herbst zeigt die Therapie erste Erfolge. An Schönberg schreibt er, er fühle sich »fast ausgezeichnet«. Es folgt eine der produktivsten Phasen seines Schaffens. Unter anderem vollendet er die »6 Bagatellen op. 9«. Kürzestes Streichquartett der Geschichte. Vier Minuten. Nichts überflüssig. Alles wesentlich. Alles wahr.

Ist Webern womöglich noch genialer als sein Lehrer? Schönberg und Freud sind in Wien Museen gewidmet, Adler und Webern nicht.

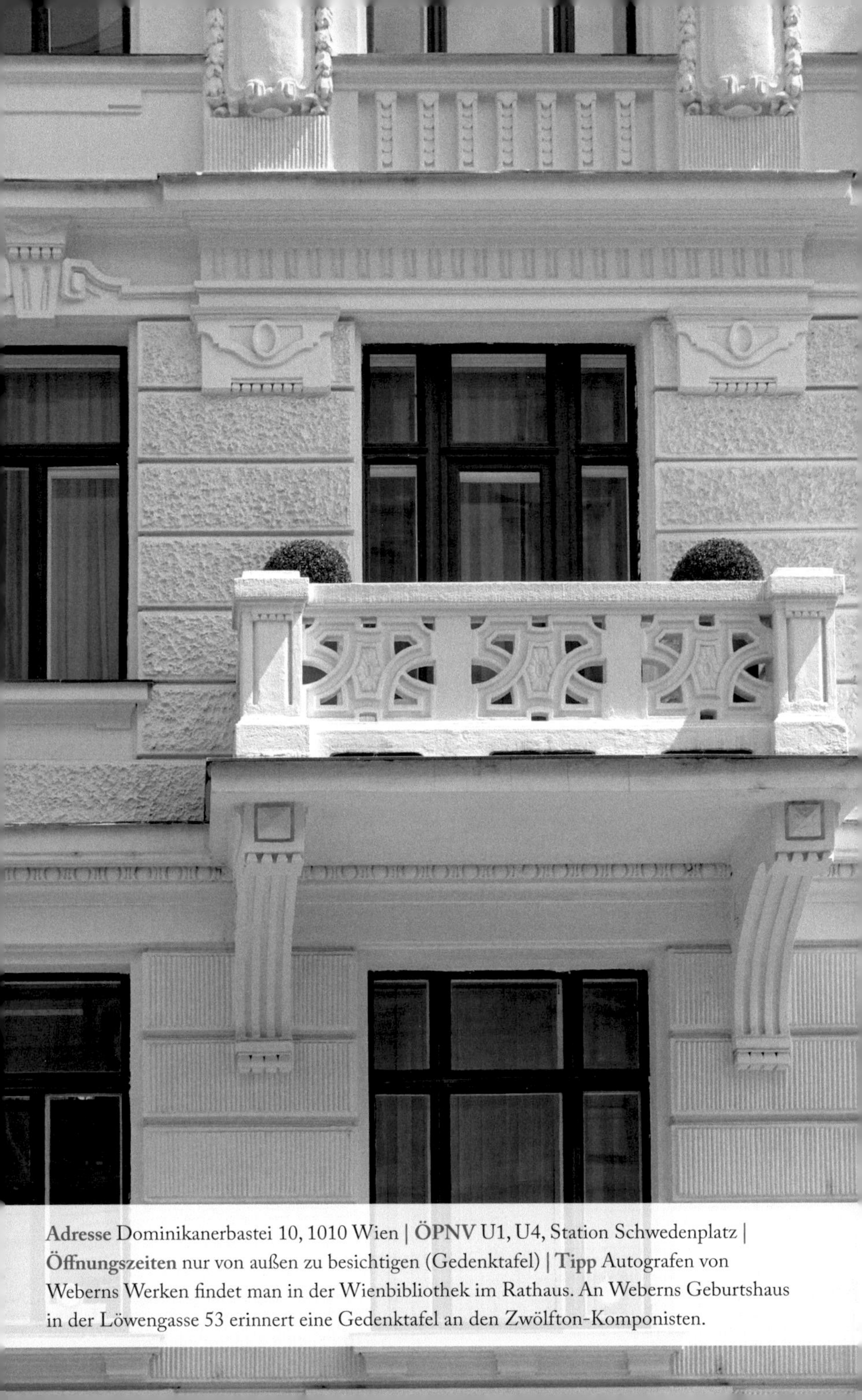

Adresse Dominikanerbastei 10, 1010 Wien | **ÖPNV** U1, U4, Station Schwedenplatz | **Öffnungszeiten** nur von außen zu besichtigen (Gedenktafel) | **Tipp** Autografen von Weberns Werken findet man in der Wienbibliothek im Rathaus. An Weberns Geburtshaus in der Löwengasse 53 erinnert eine Gedenktafel an den Zwölfton-Komponisten.

85__Die Radiowerkstatt

Radio 2.0

Einst verbreiteten Radios von Hornyphon, Minerva oder Eumig, groß und schwer, mit Holzgehäuse, Textilbespannung und Elfenbeintasten, ihren vollen, warmen Klang. Spätestens in den 70ern des 20. Jahrhunderts wurden sie endgültig ausrangiert, die guten alten Röhrenradios. Das handliche Transistorradio hielt Einzug. Doch bald war Radiohören ohnehin nicht mehr angesagt. Der erste reine Musik-Fernsehsender MTV nahm 1981 seinen Betrieb auf. »Video Killed the Radio Star« – der Titel seines ersten Musikvideos nahm die Entwicklung prophetisch vorweg.

Seit einigen Jahren führt ein Megatrend zurück zum Analogen, zum Langlebigen, zum edlen Material und zur handwerklichen Perfektion. Vor allem bei jungen Menschen. Zumindest bei denen, für die Musik mehr ist als Hintergrundberieselung und die Radio- und Hifi-Geräte vom Design-Standpunkt betrachten. Vorausgesetzt, sie können es sich leisten – was einmal selbstverständlich war, hat nämlich heute seinen Preis.

Wer einen Röhrenapparat auf dem Dachboden findet und mit neuem Klang erfüllen möchte, bringt ihn am besten in die Werkstatt von Richard Sbüll. Der Elektroniker entdeckte beim Renovieren eines solchen Apparats, aus rein persönlichem, nostalgischem Interesse, seine Leidenschaft: Das gute Alte handwerklich perfekt restaurieren und mit dem guten Neuen anreichern, also die Technik auf den aktuellen Stand bringen. Was dabei herauskommt, sind Retro-Radio-Unikate mit hervorragendem Klang aus Original-Lautsprechern, ergänzt durch Mikroelektronik und komfortable Bedienelemente. Man kann aus fertigen Stücken wählen oder eines, das einem am Herzen liegt, veredeln lassen. Damit lässt sich der »Tag des Radios« am 7. Mai endlich gebührend feiern – zur Erinnerung an den 7. Mai 1895, als der Erfinder Alexander Stepanowitsch Popow vor der Russischen Physikalisch-Chemischen Gesellschaft das von ihm entwickelte Radiogerät erstmals vorführte.

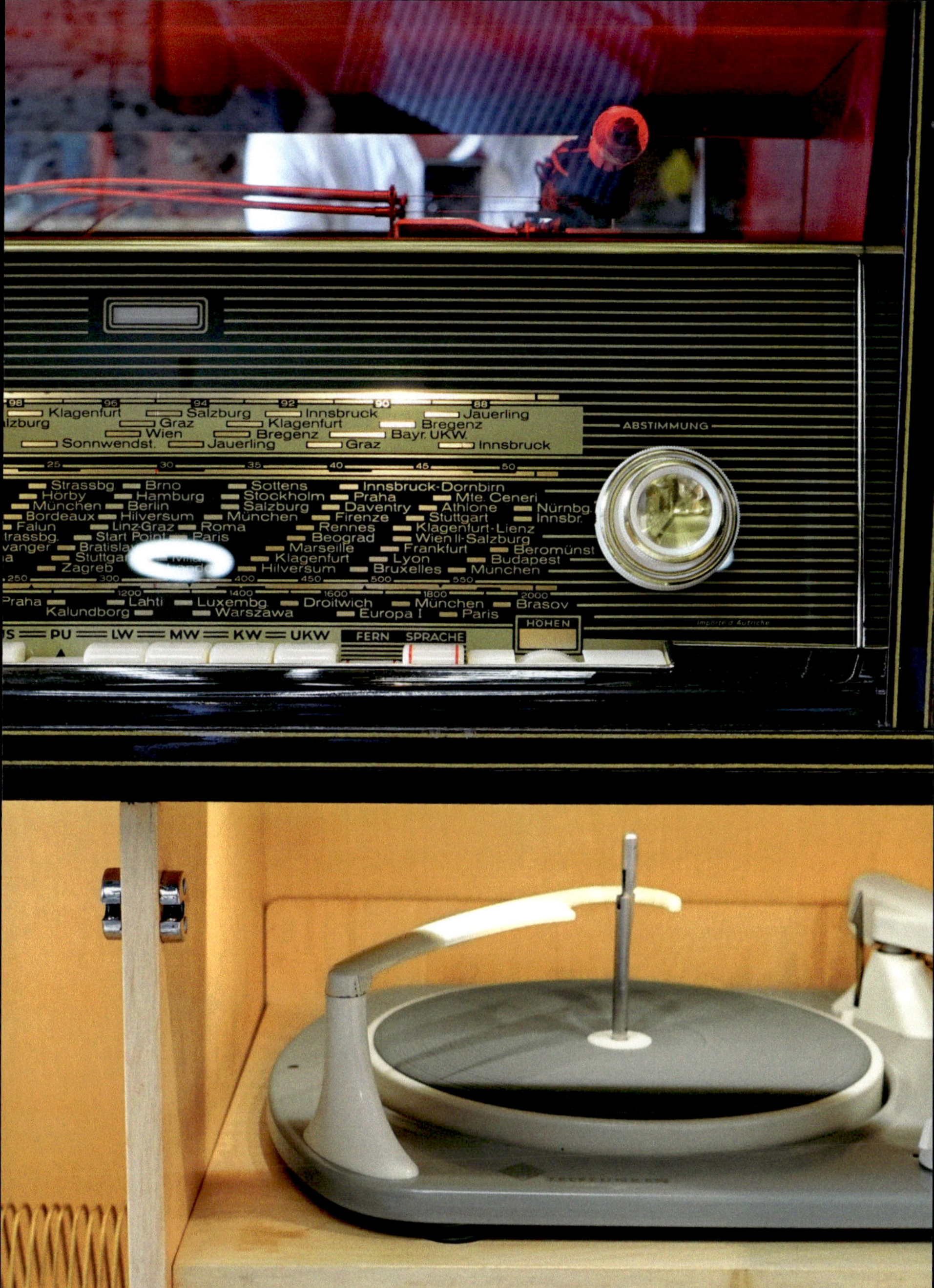

Adresse Mommsengasse 13, 1040 Wien, www.supersonic.at | **ÖPNV** Straßenbahn D, Station Schloss Belvedere | **Öffnungszeiten** Mo–Fr 10.30–16.30 Uhr | **Tipp** Im ehemaligen Funkhaus alias Radio Kulturhaus, Argentinierstraße 30A, einem denkmalgeschützten Bau von Clemens Holzmeister aus 1939, finden regelmäßig Musikveranstaltungen statt.

86 Das Ronacher

Der Bananenröckchen-Skandal

Auf einer riesigen Puderquaste sitzend sang die göttliche Josephine anno 1932 auf der Bühne des Varieté Ronacher Chansons wie »J'ai deux amours«. Bei ihrem Urwaldtanz trug die 26-jährige, farbige Schönheit aus Missouri ein Röckchen aus Bananenblättchen – und sonst gar nichts. Geplant war Josephine Bakers Gastspiel im Ronacher schon drei Jahre früher. Jedoch hatte man dann doch Bedenken gegen die in Paris und Berlin gefeierte »Revue Nègre«, zu Deutsch: »Schwarz auf Weiß«. Man befürchtete einen Skandal und verlegte die Show kurzfristig ins Johann-Strauß-Theater in der Paulanergasse. Das 1.000 Besucher fassende Theater war sechs Wochen ausverkauft.

Die Empörung der Wiener Moralapostel trat erwartungsgemäß ein. Heftiger Widerstand formierte sich gegen die Künstlerin, die sich zu Beginn ihrer Karriere geweigert hatte, barbusig aufzutreten. Der Protest seitens der Kirche trieb abenteuerliche Blüten. Bei Josephines Ankunft im Theater fingen die Glocken der nahe gelegenen Paulanerkirche an zu läuten. Andere Kirchen folgten dem Beispiel. Der Empfang der Künstlerin geriet solcherart unfreiwillig feierlich. Drei Tage lang wurden Bußgottesdienste abgehalten. Im Parlament löste die Protestrede eines christlich-sozialen Abgeordneten gar eine mehrstündige Debatte aus. Nichts, so Jerzabek, spräche gegen ihre Hautfarbe! Nur ihre Nacktheit! Sei untragbar! Das 1932 nachgeholte Gastspiel im Ronacher wurde zu einem der größten Triumphe in der Geschichte des Hauses.

Josephine arbeitete während des Zweiten Weltkriegs in der Resistance und adoptierte zwölf Kinder verschiedener Hautfarbe und Religionen. 1958 empfing sie der sozialistische Bürgermeister und spätere Bundespräsident Franz Jonas in Wien mit allen Ehren als »Künstlerin und Sozialarbeiterin«.

Heute werden in dem 1872 gegründeten, kurz darauf abgebrannten und 1886 von Anton Ronacher wieder aufgebauten Theater Musicals gespielt. Skandalfrei.

Adresse Seilerstätte 9, 1010 Wien, www.musicalvienna.at | **ÖPNV** Straßenbahn 2, Station Weihburggasse | **Öffnungszeiten** bei Vorstellungen und Backstage-Führungen | **Tipp** Die zweite wichtige Adresse für Musical-Fans ist das Raimund-Theater im 6. Bezirk in der Wallgasse. Einen Besuch wert ist das nahe gelegene »Haus der Musik« – ein Klangmuseum, in dem auch Konzerte stattfinden (www.hausdermusik.com).

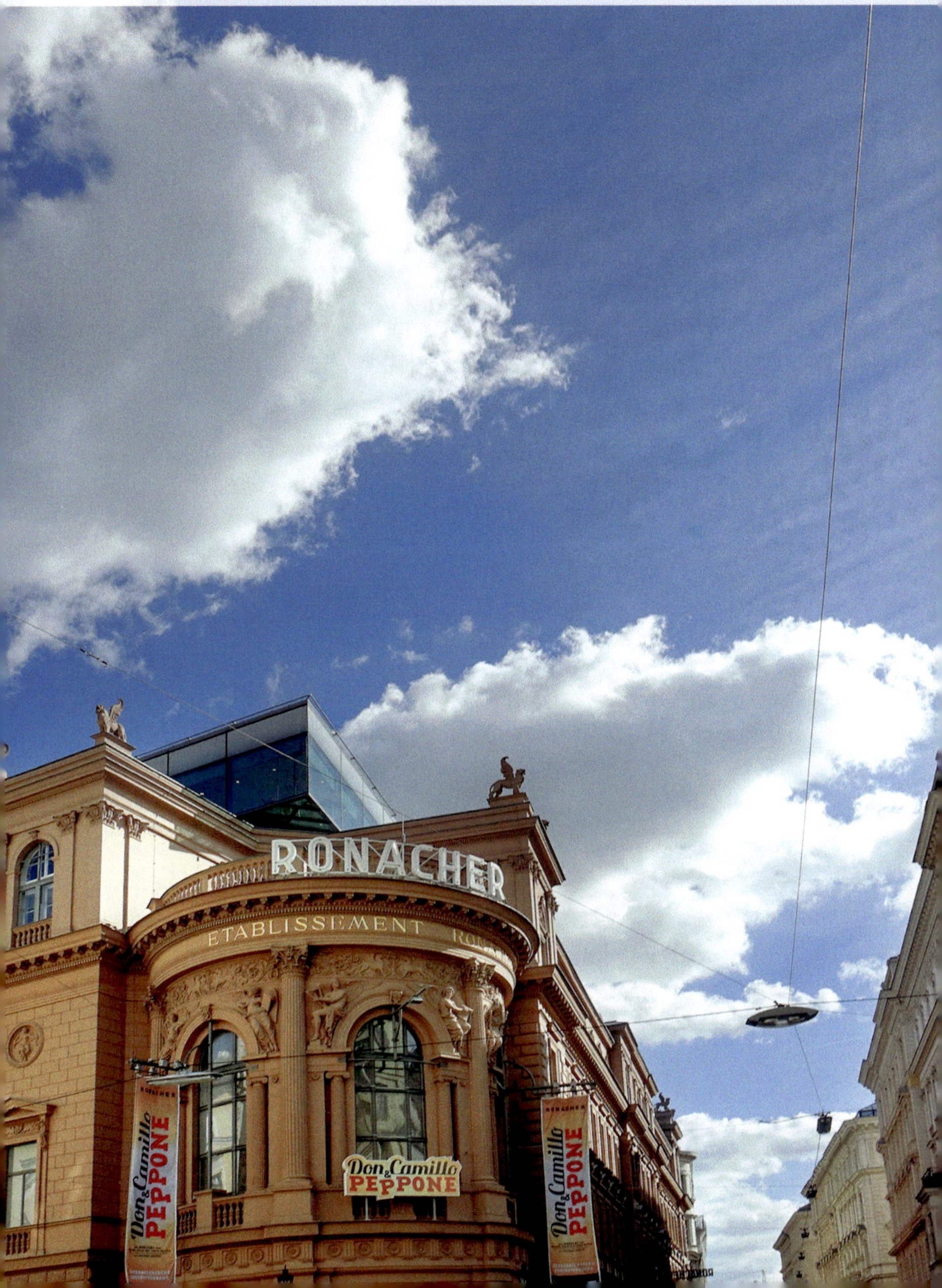

87 Die Ruprechtskirche

Dem Salzamt sei Dank

Jahrhundertelang hatte das mächtige, einflussreiche Amt, dem der Salzamtmann vorstand, seinen Sitz unmittelbar neben der Ruprechtskirche – bis am 1. April 1824 der Salzhandel freigegeben und das zuständige Amt abgeschafft wurde. Das Gebäude blieb noch jahrelang zweck- und inhaltslos bestehen. Und so wurde es zum Symbol für – Vergeblichkeit. »Beschwer dich doch beim Salzamt!«, empfiehlt man heute noch dem, der an Obrigkeiten jedweder Art verzweifelt.

Dabei verdanken wir dem Salzamt so einiges. Zum Beispiel, dass die dem heiligen Rupert, Schutzpatron der Salzschiffer, geweihte älteste Kirche Wiens überhaupt noch existiert. Nach dem verheerenden Brand von 1276, der fast die ganze Stadt zerstörte, wurde die Kirche im Stil der Gotik wieder aufgebaut. Die romanischen Mauern des Hauptschiffs, die Empore und die unteren Turmgeschosse aus dem frühen 12. Jahrhundert stehen immer noch. Das sogenannte Praghaus neben der Kirche, mit direktem Zugang zur Empore, beherbergte ab dem Jahr 1500 besagtes Salzamt, wo das aus dem Salzkammergut per Schiff angelieferte, wertvolle Salz gelagert und verkauft wurde. Im Gegenzug kümmerte sich der Salzamtmann um die Erhaltung der Kirche.

Das Gotteshaus steht auf den noch älteren Überresten des römischen Vindobona. Der Innenraum mutet beinahe so spartanisch an, wie er im Mittelalter gewesen sein mag. Die beiden Glocken aus dem 13. Jahrhundert auf dem Ton c" und b" klingen besonders hell, rein und klar. Die Kirche wirkt archaisch, zeitlos und in ihrer Schlichtheit fast modern. Ein wunderbarer Ort der Stille und Kontemplation. Vom Frühsommer bis in den Herbst jedoch erfüllt Musik vom Mittelalter bis zur Klassik den Kirchenraum, vorgetragen von kleinen Ensembles für Alte Musik. Im Juli gibt es Nachtkonzerte bei Kerzenlicht. Und jeden ersten Sonntag im Monat kann man im Sommer, als Kontrastprogramm, ungewohnten Klängen ganz neuer Musik lauschen.

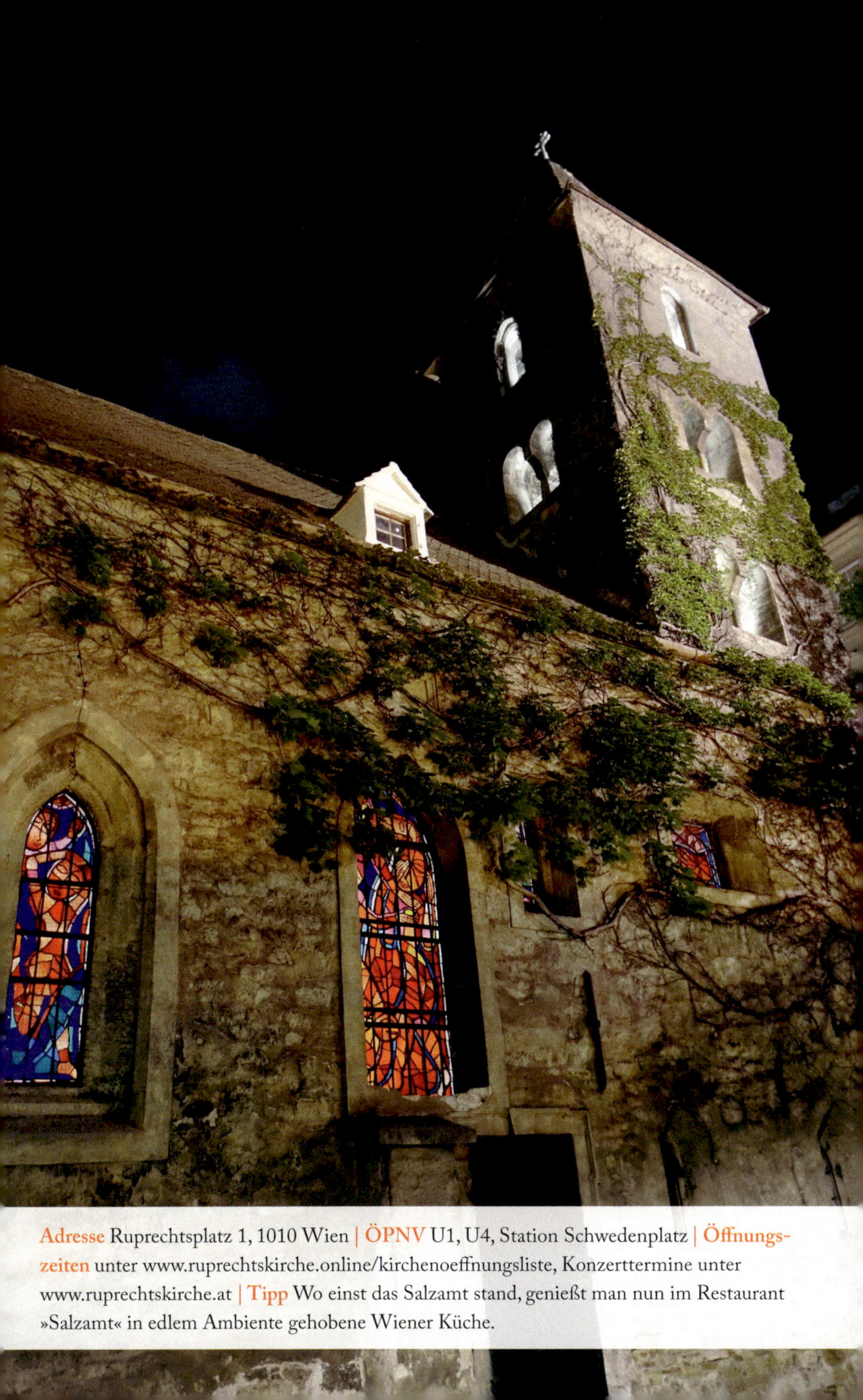

Adresse Ruprechtsplatz 1, 1010 Wien | **ÖPNV** U1, U4, Station Schwedenplatz | **Öffnungszeiten** unter www.ruprechtskirche.online/kirchenoeffnungsliste, Konzerttermine unter www.ruprechtskirche.at | **Tipp** Wo einst das Salzamt stand, genießt man nun im Restaurant »Salzamt« in edlem Ambiente gehobene Wiener Küche.

88 Die Sala Terrena

Fußtritt mit Folgen

Der Fürsterzbischof (49), aufgebracht: »Scherr er sich weiter, wenn er mir nicht recht dienen will!« Der Hofkapellmeister (25), trotzig: »Ich wuste nicht, daß ich kammerdiener wäre!«

Der Dialog zwischen Mozart und seinem Dienstherrn im Deutschordenshaus war bühnenreif; und der Fußtritt, mit dem der Komponist am 2. Mai 1781 vom Türlsteher Graf Arco nach einem heftigen Disput hinausbefördert wurde, war ebenso spektakulär wie folgenschwer. Dienstbote, ja, mehr galt man nicht zu jener Zeit. Mozart hatte genug vom Buckeln. Er wählte Freiheit statt Sicherheit und wagte den Sprung in die Selbstständigkeit. Dabei war er bei seinem Einzug ins Deutschordenshaus am 16. März so zuversichtlich gewesen. Hatte er doch freie Kost und Logis in der Wiener Innenstadt, viel Zeit zum Komponieren – und gleich zwei Aufführungsorte im Haus: die Deutschordenskirche und den Gartensaal, die Sala Terrena.

Wobei – Saal ist eigentlich zu viel gesagt, die »Sala« fasst höchstens 40 Zuhörer und mutet wie eine Grotte an; zwei Fenster gehen in den efeubewachsenen Innenhof. Die Sala ist vor allem ein Touristenmagnet, doch das sollte Einheimische nicht davon abhalten, einen Streichquartett-Abend an diesem einzigartigen Ort zu besuchen. Die Musik umfängt den Besucher in dem halbrunden Raum mit den farbenprächtigen Fresken aus der venezianischen Spätrenaissance, an denen man sich kaum sattsehen kann. In der Pause, im Innenhof, blickt man zum Südturm des Stephansdoms empor, von dem man die Turmuhr schlagen hört, und zu den Fenstern, hinter denen Mozart im März 1781 sein Rondo für Horn und Orchester komponierte.

Der Hinauswurf katapultiert Mozart direkt in die Arme der Frau, die er ein Jahr später, am 4. August 1782, im Stephansdom ehelichen wird. Er zieht nämlich zur Untermiete in den zweiten Stock des Hauses »Zum Auge Gottes« am Petersplatz – in die Wohnung von Madame Weber, seiner Schwiegermutter in spe.

Adresse Singerstraße 7, 1010 Wien, www.mozarthaus.at | ÖPNV U1, U3, Station Stephansplatz | Öffnungszeiten bei Konzerten Mi, Fr, So 19.30 Uhr, Sa 18 Uhr, Führungen auf Anfrage unter www.deutscher-orden.at | Tipp Im Durchgang befindet sich der Eingang zur Kirche St. Elisabeth aus 1395 mit einem Turm aus dem 13. Jahrhundert.

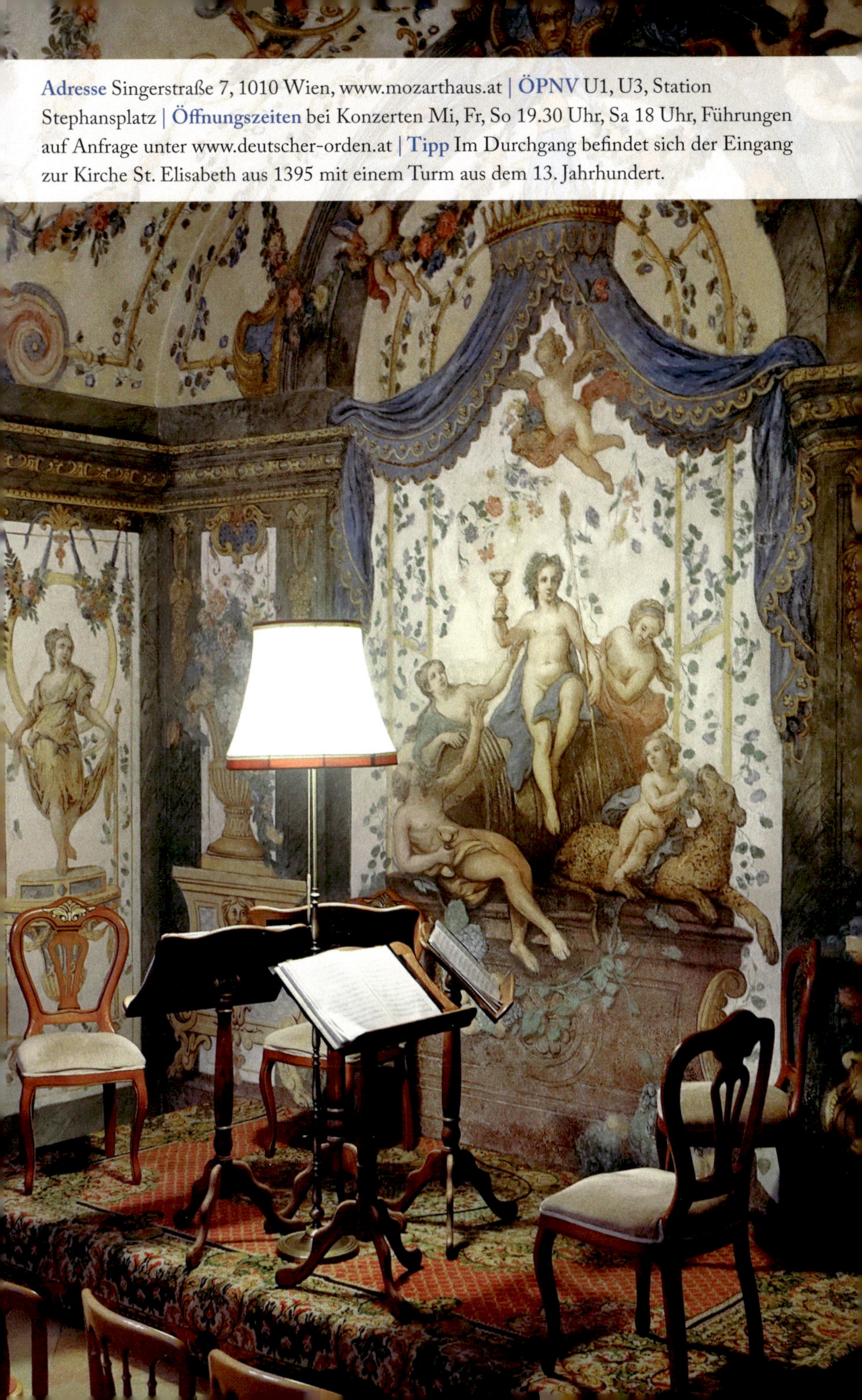

89 Salomons Grab

Die israelitische Abteilung am Zentralfriedhof

Wenn man das 1. Tor durchschreitet, liegt rechter Hand der stimmungsvollste, verwunschenste Teil des Wiener Zentralfriedhofs. Die Zeit steht still. Auf kunstvoll gestalteten Gräbern, die sich in alten Lindenalleen aneinanderreihen, verfallen, von Efeu überwuchert, liest man bekannte Namen. Auf einem, von einer Lyra gekrönt, steht auf Hebräisch und Deutsch: »Professor Salomon Sulzer, Ober-Cantor der Cultusgemeinde Wien von 1826 bis 1881, Meistersänger, Gründer des veredelten Cultus- und Chorgesangs, Verfasser des Schir Zion, sein Angedenken ein ewiger Segen«.

Mit 16 wird der gebürtige Vorarlberger in Hohenems zum Kantor berufen, mit 23 als Vorbeter in die neu erbaute Synagoge in der Wiener Seitenstettengasse bestellt. Er ist ein ausgezeichneter Sänger, studiert Komposition und schreibt Lieder im Stil der Wiener Klassik. Den jüdischen Gottesdienst krempelt er gründlich um. Mit »Schir Zion«, seinem jüdischen Liederbuch zum Gebrauch beim Gottesdienst, reformiert er radikal die jüdische Musikliteratur – er europäisiert sie. Die alten Melodien setzt er als Choräle und führt dafür die deutsche Sprache ein. Als Nächstes gründet er einen Synagogenchor, für den er bei zeitgenössischen Komponisten Gesänge in Auftrag gibt. Zum Beispiel bei Franz Schubert, den er überaus bewundert. Schubert schreibt im Sommer seines Todesjahres 1828 sein einziges Werk in hebräischer Sprache, den 92. Psalm (D 953) für Bariton Solo und gemischten Chor a cappella. Eindringlich, erschütternd, rätselhaft.

Salomon Sulzer ist auch mit Franz Liszt befreundet, der sich von seinem Gesang tief ergriffen zeigt. Der hebräische Text ist ihm zwar unverständlich, allein – der Klang verkündet ihm die Botschaft. »Wenn Sulzer am Erinnerungstage des Falles der Stadt Jehovas vor der Bundeslade sitzend die Trauerlieder gesenkten Hauptes vortrug, schien er selbst der Prophet zu sein, der auf den Ruinen trauerte«, schreibt August Ludwig Frankl, Direktor des Wiener Musikvereins.

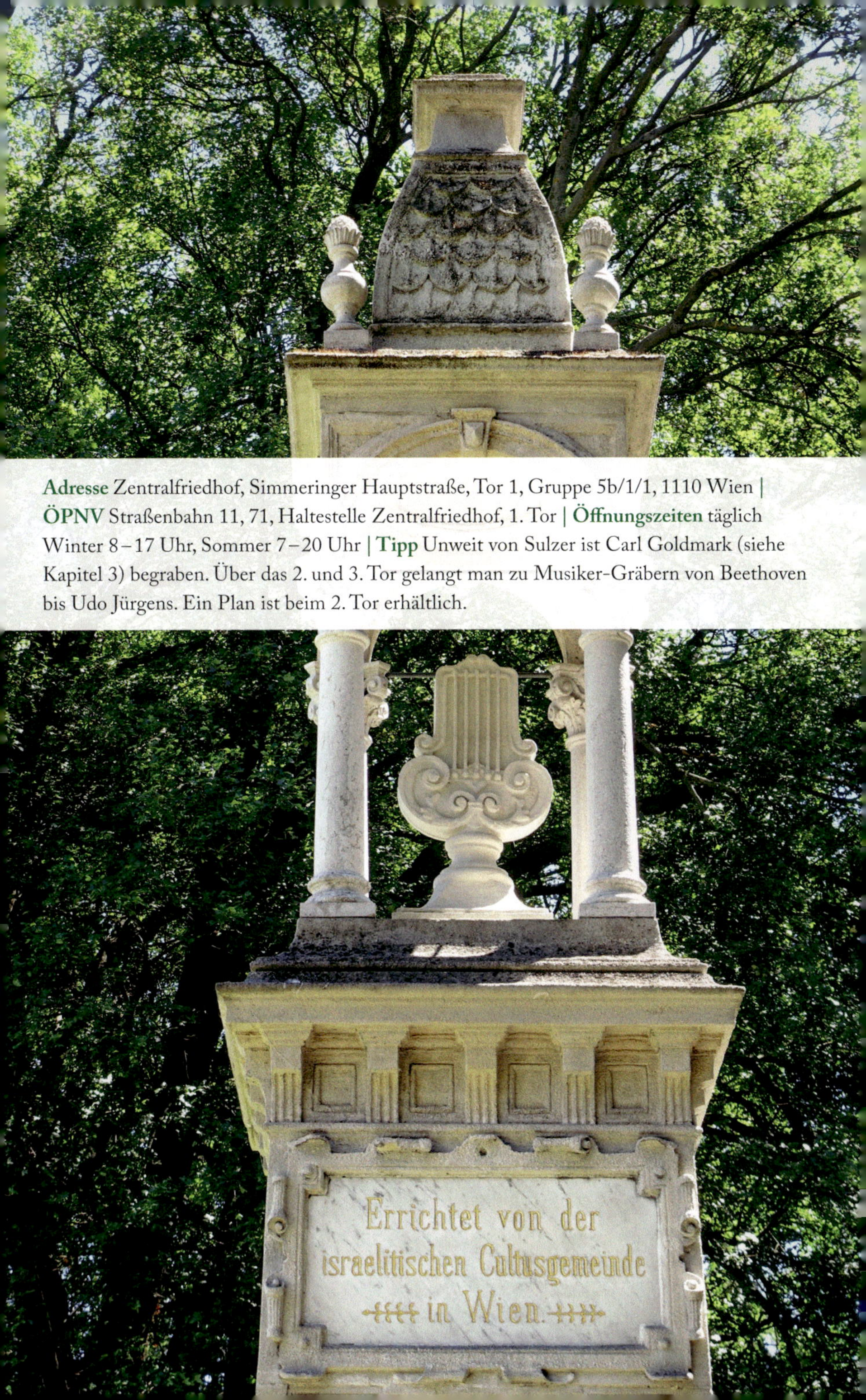

Adresse Zentralfriedhof, Simmeringer Hauptstraße, Tor 1, Gruppe 5b/1/1, 1110 Wien | **ÖPNV** Straßenbahn 11, 71, Haltestelle Zentralfriedhof, 1. Tor | **Öffnungszeiten** täglich Winter 8–17 Uhr, Sommer 7–20 Uhr | **Tipp** Unweit von Sulzer ist Carl Goldmark (siehe Kapitel 3) begraben. Über das 2. und 3. Tor gelangt man zu Musiker-Gräbern von Beethoven bis Udo Jürgens. Ein Plan ist beim 2. Tor erhältlich.

90_Die Sammlung alter Musikinstrumente

Musik aus der Zeitkapsel

Den Kern der einzigartigen Sammlung von Musikinstrumenten aus vier Jahrhunderten verdanken wir der Sammelleidenschaft eines humanistischen Fürsten der Renaissance: Erzherzog Ferdinand II. Auf Schloss Ambras in Innsbruck ließ er 1583 ein Gebäude errichten, das ausschließlich dem Zurschaustellen der Objekte seiner Kunst- und Wunderkammer diente. So schuf er das erste und älteste Museum der Welt.

1806 brachte die Niederlage Österreichs gegen Napoleon die kostbare Musiksammlung in Gefahr. Sie wurde nach Wien gebracht, wo Kustos Julius von Schlosser sie 1889 mit dem Bestand der musikbegeisterten italienischen Familie Obizzi aus Schloss Catajo bei Padua vereinte. Ferdinands Augen- und Ohrenmerk galt kunstvollen Unikaten, während den Obizzis praktisches Musizieren wichtig war, eine ideale Ergänzung. Schlosser erweiterte die Sammlung um Objekte neueren Datums, vor allem Tasteninstrumente.

Wer Zeit und Muße hat, kann nun in der Neuen Burg mehr als 400 Instrumente betrachten und manche davon dank Audioguide auch hören. Man taucht in eine Welt ein, in der Musizieren zum Alltag gehörte und Schönheit den Gegenständen immanent war; lernt, die Gamben-Familie an ihren abfallenden Schultern zu erkennen und die Lyra an ihrem flachen Steg; bestaunt die Mobilität früher Tasteninstrumente und raffiniert platzsparende Giraffenklaviere, Drachenschalmeien, Pauken und Trompeten, tragbare Mini-Orgeln, die Regale heißen, und jede Menge Violinen und Hammerflügel. An den Wänden hängen Gemälde, unter anderem wenig bekannte Jugendporträts von Schubert und Beethoven. Die 1509 gefertigte Lira da Braccio, in deren Korpus der weibliche wie auch der männliche Körper anklingt, zeigt, wie nahe Musik und Liebe einander ursprünglich standen und wie persönlich und intim der Rahmen war, in dem einst musiziert wurde.

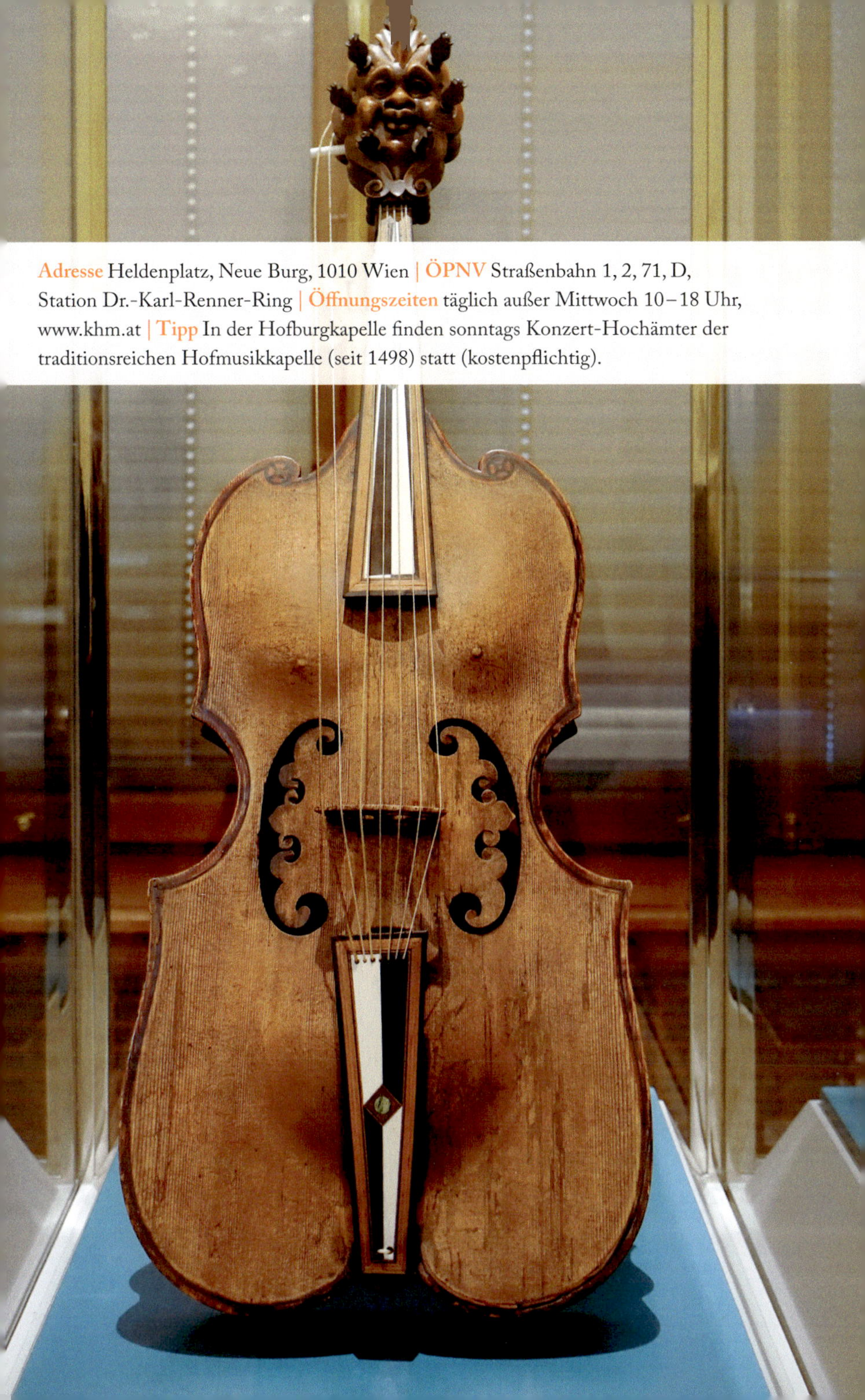

Adresse Heldenplatz, Neue Burg, 1010 Wien | **ÖPNV** Straßenbahn 1, 2, 71, D, Station Dr.-Karl-Renner-Ring | **Öffnungszeiten** täglich außer Mittwoch 10–18 Uhr, www.khm.at | **Tipp** In der Hofburgkapelle finden sonntags Konzert-Hochämter der traditionsreichen Hofmusikkapelle (seit 1498) statt (kostenpflichtig).

91__Das Santo Spirito

Hommage an Johann Sebastian

Wie auf dem Gemälde »Die Taufe Christi« von Piero della Francesca schwebt über einer Säule am Tresen des »Santo Spirito« symbolisch eine Taube. Keine weiße allerdings, sondern eine goldene. Passend zum akustischen Markenzeichen, dem Gloria aus Johann Sebastian Bachs »Hoher Messe in h-Moll«. Ursprünglich wachte eine echte, fette Wiener Großstadttaube, ausgestopft und vergoldet, als guter Geist über das Lokal im Souterrain des Hauses. Anlässlich der Renovierung vor 15 Jahren unterzog Christian Hamernik das vom Zahn der Zeit zerzauste Vieh sozusagen einer Wandlung. Immerhin ist damit einem der größten Komponisten aller Zeiten in Wien zumindest *ein* Denkmal gesetzt.

Die Besonderheit der Bar, in der man auch gut essen kann, ist, dass klassische Musik gespielt wird, vorzugsweise Alte Musik, Renaissance bis Barock. Denn diese Musik, davon ist der Besitzer des »Santo« überzeugt, hat eine ganz besondere Wirkung auf die menschliche Seele, auf das Gemüt und auf den Geist. Meistens kommt die Musik aus Lautsprechern, selten gibt es Live-Auftritte mit Ensembles aus der Alte-Musik-Szene. Die Art der Raumgestaltung mit ihren Mauer-Durchblicken mutet ein wenig antik an und ist mediterran angehaucht. An den Wänden finden sich Bilder von Komponisten und ein Regal mit einer beeindruckenden CD-Sammlung; oberhalb eines schwarzen Klaviers welkt eine Rose vor sich hin, Hommage an W. A. Mozart.

Das Publikum ist sehr gemischt. Es kann durchaus vorkommen, dass ein bekannter Musiker aus der Szene nach einem Konzert oder einer Opernaufführung im »Santo« ein Gläschen trinkt, Jordi Savall etwa, Ton Koopman, Emma Kirkby oder René Clemencic. Beruhigend jedenfalls, dass es in Zeiten wie diesen, wo neue Lokale wie Schwammerl aus dem Boden schießen, aufpoppen, verschwinden oder neu interpretiert werden müssen, etwas Beständiges gibt. »Musica perennis« – Musik auf ewig.

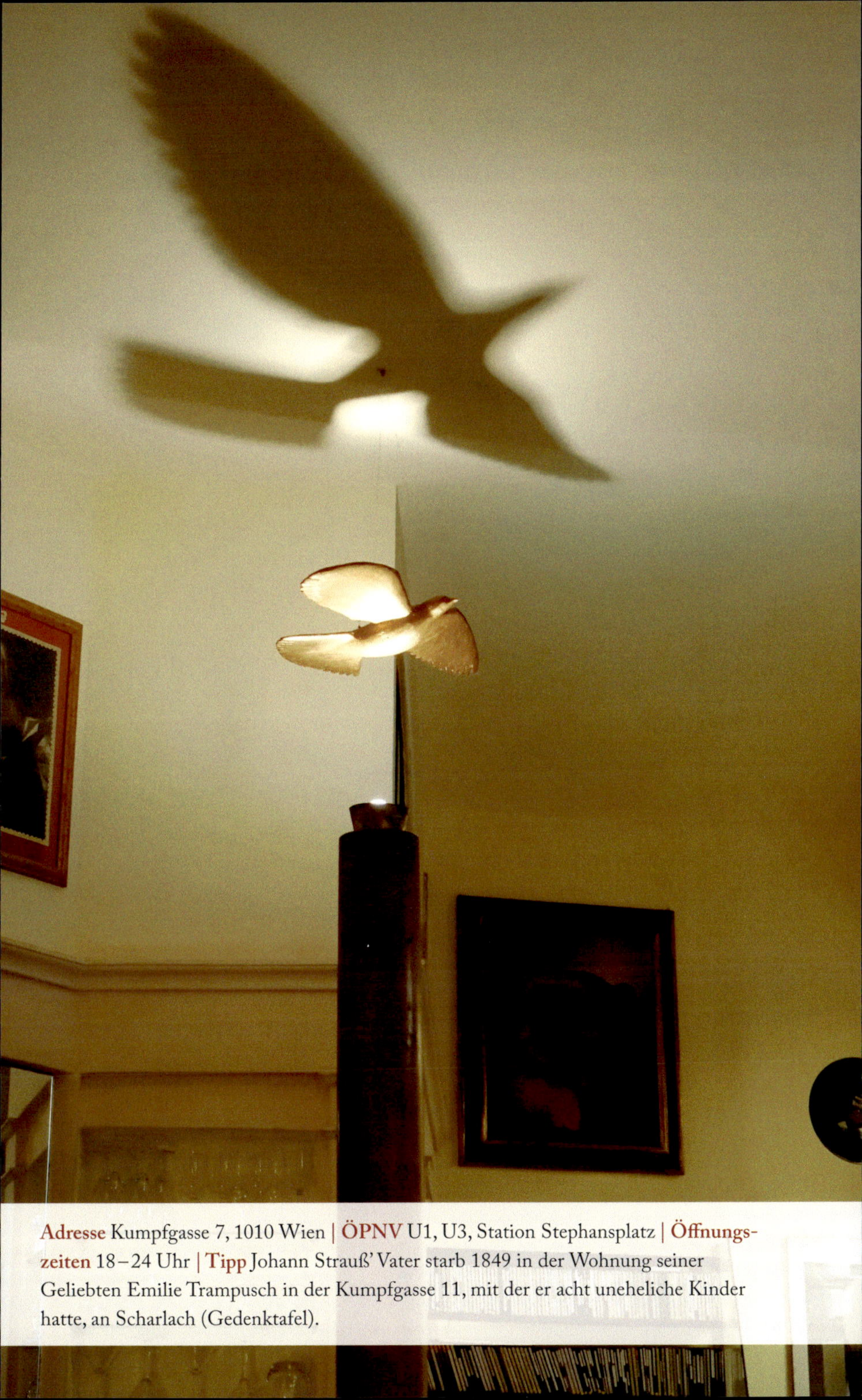

Adresse Kumpfgasse 7, 1010 Wien | **ÖPNV** U1, U3, Station Stephansplatz | **Öffnungszeiten** 18–24 Uhr | **Tipp** Johann Strauß' Vater starb 1849 in der Wohnung seiner Geliebten Emilie Trampusch in der Kumpfgasse 11, mit der er acht uneheliche Kinder hatte, an Scharlach (Gedenktafel).

92 Das Schloss Augarten

Beethoven und die Sonata mulattica

Die »Sonata per il Piano-forte ed un Violino obligato op. 9« trägt die Widmung »Composta e Dedicata al mio amico R. Kreutzer«. Der berühmte Violinist jedoch wird sie nie aufführen – sie sei unspielbar! Tröstlich, dass Beethoven die grandiose »Kreutzersonate« ursprünglich gar nicht für den undankbaren Rudolphe komponiert hat, sondern für den sympathischen 24-jährigen Virtuosen George Bridgetower. Beethoven (33) hat sich mit ihm angefreundet, gemeinsam führen sie die Sonate am 24. April 1803 im kaiserlichen Lustschloss Augarten erstmals auf. Die Geigenstimme hat Beethoven um 8 Uhr fertig. Den Klavierpart gar nicht. Um 13 Uhr beginnt das Konzert. Der Komponist beweist Humor. Auf das erste Blatt, über die Notenzeilen, schreibt er: »Sonata composta per il Mulatto Brischdauer, gran pazzo e compositore mulattico«. Der »großartige Wahnsinnige« hat väterlicherseits äthiopische Wurzeln und bei seinem Violin-Part ein wenig: dazukomponiert. »Bridgetower hatte ein volles Haus, auch ist er wirklich ein sehr starker Violinspieler, der große Schwierigkeiten mit glücklicher Kühnheit und Leichtigkeit überwindet.«

Im Schlösschen in der ältesten barocken Gartenanlage Wiens, seit 1775 der Öffentlichkeit zugänglich, fanden etwa zwölfmal jährlich die sogenannten Augarten-Konzerte statt, musikalische und gesellschaftliche Events für die Hautevolee von Wien. Beim ersten Konzert im Mai 1782, in dem »Gebäude mit Speisesälen, Erfrischungsräumen, Tanzsälen und Billardzimmer«, hat Wolfgang Amadeus Mozart sein Konzert für zwei Klaviere KV 365 gespielt, mit Josepha Auernhammer, die bis über beide Ohren in ihn verliebt war.

Speisen und Erfrischungen serviert man heute noch. Wo jedoch anno dazumal große Künstler Musik vom Tage selbst aufführten, befindet sich nun die Manufaktur Augarten; aus feinstem Porzellan stellt sie nicht nur Tafelgeschirr her, sondern auch hervorragende Lautsprecher.

Adresse Obere Augartenstraße 1, 1020 Wien | **ÖPNV** U2, Straßenbahn 2, Bus 5B, Station Taborstraße | **Öffnungszeiten** Gedenktafel zu Parköffnungszeiten zugänglich, Café / Restaurant 9–22 Uhr, So 9–18 Uhr, www.sperling.wien, Porzellanmuseum Mo–Sa 10–15 Uhr, www.augarten.com | **Tipp** Im »MuTh«-Saal der Sängerknaben finden Konzerte statt (www.muth.at). In der »Bunkerei« gibt's im Sommer gutes Essen und Freiluft-Musik.

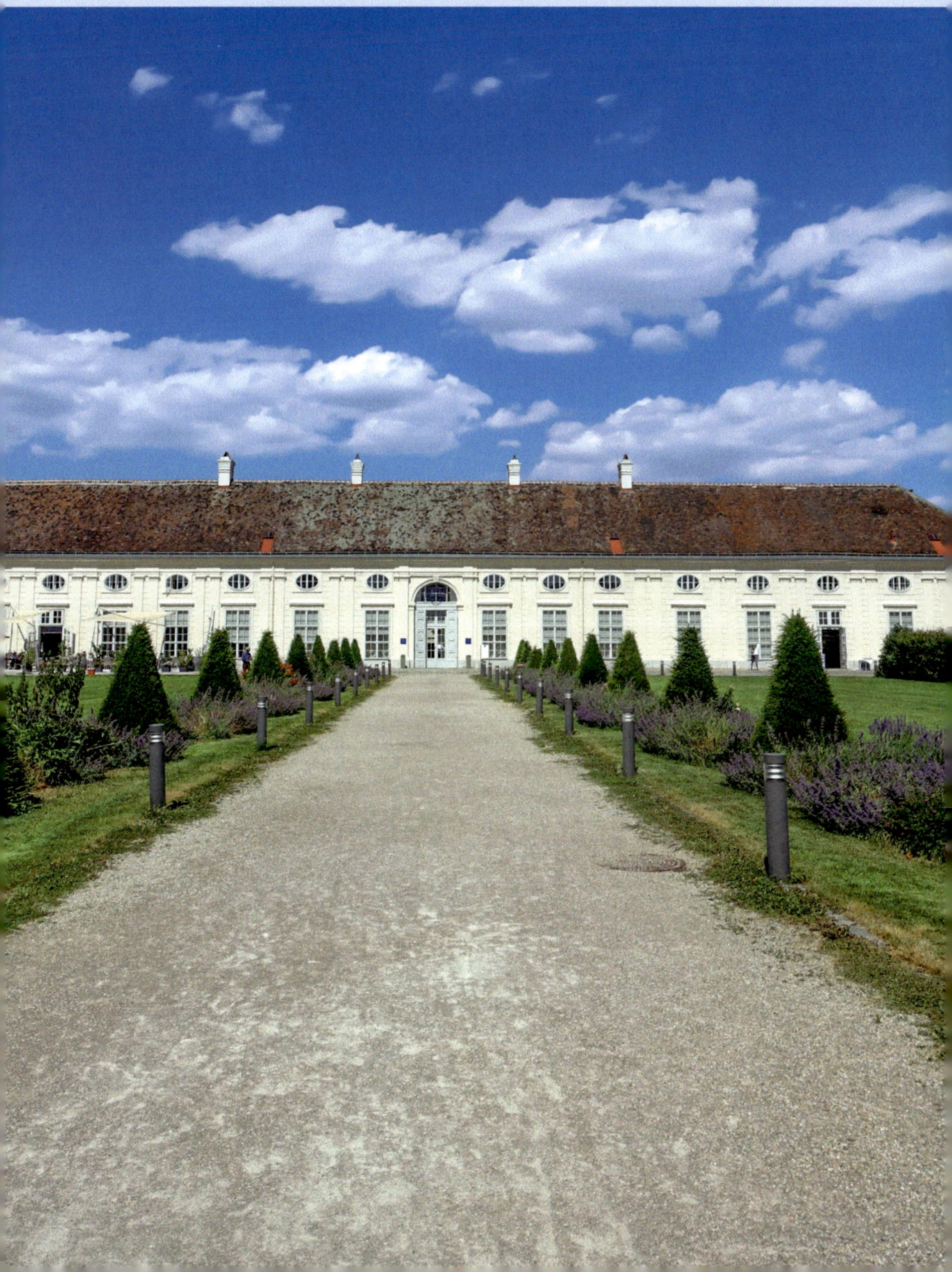

93_Das Schlosstheater

Spectacle müssen seyn!

Maria Theresias Anweisung vom 9. Juni 1759 an ihren General-Spectaclen-Direktor ist eindeutig: »Spectacle müssen seyn, ohnedem kan man nicht hier in einer solchen großen residenz bleiben!« Politische Krisen und Finanzprobleme hin oder her – auf Musik verzichten die Habsburger unter gar keinen Umständen. Machen sie diese doch mit Begeisterung höchstselbst. Leopold I. ist wie schon sein Vater Ferdinand III. ein achtbarer Komponist und spielt mehrere Instrumente. Auch sein Sohn Karl VI. komponiert. Für dessen Tochter Maria Theresia sind die schönen Künste fixer Bestandteil der höfischen Bildung.

Bei Aufführungen bleibt man am liebsten unter seinesgleichen. Und so lässt die Kaiserin 1743 vom Unterhofbaumeister Nikolaus Pacassi ihr ganz privates Musiktheater errichten – die Pläne von Fischer von Erlach haben es nicht vorgesehen. Am 4. Oktober 1747, Namenstag des Kaisers, wird es feierlich inauguriert. Bespielt wird es unregelmäßig, nur zu besonderen Anlässen und ausschließlich von Mitgliedern des Kaiserhauses und Hochadels. Der Zutritt zu den Vorstellungen bleibt den Hoffähigen vorbehalten, also denen, die durch Geburt oder Rang bei Hof verkehren dürfen. Die Sitzplätze der kaiserlichen Familie, ursprünglich im Parterre, werden beim Umbau 1766 in die Mittelloge verlegt. Die allerhöchsten Herrschaften sind nun fast unsichtbar und können noch schöner auf die weniger hohen hinabblicken.

Eine gewisse Privatheit hat sich das Schlosstheater Schönbrunn bewahrt. Seit 1929 steht es dem Max Reinhardt Seminar als Übungsbühne zur Verfügung, heute auch dem Institut für Gesang und Musiktheater der mdw. Das gemeine Volk, zum Glück hoffähig geworden, kann den erlauchten Studien-Aufführungen jederzeit beiwohnen – kostenlos. Hohes künstlerisches Niveau und märchenhaft schönes barockes Ambiente sind garantiert – und in der Pause ein atemberaubender Blick auf das Schloss Schönbrunn.

Adresse Schlosstheater Schönbrunn, Schönbrunner Schlossstraße 47, 1130 Wien, www.mdw.ac.at/inst9 | ÖPNV U4, Station Schönbrunn | Öffnungszeiten Okt.–Juni bei Aufführungen der mdw | Tipp Das entzückende Marionettentheater im Hofratstrakt hat Opern für Kinder und Erwachsene auf dem Spielplan (www.marionettentheater.at).

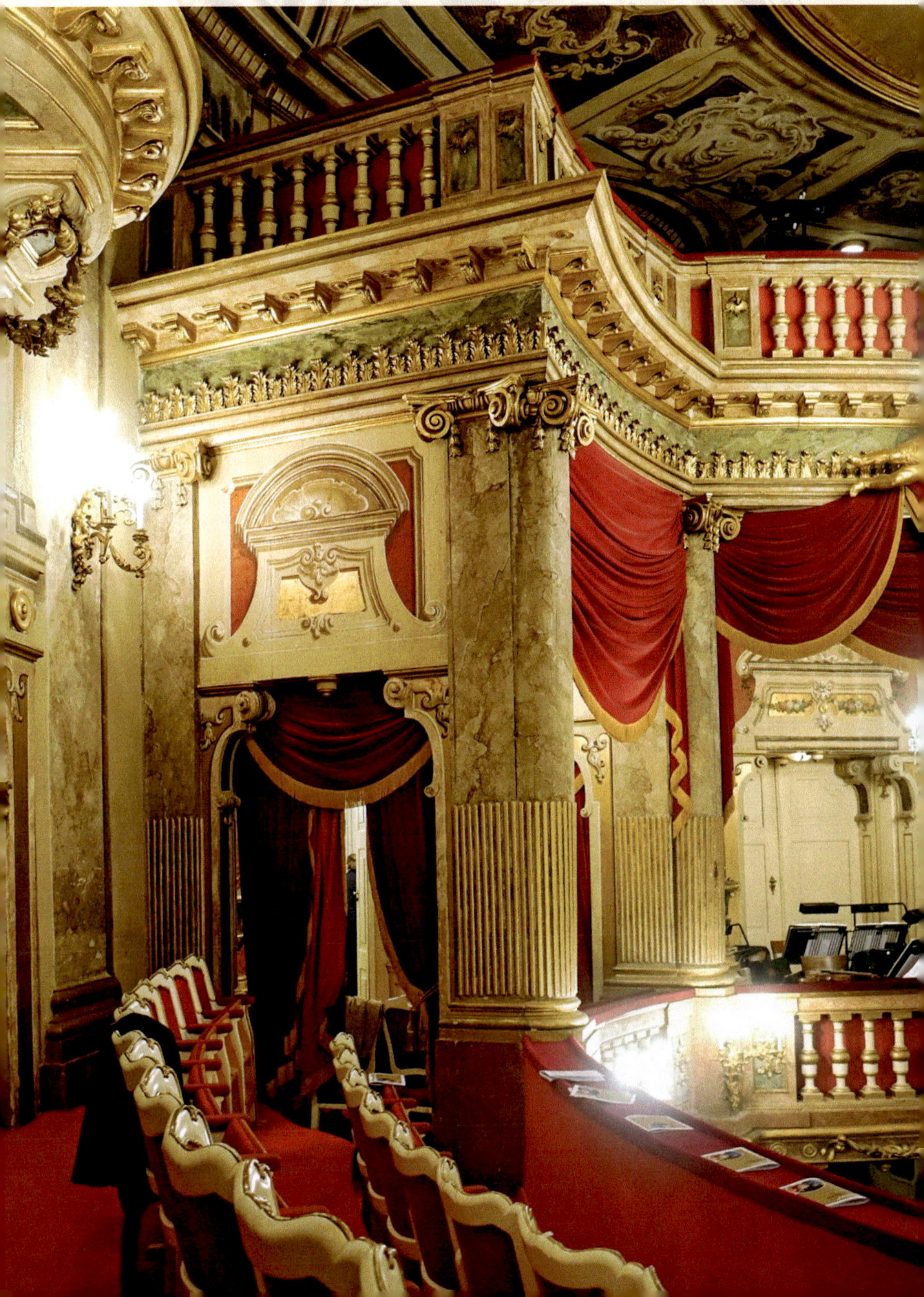

94 Schuberts Geburtshaus

Über das Leben im Biedermeier

Natürlich ist in der berühmtesten Schubert-Gedenkstätte Wiens das Markenzeichen des Komponisten ausgestellt, der Gegenstand, den er von Kindesbeinen an auf der Nase trug: »Die Brille« – 3,5 Dioptrien. In dem Haus, in dem Schubert geboren wurde, durchmisst man verschiedene Räume, betrachtet faksimilierte Noten, Briefe, Zeichnungen und Gemälde und kann über Kopfhörer Tonbeispiele hören. Der Hammerflügel hat Franz' zwölf Jahre älterem Bruder Ignaz gehört.

Eindrucksvoller als alle Exponate ist der Ort an sich. Ein typisches Biedermeierhaus in U-Form, ein Hof mit Brunnen. Bescheidene Wohnungen, Zugang von außen über Pawlatschen (von tschechisch »pavlac« – offener Gang): Holzgänge, zu welchen Stiegen hinaufführen. Nachdenklich stimmt die winzige Rauchkuchl, in der Franz am 31. Jänner 1797 das Licht der Welt erblickt. Er ist das fünfte überlebende von bis dahin zwölf Kindern. Die Mutter ist schon 40, der Vater 33. Die Rauchkuchl ist Teil des Vorraums, sonst gibt es für die siebenköpfige Familie nur ein Zimmer. Hier müssen Betten, ein Schrank, ein Tisch und Stühle Platz finden und das Klavier, das den kleinen Franz magisch anzieht.

Das Haus »Zum roten Krebsen« in der Wiener Vorstadt Himmelpfortgrund beherbergt 17 Wohnungen mit bis zu 100 Bewohnern. Dazu im Erdgeschoss die Schulstube, in der Vater Theodor unterrichtet. Als Franz viereinhalb Jahre alt ist, bringt seine Mutter Elisabeth ihr letztes Kind zur Welt – das 14. Der Vater kann endlich ein Haus kaufen, nicht weit entfernt in der Säulengasse. Im neuen Schulzimmer unterrichtet Theodor nun bis zu 300 Schüler. Er kümmert sich um die musikalische Ausbildung seiner Söhne, besonders um die des aufgeweckten Franz. Er macht ihn mit der Geige vertraut, Ignaz gibt ihm Klavierunterricht. Allwöchentlich übt man sich im Streichquartett. Wobei der Vater das Cello spielt, Ferdinand erste Geige, Ignaz die zweite – und Franz die Bratsche.

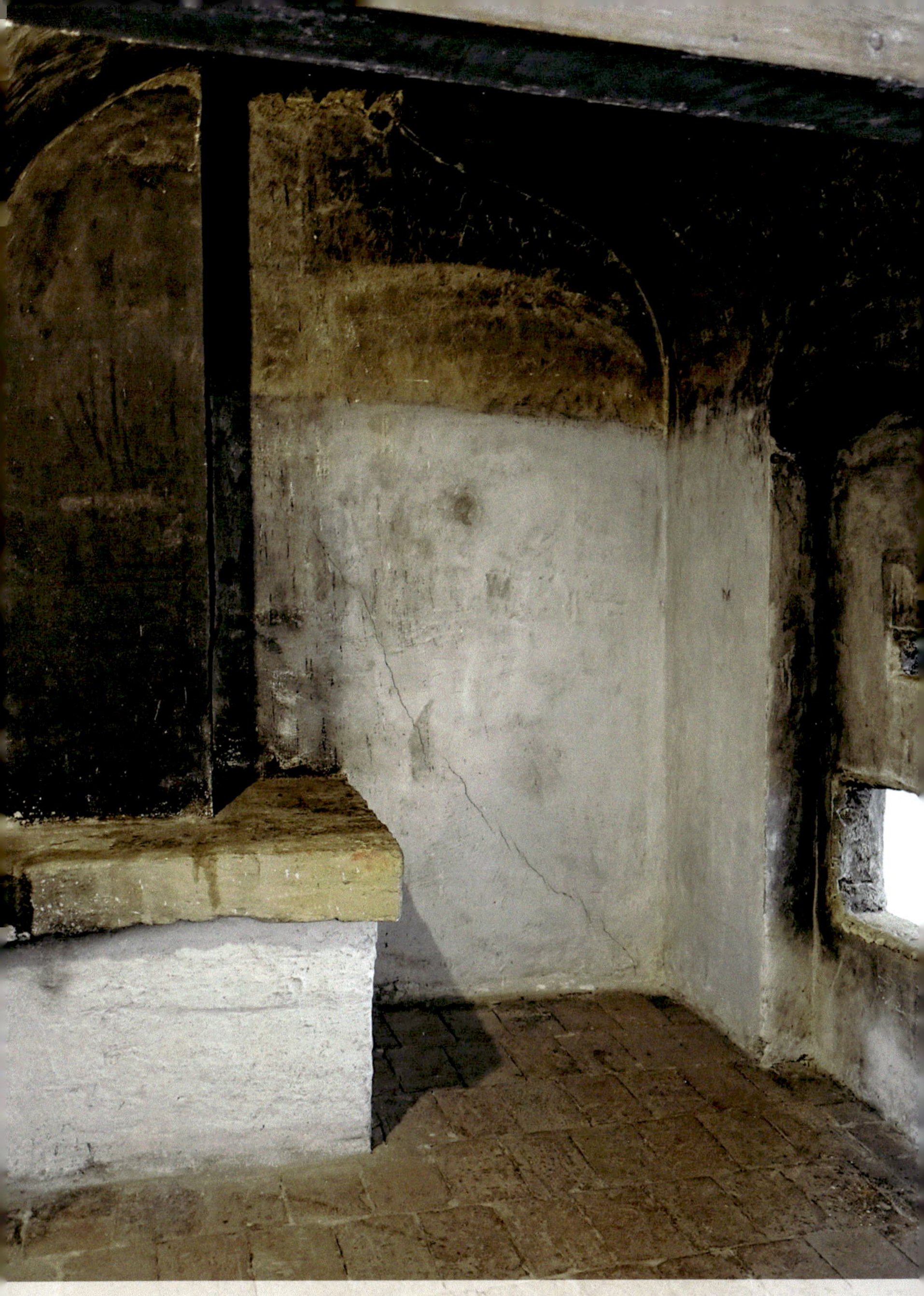

Adresse 9. Bezirk, Nussdorferstraße 54 | ÖPNV Straßenbahn 37, 38, Station Canisiusgasse | Öffnungszeiten Di–So und Feiertage 10–13 und 14–18 Uhr | Tipp Zu selbigen Öffnungszeiten ist Mittwoch und Donnerstag Schuberts Sterbewohnung (5. Bezirk, Kettenbrückengasse 6) zu besichtigen.

95_Der Teuchtler

Before Sunrise

Das Schallplattenparadies in der Windmühlgasse ist kürzlich 70 geworden. Doch was spielt das Alter schon für eine Rolle, hier, wo die Zeit stillsteht, wie es sich für ein Paradies gehört! Seit hier 1995 eine Szene des Kultfilms »Before Sunrise – Zwischenstopp in Wien« gedreht wurde, ist das Secondhand-Geschäft für Vinyl, Schellack, CDs, Musikbücher, Zeitschriften, Autogramme und Hi-Fi-Geräte ohnehin in die ewige Filmgeschichte eingegangen.

Auf einer Zugfahrt von Budapest nach Wien trifft der junge amerikanische Journalist Jesse die bezaubernde Französin Celine, die auf der Heimreise nach Paris ist. Beide sind sofort voneinander fasziniert. Als der Zug in Wien einfährt, muss Jesse aussteigen, um am nächsten Morgen sein Flugzeug nach Amerika zu erreichen. Er überredet Celine, ihre Reise zu unterbrechen und den Tag mit ihm zu verbringen.

»Wir sind gerade erst in Wien angekommen, und wir suchen etwas, was Spaß macht.« Die zwei Wiener, die Jesse fragt, empfehlen unter anderen Attraktionen: den Teuchtler. Nichts wie hin! »Come here!« von Kath Bloom suchen Jesse und Celine (alias Ethan Hawke und Julie Delpy) sich aus. Was sich danach in der Hörkabine abspielt, ist eine der entzückendsten und knisterndsten Liebesszenen überhaupt, und das liegt nicht an der Platte, denn die ist teuchtlermäßig in knisterarmem Zustand. »Es ist schön, seinen Blick zu spüren, wenn ich wegsehe.« Der Satz von Celine, später, als die beiden im nahe gelegenen Café Sperl sitzen – sagt alles.

Die beiden Filmhelden hätten die Wahl gehabt: Jazz, Rock, Metal, Klassik, Blues, Soul, Pop, Tanzmusik, Oldies, Schlager, Weltmusik, Wienerlied oder Austropop. Wären sie nicht fündig geworden und hätten sie mehr Zeit gehabt, so hätten sie auch den Schallplattensuchdienst in Anspruch nehmen können. Und sollten Sie Ihre Schallplattensammlung jemals verkaufen oder eintauschen wollen – Anruf genügt.

Adresse Windmühlgasse 10, 1060 Wien, Tel. 01/5862133 | **ÖPNV** Bus 57A, Station Stiegengasse | **Öffnungszeiten** Mo–Fr 13–18 Uhr, Sa 10–13 Uhr | **Tipp** Die Laimgrubenkirche (1692) stand einst in der Mariahilfer Straße – im Weg. Man hat sie kurzerhand in die Windmühlgasse – verschoben: Sie wurde abgerissen und 1907 als perfekte Kopie wieder aufgebaut.

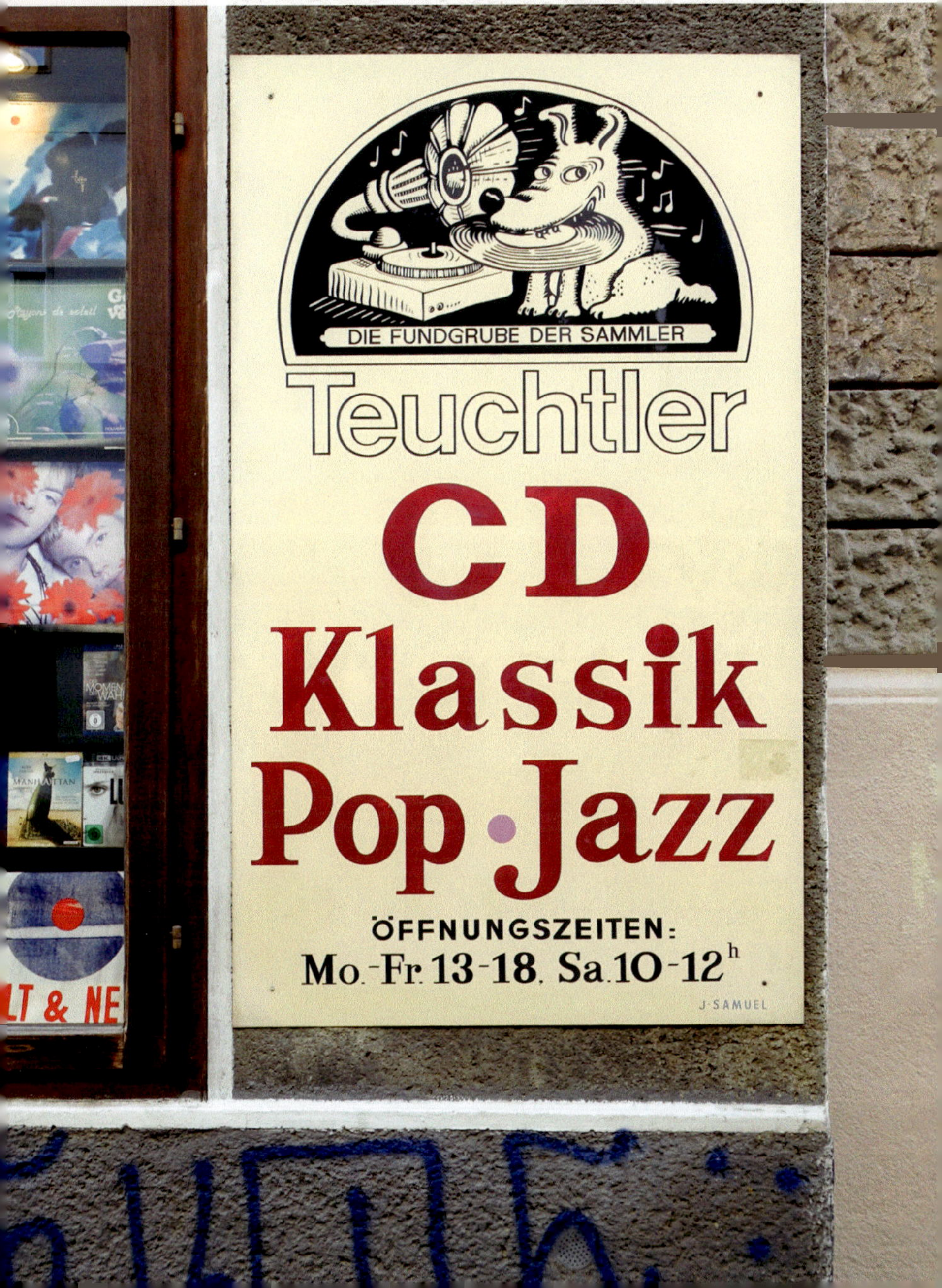

96_Das Theater an der Wien

Das Haus der Fledermaus

Von der Wien ist in Wien heute wenig zu sehen. Wo der namensgebende Fluss einst zwischen saftig grünen Uferböschungen strömte, muss er sich heute das Betonbett mit der U-Bahn-Linie U4 teilen. Oberirdisch stauen sich die Autos die rechte und linke Wien-Zeile entlang. Vor nicht allzu langer Zeit boten auf dem Naschmarkt Obst- und Gemüsestandler noch Grünes und Saftiges feil, allmählich macht sich eine Bobo-Fressmeile breit.

Das an der Wien gelegene Theater hat die Zeiten erstaunlich gut überstanden. An der Rückseite, in der Lehargasse, ist sogar die ursprüngliche Fassade von 1801 noch intakt, aus der Zeit, als Beethoven seine 2., 5. und 6. Symphonie erstmals dirigierte und die Uraufführung seiner einzigen Oper »Leonore« alias »Fidelio«. Und in der Millöckergasse kann man noch das Papageno-Tor bewundern. Wohl zum Ausgleich dafür, dass es nicht Papagena-Tor heißt, hat man hier 2007 eine Gedenktafel für die bislang einzige Operndirektorin Wiens angebracht – Marie Geistinger. Die Star-Sopranistin und Ausnahmekünstlerin übernahm 1869 die Direktion des 1801 erbauten Operntheaters, gemeinsam mit Max Steiner, Großvater des gleichnamigen Filmmusik-Komponisten (siehe Kapitel 61). Bis 1875 zeichnete sie für einen wahren künstlerischen Höhenflug des Hauses verantwortlich. Am 5. April 1874 zum Beispiel wurde Johann Strauß' »Fledermaus« uraufgeführt, wobei Marie in dieser köstlichen Komödie um Treue und Untreue, Maskierung und Demaskierung als Rosalinde brillierte.

Geschäftserfolg war dem Theater unter ihrer Leitung leider nicht beschieden. So setzte die ebenso schöne wie begabte Sängerin lieber ihre Bühnenkarriere fort und eroberte als »Königin der Operette« sogar Amerika. Das Theater an der Wien hingegen hat dank seiner hervorragenden Akustik und authentischen, intimen Atmosphäre endgültig Wien erobert. Es gilt heute als künstlerisch herausragend und genießt im In- und Ausland höchste Anerkennung.

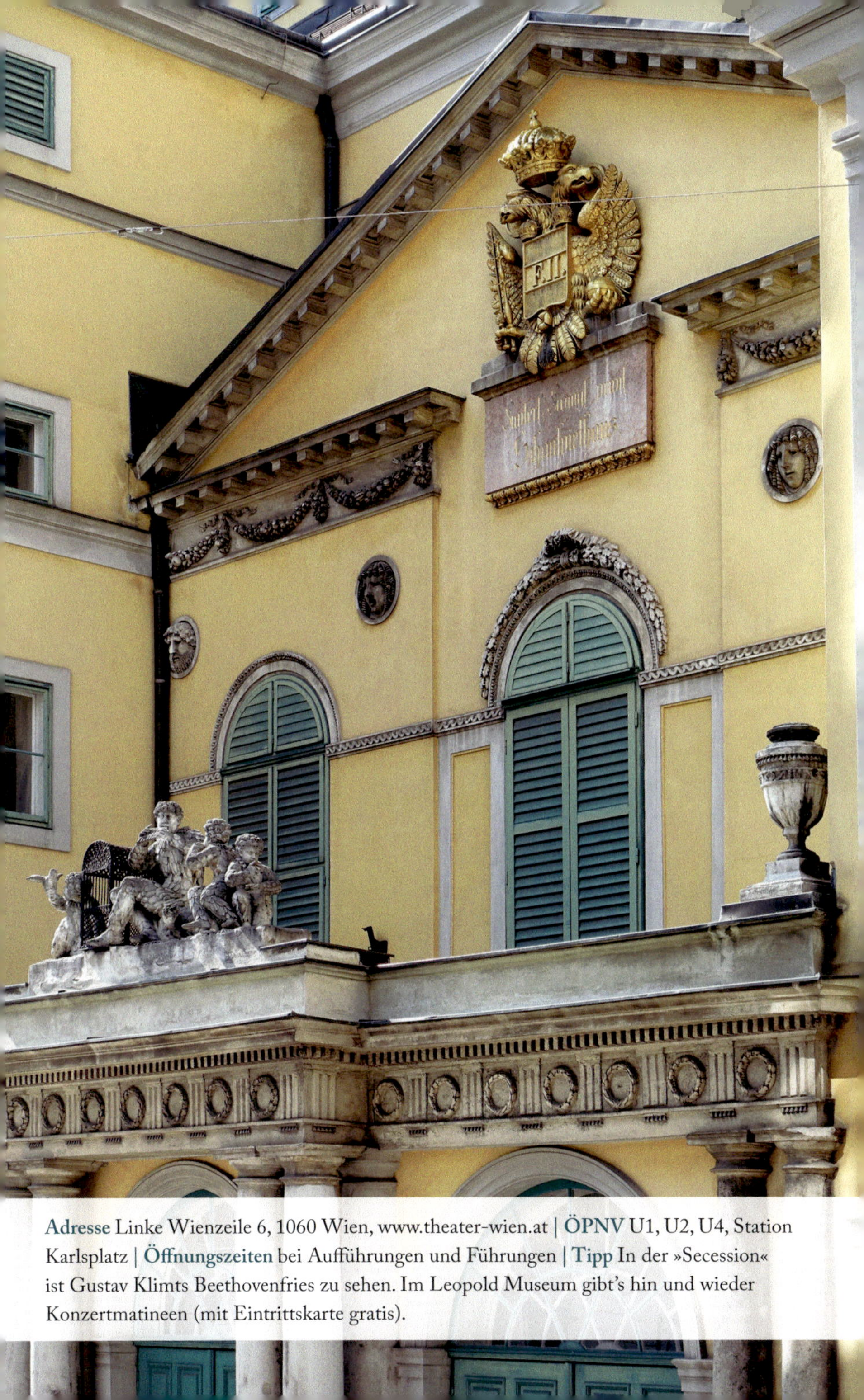

Adresse Linke Wienzeile 6, 1060 Wien, www.theater-wien.at | **ÖPNV** U1, U2, U4, Station Karlsplatz | **Öffnungszeiten** bei Aufführungen und Führungen | **Tipp** In der »Secession« ist Gustav Klimts Beethovenfries zu sehen. Im Leopold Museum gibt's hin und wieder Konzertmatineen (mit Eintrittskarte gratis).

97_Trajans letzte Wohnung

Ach, wie trügerisch sind Weiberherzen

In der Nacht vom 14. auf den 15. Februar 1927 versammelt sich vor einem Zinshaus in der Lerchenfelderstraße eine riesige Menschenmenge. Die Nachricht vom Tod des 32-jährigen rumänischen Tenors Trajan Grosavescu hat sich wie ein Lauffeuer verbreitet. Obwohl die Wiener Staatsoperndirektion das stimmgewaltige musikalische Talent zur Zweitbesetzung degradiert hat, liegt ihm die Wiener Damenwelt zu Füßen. »Mord! Er soll ermordet worden sein! Von seiner Frau! Stadtratstochter! Aus Eifersucht!«

Auf der Bühne ist Trajan an diesem Abend gerade noch dem Tode entronnen, als Herzog von Mantua in Verdis »Rigoletto«. Mit dem Nachtzug will er zu einem Operngastspiel nach Berlin aufbrechen. Zu Hause jedoch erwartet ihn seine rasend eifersüchtige Ehefrau Nelly. Längst verdächtigt sie ihn einer Affäre mit einer gewissen Frau Stransky, nun glaubt sie Gewissheit zu haben. Sie hat einen zweiten Koffer gepackt, ein zweites Ticket für den Nachtzug besorgt, wild entschlossen, mit ihm nach Berlin zu fahren – entgegen ihrer Abmachung. Streit. Trajan wirft Nellys Sachen aus dem Koffer. Nelly packt sie wieder ein. Die Chose eskaliert. Verfolgungsjagd durch die Wohnung. Trajans zufällig anwesende Schwester Olga versucht zu kalmieren. Da kracht ein Schuss. Der Tenor, aus nächster Nähe in den Hinterkopf getroffen, ist auf der Stelle tot.

Monatelang beschäftigt der Skandal die Wiener Presse. Der Schauprozess im Juni wird zum gesellschaftlichen Ereignis des Jahres. Eintrittskarten müssen ausgegeben werden, so viele Sensationslüsterne drängen in den Saal in der Landesgerichtsstraße. Staranwalt Steger plädiert auf »Sinnesverwirrung während der Tat«. Als mildernder Umstand gilt eine Fehlgeburt einen Monat vor der Tat. Nelly wird freigesprochen.

Und Trajan Grosavescu? Ihn überschüttet man, wie es in Wien nicht selten vorkommt, im Tode mit den Ehrungen, die ihm zu Lebzeiten gebührt hätten.

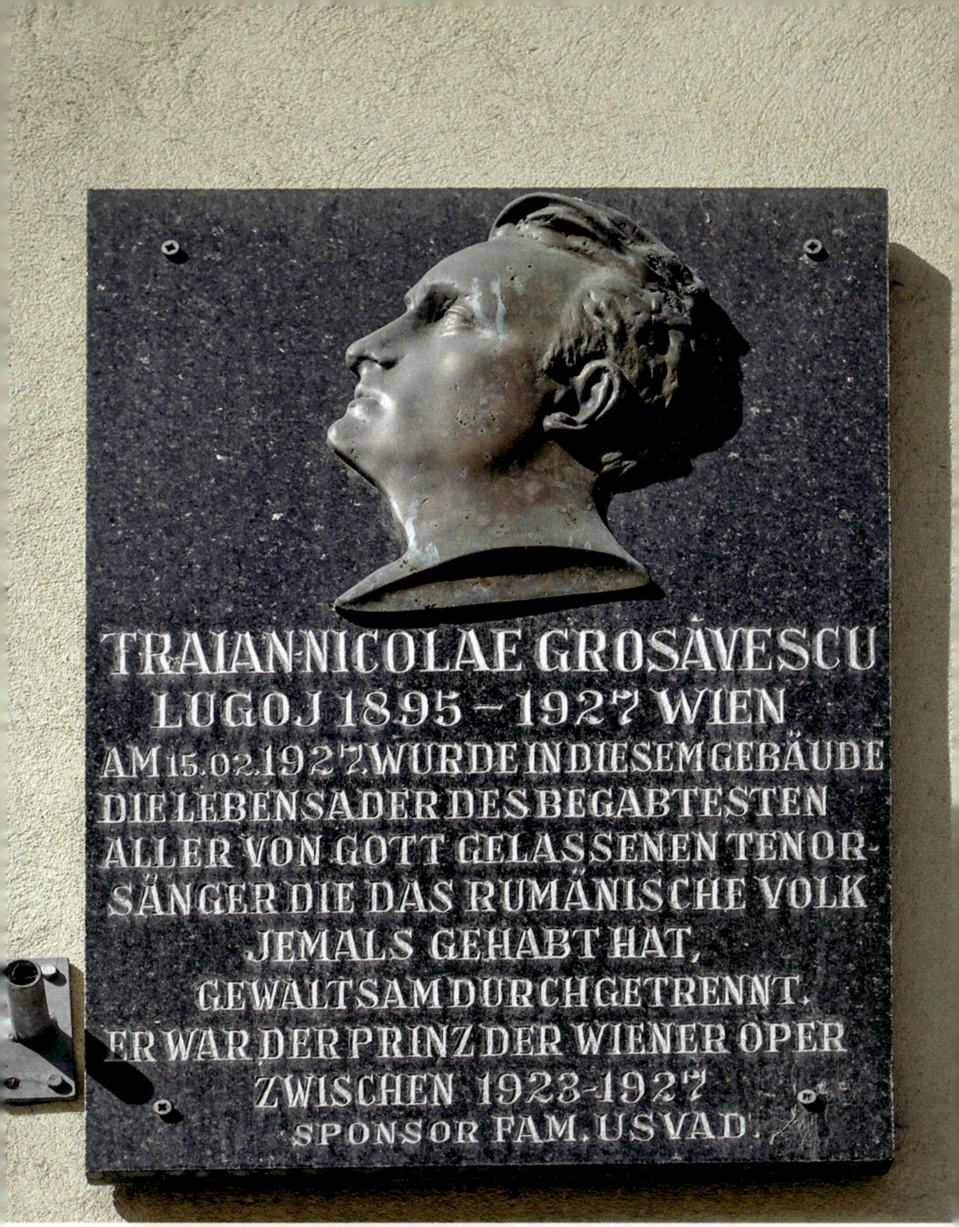

Adresse Lerchenfelderstraße 62, 1080 Wien | **ÖPNV** Straßenbahn 46, Station Strozzigasse | **Öffnungszeiten** von außen zu besichtigen | **Tipp** An der Orgel der wegen ihrer tollen Akustik und der Maulbertsch-Kuppelfresken gerühmten Piaristenkirche legte Anton Bruckner 1861 seine Kompositionsprüfung ab. »Er«, sagte der Prüfer, »hätte uns prüfen sollen!«

98 Der Tunnel

Licht am Ende

Die Wiener Institution namens »Tunnel« ist schon grammatikalisch nicht leicht in den Griff zu kriegen. Es beginnt damit, dass er oder es sowohl der wie auch das Tunnel genannt wird, je nachdem, ob er, der Keller, gemeint ist oder es, das Café oder Beisl. Sächlichen Geschlechts wiederum müsste man ihn oder vielmehr es auf gut Wienerisch ganz anders schreiben, nämlich »Tunell«, wobei die zweite Silbe zu betonen wäre, was in der Landessprache unweigerlich auf »s'Tunö« hinauslaufen würde.

Architektonisch ist der und das Tunnel nicht bloß im Keller zu finden, sondern auch zu ebener Erde sowie im ersten Stock. Kulinarisch handelt es sich um ein Lokal mit Wiener Küche und argentinischen, mediterranen und orientalischen Speisen. Wobei man hier sowohl englisch frühstücken wie auch eine Mittagspizza und einen Mitternachtsburger einnehmen kann. Alles ziemlich preiswert. Publikum? Bunt durchgemischt.

Das Beste am Tunnel ist die Livemusik, die ebenso breit gefächert ist wie alles andere. Sie findet im namensgebenden Kellerraum statt, der tatsächlich eine Röhre ist, und früher womöglich Teil des gigantischen unterirdischen Labyrinths gewesen sein mag. An seinem Ende sieht man jedenfalls Licht: Bühnenlicht. In diesem haben von Montag bis Samstag Live-Bands und Singer-Songwriter aller Altersklassen ihre Auftritte. Überwiegend wird Jazz, Blues und Weltmusik gespielt. Manchmal finden hier auch Lesungen statt. Man kann den Tunnel überdies für Eigenveranstaltungen mieten und muss nur für den Tontechniker bezahlen.

Die Eintrittspreise sind moderat, oft heißt es: freiwillige Spende. Wirklich kurios sind die rustikalen Sitz- und Hör-Nischen aus Massivholz zu beiden Seiten des Tunnels, stilistischer Kontrapunkt zu dem secessionistischen Gebäude aus 1915. Sie haben schon einmal bessere Tage gesehen, doch scheinen sie Kultstatus zu besitzen, und womöglich stehen sie unter Denkmalschutz.

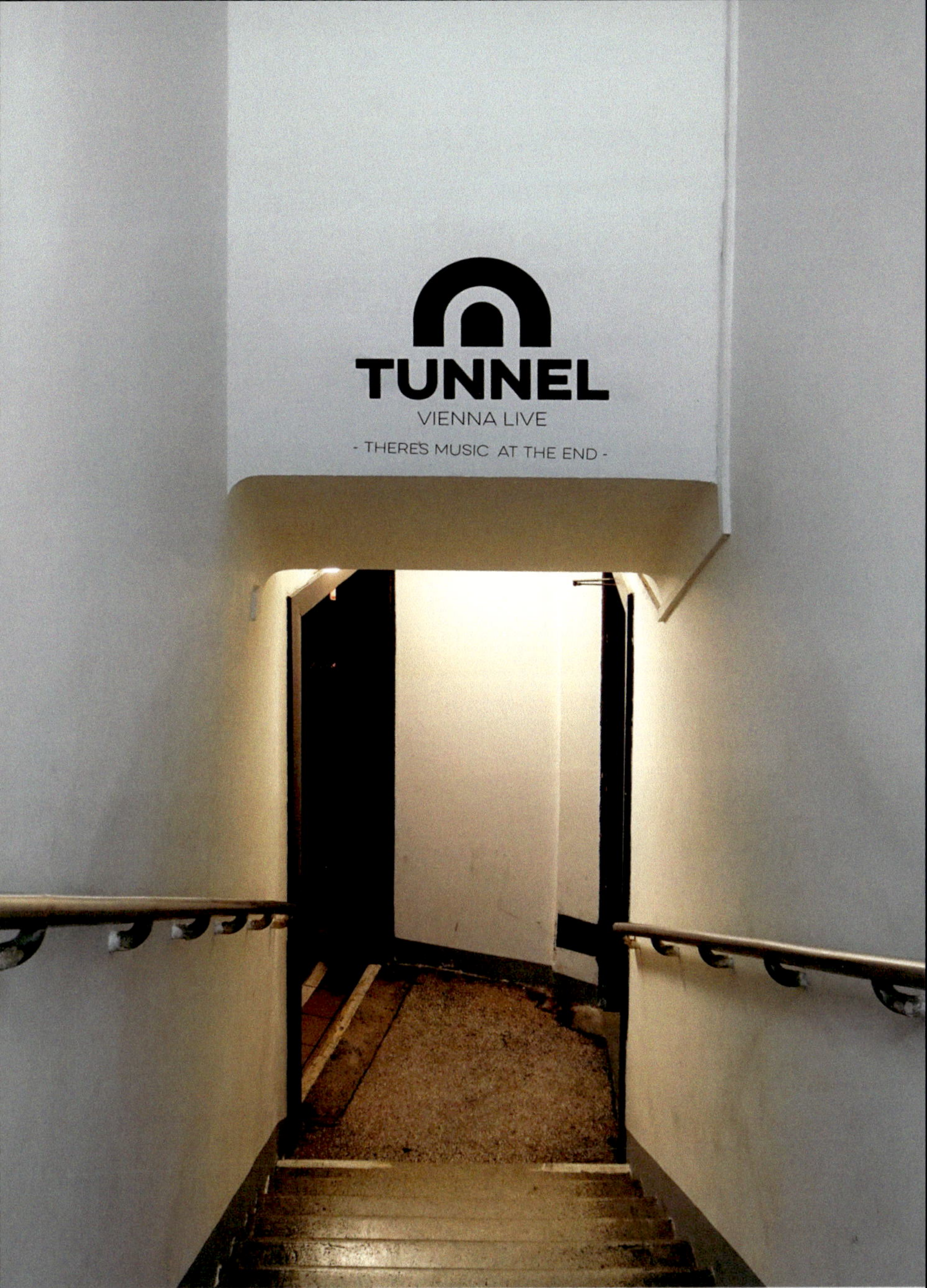

Adresse Florianigasse 39, 1080 Wien, www.tunnel-vienna-live.at | ÖPNV Straßenbahn 5, Station Florianigasse | Öffnungszeiten Mo–Sa 9–2 Uhr, So 9–24 Uhr | Tipp In ihrer Wohnung, in der Josefstädter Straße 17, gründeten Nikolaus und Alice Harnoncourt den Concentus Musicus Wien – hier fanden die ersten Proben statt.

99__Der Volksgarten-Pavillon

Chillen auf historischem Boden

Wenn der mannerschnittenrosa Holzpavillon mit dem vorspringenden Pultdach wieder offen hat, weiß man, dass endlich die warme Jahreszeit angebrochen ist. Etwas versteckt in einem Eck des Volksgartens gelegen, entdeckt man hier einen der schönsten und angenehmsten Plätze in der Wiener Innenstadt. Tagsüber ein Schönwetter-Gartencafé, wird der Pavillon ab 18 Uhr zu einem unaufgeregten Musik-Hotspot, mit DJs, BBQ und coolen Drinks. Jeder Wochentag außer Sonntag steht fix unter einem musikalischen Motto, zu dem man nach Belieben einfach chillen oder auch tanzen kann, Montag etwa »Heiß wie gestern und süß wie niemals«. Der Blick auf die Parkanlage samt Theseus-Tempel, auf die Hofburg und den nächtlich beleuchteten Turm der Minoritenkirche ist exquisit.

Die denkmalgeschützte Anlage ist im original Fifty's Style durchkomponiert, Spaghetti-Stühle und bunte Klemmleuchten inklusive. Ein Gesamtkunstwerk. Der Architekt und Designer Oswald Haerdtl hat es geplant – von ihm stammt unter anderem das Wien Museum am Karlsplatz und das Interieur des Café Prückel.

Die Kaffee- und Musiktradition im Volksgarten ist seit 1800 belegt. Erst trafen sich hier Wiens Aristokraten und gehobene Bürger und trotteten um eine Limonadenhütte im Kreis, was dem Ort den Namen Ochsenmühle eintrug. 1823 gab dann die hinter dem heutigen Pavillon gelegene Säulenhalle in der Wiener Gesellschaft den Ton an: Der »Kaffee-, Thee- und Chokoladen-Ausschank mit practicablen Tischen, Bänken und auch Gestühle« war später Schauplatz für Walzerkonzerte mit Lanner und Strauß.

Die im Krieg beschädigte halbrunde »Säulenhalle« wurde in den 50ern ebenfalls von Oswald Haerdtl renoviert und erweitert, samt Garten und Wintergarten. Den musikalischen An- und Herausforderungen des 21. Jahrhunderts angepasst und erweitert, beherbergt sie heute eine Club-Diskothek und Event-Location, vom jungen Volksmund liebevoll »Voga« genannt.

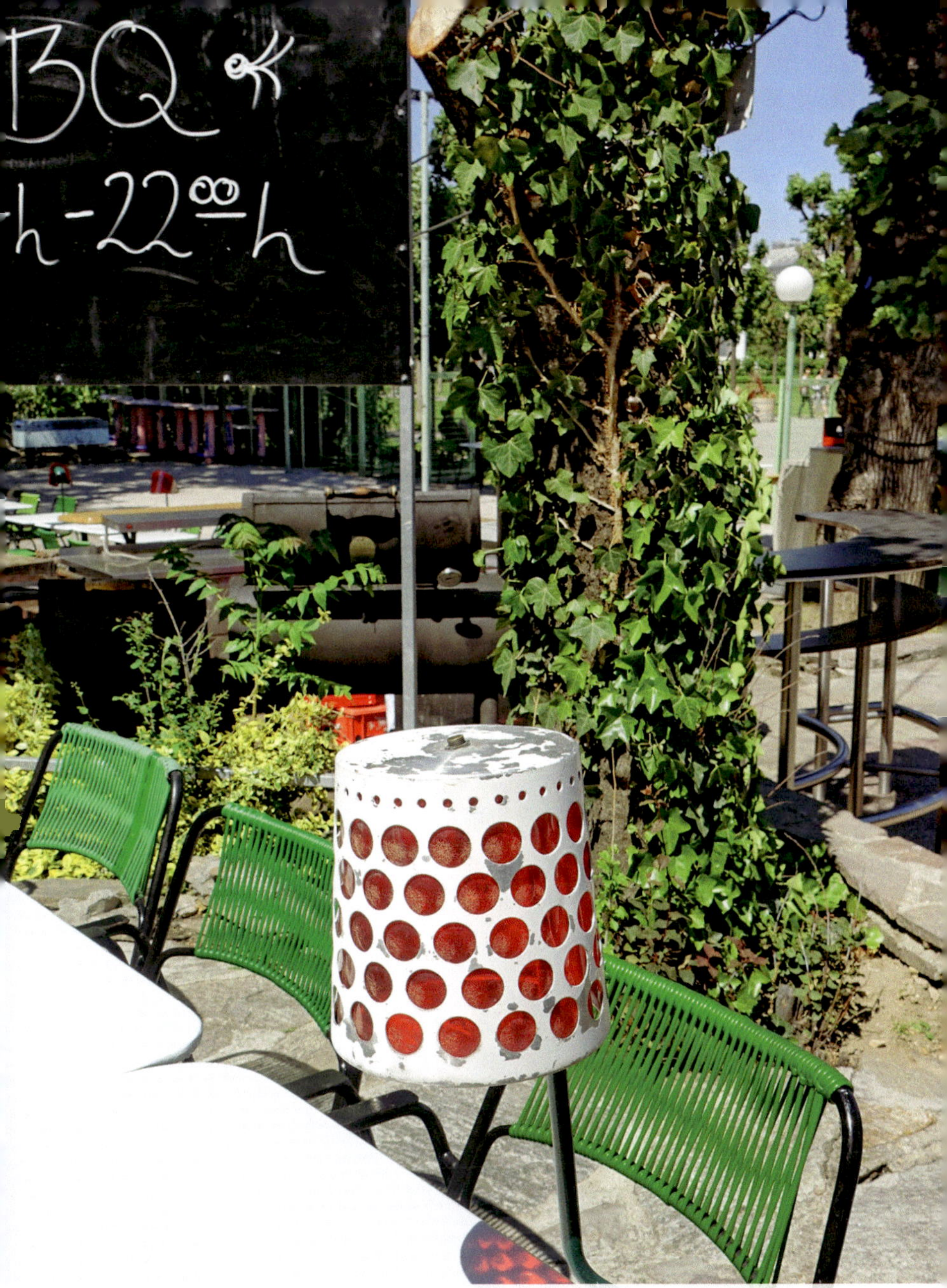

Adresse Burgring 1, 1010 Wien, www.volksgarten-pavillon.at | ÖPNV Straßenbahn 1, 2, 71, D, Station Dr.-Karl-Renner-Ring | Öffnungszeiten April – Mitte Sept. Mi, Do 11 – 2 Uhr, Di, Fr, Sa 11 – 4 Uhr, So 11 – 19 Uhr (wetterabhängig!), Säulenhalle Do – Sa 22 – 6 Uhr, www.volksgarten.at | Tipp Zwischen Natur- und Kunsthistorischem Museum thront Maria Theresia über ihren Dienern Haydn, Mozart und Gluck.

100 Das Volksliedwerk

Zurück zu den Wurzeln

Ein überdimensionaler Tisch dominiert den Raum. Rundherum stehen 18 Stühle, scheinbar bunt zusammengewürfelt; von jedem Dorf ein Hund, würde man meinen. Bei näherer Betrachtung jedoch hat das Zusammengestoppelte einen tieferen Sinn.

Jedes der neun österreichischen Bundesländer hat zwei für seine Volkskultur charakteristische Stühle zum Mobiliar beigesteuert; sie versinnbildlichen jeweils zwei angestammte Sitze im überregionalen Volksliedwerk. Bei Veranstaltungen, die hier mit regelmäßiger Unregelmäßigkeit stattfinden, nimmt man es aber nicht so genau, da darf jeder sitzen, wo er möchte. Wenn sich zum Beispiel Volksmusikfreunde um den Tisch versammeln, um gemeinsam zu jodeln. Bei der gut eingeführten »Jodel-Tankstelle« kann man vorhandene Jodelkenntnisse auffrischen und erweitern oder überhaupt erst solche erwerben. Wer lieber ein Instrument trainiert statt seine Stimmbänder, kann hier etwa das Maultrommelspielen erlernen – wie das Jodeln eine der ältesten Musizierweisen der Menschheit.

Das Volksliedwerk bietet aber vor allem ein höchst lebendiges und zeitgemäßes Archiv, das seit 1994 Teil der Österreichischen Nationalbibliothek ist – eine wahre Fundgrube für Liebhaber der echten Volksmusik. Tausende authentische Tondokumente, Liederbücher, Notenhefte, handschriftliche Aufzeichnungen von Liedern, Tänzen und Melodien und eine umfangreiche Handbibliothek kann man hier durchforsten und sich bei Experten über alles Erdenkliche informieren. Auch kopieren kann man (unter Einhaltung des Urheberrechts, versteht sich), gilt es doch, die tönende Volkskultur in all ihren Facetten unters Volk zu bringen – wo sie herkommt und auch hingehört.

Dass sich das Volksliedwerk just gegenüber der Staatsoper befindet, ist wohl ein Zufall. Ein glücklicher. Erinnert er uns doch daran, wo das, was auf der großen Weltbühne g'sungen und g'spielt wird, seine Wurzeln hat.

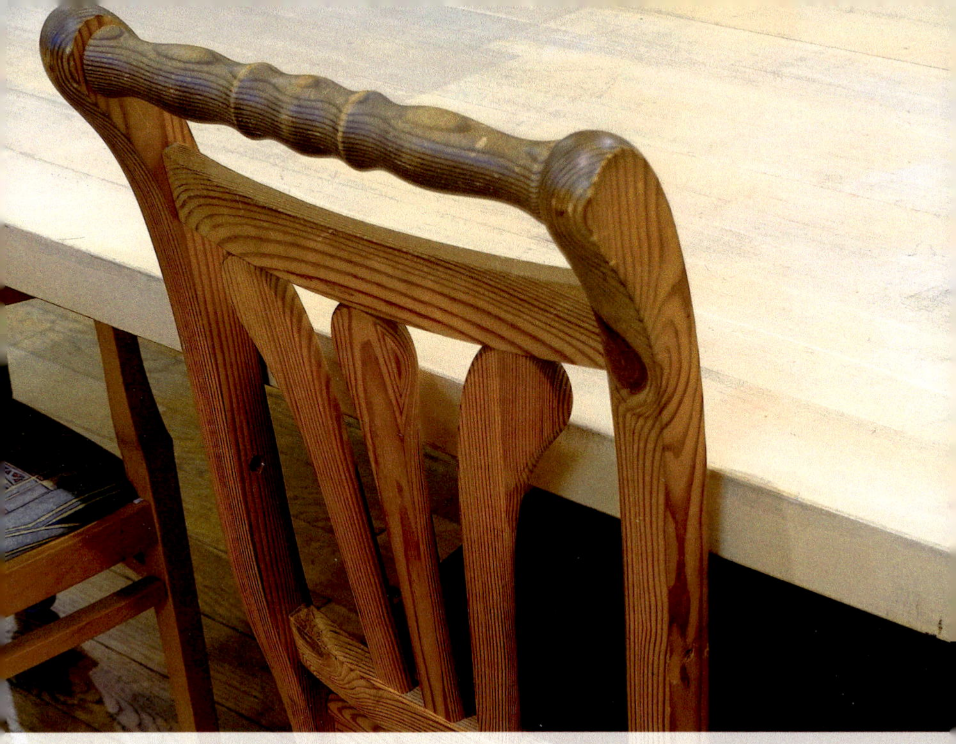

Adresse Operngasse 6, 1010 Wien | **ÖPNV** U1, U2, U4, Straßenbahn 1, 2, D, Station Oper | **Öffnungszeiten** Schauraum Di, Mi 9–17 Uhr, Do 9–19 Uhr, www.volksliedwerk.at | **Tipp** Die Galerie der Akademie der bildenden Künste am Schillerplatz zeigt neben dem »Weltgerichtstriptychon« von Hieronymus Bosch auch musikalische Gemälde, darunter »Das Solo« von Dirck Hals und »Die heilige Cäcilia« von Peter Paul Rubens.

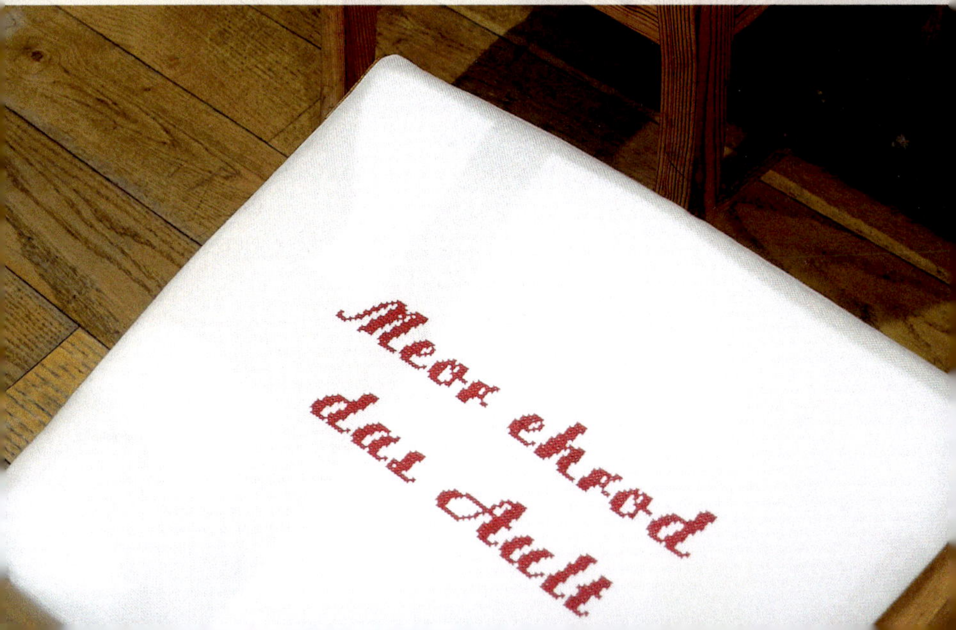

101 Die Volksoper

Dem Volk aufs Maul geschaut

1898 wird das Kaiser-Jubiläums-Stadttheater eröffnet – als reine Sprechbühne. Doch schon bald stehen auch Operetten und Singspiele auf dem Spielplan. 1904 bürgert sich der Name »Volksoper« ein, in Abgrenzung zur »Hofoper«, wie die Wiener Staatsoper bis 1919 heißt. Eine gewisse Konkurrenz zwischen dem Haus am Währinger Gürtel und dem Haus am Ring ist von Anfang an da und bis heute geblieben. Das eine ist auf Geschmack und Geldbeutel der Hautevolee ausgerichtet, das andere volksnah konzipiert.

Der Avantgarde-Komponist und Schönberg-Schwager Alexander Zemlinsky nimmt 1900 ein Engagement als Kapellmeister am Carltheater in der Praterstraße an, Geburtsstätte der Operette. Ganz glücklich ist er darüber nicht. 1902 ruft er in einem Brief an seine Mutter aus: »Alles wär schön auf der Welt – wenn's keine Operetten gäbe!« Als er 1904 als Kapellmeister an die Volksoper geholt wird, versucht er sie ein wenig vom Odeur des allzu Leichten zu befreien. Fördert die zeitgenössische Oper, dirigiert bemerkenswerte Aufführungen französischer Werke, Gounod und Meyerbeer, und 1910 die Uraufführung seiner eigenen Oper »Kleider machen Leute«. Zwei große Wiener Erstaufführungen bringt er an sein Haus. »Salome« von Richard Strauss und Puccinis »Tosca« – nachdem Hofoperndirektor Gustav Mahler sie abgelehnt hat.

Im Laufe ihrer wechselvollen Geschichte setzt sich in der Volksoper in jeder Hinsicht die Volksnähe durch. Heute liegt der Schwerpunkt auf Operette, Musical und Ballett. Auch zwei große Opernpremieren stehen jedes Jahr auf dem Programm. Abgesehen von der Komischen Oper Berlin ist die Volksoper die einzige Bühne in Europa, auf der ausschließlich in der Landessprache gesungen wird. Das macht die Sache für die Zuhörer weitaus verständlicher und hat den großen Vorteil, dass man – weil man nicht so leicht Gaststars aus aller Welt einfliegen kann – das hauseigene, absolut erstklassige Ensemble fördert.

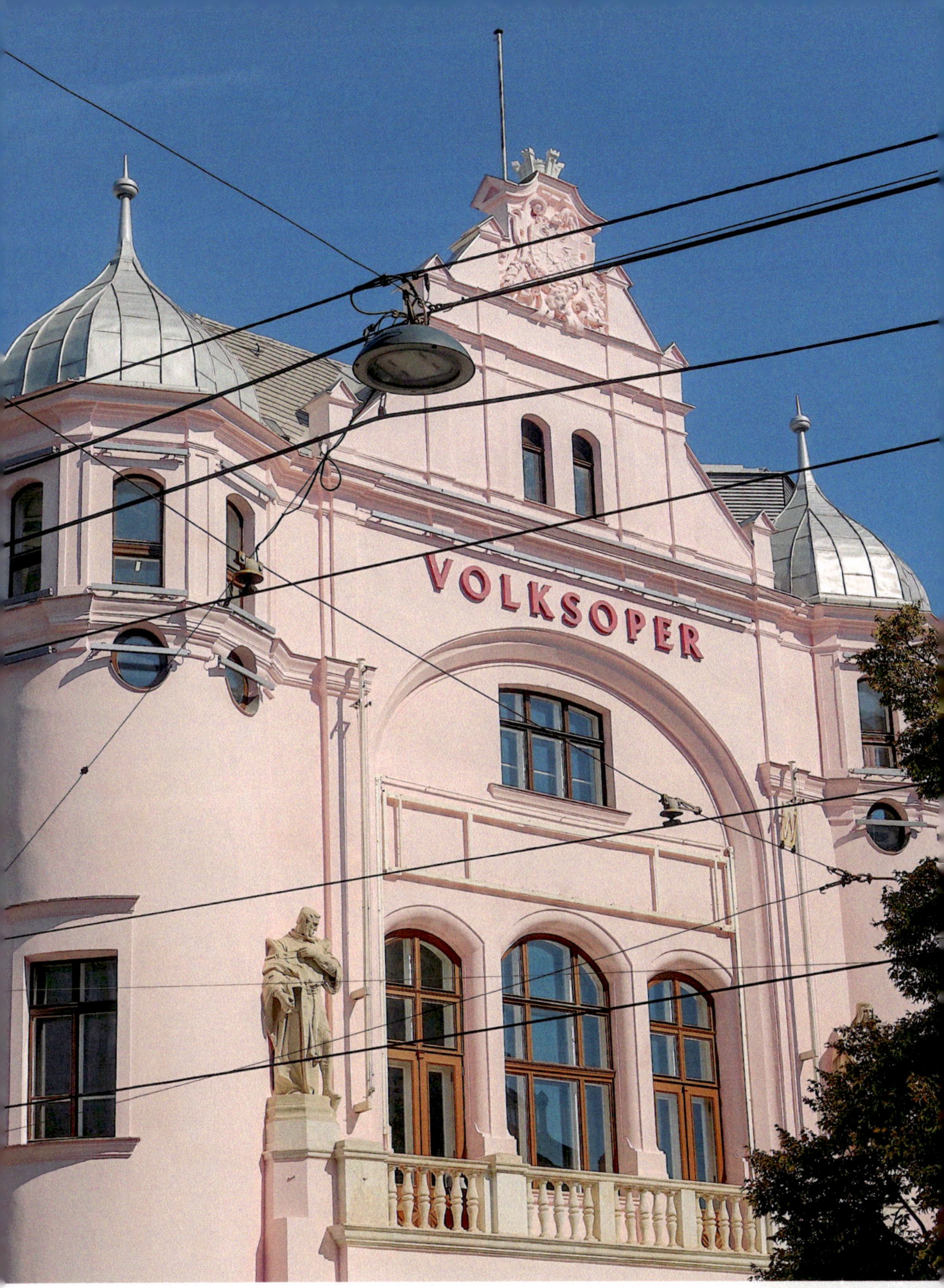

Adresse Währinger Straße 78, 1090 Wien, www.volksoper.at | ÖPNV U6, 40, 41, 42, Station Währinger Straße / Volksoper | Öffnungszeiten bei Aufführungen, Generalproben und Konzerten »Heute im Foyer« | Tipp In der Währinger Straße 26 stand das Gartenhaus, in dem Mozart von Juni bis August 1788 seine drei letzten Symphonien komponiert hat (g-Moll, Es-Dur, C-Dur).

102 Die Wienbibliothek

Memory of the World

Im neugotischen Rathaus erreicht man, mit einem der letzten im Originalzustand erhaltenen Paternoster-Aufzüge, eine Bibliothek, die seit der wirklichen Gotik existiert – die Wienbibliothek. Schon 1466 urkundlich erwähnt, logierte die Büchersammlung bis 1886 im Alten Rathaus. Sie ist eine der bedeutendsten österreichischen Bibliotheken und unter anderem wegen ihrer Musikautografen und Musikdrucke weltberühmt. Das Rathaus hütet heute die umfassendste Strauß-Sammlung, Nachlässe von Lanner, Suppé, Millöcker, Beethoven, Brahms, Berg, Wolf, Mahler und Schönberg und wertvolle Exponate der neueren österreichischen Popularmusik. Die größte Schubert-Sammlung der Welt ist 2001 in das Register »Memory of the Word« der Unesco aufgenommen worden. Das Schöne an der Wienbibliothek ist, dass man die Exponate, sobald man sich vor Ort unkompliziert eine Gratis-Lesekarte hat ausstellen lassen, in einem Lesesaal benützen kann, der noch fast so aussieht wie zur Zeit seiner Entstehung.

Aus den Tiefen der Speicher werden immer wieder besondere Schmankerl hervorgeholt und in thematisch wechselnden, kleinen, feinen Ausstellungen vorgestellt. Zum Beispiel »Wiener Ballspenden des 19. und 20. Jahrhunderts«. Ballspenden waren ursprünglich Tanzkarten in Form von kunstvoll gestalteten Büchlein, in denen die streng festgelegte Tanzfolge des Balls abgedruckt war. Neben jedem Tanz besiegelten die Herren ihre Tanzversprechen, mit Unterschrift und absolut verbindlich. Die Dame war nicht mehr frei, der Herr fix engagiert. Das Büchlein, mit einem Minibleistift verschlossen, wurde mittels Häkchen am Ballkleid befestigt.

Spannendes zu entdecken gibt es auch in den Sammlungen zum Thema Wienerlied und Schlager und im faszinierenden populärkulturellen Archiv, das mit Autogrammen, Plakaten, Songtexten, Noten und Plattencovern eine österreichische Musikgeschichte der anderen Art dokumentiert.

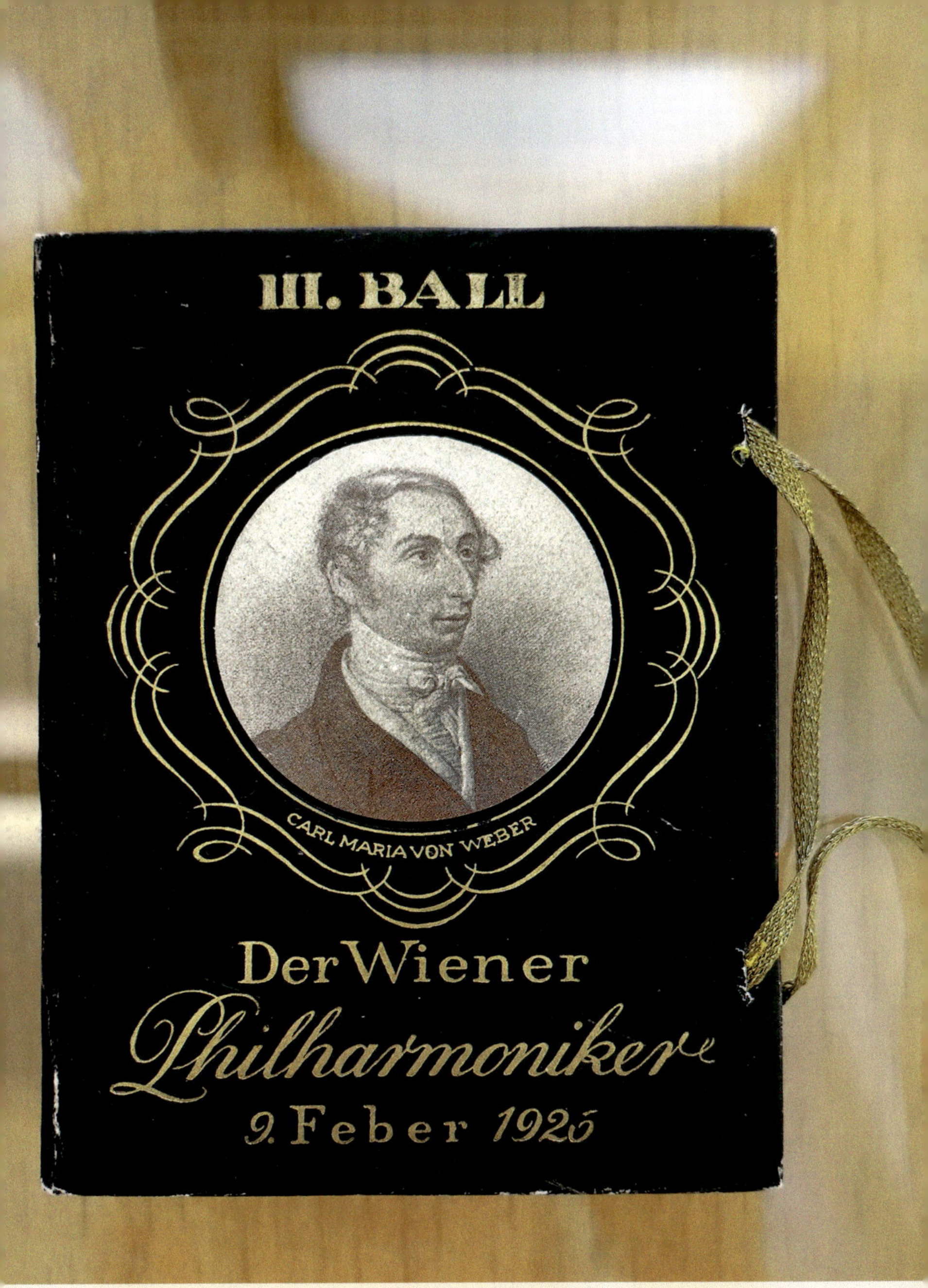

Adresse Felderstraße, Stiege 6, 1. Stock, 1080 Wien, www.wienbibliothek.at | **ÖPNV** U2, Station Rathaus | **Öffnungszeiten** Mo – Fr 9 – 19 Uhr | **Tipp** Auch in den Loos-Räumen in der Bartensteingasse 9 präsentiert die Wienbibliothek musikalische Preziosen (geöffnet Mo – Fr 9 – 13 Uhr).

103 Der Wiener Männergesang-Verein

Frei und treu in Lied und That

Die Bürger der k.k. Monarchie werden im Vormärz strengst überwacht und zensuriert. Staatskanzler Metternich will um jeden Preis verhindern, dass sich in Wien wichtige Persönlichkeiten des öffentlichen Lebens zu einer »Vereinigung von Freunden des Männergesanges« zusammentun. Metternichs Kapitulation verdanken die Männer am Ende zwei Frauen: der Ehefrau, die den Chor beim Teekränzchen mit Queen Victoria ein Ständchen singen lässt, und dem darob entzückten Gast.

Der Wiener Männergesang-Verein alias WMGV, am 6. Oktober 1843 gegründet, entwickelt sich rasch zu einer Institution. Heimkehr der Kaiserin, Genesung des Kaisers, Denkmalenthüllung, Wiederbestattung, Leichenfeier, Geburts- oder Gedenktag – ohne WMGV geht gar nichts. Sängertreffen fördern Solidarität, Auslandsreisen die Verständigung zwischen den Nationen. Als Botschafter reist der WMGV nach Berlin, Brünn und Bozen, London und Paris, Rom und München, Ägypten, Japan und Amerika. In New York füllt er 1907 mühelos die Carnegie Hall, unter anderem mit Österreichs inoffizieller Hymne, dem Walzer »An der schönen blauen Donau« op. 314, den Johann Strauß dem WMGV »achtungsvoll gewidmet« hat.

Der Chor singt bis heute unentgeltlich. Anerkennung wird in Form von Geschenken gezollt, die zumindest ideell von hohem Wert sind. In den Vitrinen des Museums im Gebäude des Musikvereins, in welchem der WMGV seit 1870 residiert, sind Kostproben der Kostbarkeiten ausgestellt. Banner und Briefe, Musikautografen und Kultgegenstände wie der Schlüssel zu Schuberts zweitem Sarg, ein Stück Boden aus Beethovens Sterbezimmer, Büsten, Schädel und Miniatur-Denkmäler. Der größte Stolz ist ein Geschenk Kaiser Franz Josephs I. für ein Hofkonzert im August 1867: ein Prachtbanner in böhmischer Goldstickerei.

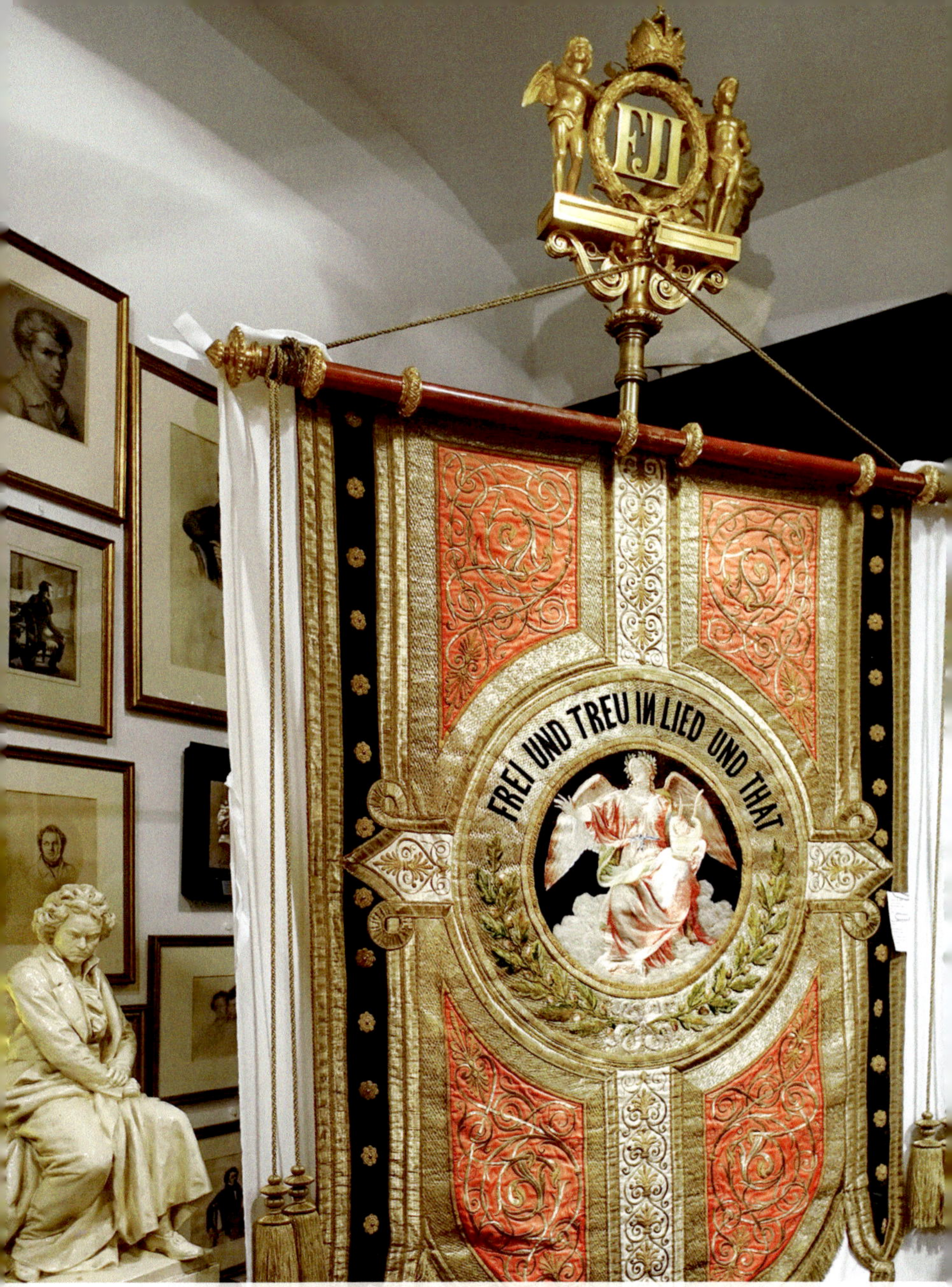

Adresse Bösendorferstraße 12, 1010 Wien | **ÖPNV** U1, U2, U4, Station Karlsplatz | **Öffnungszeiten** nach Vereinbarung unter Tel. 0676/4326804 oder musik@wienermaennergesang-verein.at | **Tipp** Das Archiv der »Gesellschaft der Musikfreunde« beherbergt international bedeutende Sammlungen von Musikautographen und Briefen (www.a-wgm.at).

104 Die Wiener Staatsoper

Nüll und nichtig

Der Bau der Hofoper war, ihren späteren Namen vorwegnehmend, eine echte Staatsaffäre. Kaiser Franz Joseph selbst wählt den Bauplatz vor dem Theater am Kärntnertor aus. Ein Wettbewerb wird ausgeschrieben. Die Gewinner sind Eduard van der Nüll und August von Sicardsburg – angesehene Professoren an der Akademie der bildenden Künste, die ihrem wichtigsten Schüler Otto Wagner den Weg in die Moderne weisen.

Planung und Bau der Hofoper fallen in die Zeit, als die Stadtmauer, die bis dahin Wien umschlossen hat, abgerissen wird – zugunsten der Ringstraße. Dass das Hofbauamt sich bei dem gewaltigen Umbau der Stadt bei der Berechnung des Straßenniveaus ein wenig vertut, ist nicht verwunderlich. Doch genau das dient als Aufhänger für harsche Kritik am ersten Bauwerk an der noch unfertigen Ringstraße: Es rage nicht über das Straßenniveau hinaus. »Eingesunkener Kasten! Steinerne Schildkröte! In der Verdauung liegender Elephant!« Die Stadt der Neider, Intriganten und Kritikaster übergießt August & Eduard mit Hohn. Auch dass sie, anstatt dem strengen Historismus zu folgen (wie etwa der gleichaltrige Theophil Hansen), historische Elemente frei verwenden, wird absolut schlechtgeheißen. »Der Sicardsburg und van der Nüll / Die haben beide keinen Styl! / Griechisch, gotisch, Renaissance / Das ist denen alles ans!«

Die Architekten sind gesundheitlich angeschlagen und überleben die Sache nicht. Eduard (56) erhängt sich am 4. April 1868, August (57) stirbt zwei Monate später.

Am 25. Mai 1869 wird die Hofoper mit Mozarts »Don Giovanni« eröffnet. Der Kaiser kann sich nie verzeihen, dass auch er Kritik geübt hat. Künftig wird er jeden Kunstkommentar unterlassen – außer diesem: »Es war sehr schön, es hat mich sehr gefreut.« Die beiden Architekten hätte es jedenfalls sehr gefreut, dass aus dem eingesunkenen Kasten ein herausragendes Opernhaus und millionenfaches Fotomotiv geworden ist.

Adresse Opernring, 1010 Wien, www.wiener-staatsoper.at | **ÖPNV** U1, U2, U4, Straßenbahn 1, 2, D, 62, 71, Station Oper | **Öffnungszeiten** bei Aufführungen und Führungen | **Tipp** In der schönen Jahreszeit und zu Silvester werden Opern live auf den Herbert-von-Karajan-Platz übertragen. Vom stilvollen Café »Gerstner Beletage« hat man einen tollen Blick auf den Neorenaissance-Bau.

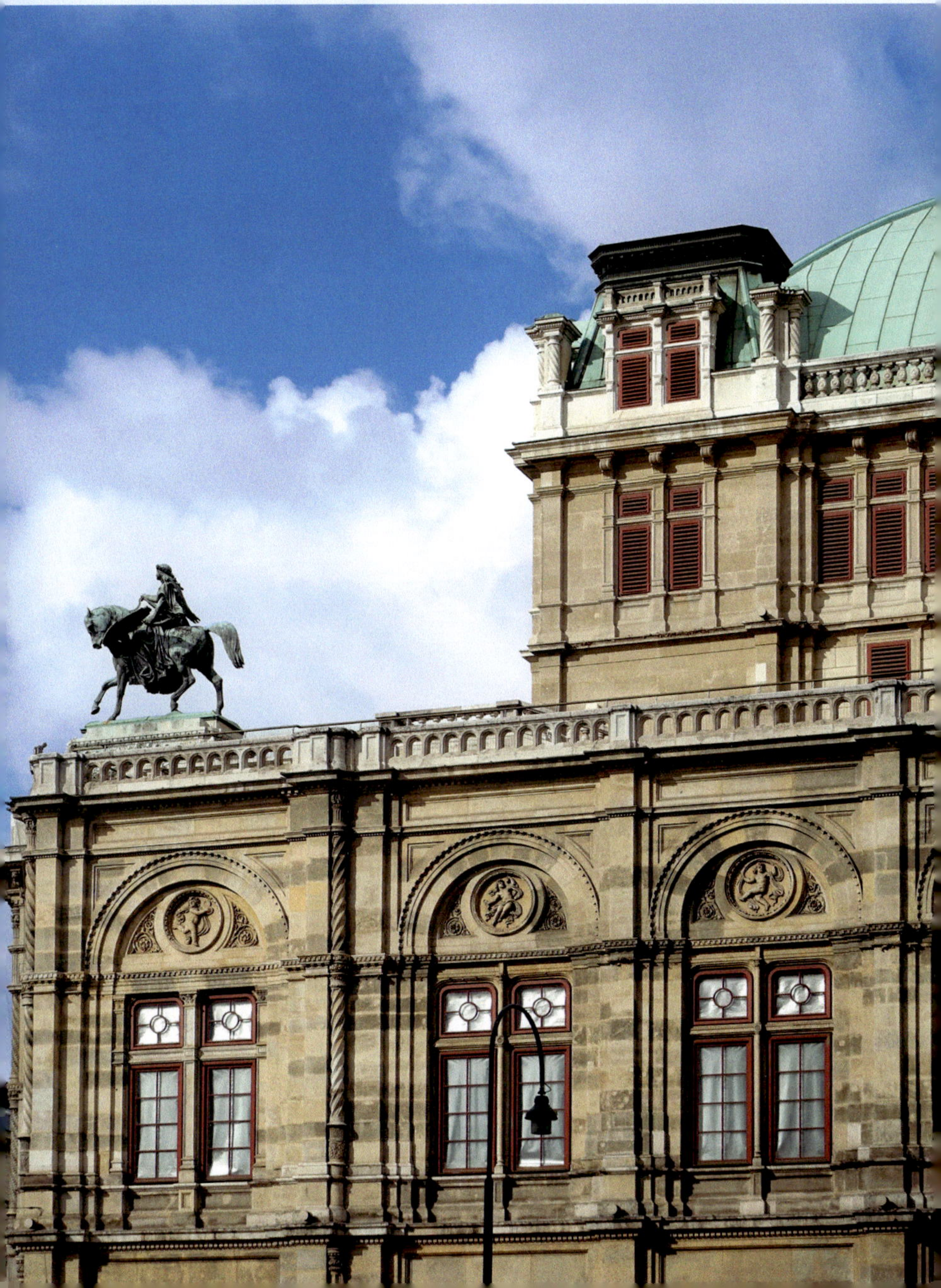

105 Die Wöckherl-Orgel

Verdeckte Ermittlungen

Ein akustisches Verwirrspiel erwartet den Besucher, der in der warmen Jahreszeit an einem Freitagnachmittag arg- und ahnungslos die Franziskanerkirche betritt. Die Orgel thront prächtig über dem Westportal, doch kommt der Klang nicht wie von Zauberhand aus der entgegengesetzten Richtung? Ja, denn in einem besonderen Raum hinter dem Altar, im Betchor der Mönche, der für Kirchenbesucher unzugänglich ist, verbirgt sich eine zweite Orgel. Sie heißt nach ihrem Erbauer Wöckherl-Orgel und ist Wiens älteste noch bespielbare Kirchenorgel.

Als sie 1642 eingeweiht wird, steht die bildschöne, mit Schnitzereien verzierte und mit bemalten Türen verschließbare Orgel für alle sichtbar in der Apsis – als wäre sie ein Flügelaltar. Zu Beginn des 18. Jahrhunderts jedoch beauftragen die Mönche den italienischen Künstler Andrea Pozzo mit der Errichtung eines gewaltigen Hochaltars, hinter dem die Orgel: verschwindet. Obwohl fortan unsichtbar, kann man sie immer noch sehr gut hören.

Zu Beginn des 20. Jahrhunderts werden in Österreich die meisten Kirchenorgeln nach der herrschenden Mode umgebaut, nicht unbedingt zu ihrem Vorteil. Dass der Wöckherl-Orgel dieses Schicksal erspart bleibt, verdankt sie vor allem Josef Mertin, dem Pionier der Alte-Musik-Bewegung in Österreich. Den Krieg übersteht das Instrument unbeschadet in Klein Mariazell. Und was im Laufe der Zeit an Umbauten vorgenommen wird, lässt sich Gott sei Dank wieder rückgängig machen. Seit der behutsamen Restaurierung 2011 klingt sie so, wie sie in frühbarocken Ohren geklungen haben mag, mit all ihren Besonderheiten wie der mitteltönigen Stimmung, die bewirkt, dass manche Tonarten besonders rein klingen, andere hingegen ausgesprochen – falsch. Während der Restaurierung sind an den Wänden Grisaille-Malereien zum Vorschein gekommen, grau, schwarz und weiß, von denen man sich bei Konzerten und Orgelpräsentationen ein Bild machen kann.

Adresse Franziskanerplatz 4, 1010 Wien, www.woeckherl-orgel.wien | ÖPNV U1, U3, Station Stephansplatz, Straßenbahn 2, Station Weihburggasse | Öffnungszeiten bei Orgelpräsentationen, April–Okt. Fr 14 Uhr, Orgelfestival »Quintessenz« von Juli bis September | Tipp In der St.-Ursula-Kirche in der Johannesgasse gestalten Orgel- und Kirchenmusikstudenten der mdw regelmäßig Sonntagsgottesdienste.

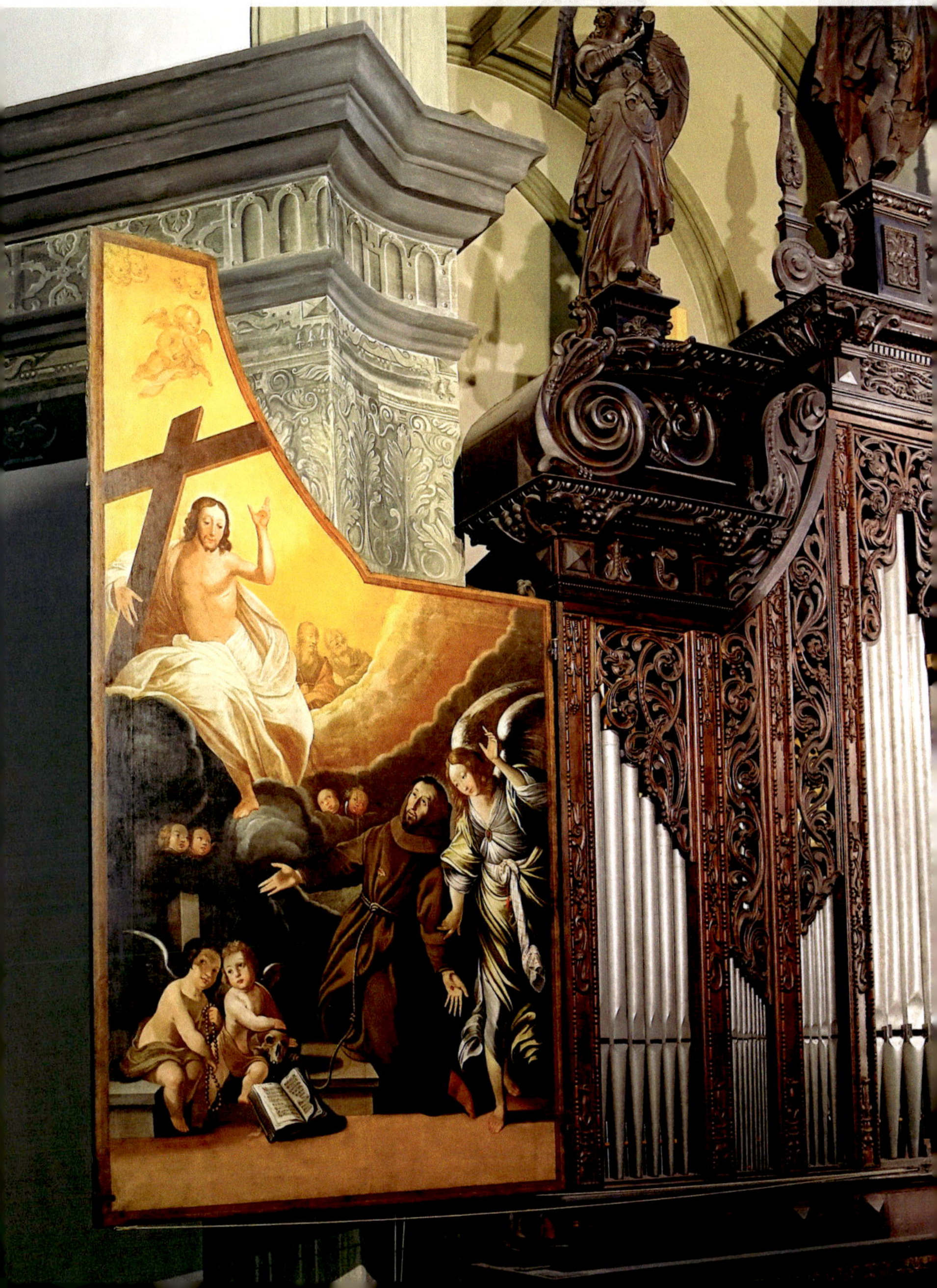

106 Die Bösendorfer Klavierfabrik

Die Entdeckung der Langsamkeit

Ein viel zu wenig gewürdigtes Element in der Musik ist: die Pause. Dabei spielt sie in der Komposition als solcher und in ihrer klanglichen Verwirklichung eine entscheidende Rolle. Auch beim Bauen eines Klaviers braucht man sie, die Pause – und fängt am besten gleich mit einer an.

Hinter dem Gebäude der weltberühmten Wiener Klaviermanufaktur Bösendorfer stapelt sich, fein säuberlich aufgeschichtet und mit Zahlen und Farbcodes versehen, Holz. Fichtenklangholz für den Resonanzkörper. Gerade gewachsen, langsam, mit Pausen, in engen Jahresringen, wird es in einer Wachstumspause gefällt. Und gleich macht es wieder Pause. Trocknet bei Luft, Wind, Kälte und Sonne. Entspannt sich, ehe es überhaupt losgeht, ungefähr fünf Jahre lang. Die heiß gegossenen Rohrrahmen brauchen sechs Monate, um sich abzukühlen. Nach jedem Schritt auf dem Weg zum Konzertflügel gibt es wieder eine Pause. Nach fast einem Jahr, in einem unscheinbaren Zimmer, empfängt das Instrument schließlich aus Meisterhand die hohen Weihen, seine ganz individuelle Intonation und Klangfarbe.

Optisch ist jeder Wunsch erfüllbar. Edelholz-Furnier, Farbe, Design, Initialen in Perlmutt oder persönliche Widmung. Vielleicht wird man in der »Collector's Edition« fündig, kleine Auflagen großer Kunstwerke. Im Schauraum steht zum Beispiel eine Goldene Adele, ein Cocteau, ein Beethoven und ein Oscar Petersen. Der amerikanische Hotelmagnat und Kunstsammler Richard Kessler hat mit dem Bildhauer Franco Castelluccio das weltweit originellste Modell entworfen und bauen lassen: den »Grand Bohemian«. Opulent! Majestätisch! Pfau! Weltweit stehen nur neun Stück zum Verkauf, Preis auf Anfrage.

300 Flügel verlassen jährlich die Manufaktur. Die meisten landen auf Konzertpodien oder in gehobenen musikalischen Ausbildungsstätten, einige wenige in privaten Musiksalons. Zeit hat eben ihren Preis.

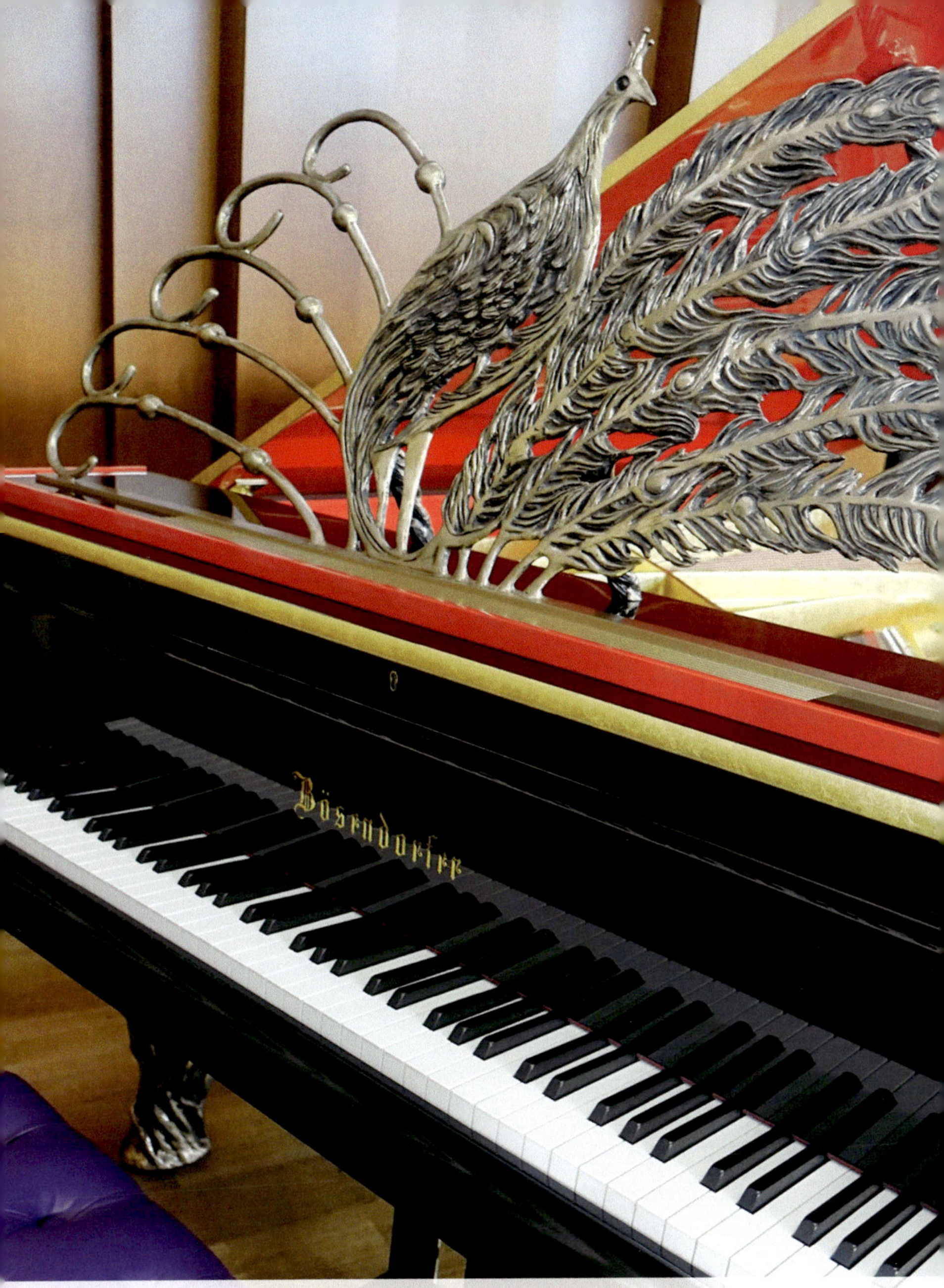

Adresse Gymelsdorfer Gasse 42, 2700 Wiener Neustadt | Anfahrt A 23/A 2, Ausfahrt Neunkirchen Ost, B 17 bis Marktgasse, rechts in Gymelsdorfergasse abbiegen | Öffnungszeiten Führungen nach Vereinbarung unter Tel. 02622/27530 | Tipp Der »Bösendorfer Stadtsalon« im Gebäude des Wiener Musikvereins ist Montag bis Freitag von 10 bis 18 Uhr geöffnet. In den Kasematten veranstaltet Bösendorfer regelmäßig Konzerte.

107 Das Neukloster

50 Dukaten für ein Requiem

Am 14. Dezember 1793 hat ein hochadeliger Hobby-Musiker und Komponist auf dem Chor der Stiftskirche Neukloster den wichtigsten Auftritt seines Lebens. Er dirigiert ein Requiem in d-Moll, das als eines der schönsten Werke in die Musikgeschichte eingehen wird. Die Kirchenbesucher sind von der Musik zutiefst erschüttert. Ebenso die Musiker, die er, der Comte Franz de Walsegg, wie schon so oft den Namen des Komponisten erraten lässt. Ein Spiel. Wer mag es sein? Wie immer antworten sie im Chor: »Graf Franz von Walsegg!« Der lächelt stolz und schweigt. Auf der Partitur prangt tatsächlich sein Name: C. F. de Walsegg. Er ist berühmt dafür, Kompositionen in Auftrag zu geben, um sie als seine eigenen auszugeben.

Wolfgang Amadeus Mozart weiß, für wen er als Ghostwriter komponieren soll, als ihn ein Rechtsanwaltsgehilfe im Juli 1791 in Wien aufsucht und im Namen eines Klienten ein Requiem in Auftrag gibt, für dessen kürzlich verstorbene Ehefrau (siehe Kapitel 27).

Er ist in Geldnöten, 50 Dukaten Honorar kommen ihm sehr gelegen. Doch er kann das Werk nicht vollenden, er stirbt am 5. Dezember desselben Jahres. Constanze bleibt mit zwei Kindern mittellos zurück. Sie beauftragt den Mann, mit dem der Todkranke bis zuletzt das Requiem besprochen hat, mit der Vervollständigung: Franz Süßmayr, von Mozart scherzhaft Sauermayer genannt. Sonst würde die Witwe den zweiten Teil des Honorars nicht erhalten und den ersten zurückzahlen müssen.

Graf von Walsegg ist hochzufrieden auf der barocken Orgel-Empore, die zu schweben scheint. Er denkt an Anna, seine mit nur 20 Jahren verstorbene Frau, und blickt zum Hochaltar. Dahinter verbirgt sich der berühmte »Wiener Neustädter Altar«, der später nach St. Stephan zu Wien verkauft wird. Im stimmungsvollen Kreuzgang wird 150 Jahre später eine Tafel angebracht werden, zur Erinnerung an die denkwürdige Aufführung des Requiems in d-Moll von und mit »C. F. de Walsegg«.

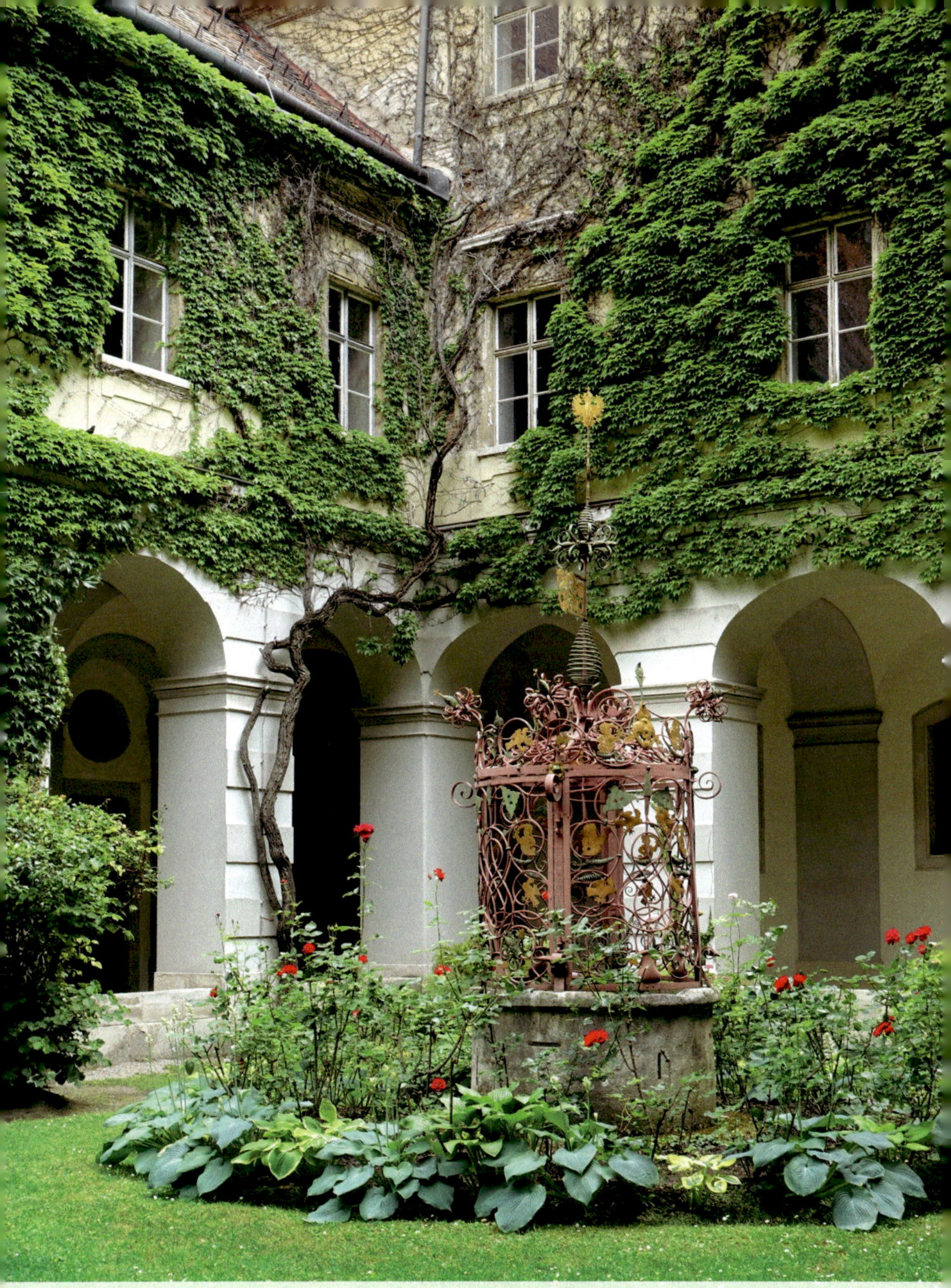

Adresse Neuklostergasse 1, 2700 Wiener Neustadt, www.neukloster.at | **Anfahrt** A 2 Ausfahrt Wiener Neustadt West, B 26, dann B 17 bis Neuklostergasse folgen | **Öffnungszeiten** 8 – 19 Uhr | **Tipp** An Sonn- und Feiertagen spielt um 8.30 Uhr und um 10 Uhr Walter Sengstschmid die Orgel. Führungen durch die »Kunst- und Wunderkammer« gibt es jeden Sonntag um 14 Uhr.

108 Das Zwölftonspielhaus

Josef M. Hauers Minimal Music

Das Haus in der Lange Gasse 23 stammt aus der Zeit um 1195, als die Wiener Neustadt erbaut wurde. Josef Hauer wird 1883 also praktisch mitten im Mittelalter geboren und verbringt hier Kindheit und Jugend. Sein Vater Matthias ist Gefängniswärter im alten Reckturm, spielt ein archaisches Instrument, die Zither. »Ich bekam Zither-Stunden, in denen ich trotz meiner kleinen Hände die nötigen Griffe erlernte. Bald konnte ich sie auch stimmen und hatte so gleichzeitig den Quinten- und Quartenzirkel, die Tonarten und ihre Vorzeichen kennengelernt.«

Josef absolviert in Wiener Neustadt eine Musiklehrerausbildung. Seinem Vater zu Ehren fügt er »Matthias« als zweiten Vornamen ein. Ab 1910 komponiert er, löst sich dabei vollständig von Tonarten und Tonalität. Die Gesetzmäßigkeit, der er intuitiv folgt, das Zwölftonprinzip, entdeckt er erst im Nachhinein. Jeder Komposition liegt eine Reihe von zwölf Tönen zugrunde. Mit »Nomos op. 19 für Klavier« komponiert er 1919 bewusst sein erstes Zwölfton-Werk, das erste der Musikgeschichte. Jahre vor Arnold Schönberg. Doch dieser beansprucht die Erfindung der Zwölftonmusik für sich allein und verweist Hauer an den Platz einer Fußnote.

Während Schönbergs Musik den Zuhörer in einen Zustand unaufgelöster Anspannung versetzt, halten ihn Hauers 1.000 Zwölftonspiele in Schwebe zwischen Spannung und Entspannung. Auch seine Klavier-Miniaturen, Lieder, Orchesterwerke, Opern haben diese ganz besondere, fast hypnotische Wirkung. 1920 veröffentlicht er »Vom Wesen des Musikalischen«. Er führt die Musik auf die mathematischen Gesetze zurück, die dem Kosmos zugrunde liegen: Musik soll uns ins Universum einbetten. Die Entwicklung der abendländischen Musik zum hemmungslos subjektiven Ausdruck der Befindlichkeit des Künstlers lehnt er deshalb ab. Nur frühe Musik lässt er gelten, die Gregorianik etwa und Johann Sebastian Bach, dessen Musik dem »Absoluten« tatsächlich sehr nahekommt.

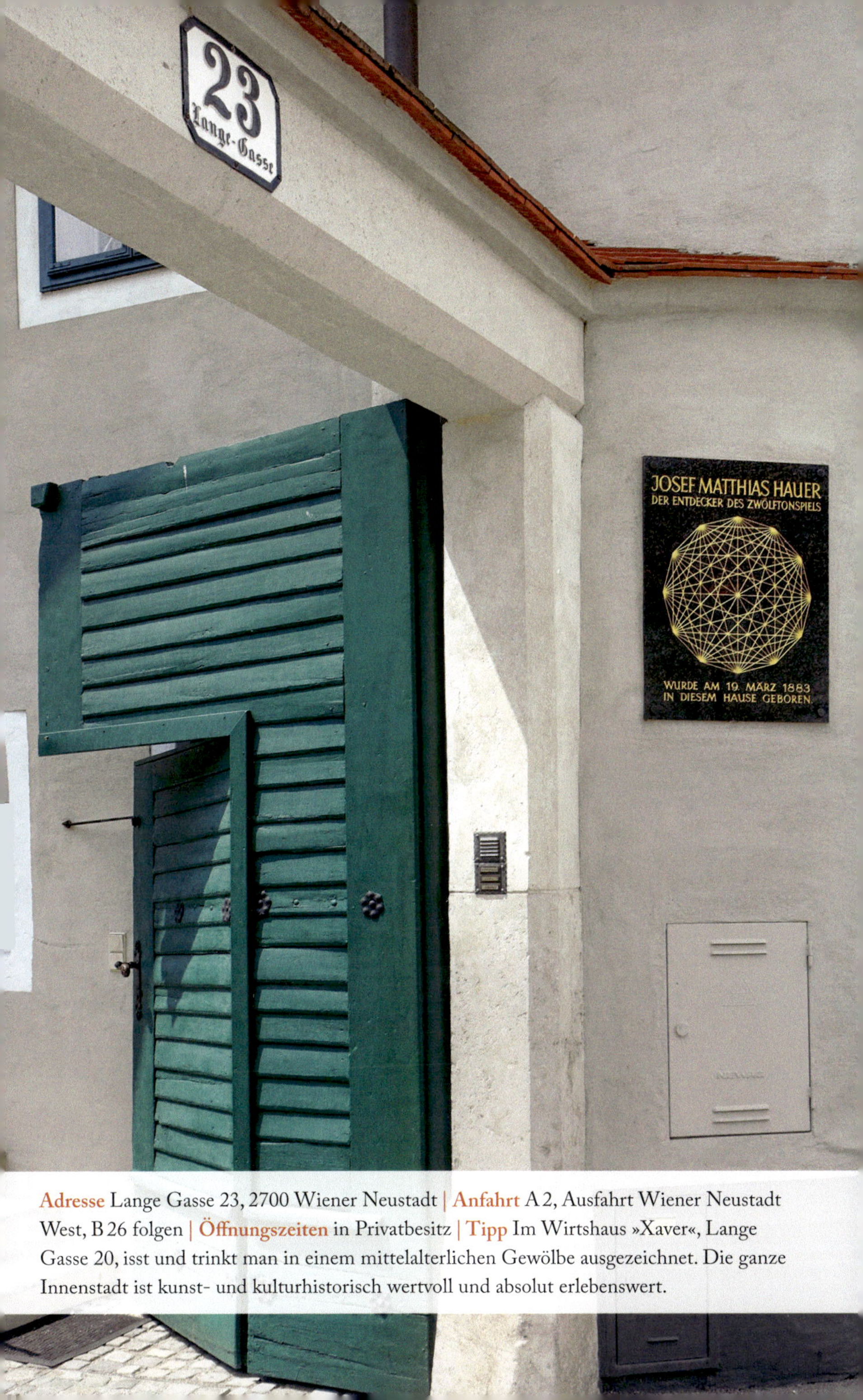

Adresse Lange Gasse 23, 2700 Wiener Neustadt | **Anfahrt** A 2, Ausfahrt Wiener Neustadt West, B 26 folgen | **Öffnungszeiten** in Privatbesitz | **Tipp** Im Wirtshaus »Xaver«, Lange Gasse 20, isst und trinkt man in einem mittelalterlichen Gewölbe ausgezeichnet. Die ganze Innenstadt ist kunst- und kulturhistorisch wertvoll und absolut erlebenswert.

109_Das Schloss Weinzierl

Die Erfindung des Quattrologs

In einem Sommer Mitte des 18. Jahrhunderts begleitet Joseph Haydn seinen Lehrer Nicolo Porpora als Korrepetitor in den Badeort Mannersdorf (siehe Kapitel 21). Wie es der Zufall will, weilt unter den Kurgästen Carl Joseph Weber von Fürnberg, wohlhabender Unternehmer und Musikliebhaber. Er lädt den begabten jungen Musiker spontan auf seinen Landsitz ein – das Renaissance-Schloss Weinzierl, das er nach der neuesten Mode barock hat umgestalten lassen.

Fürnberg liebt diesen Ort und schätzt es außerordentlich, wenn für ihn selbst, seine Familie und seine Freunde musiziert wird. Sein Pfarrer spielt die erste Geige, sein Gutsverwalter die zweite und Anton Albrechtsberger, Bruder des berühmten Kontrapunktlehrers Johann Georg, das Violoncello. Man führt die damals sehr beliebten Triosonaten auf. Joseph Haydn ist nun der Vierte im Bunde und – fehlt da nicht etwas? Genau. Eine Komposition für zwei Violinen, Viola und Cello. Ob Haydn nicht schnell so was schreiben könnte? Er kann. Er erfindet eine neue Kategorie von Kammermusik, die wir heute für selbstverständlich nehmen und Streichquartett nennen. Haydn nennt sie »Simphonies ou Quatuors dialogué« und trifft damit genau den Punkt: Vier Streicher treten in einen musikalischen Quattrolog. Im Laufe seines Lebens schreibt Haydn 83 Streichquartette – Quelle der Inspiration von unschätzbarem Wert.

Auf Schloss Weinzierl, das heute das Francisco Josephinum beherbergt, findet alljährlich im Mai ein Kammermusikfestival statt. Hochkarätig und abseits des Kulturtrubels. In Haydns Geist und Sinn ist das ganze Schloss vier Tage lang mit Musik erfüllt. Der Festsaal mit Blick in den Park, der überdachte Innenhof, wo beim Nachtkonzert in den Renaissance-Arkaden echte Kerzen brennen, die zauberhafte Schlosskapelle und der Park mit den uralten Bäumen, unter denen wohl schon der Naturliebhaber Haydn sinniert und mit Freunden musiziert hat.

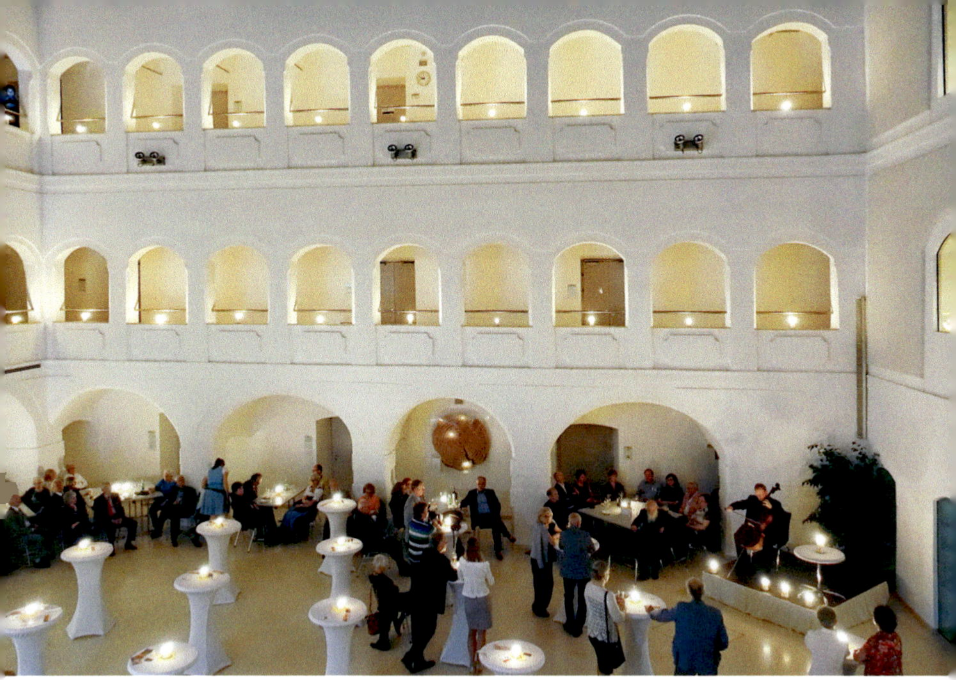

Adresse Weinzierl 1, 3250 Wieselburg-Land | Anfahrt A 1, Ausfahrt Ybbs, B 25, dann L 6145, Krügling und Wechlinger Straße bis Weinzierlweg folgen | Öffnungszeiten Park öffentlich zugänglich, Musikfest im Mai, www.musikfest-weinzierl.at | Tipp In der Ulrichskirche in Wieselburg befindet sich das Oktogon, der älteste aufrecht stehende Bau Österreichs aus dem Jahr 990, und auf dem Friedhof das Grabmal der Fürnbergs.

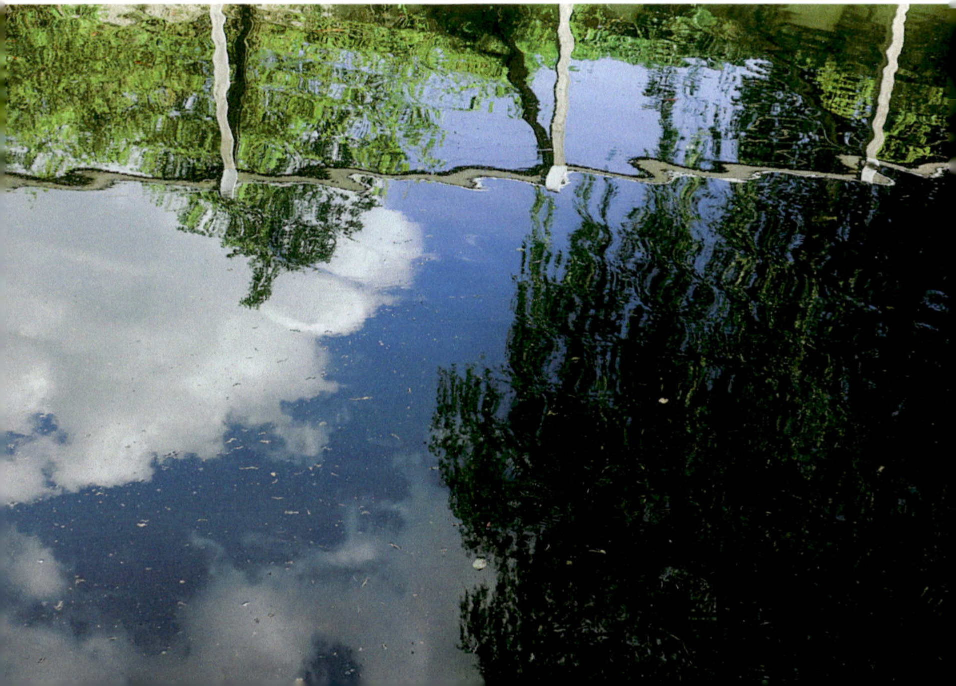

110_Der Jukebox-Salon

Kassenschlager

In den 50er und 60er Jahren konnte man mit Seeburg, Wurlitzer, Rock-Ola und Co gute Geschäfte machen. So eine Musikbox, erzählt Herr Freitag Senior, war zwar für einen Bar- oder Cafébesitzer eine Rieseninvestition, doch im Laufe der Jahre konnte sie gut und gern eine Million einspielen. Schilling, versteht sich.

Das ehemalige Musikheim der Gemeinde Ziersdorf ist seit Kurzem im stolzen Besitz von Vater, Sohn und Enkelsohn Freitag. Auf etwa 250 Quadratmetern stehen rund hundert voll funktionstüchtige Jukeboxes. Die jüngste stammt aus den 90ern, die älteste, eine wunderschöne Seeburg, ist Baujahr 1949. Damals, in der amerikanischen Besatzungszeit, haben die Musikautomaten aus der Neuen Welt Österreich erobert. Was vorher war, interessiert die Freitags nicht. Das wäre ja museal. Sämtliche hier ausgestellten Musikautomaten sind hingegen quicklebendig und stehen quasi mitten im Leben.

Die Faszination liegt in der Illusion des Beteiligtseins. Stunden könnte man im Jukebox-Salon verbringen, Münzen einwerfen, einen Wahlknopf drücken und sich kindlich freuen, wenn das Gerät das gewünschte Stück tatsächlich spielt! Nein, nicht einfach nur spielt, sondern auch aus bis zu 120 Singles, Schellack oder Vinyl mit diversen ausgeklügelten Mechanismen auswählt und auflegt, je nach Marke, Modell und Baujahr. Jazz, Schlager, Volksmusik, Pop und Rock. Bei den offenen Boxen, bis in die 60er Jahre, kann man durch die Glashaube sehen, wie sich das alles abspielt. Später hat man die Technik versteckt. Schade.

Man kann eine Jukebox natürlich auch kaufen, wenn man das nötige Kleingeld und im Wohnzimmer genug Platz hat. Oder ausborgen. Das ist der Transportkosten wegen nicht ganz billig. Das größte Vergnügen bereitet es ohnehin, ab und zu vorbeizukommen und sich die tönenden Wunderwerke vorführen zu lassen. Von einem, der sie dank professioneller Kleinarbeit in neuem Glanz erstrahlen lässt.

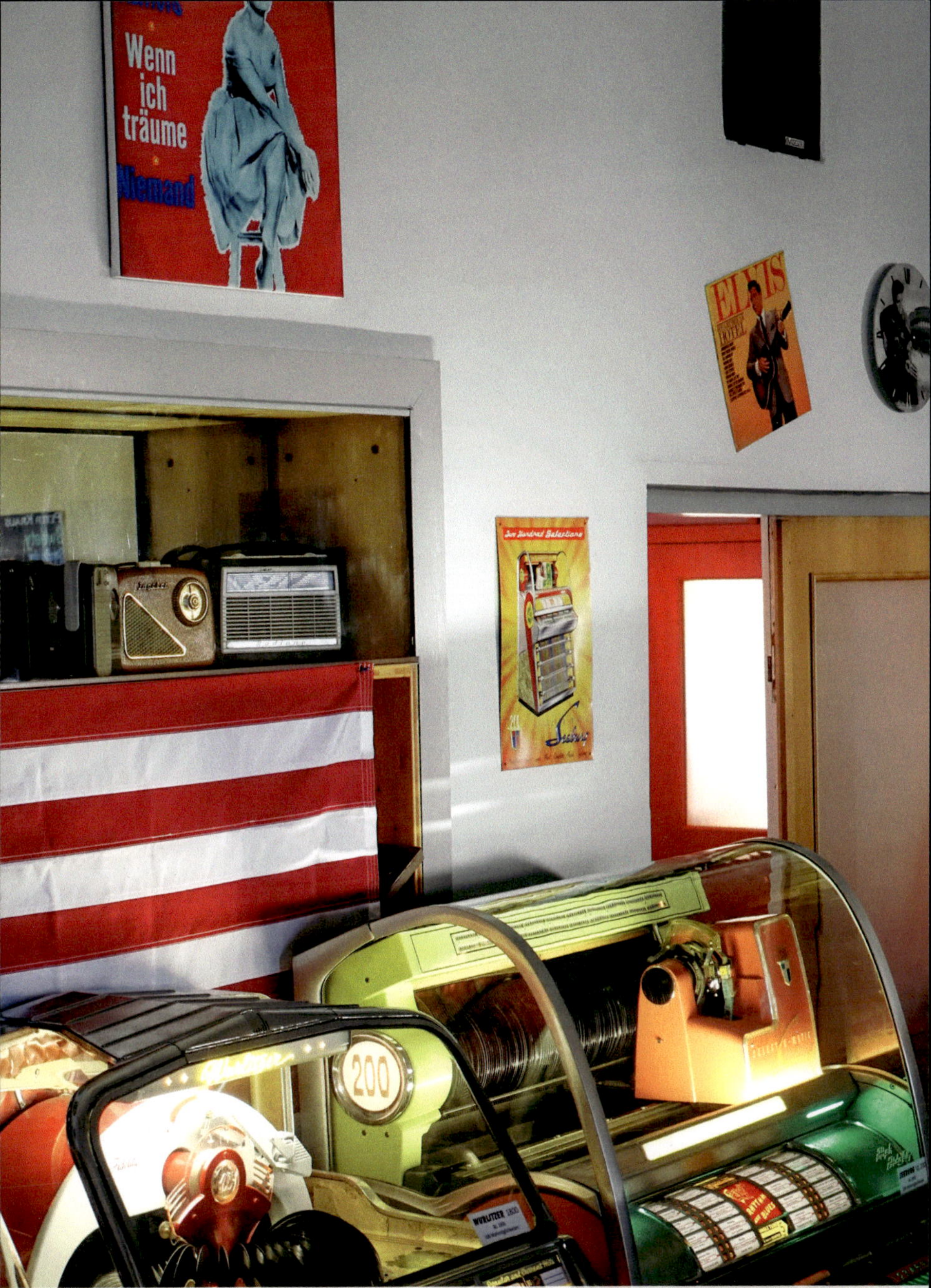

Adresse Badgasse 25, 3710 Ziersdorf | **Anfahrt** A 22, S 3, B 4 Richtung Ziersdorf, Wiener Straße | **Öffnungszeiten** nach Vereinbarung unter Tel. 0699/81423471 (Wilfried Freitag), musikbox@gmx.net | **Tipp** Sehenswert ist auch die »Amethystwelt« im nahe gelegenen Maissau.

111 Das Konzerthaus Weinviertel

Schönster Ballsaal zwischen Prag und Wien

Das Konzerthaus Weinviertel erinnert an das Wiener Konzerthaus, und das gar nicht so entfernt und nicht von ungefähr. Der Wiener Stadtbaumeister Blahosch hat sich den Bau von Fellner & Helmer wohl zum Vorbild genommen, als er beauftragt wurde, für das Gasthaus Fröhlich in Ziersdorf einen Ballsaal zu planen. »Jugendstilsaal« wurde er im Dorf schlicht genannt, Verwechslungsgefahr bestand keine. Der örtliche Bau- und Maurermeister, der den Saal 1910 errichtete, hätte sich sicher nicht träumen lassen, dass sein Werk ein Jahrhundert später seinen Namen tragen würde: »Ludwig-Streicher-Saal«. Wie hätte er auch ahnen können, dass sein noch nicht geborener Enkelsohn Ludwig einmal einer der besten Kontrabass-Solisten der Welt werden sollte.

Dass das Baujuwel noch steht, grenzt an ein Wunder. Der Gasthausbetrieb wurde zwar erst Anfang der 70er Jahre eingestellt, die Zeit glanzvoller Bälle, bunter Abende und Theateraufführungen war jedoch längst vorüber. Die Wiener, die noch in der Zwischenkriegszeit mit der Franz-Josefs-Bahn anreisten, blieben nach 1945 aus. Der Saal verkam zur Weinabfüllhalle und vermoderte.

Wie gut, dass es in Niederösterreich alljährlich eine hoch dotierte Landesausstellung gibt, die den Politikern immer wieder als Anlass für eine große Investition dient. In diesem Fall, anno 2005, lieferte die »Zeitreise Heldenberg« die Berechtigung zur Generalsanierung des Saales durch Land und Gemeinde. Bei Konzerten und Kabarett-Abenden finden nun bis zu 400 staunende Besucher Platz. Für Kammermusik ist die Akustik ideal. Eine ausgefeilte Tontechnik und ein exzellenter Tontechniker haben den dreigeschossigen Saal samt Galerie jedoch auch im Verstärkungsfall im Griff.

Draußen auf der Wiese streicht Ludwig, in Marmor gemeißelt, eines der vielen Stücke, die Komponisten ihm gewidmet haben.

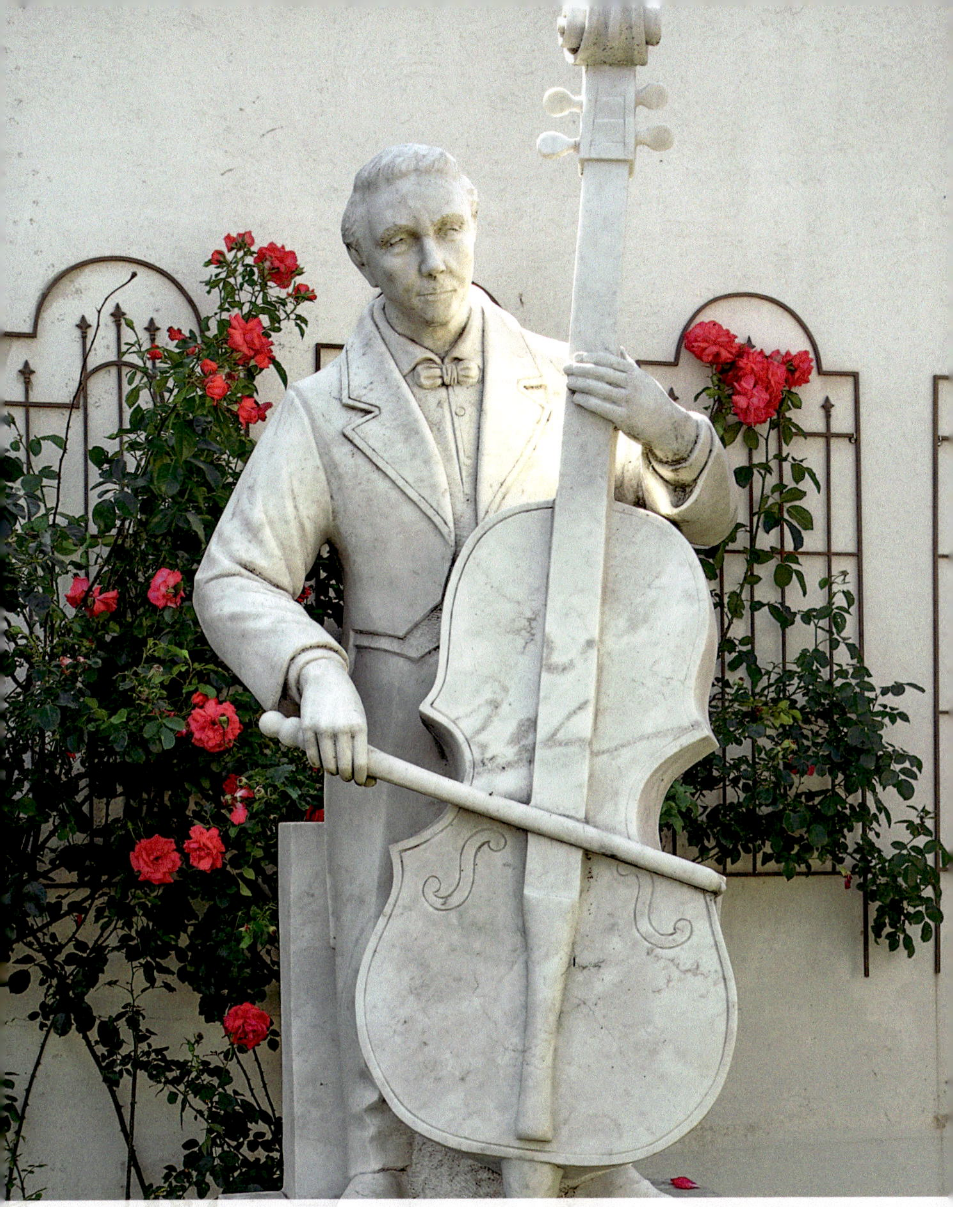

Adresse Horner Straße 7, 3710 Ziersdorf, www.konzerthaus-weinviertel.at | **Anfahrt** A 22, S 3, B 4 Richtung Ziersdorf, Wiener Straße | **Öffnungszeiten** bei Veranstaltungen und nach Vereinbarung unter Tel. 02956/220416 | **Tipp** Auf dem Kirchplatz sitzt ein bronzener Querflötenspieler. Nur zwei Kilometer entfernt liegt das malerische Radlbrunn mit dem sehenswerten Brandlhof (Info unter Tel. 02956/81222).

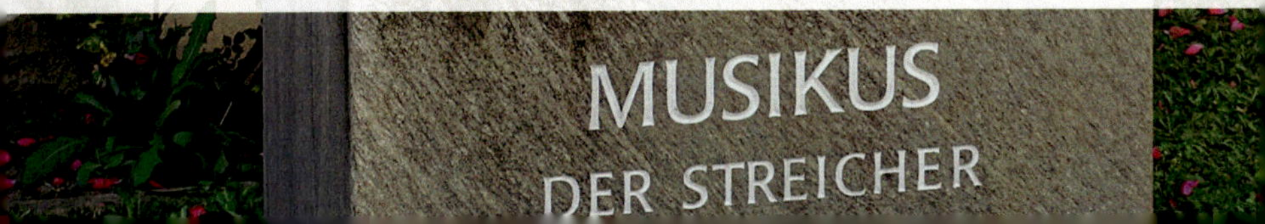

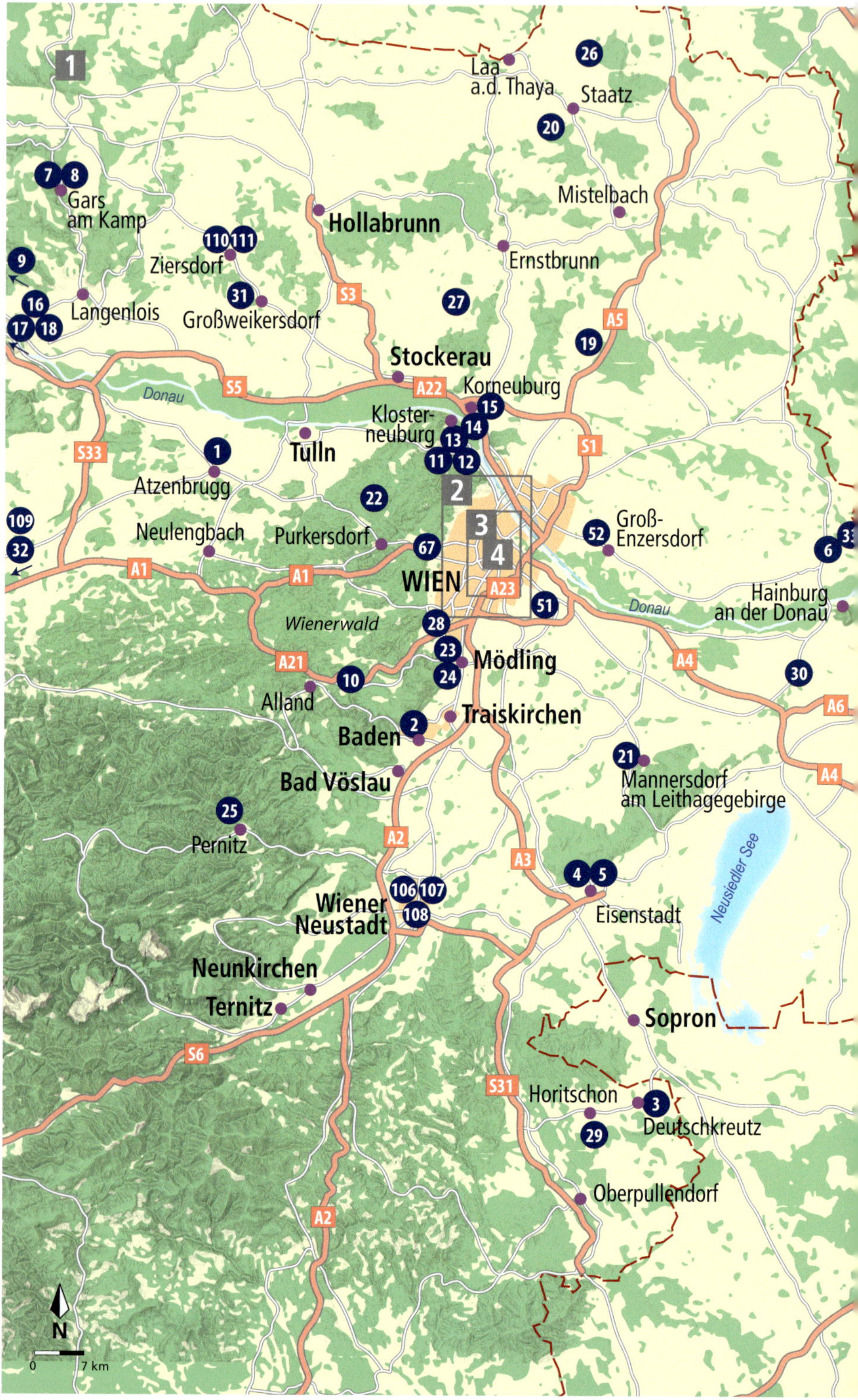

1
Laa a.d. Thaya
Staatz
Mistelbach
Gars am Kamp
Hollabrunn
Ziersdorf
Ernstbrunn
Langenlois
Großweikersdorf
Stockerau
Korneuburg
Donau
Kloster-neuburg
Tulln
Atzenbrugg
Neulengbach
Purkersdorf
Groß-Enzersdorf
WIEN
Hainburg an der Donau
Wienerwald
Mödling
Alland
Traiskirchen
Baden
Bad Vöslau
Mannersdorf am Leithagegebirge
Pernitz
Neusiedler See
Eisenstadt
Wiener Neustadt
Neunkirchen
Ternitz
Sopron
Horitschon
Deutschkreutz
Oberpullendorf
N
0 7 km

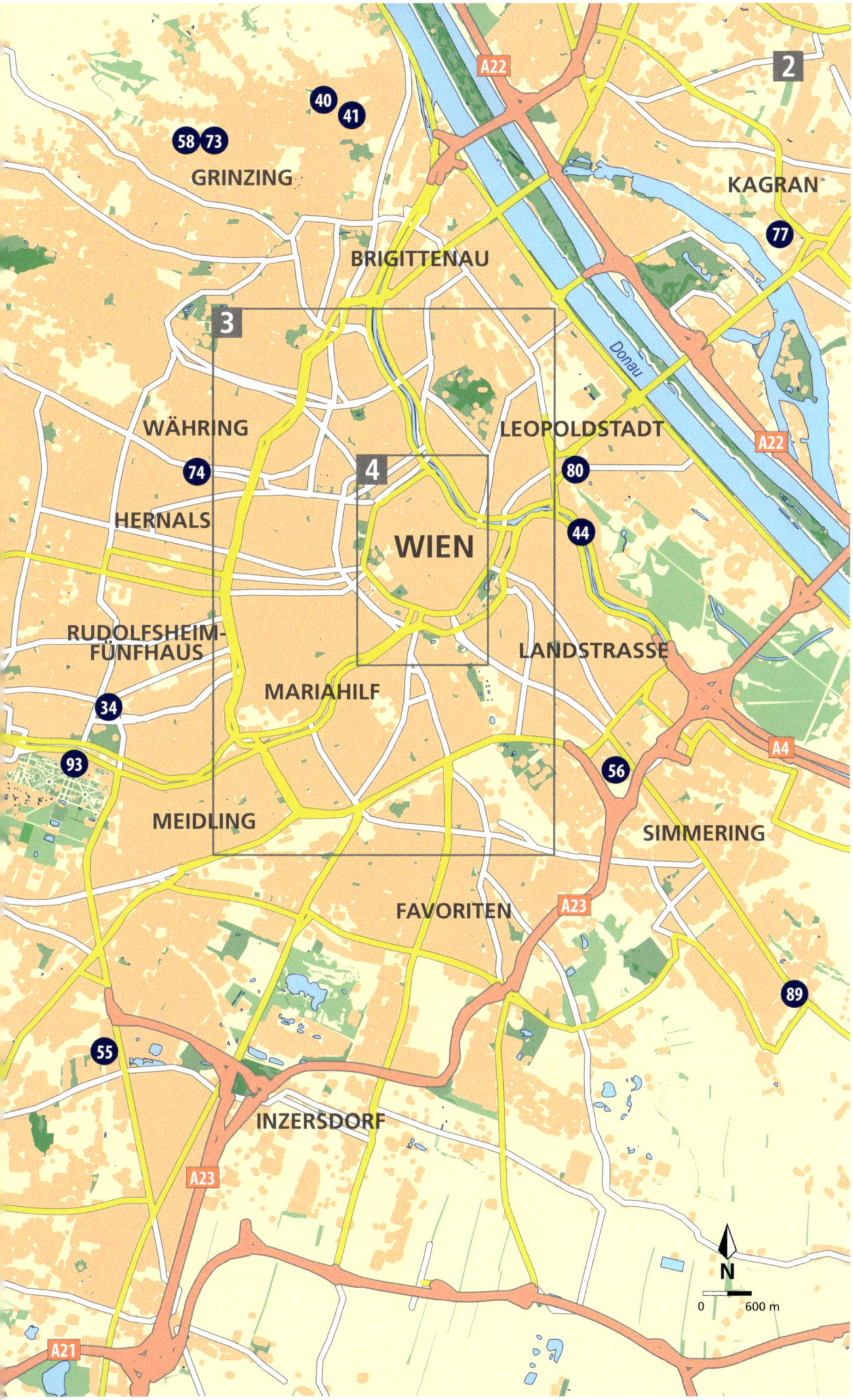

GRINZING
KAGRAN
BRIGITTENAU
WÄHRING
LEOPOLDSTADT
HERNALS
WIEN
RUDOLFSHEIM-
FÜNFHAUS
LANDSTRASSE
MARIAHILF
MEIDLING
SIMMERING
FAVORITEN
INZERSDORF
Donau
A22
A4
A23
A21
2
3
4
40
41
58
73
77
74
80
44
34
93
56
89
55
N
0
600 m

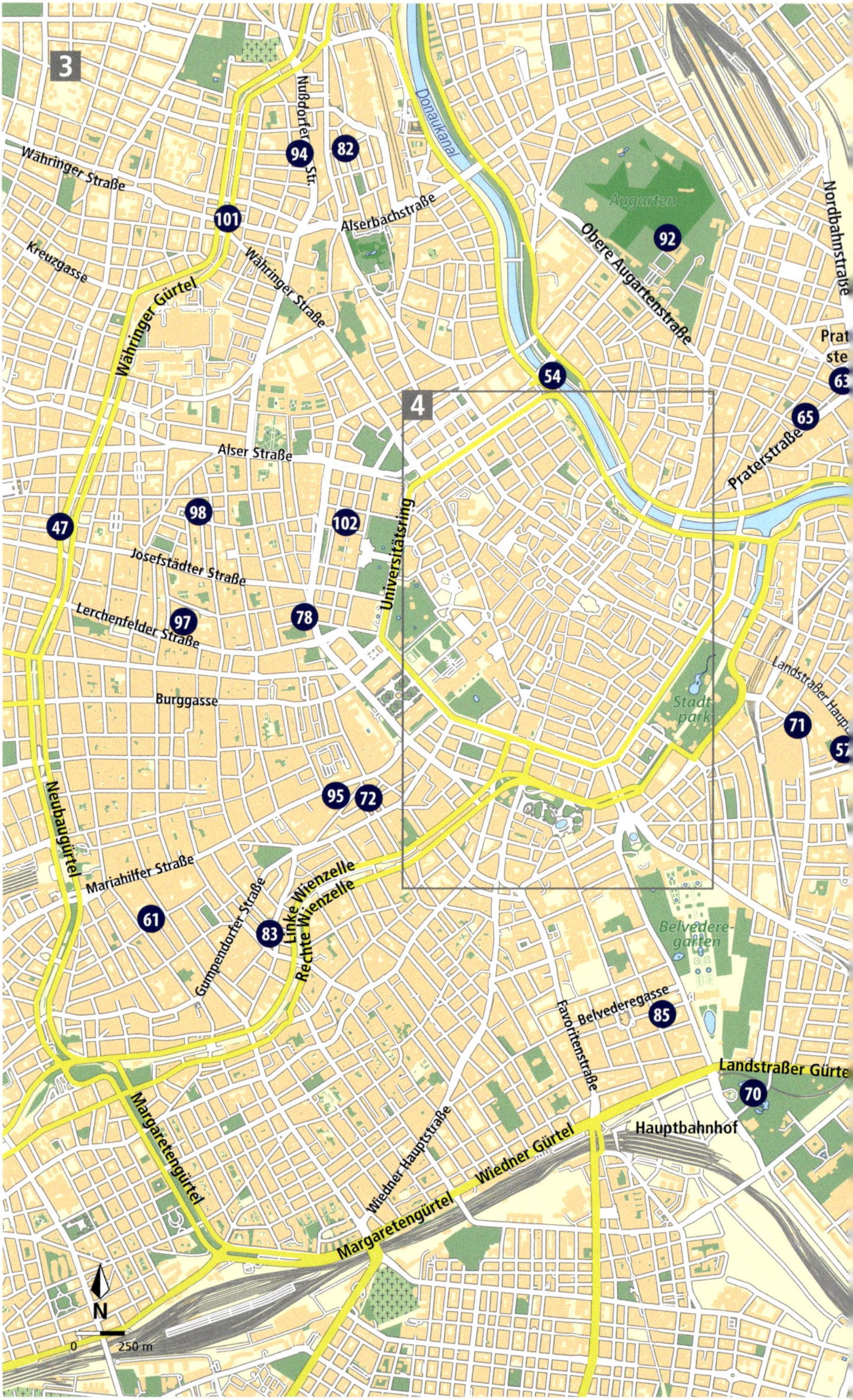

3
4
Nußdorfer Str.
Währinger Straße
Alserbachstraße
Donaukanal
Augarten
Obere Augartenstraße
Nordbahnstraße
Kreuzgasse
Währinger Gürtel
Alser Straße
Praterstraße
Universitätsring
Josefstädter Straße
Lerchenfelder Straße
Burggasse
Stadtpark
Landstraßer Haupt
Neubaugürtel
Mariahilfer Straße
Gumpendorfer Straße
Linke Wienzeile
Rechte Wienzeile
Belvederegarten
Belvederegasse
Favoritenstraße
Landstraßer Gürtel
Hauptbahnhof
Margaretengürtel
Wiedner Hauptstraße
Wiedner Gürtel
N
0
250 m
94
82
101
92
54
63
65
47
98
102
78
97
71
57
95
72
61
83
85
70

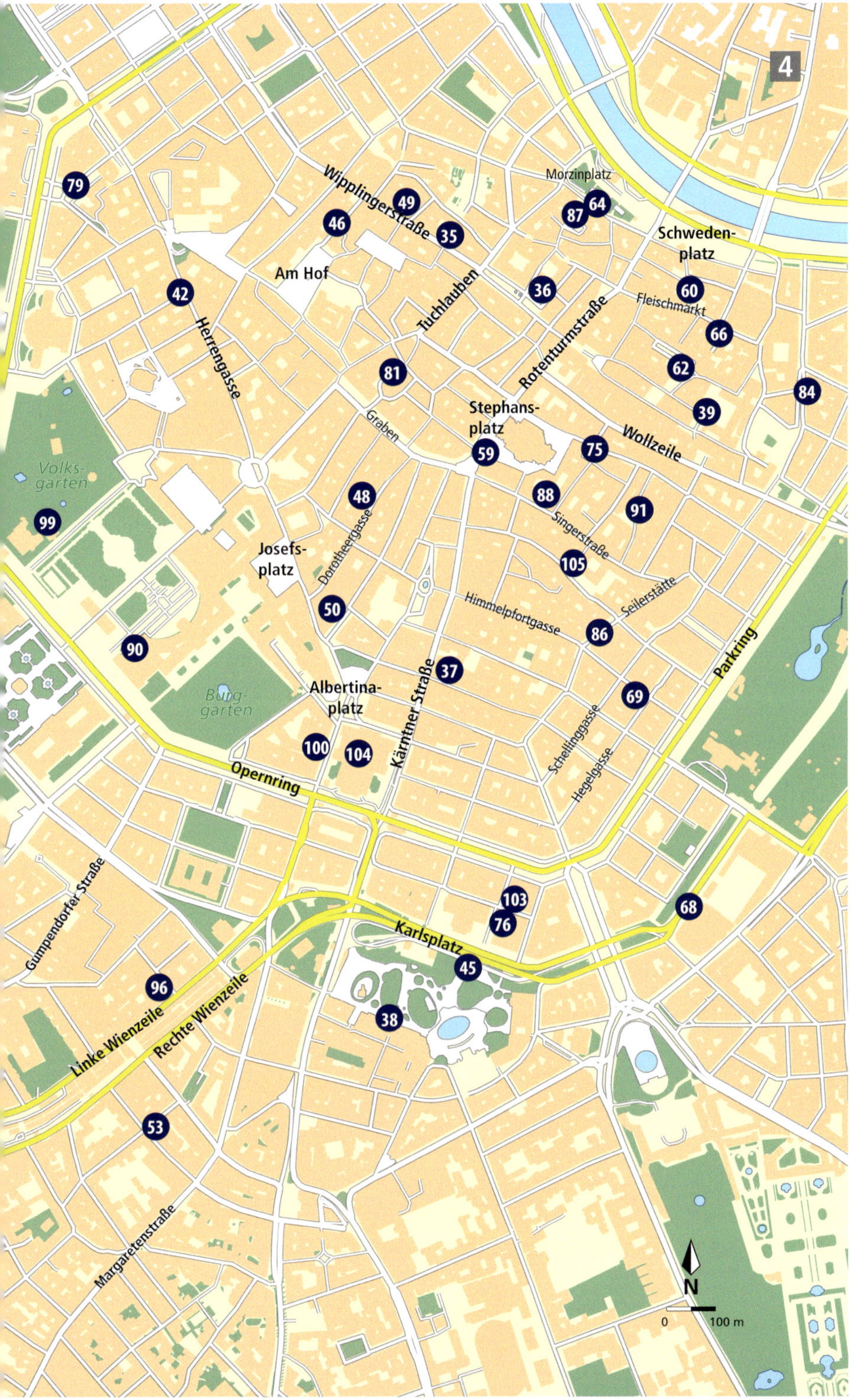
4
Wipplingerstraße
Morzinplatz
Schweden-
platz
Am Hof
Tuchlauben
Rotenturmstraße
Fleischmarkt
Herrengasse
Graben
Stephans-
platz
Wollzeile
Volks-
garten
Singerstraße
Dorotheergasse
Josefs-
platz
Himmelpfortgasse
Seilerstätte
Parkring
Burg-
garten
Albertina-
platz
Kärntner Straße
Schellinggasse
Hegelgasse
Opernring
Gumpendorfer Straße
Karlsplatz
Linke Wienzeile
Rechte Wienzeile
Margaretenstraße
N
0
100 m
79
49
46
35
87
64
42
36
60
66
81
62
84
39
59
75
48
88
91
99
105
50
86
90
37
69
100
104
103
76
68
45
96
38
53

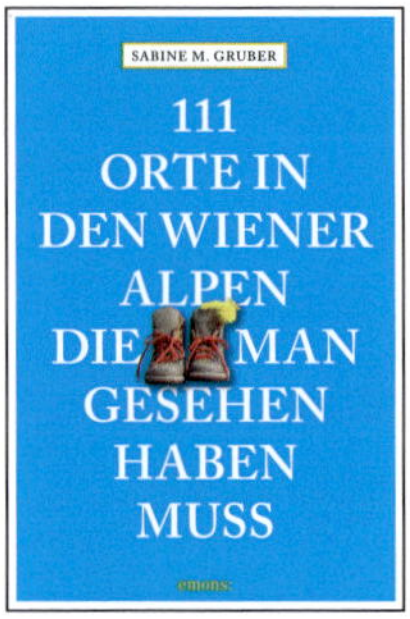

Sabine M. Gruber
111 Orte in den Wiener Alpen, die man gesehen haben muss
ISBN 978-3-7408-1213-3

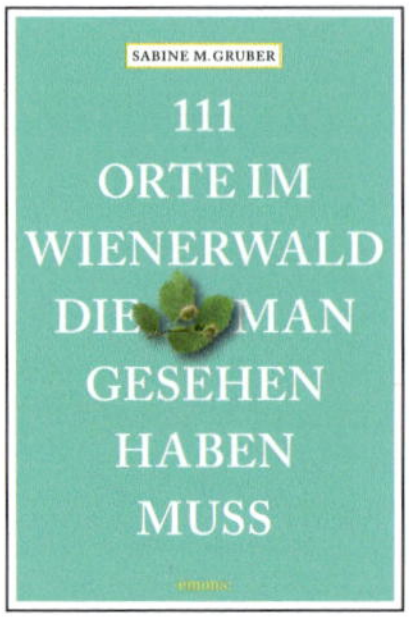

Sabine M. Gruber
111 Orte im Wienerwald, die man gesehen haben muss
ISBN 978-3-7408-0844-0

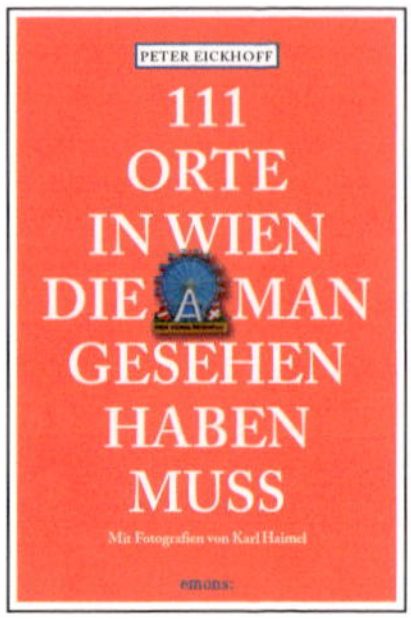

Peter Eickhoff
111 Orte in Wien, die man gesehen haben muss
ISBN 978-3-7408-1521-9

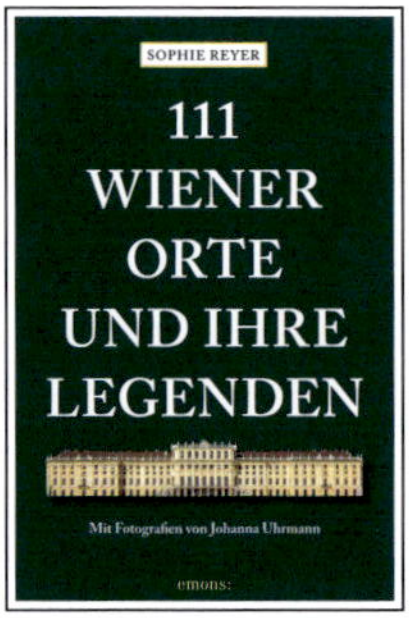

Sophie Reyer
111 Wiener Orte und ihre Legenden
ISBN 978-3-7408-1533-2

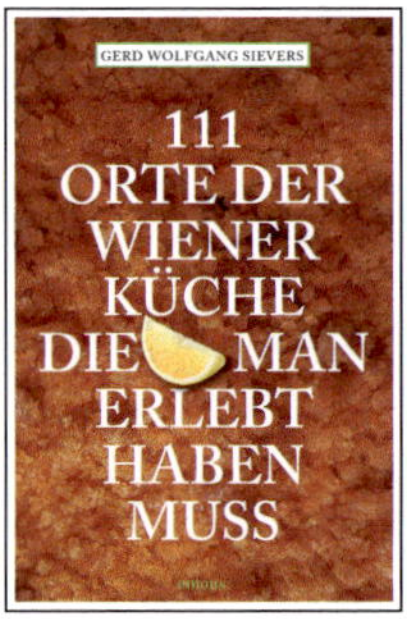

Gerd Wolfgang Sievers
111 Orte der Wiener Küche, die man gesehen haben muss
ISBN 978-3-95451-337-6

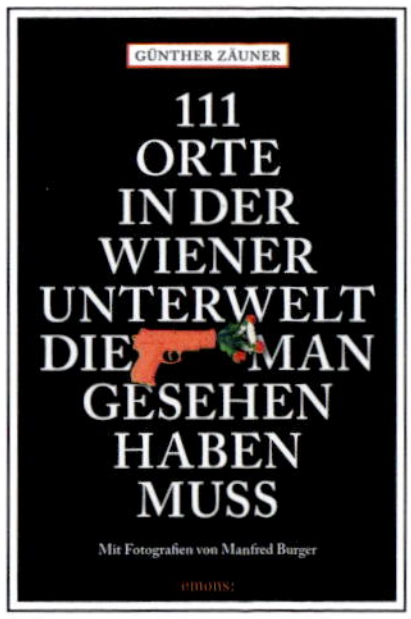

Günther Zäuner
111 Orte in der Wiener Unterwelt, die man gesehen haben muss
ISBN 978-3-7408-1438-0

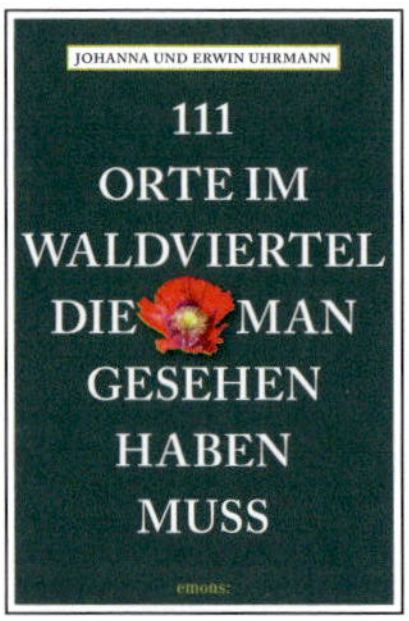

Johanna Uhrmann, Erwin Uhrmann
111 Orte im Waldviertel, die man gesehen haben muss
ISBN 978-3-7408-1666-7

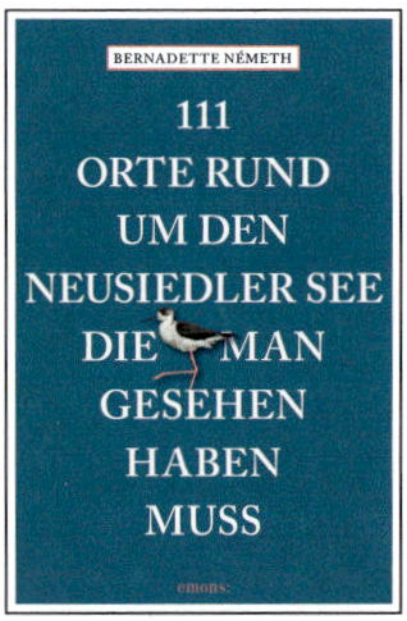

Bernadette Németh
111 Orte rund um den Neusiedler See, die man gesehen haben muss
ISBN 978-3-7408-1652-0

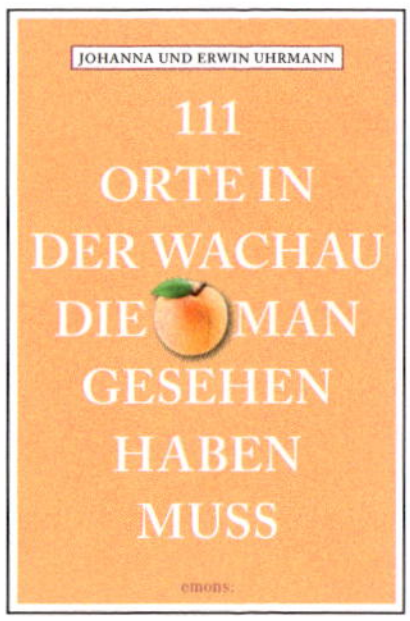

Johanna Uhrmann, Erwin Uhrmann
111 Orte in der Wachau, die man gesehen haben muss
ISBN 978-3-7408-1668-1

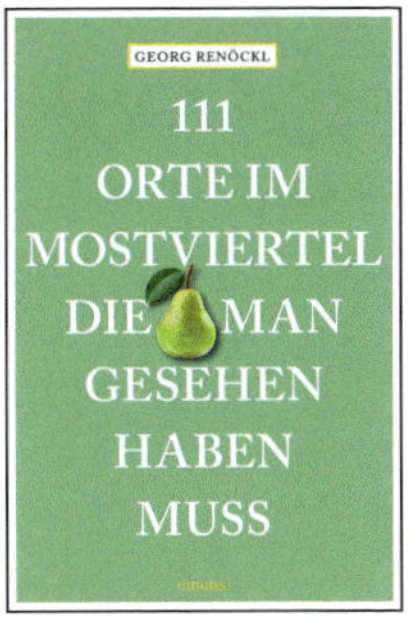

Georg Renöckl
111 Orte im Mostviertel, die man gesehen haben muss
ISBN 978-3-7408-1074-0

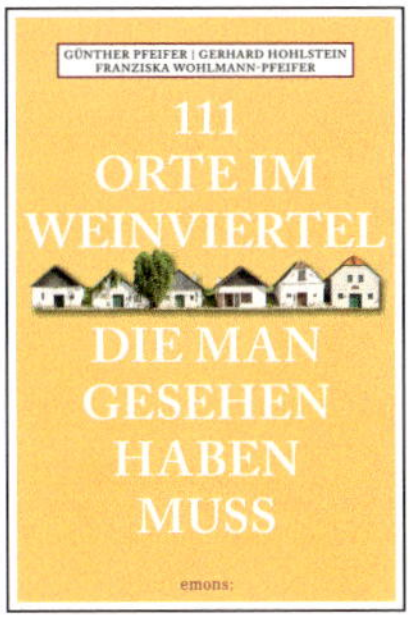

Gerhard Hohlstein, Günther Pfeifer, Franziska Wohlmann-Pfeifer
111 Orte im Weinviertel, die man gesehen haben muss
ISBN 978-3-7408-0843-3

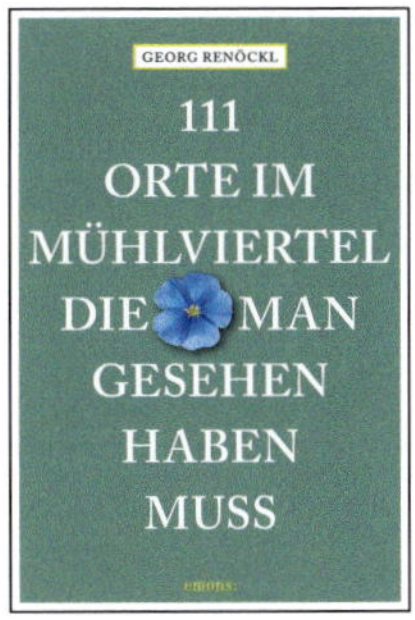

Georg Renöckl
111 Orte im Mühlviertel, die man gesehen haben muss
ISBN 978-3-7408-1431-1

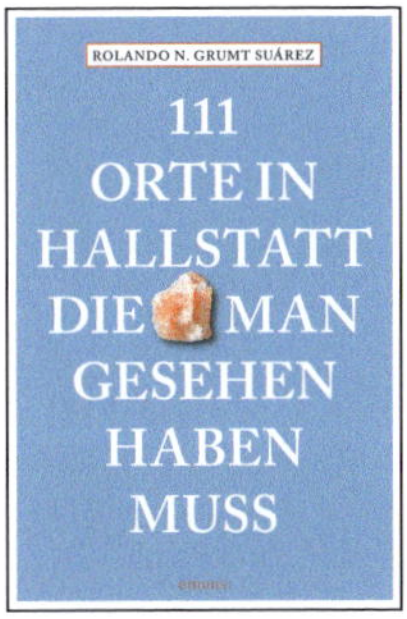

Rolando N. Grumt Suárez
111 Orte in Hallstatt, die man gesehen haben muss
ISBN 978-3-7408-0858-7

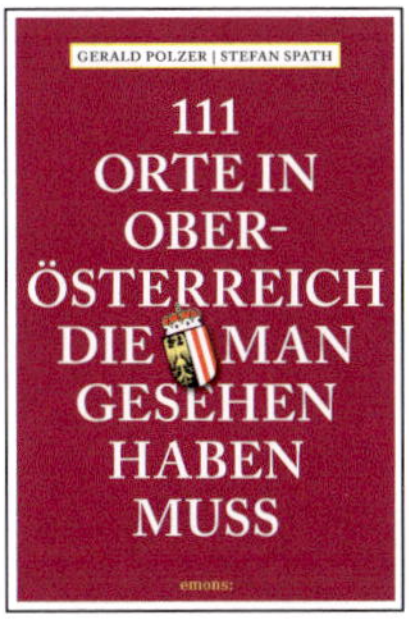

Gerald Polzer, Stefan Spath
111 Orte in Oberösterreich, die man gesehen haben muss
ISBN 978-3-95451-857-9

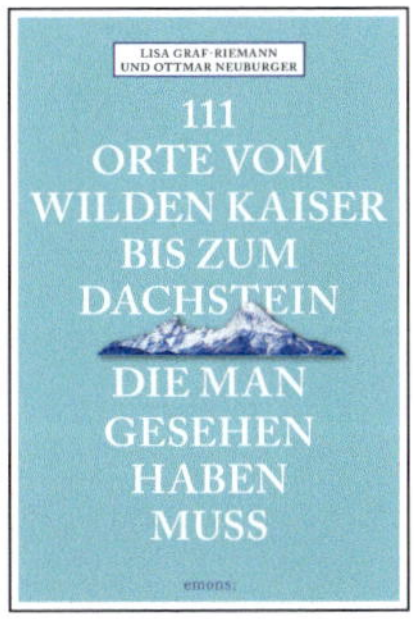

Lisa Graf-Riemann, Ottmar Neuburger
111 Orte vom Wilden Kaiser bis zum Dachstein, die man gesehen haben muss
ISBN 978-3-7408-0138-0

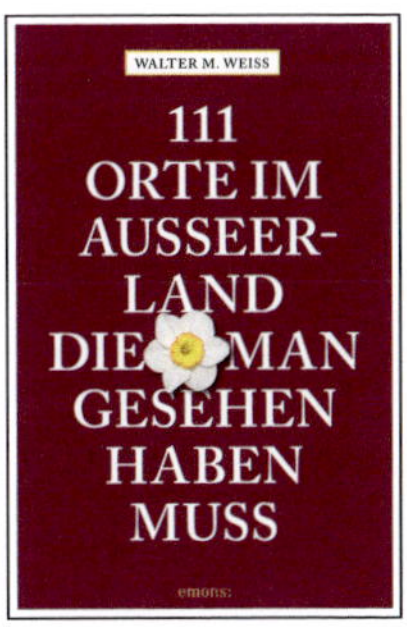

Walter M. Weiss
111 Orte im Ausseerland, die man gesehen haben muss
ISBN 978-3-7408-1464-9

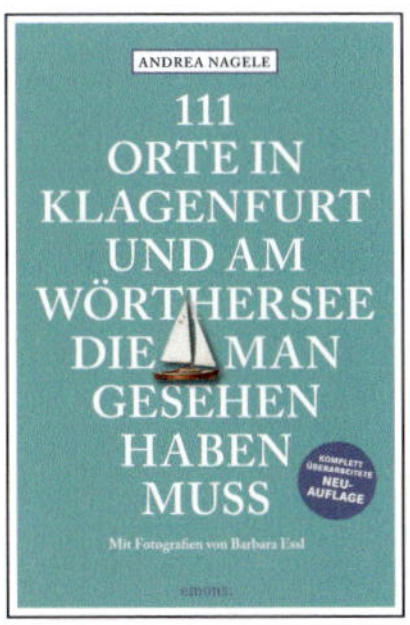

Andrea Nagele
111 Orte in Klagenfurt und am Wörthersee, die man gesehen haben muss
ISBN 978-3-7408-1093-1

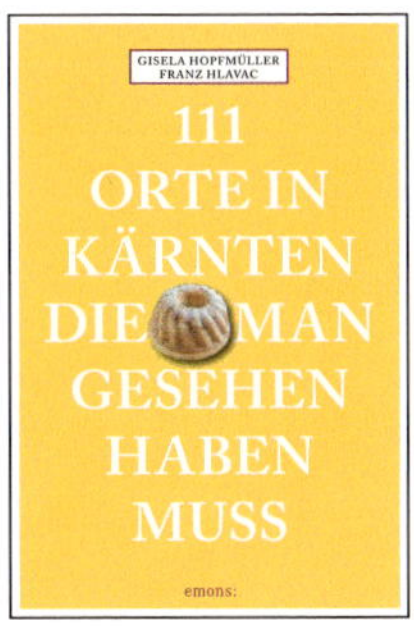

Franz Hlavac, Gisela Hopfmüller
111 Orte in Kärnten, die man gesehen haben muss
ISBN 978-3-7408-1077-1

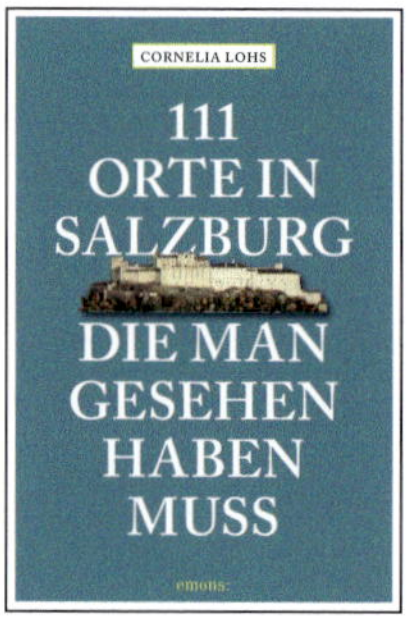

Cornelia Lohs
111 Orte in Salzburg, die man gesehen haben muss
ISBN 978-3-7408-1221-8

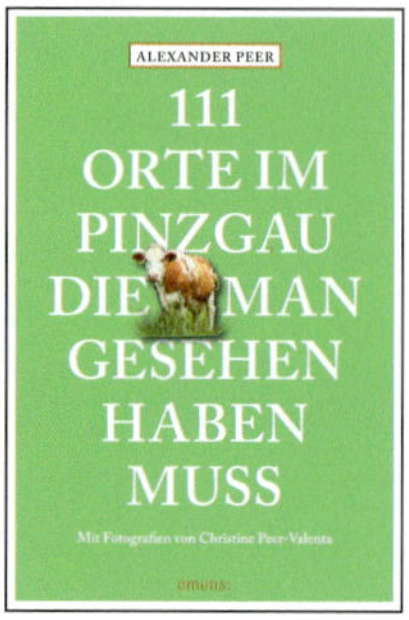

Alexander Peer
111 Orte im Pinzgau, die man gesehen haben muss
ISBN 978-3-7408-1199-0

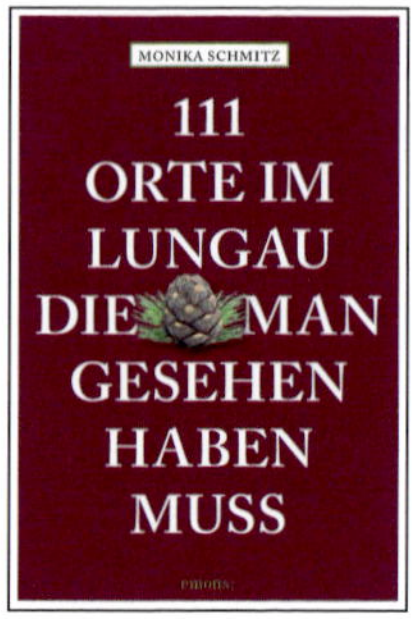

Monika Schmitz
111 Orte im Lungau, die man gesehen haben muss
ISBN 978-3-7408-1788-6

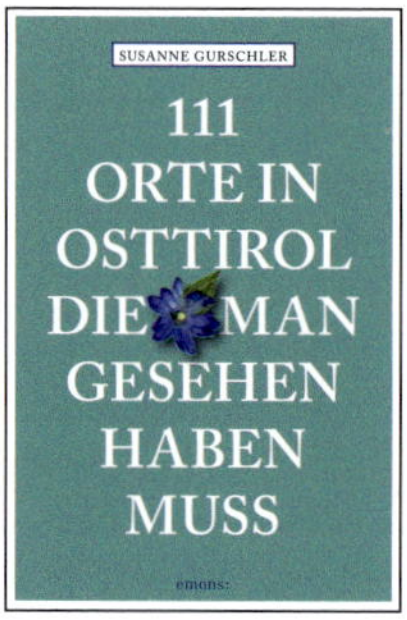

Susanne Gurschler
111 Orte in Osttirol, die man gesehen haben muss
ISBN 978-3-7408-0847-1

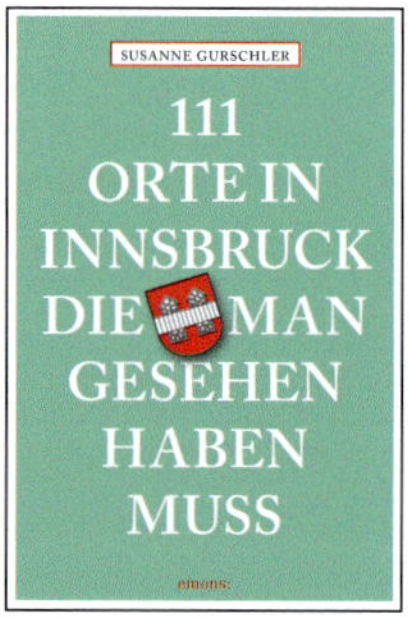

Susanne Gurschler
111 Orte in Innsbruck, die man gesehen haben muss
ISBN 978-3-7408-0343-8

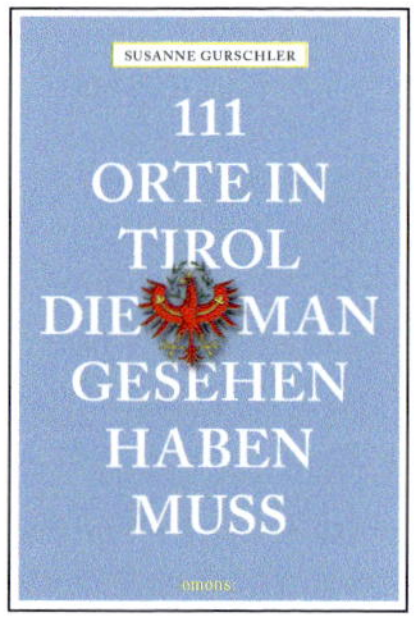

Susanne Gurschler
111 Orte in Tirol, die man gesehen haben muss
ISBN 978-3-95451-834-0

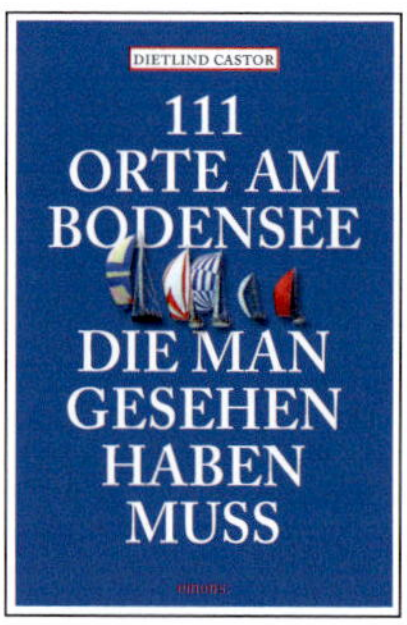

Dietlind Castor
111 Orte am Bodensee, die man gesehen haben muss
ISBN 978-3-7408-1781-7

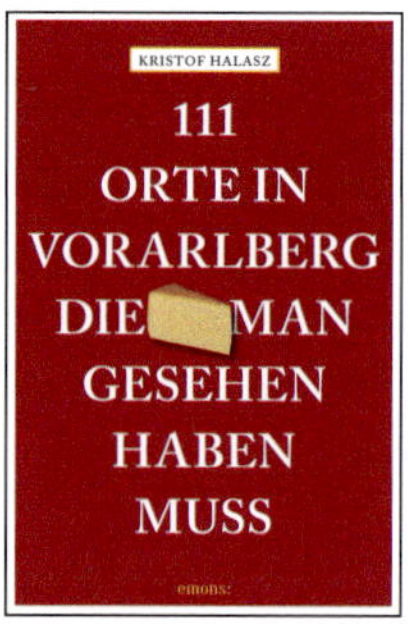

Kristof Halasz
111 Orte in Vorarlberg, die man gesehen haben muss
ISBN 978-3-7408-1570-7

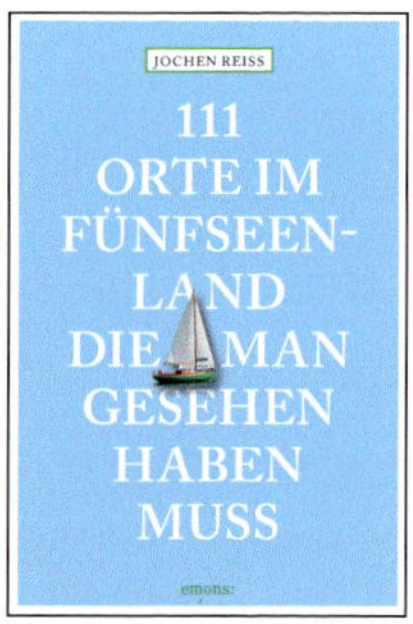

Jochen Reiss
111 Orte im Fünfseenland, die man gesehen haben muss
ISBN 978-3-7408-1777-0

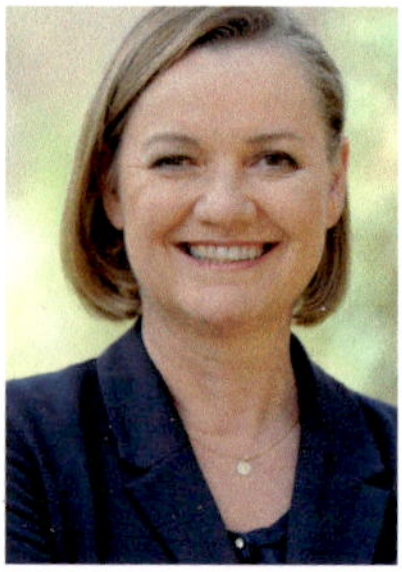

Die Autorin

Sabine M. Gruber, geboren in Linz (Oberösterreich), hat Sprachen studiert, Klavier- und Cembalospielen gelernt und eine Gesangsausbildung absolviert. Sie schreibt Romane, Erzählungen und Kurzprosa – und Bücher, in denen die Musik eine Hauptrolle spielt. Ihre vergnüglichen musikalischen Essays sind in CD-Booklets, Zeitschriften und Programmheften erschienen. Sie lebt mit ihrer Familie als freie Schriftstellerin in Klosterneuburg bei Wien.